KB121611

四柱命理

實戰百句文

사주명리 실전 100 구문

 Phrases in practice

사주명리 실전 100구문

- 100일 후 당신도 명리의 고수가 될 수 있다.

초판발행 2014년 03월 01일
개정판2쇄 2024년 03월 01일

지은이 김 철 주
펴낸이 김 민 철

등록번호 제 4 -197호
등록일자 1992.12.05

펴낸곳 도서출판 문원북
주 소 서울시 마포구 토정로 222 한국출판콘텐츠센터 422
전 화 02-2634-9846
팩 스 02-2365-9846
메 일 wellpine@hanmail.net
카 페 cafe.daum.net/samjai
블로그 blog.naver.com/gold7265

ISBN 978-89-7461-495-9
규 격 152mmx225mm
책 값 25,000원

사주명리 실전 구문

四柱命理
實戰百句文
사주명리 실전 100구문
100 Phrases in practice

운온북 BOOK

책을 펴내면서

20대에 역술을 처음 접하면서 사람 심리에 대해서 알아보려고 무던히도 애쓰던 적이 있었다. 그때에는 명리를 업으로 생각한 적이 전혀 없었고 단지 주변 사람들을 선택해 관심을 끌기 위해 호기심 정도로 생각한 시절이었다. 20대 후반에 나는 어느 절에 다녀오면서 "나에 대한 예언"을 청취할 수가 있었는데 "미래에 출판, 번역과 관련된 삼성 문의센타에서 일하게 될 것이고 강남에 가면 찾는다는 것이었다." 이 세계에 발을 들여놓는 순간 누구나 한 번쯤은 경험해 보는 꿈속의 신비스러운 사건이었다.

세월이 흘러 지금 베트남에서 살고 있다. 강남으로 가면 찾는다고 예언은 하였지만 베트남에서 찾은 것은 모자공장에서 법인장으로 일하는 것과 결혼을 해서 딸 하나를 얻었다. 명리학을 공부한 후에 깨달은 사실이었지만 내 팔자는 무관(無官)사주이고 자식궁이 공망이라 잘못하면 무자(無子)한 사주가 틀림이 없었는데 동남아로 오면서 처자(妻子)의 인연이 바뀐 것이었다. 결혼하여 처자식을 가지게 될 운명으로 탈바꿈이 된 것이었다 그래서 나는 확신하게 되었는데 "팔자가 나쁘면 복을 부르는 풍수(風水)로 주변을 바꿔라"라는 말을 이해하게 되었다.

이후 2008년 미국 발 금융위기 때 무자(戊子)년 회사를 그만두고 앞으로 무엇을 해야 할 것인지 바닷가에서 몇 개월 동안 생각하면 시간을 보내게 되었다. 그런데 특이하게도 꿈속에서 누군가가 나타나 명리학 강의를 해주는 것이 아닌가! 그것도 여러 번에 걸쳐 꿈에 보였는데 명리학을 강의해 주는 신인(神人)이 누구인지 궁금해질 정도로 자주 나타나는 것이었다. 그 이후로 나는 명리를 다시 공부를 하게 되었다.

"젊은 날에 그토록 어렵게 느껴지던 명리가 왜 이렇게 쉽게 이해가 되는 것일까? 명리 책 한 권을 일주일 만에 독파(讀破)를 하였다. 거의 잠도 안 자고 책을 봤다. 이 길이 내가 가야 할 운명이로구나!" 하는 판단이 굳어졌을 때에 다음카페의 역학동이라는 사이트를 알게 되어 가입하였다. 그때 운명적으로 만들어낸 닉네임이 "삼성문의소"였다. 나에 대한 젊은 날의 예언이 어느 정도 가시(可視)화가 돼가는 것 같았다. 젊은 날의 예언처럼 출판에 나의 록(祿)이 있는 것이 분명하였다. 그렇다면 꿈속에 나타나 나를 위해 명리학을 강의해 주던 그 신인(神人)의 정체는 누구일까? 독자들은 궁금해할 것이다. 여기에서 쉽게 밝힐 수 있는 문제가 아님을 독자들은 이해해 주시기 바란다.

요즘 나는 개운(開運)을 생활풍수에 적용해 십간(十干) 위주로 쉽게 풀어보려고 한다. "팔자가 나쁘면 복을 부르는 풍수로 주변을 바꿔라"라는 것이다. 즉 갑목(甲木)일간이 팔자(八字)가 나쁘게 태어났다고 가정하더라도 진신론(眞神論)에 의거하여 주변 풍수를 길(吉)하게 디자인하면 복을 부른다는 것이 핵심이다. 태어날 때부터 골병이 든 자는 없는 것이다. 노력 여하에 따라 운을 바꿀 수가 있는 것이다.

삼성가의 고(故) 이건희 회장도 30년을 살던 터가 기세가 다하였음을 알고 기세가 흥왕(興旺)하다는 축산미향(丑山未向)의 자택으로 이전(移轉)을 하였다. 부자들이 풍수에 더 관심이 크다. 왜 그러한가? 당연히 부자가 되려면 그 정도 관심과 노력이 없으면 안 되는 것이기 때문이니라. 자기 인생에서 팔자를 바꿀 결심을 했다면 부자가 되려는 사람보다 더 큰 욕심과 열정이 필요한 것이다. 운명은 다가오는 것이 아니라 개척하는 자가 마땅히 취할 승리의 전리품 중에 하나인 것이다.

목 차

제7장 실전응용(實戰應用)구문

四柱命理

實戰百句文

사주명리 실전 100 구문

100 Phrases in practice

제1장

진신眞神론

00

진신眞神론이란
무엇인가요?

진신(眞神)은 사주팔자의 원국(元局)에서 가장 긴요한 십간(十干)을 말 합니다. 팔자원국에서 진신의 조합이 갖추어지면 부귀(富貴)가 보장이 된다고 말하여도 과언은 아닙니다. 진신(眞神)은 용신과 동일할 수도 있고, 다를 수도 있으니 개념적 차이점을 잘 이해하기 바랍니다. 자평진전에서는 격국용신을 중요하게 부각시키다 보니 진신(眞神)을 상대적으로 약하게 취급해 버렸습니다. 팔자(八字) 원국(元局)에서 부귀(富貴)를 보장하는 가장 중요한 십간(十干)중 진신을 용신(用神)보다 먼저 파악할 수 있어야 팔자를 참답게 본다고 하겠습니다. 진신은 천간이기 때문에, 천간에 투출(透出)하여야 하지만, 여의치 않은 경우는 지장간에라도 있어야 하는 것입니다. 만약, 진신을 갖추지 못한 팔자원국이 대운에서 진신을 맞이하면 대운기간 동안 부귀를 발양(發揚)할 수가 있게 됩니다. 예를 들어 을목(乙木)의 경우 본능적으로 갑목(甲木)에게 끌립니다. 본인도 모르게 자연스럽게 친해진 친구가 있으면 갑목(甲木)일 확률이 높습니다. 또한 을목(乙木)은 병화(丙火)를 반기므로 병화(丙火)사주를 가진 사람을 본능적으로 좋아가게 되는 것입니다. 이러한 것들을 진신을 좋아가는 힘이라고 하는데 십간은 자신도 모르는 사이에 진신형상을 만들어가는 것입니다. 모든 십간의 상(象)은 본능적으로 진신을 찾습니다. 을목(乙木)이 자기도 모르게 선화명병의 상(象)을 꿈꾸거나, 염양려화의 아름다움을 생각합니다. 을목(乙木)은 태어나면서 이러한 진신결합을 이루고자 본능적으로 짝을 찾아 헤매는 것은 조물주가 만들어 놓은 자연의 조화입니다. 반면에 진신에 대하여 가신(假神)은 일간에게 불리한 천간을 의미하며, 일생이 편치 않고 어려움을 암시하는 것입니다. 더구나 가신이 진신을 괴롭히는 경우는 가란진(假亂眞)이라고 하여 매우 좋지 않은 일생을 예고(豫告) 합니다.

01

갑목甲木론

갑목(甲木)은 씨앗이 싹터 오르는 기상을 표시하는 글자입니다. 사목(死木), 대림목(大林木), 거목(巨木), 목재(木材) 등을 의미하는데 위로 자라는 성질이 있습니다. 그래서 갑목에게는 목(木)의 특성으로 생목(生木)과 사목(死木)으로 구분하여 진신을 가려 써야 합니다. 병화(丙火), 정화(丁火), 경금(庚金), 임수(壬水), 계수(癸水)가 진신(眞神)에 해당이 됩니다.

겨울 해자축(亥子丑)월에 태어난 갑목(甲木)은 동절기라 병화(丙火)의 조후가 필요합니다. 겨울의 나무는 태양을 향해 뻗게 되는데 양지(陽地)를 향해 나가는 속성이 있기 때문입니다. 이러한 뜻을 한목향양(寒木向陽)이라고 합니다.

봄 인묘진(寅卯辰)월에 태어난 갑목은 성장기에 있으므로 많은 물이 필요하게 됩니다. 이때에는 생목희윤(生木希潤)이라 하여 계수(癸水)가 진신이 됩니다. 물을 구하는 나무가 비를 만나면 생목희윤이 되는 것입니다. 이때에도 병화(丙火)를 함께 보게 되면 목화통명(木火通明)으로 더욱 좋은 것이 됩니다.

그러나 목화통명(木火通明)의 상(象)을 이루기 위해서는 금수(金水)가 목화(木火)를 상해(傷害)를 입혀서는 안 됩니다. 즉, 목화통명은 목화(木火)운으로 가야 귀격을 발하게 되는 것입니다.

여름 사오미(巳午未)에 태어난 나무는 화기(火氣)가 충만하여 양기(陽氣)가 성대하니 반드시 계수(癸水)의 조절이 필요합니다. 이때 계수(癸水)가 진신이 됩니다.

가을 신유술(申酉戌)에 태어난 나무는 메마르고 한기가 있으므로 병정(丙丁)을 취해도 임계(壬癸)수가 필요합니다. 그러니까 추목(秋木)은 따뜻함과 물을 함께 필요로 하는 것입니다. 화왕(火旺)하여 토조(土燥)하면 목(木)이 더욱 메마르니 임계(壬癸)수가 없어선 안 되는 것입니다. 특히 사목용재(死木用材)하기 위해서는 경금(庚金)이 있어야 기물(器物)을 이루고 경금(庚金)을 날카롭게 하기 위해서는 정화(丁火)의 제련이 필요합니다. 가을 갑목의 진신은 경금(庚金)과 정화(丁火)가 모두 갖춰져야 합니다. 이것을 벽갑인정(劈甲引丁)이라고 합니다.

벽갑인정(劈甲引丁)은 갑목(甲木)을 쪼개어 정화(丁火)에 불을 피우는 것이므로 가을, 겨울에 동토(凍土)를 녹이기 위해 사용하는 자연의 현상이 되는 것입니다. 진정한 사목(死木)의 목화통명이 되는 것입니다. 만약에 여름에 벽갑(劈甲)하여 인정(引丁)을 하게 되면 하왕(夏旺)한 계절이라 난리가 난다고 하였습니다. 그러나 이때에도 벽갑(劈甲)은 하여야 하는데 정화의 불길이 붙지 못하도록 하는 벌갑(伐甲)이 되는 것입니다.

❶ 甲 + 丙
비조부혈(飛鳥跌穴)의 상(象)입니다. 이것은 추운 나무가 밝은 태양을 향해 뻗어가는 상(象)이 되는 것입니다 그래서 화명목수(火明木秀)가 되면 목(木)이 수려(秀麗)하고 화(火)가 밝은 것이니 학문이 높다고 합니다. 목(木)의 천간과 화(火)의 천간이 관계가 좋으면 목화통명(木火通明)의 상(象)이 되는 것입니다.

❷ 甲 + 癸

수근로수(樹根露水)의 상(象)이 됩니다. 수목(樹木)의 뿌리가 비를 맞아 싱싱한 상(象)이 되며, 이것은 초목이 자라 날 때에 비를 필요로 하게 되며 생목희윤(生木希潤)으로 좋은 관계로 만나게 됨을 의미합니다.

❸ 甲 + 壬

수중유영(水中柳影)의 상(象)이 됩니다. 수중유영이란 물 속에 버드나무 그림자가 드리우는 모양이니 청초하고 멋들어져서 연예, 예술, 문학 분야의 재능이 뛰어나서 재기(才器)가 발랄한 사람이 될 수가 있습니다.

❹ 甲 + 丁

유신유화(有薪有火)의 상(象)이 됩니다. 장작도 있고 불도 있는 것이 되므로 장작에 불이 붙으면 상관인 정화(丁火)가 밝게 빛나는 것이라 학문, 예술적 재능이 탁월 하다고 합니다.

❺ 甲 + 庚

흔목위재(欣木爲材)의 상(象)이 됩니다. 이것은 좋은 재목(材木)이 되는 것이라 생목(生木)은 해당이 되지 않고 추목(秋木)이어야 하고, 관성이 쓸 만한 것으로 목(木)을 다듬어 주는 역할을 하는 것이 되기 때문에 관(官) 계통으로 크게 출세하는 것이 됩니다. 이때에 목(木)을 다듬는 금(金)이 예리해지도록 하기 위해서는 정화(丁火)가 필요합니다.

불로 금을 녹여 날이 선 칼로 만드는 것입니다 이것을 벽갑(劈甲)을 하기 위해서 금(金)을 단련하는 것이라고 합니다. 또한 쪼개진 나무로 인정(引丁)하게 되면 벽갑인정(劈甲引丁)이 되어 얼어붙은 땅을 녹여 쓸모 있는 땅으로 만드는 것이 되므로 대격의 사주가 되는 것입니다.

▶ 갑목(甲木)에서는 **한목향양(寒木向陽)**, **생목희윤(生木希潤)**, **목화통명(木火通明)**, **벽갑인정(劈甲引丁)**의 상(象)을 이루는 용어 정리가 필요합니다. 이것은 나무의 특성을 생목(生木)과 사목(死木)으로 구분하여 각자의 쓰임새를 말하고 있는 것입니다. 생목(生木)에서는 성장하는 나무의 특징을 잘 살펴봐야 하는데 잘 성장하기 위해서는 태양인 병화(丙火)와 우로(雨露)인 계수(癸水)의 역할이 크다고 할 것입니다. 여기에서 한목향양과 생목희윤이라는 용어가 등장하는 것이며 목화통명도 나타나는 것입니다. 반면에 사목(死木)에서는 성장을 멈추고 마른 상태이므로 재목(材木)이나 땔감의 쓰임새로 사용되어 지는 것을 살펴봐야 합니다. 여기서 사목용재(死木用材)와 벽갑인정(劈甲引丁)의 용어가 나타나는 것입니다.

▶ **사목용재(死木用材)**란 죽은 나무를 재목(材木)으로 사용하는 것입니다.
▶ **기물(器物)**이란 그릇의 물건으로 사용되는 것이므로 "쓸모있는 물건"을 뜻하는 것입니다.
▶ **벽갑인정(劈甲引丁)**은 큰 나무를 쪼개어 불이 잘 탈 수 있게 만드는 것입니다.

▶ 【난강망】에서 말하고 있는 목화통명(木火通明)의 상(象)입니다.
생목(生木)은 화(火)를 얻어 성장을 얻으니 병정(丙丁)화가 서로 같고, 사목(死木)은 금을 얻어야 만들어져 쓰임새가 있는데 경신(庚辛)금은 반드시 예리해야 하며, 생목(生木)은 금을 보면 상처를 입고 사목(死木)은 불을 보면 스스로 타버린다.

▶ 【삼명통회】에서 말하고 있는 목화통명(木火通明)의 상(象)입니다.
"불이 밝으려면 나무가 빼어나야 하는 것"이라 봄 달(月)에 생하여서 영화로운 것이다. 나무가 빼어나되 불(火)이 없으면 성국(成局)하질 못한다. 나무와 불이 통명(通明)하는 상(象)이 있음으로 서다.

02

을목乙木론

을목(乙木)은 새싹이 구부러져 발아하는 것을 의미합니다. 생목(生木), 화초목 (花草木), 넝쿨, 잎사귀 등으로도 표현하며, 유약(柔弱)하나 땅을 뚫고 뿌리를 내려 끈기와 인내력은 강하지만 수동적입니다. 을목(乙木)의 진신으로는 갑 (甲), 병(丙), 계(癸), 임(壬), 무(戊), 기(己)가 있습니다. 갑목(甲木)은 을목(乙木) 의 버팀목 역할을 하므로 봄, 가을 모두 좋습니다. 이것을 등라계갑(藤蘿繫甲) 이라고 말합니다. 을목(乙木)은 지란(芝蘭)이나 화초(花草)를 말하는데 기토 (己土)라는 정원이 있으면 매우 안정된 삶을 살아갈 수가 있게 됩니다.

그러나 습기가 많은 화초의 상(象)이 되므로 훼목향양(卉木向陽)하니 사시(四時)를 막론하고 태양인 병화(丙火)를 기뻐합니다. 을목(乙木)은 일반적으로 태양인 병화(丙火)와 우로(雨露)인 계수(癸水)가 있으면 자연 무성(茂盛) 해지니 명리통달(名利通達)하게 됩니다.

그러나 을목(乙木)은 습(濕)을 두려워하므로 태양인 병화(丙火)가 없으면 음농습중(陰濃濕重)하여 뿌리가 손상되고 잎이 시들어 버리므로 매우 흉(凶) 하게 됩니다. 또한, 을목(乙木)은 금(金)을 두려워합니다. 어린 묘목(苗木)을 금(金)이 손상을 입히기 때문입니다. 해자(亥子)월에는 갑목(甲木)은 진기(進氣)하지만, 을목(乙木)은 퇴기(退氣)하니 계수(癸水)의 생부(生扶)를 필요로 하게 만드는 시절입니다. 을목(乙木)에 계수(癸水)가 나란히 있으면 청초조로(淸草朝露)라 하여 귀인(貴人)의 조력으로 성공하게 됩니다.

❶ 乙 + 甲

등라계갑(藤蘿繫甲)의 상(象)입니다. 담쟁이넝쿨이 소나무를 휘감고 하늘에 오르는 형상(形象)입니다. 갑목 귀인의 조력을 받으므로 등라계갑이 된 을목(乙木)은 일생을 통하여 두려운 바가 없는 것입니다. 형제자매나 주변 사람들에게 도움을 받는데 특히 어려움이 생기면 누군가의 도움이 반드시 나타나는 유형의 속하는 것입니다.

❷ 乙 + 戊 + 甲

등라반갑하고(藤蘿絆甲下固)의 상입니다. 넝쿨 나무줄기로 갑목을 휘어 감고 아래로는 단단한 무토(戊土)에 뿌리내리는 형상입니다. 갑을(甲乙)목이 모이면 능히 무토(戊土)에 뿌리를 내릴 수가 있어서 무토(戊土)를 취할 수가 있습니다. 그래서 등라반갑하고(藤蘿絆甲下固)가 성립된 명식은 무토(戊土)가 재성이라면 거부(巨富)를 논(論)할 수가 있는 것입니다. 귀인, 관청 등의 천거로 원조를 입어 매우 출세하는 명식이 됩니다.

❸ 乙 + 丙

염양려화(艶陽麗花)의 상입니다. 아름다운 꽃이 태양빛을 받아 찬란히 빛나는 형상이니 화려하고 아름답습니다. 상관이 밝게 빛나는 것이라 감각이 있고 감수성이 뛰어나며 총명하고 평생 의식주가 풍족한데 상관이 강하므로 상관생재가 되어 재물을 얻는 상이 됩니다. 상관이 발달이 되니 표현력이 뛰어나고 실력 이상의 평가를 받고 보통 미인(美人)에게서 많이 나타납니다. 을목(乙木)이 병화(丙火)를 보면 화초(花草)가 자양(滋養)이 되고 꽃의 아름다움을 마음껏 빛나게 하므로 대길(大吉) 해지는 것입니다.

❹ 乙 + 戊

선화명병(鮮花名瓶)의 상(象)입니다. 청순한 꽃이 그려진 화병 상입니다. 그림 화병의 청고(淸高)한 아름다움을 상징하는 것이니 유흥이나 오락, 서비스업에서 두각을 나타냅니다. 이재적(理財的) 수완으로 부(富)를 이루는데 을목(乙木)은 기토(己土)는 극해도 무토(戊土)를 극할 수가 없습니다. 즉 무토(戊土)에 쉽게 뿌리를 내릴 수가 있는 것입니다. 그래서 노동집약적인 1차적 산업보다는 2차 정신적 산업인 서비스업이나 재테크를 통해 부(富)의 축적을 암시하는 바가 크게 작용하는 것입니다.

❺ 乙 + 己

양토배화(壤土培花)의 상입니다. 부드러운 토양에 초목(草木)을 북돋는다는 말이 됩니다. 즉 좋은 토양에 꽃이 잘 자라는 형상입니다. 이것을 지란정원(芝蘭庭園)이라고도 합니다. 정원에 피어난 꽃을 말하는 것입니다. 그래서 말 그대로 안정적이고 편안한 삶을 영위해 가는 인생을 살게 되는 것입니다. 무리하게 욕심을 부리지 않으면서 계획적이고 체계적인 인생을 살게 된다면 능력을 인정받을 수가 있습니다.

❻ 乙 + 壬

출수부용(出水芙蓉)의 상입니다. 물 위에 떠 있는 연꽃의 형상인데 임수(壬水)가 인성으로 작용하니 귀인의 조력이 많다고 봅니다. 본인의 크기에 비해 받는 것이 많아 주위 사람의 인덕이 있고 사람들에게 사랑받게 됩니다. 본인이 노력하면 어느 순간 갑작스러운 신분 상승이 따르거나 상류사회에 진입하는 유형이 되기도 합니다. 이것을 연화호수(蓮花湖水)라고 합니다. 그러나 임수(壬水)가 기신으로 작용하게 되면 축수도화(逐水桃花)라 하여 이성문제가 발생하기 쉽고, 임수(壬水)가 희신 일 때에 출수부용의 상이라 할 수 있습니다.

❼ 乙 + 壬 + 丙

강휘상영부유영(江輝相映浮柳影)의 상입니다. 호수 위에 핀 연꽃 위에 태양이 비치어 강물에 반사하는 형상이니 물이 더욱 맑고, 태양은 더욱 빛나게 됩니다. 아름다운 자연과 조화를 이루는 형상으로 뛰어난 사교 능력으로 출세할 수 있습니다. 특히 유통 관련 업종이 좋습니다.

❽ 乙 + 癸

청초조로(青草朝露)의 상입니다. 지란재로(芝蘭再露)이니 풀잎이 아침 이슬을 머금고 있는 형상입니다. 난초 위에 아침 이슬이 내려 차분한 분위기 또는 외로운 느낌을 받게 됩니다. 그래서 혼자 일하는 연구직이나 일대일로 상담하는 직업이 어울릴 수가 있습니다. 다만 주변에 목(木) 많거나 병(丙)이 떠 있어 난초나 나무가 잘 자랄 수 있는 환경이 조성이 되어 있다면, 활발하고 적극적인 물상으로 대인관계가 무난하며 주위 사람들의 도움으로 꾸준하게 성장하는 유형이 되기도 합니다.

03

병화丙火론

병화(丙火)는 제사 때에 제물(祭物)을 제단 위에 올려놓은 것에서 유래한 글자입니다. 태양과 같이 고요하고 순양(純陽)한 성질 때문에 태양, 큰불, 밝은 불, 광양(光陽)을 의미합니다. 명덕(明德)을 밝히고 총명(聰明)하므로 예의를 따르기를 좋아하지만 밝고 열정적인 성격 탓으로 급한 면이 있어서 자만심이 강할 수가 있습니다.

병화(丙火)의 진신은 갑(甲), 을(乙), 기(己), 임(壬)이 됩니다.
해자(亥子)월의 병화(丙火)는 실령(失令)하여 병화(丙火)가 가장 약한 때로 무토(戊土)로 수기(水氣)를 제(制)해 주어도 실속(實速)이 없는데 이는 무토(戊土)가 병화(丙火)를 오히려 회광(晦光)하여 빛을 어둡게 할 수가 있기 때문입니다. 그래서 이때에는 빛을 어둡게 만드는 토(土)를 다스려줄 수 있는 갑(甲)이 약(藥)이 됩니다. 병화(丙火)가 약(弱)하면 무기(戊己)토의 회화무광(晦火無光) 됨을 꺼리게 되는 것입니다.

그러나 상관(傷官)기토(己土)가 있더라도 인수(印綬) 갑을(甲乙)목이 있어 토를 다스리게 되면 길(吉)하게 될 수 있는 것입니다.

만약, 을목(乙木)이 병화(丙火)와 나란히 하면 염양려화(艶陽麗花)가 되어 길한 상(象)을 나타냅니다. 을목(乙木)인수의 작용을 하므로 사물이나 지식에 대한 흡수력이 뛰어나 학업(學業)이 우수하고 윗사람의 뜻에 잘 부합할 수가 있습니다. 또한 병화(丙火)가 강하면서 설기시키는 기토(己土)의 도움이 있으면 상관의 수기(秀氣)가 빼어나므로 대지보조(大地普照)로 표현능력이 우수하여 기예(技藝)방면에서 두각을 드러낼 수가 있습니다. 병화(丙火)가 2개 겹치면 복음홍광으로 양광(陽光)이 지나쳐 오히려 혼탁(混濁)해져 불리하게 됩니다.

그러나 경신(庚辛)금이 있어 재(財)가 모두 강하고 수(水)가 없으면 장화천금첩첩(長火天金疊疊)이라 하여 신왕재왕하여지니 거부(鉅富)가 될 수 있습니다. 특히, 유월(酉月)에 병화(丙火)가 많고 하나의 임수(壬水)가 고투(高透)하면 재왕생살(財旺生殺)로 부귀(富貴)가 무궁(無窮)하다고 하였습니다. 병화(丙火)는 임수(壬水)의 극(克)을 두려워하지 않습니다. 임수(壬水)로 용신(用神)을 삼으면 수보양광(水輔陽光), 천화지윤(天和地潤)이 되어 기제(旣濟)의 공(功)을 이루게 됩니다.

병화(丙火)가 약(弱)한데 병화(丙火)가 계수(癸水)를 보면 불청불우(不晴不雨)가 되어 흑운차일(黑雲遮日)의 상(象)으로 매우 불리한 명(命)이 되기도 합니다. 태양이 먹구름에 가려지면 태양이 본래의 힘을 잃게 되는 것입니다.

그러나 하월(夏月)이나 인월(寅月)에 병화(丙火)가 강하면 계수(癸水)를 보아도 불청불우(不晴不雨)가 나쁘지 않고 부중취귀(富中取貴)한다고 하였습니다.

❶ 丙 + 乙

염양려화(艷陽麗花)의 상입니다. 부드러운 양광(陽光)을 받은 우화한 꽃의 상(象)이니 식물이 잘 자라고 안정이 됩니다. 인수인 꽃이 태양빛의 양광을 잘 받아들여 잘 성장하므로 지식의 흡수가 뛰어난 상(象)이 되는 것입니다. 또한, 고초인등격(枯草引燈格)의 상(象)이기도 합니다. 을목(乙木)은 원래 훼목(卉木)이라 습(濕)하여 불에 잘 타지 않습니다. 습한 풀잎을 햇빛으로 말려줘야 을목(乙木)이 불에 잘 탈 수가 있는 것입니다. 하여튼 을목(乙木)은 태양빛을 잘 받아야 귀하게 쓸모가 있게 되는 것입니다.

❷ 丙 + 乙 + 壬

강휘상영부유영(江輝相映浮游英)의 상입니다. 호수 위에 연꽃이 피어 있는데 태양빛이 강물에 반사되어 찬란하게 비추는 형상입니다. 눈부시게 아름다우니 미(美)의 극치를 이루고 관인상생의 명조가 되므로 복종심이 두터워 공무원이나 직장인으로 출세할 수 있습니다.

❸ 丙 + 己

대지보조(大地普照)의 상입니다. 태양빛이 대지(大地)에 널리 비취는 상(象)으로 양광(陽光)이 대지(大地)를 양토(壤土)로 만들어 쓸모 있게 만드는 작용력을 합니다. 따라서 상관이 발달하게 되는데 표현력이 탁월하여 학술, 교육, 종교계에서 두각을 나타나게 됩니다.

❹ 丙 + 壬

강휘상영(江輝相映)의 상입니다. 호수 위를 비추는 태양빛을 말하는데 아름답고 희망적입니다. 관성이 아름다워서 충성심을 발휘하며 조직 내에서 고위직에 오를 수 있는 유형입니다.

04

정화丁火론

정화(丁火)는 화살, 못을 본뜬 글자입니다. 등잔불, 작은 불, 횃불, 장작불 등을 의미합니다. 정화(丁火)는 음화(陰火)이니 뭉글뭉글하게 타오르는 불이라서 염염(炎炎)하게 타오르는 양화(陽火)와는 차별이 있습니다.

정화의 진신(眞神)은 갑목(甲木), 경금(庚金), 을목(乙木), 병화(丙火)가 됩니다. 정화는 갑(甲)과 경(庚), 을(乙)과 병(丙)의 조합이 부귀를 조율하는 진신이 되는 것입니다. 고서(古書)에 이르길, 정화(丁火)는 음유(陰柔)한 등불이니 병화(丙火) 태양(太陽)을 만나면 광명(光明)을 빼앗겨 불리하지만, 만일 사주(四柱)에 갑목(甲木)이 투(透)하면 안복(安福)이 절로 임(臨)한다고 했습니다.

인월(寅月)에는 이미 갑목(甲木)이 있으므로 먼저 경금(庚金)을 사용합니다. 인월(寅月) 정화(丁火)는 갑목(甲木)이 당권(當權)하여 모왕(母旺)한바, 경금(庚金)이 아니면 벽갑(劈甲)할 수 없어 인정(引丁)이 어려우니 경금(庚金)을 사용하는 것입니다.

사월(巳月)에는 병화(丙火)가 임관(臨官)하니 정화(丁火)가 병화(丙火)의 위력에 의지하므로 더 할 수없이 염열(炎熱)하여 스스로 왕(旺)해지기 시작합니다. 그래도 갑목(甲木)은 필요합니다. 정화(丁火)는 음유(陰柔)하므로 왕지(旺地)에 임해도 기(氣)가 바르지 못하기 때문입니다.

오월(五月) 정화(丁火)는 가염상격(假炎上格)이 아닌 한 갑목(甲木)을 용(用)하는 경우가 많지 않습니다.

삼추(三秋) 정화(丁火)는 병사묘지(病死墓地)가 되어 퇴기(退氣)하므로 유약(柔弱)하니 오로지 갑목(甲木)을 사용하고, 비록 금(金)이 승왕(乘旺)하여 사권(司權)해도 정화(丁火)를 상(傷)하게 하지 않으니 거듭 경금(庚金)을 취(取)하여 벽갑(劈甲) 인화 (引火)하며 병화(丙火)로 금(金)을 따뜻하게 하고 목(木)을 말려야 하므로 병탈정광(丙奪丁火)을 우려(憂慮)하지 않는 것입니다.

삼동(三冬) 정화(丁火)는 갑목(甲木)을 존신(尊神)으로 삼고 경금(庚金)으로 보좌(輔佐)하며 계수(癸水)와 무토(戊土)는 참작(參酌)해서 사용합니다. 수왕(水旺)하면 무토(戊土)를 쓰고, 화왕(火旺)하면 계수(癸水)를 쓰는데 무(戊)와 계(癸)는 병(病)을 제거하는 약(藥)이 되는 것입니다. 약(藥)을 쓸 때는 정법(正法)이 따로 없으니 팔자(八字)에 맞게 골라서 알맞게 취하면 됩니다.

❶ 丁 + 庚 + 甲

성기지화(成器之火)의 상(象)이며 **단련지화(鍛鍊之火)**의 상(象)으로 왕한 갑목(甲木)을 경금(庚金)으로 다듬을 때 정화(丁火)가 경금의 날을 세워 주는 것입니다. 그러니까 갑목(甲木)인 장작불로 정화(丁火)불을 피워 경금(庚金)을 녹여서 기물(器物)을 만드는 것입니다. 정화(丁火)는 본성(本性)이 쇠갈(衰竭)하여 자체로는 염상(炎上)을 이루지 못하므로 정화 불꽃을 살리는 방법에 초점을 맞춰야 합니다.

그래서 정화(丁火)의 힘을 계속 유지시키려면 갑목(甲木)이 반드시 필요한 것입니다. 또한 갑목(甲木)이 정화(丁火)를 활활 타오르게 하기 위해서는 경금(庚金)으로 쪼개져 장작이 되어야 하는데 이것이 벽갑(劈甲)입니다.

❷ 丁+乙+丙

고초인등(枯草引燈)의 상(象)이 됩니다. 을목(乙木)은 원래 습한 훼목(卉木)의 성질이 있어 그대로는 불을 피우기 어렵습니다. 습한 풀을 태양에 말려 건초(乾草)로 만들어야 쉽게 불에 인화(引火)가 됩니다. 이것을 고초인등이라 합니다.

05

무토戊土론

무토(戊土)는 도끼의 모양을 본뜬 글자로 고중(固重:단단하고 무거움) 합니다.
성원토(城垣土), 고산(高山), 마른 흙, 제방, 산야 등을 의미하며, 만물이 무성
하게 성장하는 뜻을 가지고 있습니다. 무토(戊土)는 견고하고 중(重)하여 반드
시 나무와 물을 만나야 좋습니다.

무토(戊土)는 갑목(甲木), 계수(癸水), 병화(丙火)가 천간에 있으면 세 글자의
조화로 부귀(富貴)가 확정됩니다. 무토(戊土)는 원래 딱딱한 흙이라서 갑목(甲
木)으로 흙을 갈아 줘야 합니다. 그렇지 않으면 영기가 없어서 생물이 살아갈
수가 없습니다.

유월(酉月)에만 가을의 토(土)가 금을 생해 주느라 토가 허약합니다. 그래서 유월(酉月)에는 갑목(甲木)을 쓰지 못하는 것입니다. 또한 무토(戊土)는 병화(丙火)가 없으면 살 수 없으며, 무토(戊土)가 노을이기 때문입니다. 그래서 병화(丙火)의 따뜻함(暖)이 없으면 살 수가 없다고 하는 것입니다. 또한 계수(癸水)가 없으면 자윤(滋潤)이 안 되니 나무가 오래 살지 못하는 것으로 만물(萬物)이 장수하지 못한다고 하는 것입니다. 갑목(甲木)으로 소토(疏土)함이 없으면 흙이 딱딱하고 거칠어 생기(生氣)를 얻을 수 없으므로, 갑목(甲木)이 소토(疏土)하지 않으면 생령(生靈)이 없는 것이라고 하는 것입니다. 토(土)는 전왕지(專旺地)로 들어가도 화(火)로 생(生)해 줘야 합니다. 화(火)가 죽으면 토왕(土旺)해도 뜻을 이룰 수 없습니다.

사월(巳月)의 무토(戊土)는 외실내허(外實內虛)로 한기(寒氣)가 내재되어 화염(火炎)을 꺼리지 않습니다. 그러나 오월(午月)의 무토는 화국(火局)을 이루면 화염토조(火炎土燥)로 오히려 고빈(孤貧)함을 면키 어렵게 됩니다.

자축(子丑)월의 엄동(嚴凍)에는 조후(調候)가 시급(時急)하여 화(火)가 성(盛)해야 재관(財官)을 감당할 수 있습니다. 까닭에 화(火)가 중(重)해도 흉(凶)하지 않는 것입니다. 무토(戊土)에 정화(丁火)가 나란히 있으면 유화유로(有火有爐)로 좋은 관계를 나타내지만, 유월(酉月)의 상관패인과 해월(亥月)에 경금(庚金)을 정화(丁火)로 다스리는 효용(效用)에 한정합니다. 무토(戊土)는 수(水)의 재(財)를 만나면 길(吉)합니다. 계수(癸水)를 만나면 우로계수(雨露癸水)의 자윤(滋潤)으로 생의(生意)가 충만(充滿)해지기 때문입니다. 그러나 임계(壬癸)가 양투하면 범람(氾濫)하기 쉬우므로 쉽게 제(制)할 수 없으므로 매우 인색한 사람이 될 수 있습니다.

❶ 戊 + 丙

일출동산(日出東山)의 상(象)이 됩니다. 무토(戊土) 대지 위에 태양이 떠오르는 상(像)으로, 처음에는 고생스러워도 후에 대성하는 길운(吉運)입니다.

❷ 戊 + 丁

유로유화(有爐有火)의 상(象)이 됩니다. 화덕 안에 안정되게 타오르는 장작불의 상(象)입니다. 정화의 불은 약하기 때문에 화덕과 같은 보호막이 필요한 것입니다. 그러면 집중력이 좋아지고 기획력이 뛰어나 일 처리나 대책을 솜씨 있게 다루는 재능으로 성공합니다.

❸ 戊 + 壬

산명수수(山明水秀)의 상(象)입니다. 좋은 머리로 크게 성공할 수 있는 우수한 두뇌의 소유입니다.

❹ 戊 + 壬 + 丙

산명수수(山明水秀) 강휘상영(江輝相映)의 상(象)입니다. 비상한 두뇌로 대성할 수가 있습니다.

06

기토己土론

기토(己土)는 실의 한쪽 끝이 구부러진 모양을 본 뜬 글자입니다. 전원토(田園土)이고 작은 흙, 화분 흙, 정원 등을 뜻하며 비습하고 중용적이라 축장(蓄藏: 모아서 간직함)하는 공이 큽니다. 그래서 중정(中正:치우침이 없이 곧고 올바름)의 덕이 있어서 모든 것을 다 받아들일 수 있습니다.

기토(己土)의 진신(眞神)은 병(丙)과 계수(癸水)와 무토(戊土)입니다.

기토(己土)는 흙이라 명칭 하지만 【삼명통회】에서는 하늘의 구름을 의미합니다. 이것은 구름(雲)과 우뢰(雷)가 갑기(甲己)합하여 비가 되어 땅을 옥토로 만드는 이치라고 보아도 좋습니다. 기토(己土)는 정화(丁火)와 함께 유(酉)에서 장생(長生)하고 오화(午火)에서는 록(祿)이 되니 기토(己土)는 여름에 작물을 생육하는 공(功)이 있습니다.

갑(甲)을 보아 합하는데 을(乙)을 보면 꺼리는 것은 을(乙)바람이 불면 구름이 흩어져 기(己)의 효용(效用)이 없어지기 때문입니다. 그러므로 기토(己土)는 을목(乙木)을 꺼리게 됩니다. 기토(己土)는 생의 기능을 가지는 토(土)로 그 자체가 윤습한 기운이 있어 병화(丙火)를 보아 온토(溫土)가 되고 계수(癸水) 비가 내려 줄때 윤택(潤土)해져 만물을 생육하는 공을 이루고 부귀(富貴)를 누릴 수가 있게 됩니다. 계수(癸水)의 공이 크고 임수(壬水)는 범람(泛濫)하면 파종(播種)이 불가능(不可能)하므로 무토(戊土) 제방의 도움이 필요합니다.

기토(己土)가 여름(夏月)의 뜨거운 계절에도 병화(丙火)를 사용할 수 있는 것은 화가(禾稼:벼이삭)가 뜨거울수록 더 성장하기 때문입니다. 기토(己土)가 금(金)상관을 만나 토금상관(土金傷官)을 이루면 정화(丁火)인수가 있어 금(金)을 제련하여 주면 부귀할 수 있습니다. 그래서 유월(酉月)에 한하여 상관패인으로 격을 이루면 귀해지는 것입니다. 기토(己土)를 왕성(旺盛)하게 하여 생의(生意)를 발(發)하려면 돕고 막아야 합니다. 돕는 것은 병화(丙火)이고 막는 것은 무토(戊土)입니다.

임수(壬水)가 범람(泛濫)하면 파종(播種)이 불가(不可)하고 거목(巨木)이 극토하면 대지가 황폐해지니 이때 사용하는 무토(戊土)는 매우 유용(有用)하여 경연상배(硬軟相配)로 힘을 얻어 성공하고 대인 관계가 원만하다고 하는 것입니다.

병화(丙火)와 계수(癸水)는 서로 첩신하면 해로우므로 떨어져서 서로에게 극이 안 되는 배열에서 병(丙)과 계(癸)의 조합을 취합니다.

❶ 己 + 丙

대지보조(大地普照)의 상(象)입니다. 정원조일(庭園照日)이니 대지가 태양빛으로 빛나는 형상이고 태양이 정원을 비추는 형상입니다. 인수병화의 도움이 경쟁 구도에서 뜻하지 않은 원조자의 도움을 받아 성공하는 명식이 됩니다. 태양이 정원을 비추면 만물(萬物)을 생(生)하는 대지보조(大地普照)의 상(象)을 이루므로 병화(丙火)로 온토(溫土)하고, 계수(癸水)로 윤토(潤土)하면 기토(己土)의 정신(精神)을 보충하여 부귀(富貴)를 이루게 됩니다. 하월(夏月)의 뜨거운 계절에도 병화(丙火)를 사용하는 것은 화가(禾稼:벼 이삭)가 뜨거울수록 더 성장하기 때문입니다. 그러나 태양이 정원을 너무 비추면 정원의 흙이 메마를 가능성이 높습니다. 만약에 병화(丙火)가 기신으로 작용하면 홍광천리(洪光千里)라 하여 탁한 광채가 천리가 가는 격이니 생각하는 바가 사납고 나쁜 생각을 품기 쉽고 빈한(貧寒)하다고 하였습니다. 그래서 인기가 없으므로 성공하기 어려운 명식이 되는 것입니다. 일점수기(一點水氣)도 없으면서 병화(丙火)가 강하면 홍광천리(洪光千里)가 되는 것입니다.

❷ 己 + 丁

주작입묘(朱雀入墓)의 상(象)입니다. 주작(朱雀)이 묘지(墓地)에 들어간 형상이고 습한 땅에 달빛이 비치는 형상입니다. 차츰 시간이 지나면서 괄목할 만한 성과를 나타내는 길상이 되기도 합니다. 정원에 비치는 달빛의 형상이므로 감수성이나 정서가 발달하므로 예체능계에서 인정받을 수가 있게 됩니다. 단점이라면 외로운 달밤에 홀로 서 있는 느낌이라서 고독하다는 것인데 그렇기 때문에 창작활동이 가능한 것입니다. 기토(己土)가 달빛을 받아 빛나는 형상이므로 재주나 끼를 발휘하여 자신을 내세우는 직업이 좋습니다.

❸ 己 + 戊

경련상배(硬軟相配)의 상(象)입니다. 즉, 소산대산(小山大山)의 상(象)이기도 합니다. 경연상배(硬軟相配)로 단단한 흙과 부드러운 흙의 배합이니 어떤 나무라도 다 심을 수가 있습니다. 그래서 사회적으로나 개인적으로 대인관계가 원만하여 대성하게 됩니다. 정원과 들판의 땅이 모두 모여 있으니 꽃과 곡식을 동시에 추수할 수가 있어, 먹을 복과 여가 활동을 할 수 있는 여유가 갖추어져 있는 셈입니다. 여기에는 나무나 꽃을 심는 것이 선행되어야 하므로 적당한 목(木)이 있으면 추진하는 일의 결실, 성공이 반드시 따르게 됩니다.

❹ 己 + 癸

옥토위생(玉土爲生)의 상(象)입니다. 기토(己土)는 계수(癸水)를 기뻐하며, 기름진 흙에 이슬비가 내리므로 더욱 윤택해지는 형상이 됩니다. 정원에 내리는 이슬비로 정원이 늘 촉촉하게 젖어 윤택한 땅으로 남을 포용하는 마음을 갖고 있습니다. 그리고 배짱이나 추진력은 부족하지만 섬세하고 안정적이며 내성적인 타입의 사람이 많습니다. 그래서 육친과 타인의 덕이 두터워 유복한 생활을 구가할 수가 있습니다.

07

경금庚金론

경금(庚金)은 절굿공이와 두 손을 가리키는 글자를 합한 형상에서 유래한 글자입니다. 대금, 큰 쇳덩이, 광산, 등을 상징하며 견고하고 흰 까닭에 강경한 성격을 나타내므로 제(制:억제함)하는 의미가 있습니다.

경금(庚金)진신의 조합은 갑(甲), 정(丁), 무(戊), 임(壬)입니다.

경금(庚金)은 천간(天干)으로는 달(月)이고, 지지(地支)로는 광석이니 경금(庚金)의 성격은 밝고 예리해야 합니다. 경금(庚金)이 정화(丁火)를 기뻐하는 것은 달 주변에 별이 보이면 그 풍광이 아름답게 됩니다. 또한, 경금(庚金)은 그 자체가 광석이나 원석에 비유되는 것이니 불에 의한 가공이나 제련(製鍊)이 필수적으로 있어야 기물(器物)로써 그 빛을 발할 수가 있게 되는 것입니다. 그래서 정화가 필요한 것입니다. 아니면 그 자체가 기암괴석으로 절경을 이루었다면 임수(壬水)로 수세(水洗)하면 맑아져 빛나게 되는 것이니 금수쌍청(金水雙淸)으로 풍경이 절경(絶境)이 됩니다.

겨울 해자축(亥子丑) 경금(三冬庚金)은 금한수냉(金寒水冷)하여 정화(丁火)로 단련(鍛煉)하고 병화(丙火)로 조후(調候)해야 합니다.

가을 신유술(申酉戌) 추금(秋金)은 예리(銳利)해야 가장 묘(妙)합니다. 정회(丁火)로 단련(鍛煉)하면 득화이예(得火而銳)로 종정(鍾鼎)의 기물(器物)을 이루게 됩니다. 경금(庚金)은 토윤즉생(土潤則生)으로 토(土)가 윤택(潤澤)하면 생(生)을 얻습니다. 그러나 기토(己土)는 금광(金光)을 돕지만 건토(乾土)인 무토(戊土)는 금매(金埋)할 우려가 있는 것이므로 주의하여 사용해야 하는 것입니다.

❶ 庚 + 丁

화련진금(火鍊眞金)의 상(象)입니다. 득화이예(得火而銳)라고도 하는데 가을의 경금(庚金)은 진신(眞神)으로 정화(丁火)를 얻으면 예리해지게 되므로 쓰임이 많아지게 됩니다. 직장이나 조직 내에서 강한 운을 맞이할 수 있습니다.

❷ 庚 + 壬

득수이청(得水而淸)의 상(象)이 됩니다. 경금(庚金)은 물을 적당히 만나게 되면 맑아지게 됩니다. 금수쌍청(金水雙淸)이 되기도 합니다. 금(金)도 빼어나게 아름답고, 수(水)도 맑아 의로우며 지혜가 많아서 스스로 덕이 쌓이게 됩니다. 그래서 경금(庚金)이라는 힘이 있는 기암괴석(奇巖怪石)이 임수(壬水)에 의해 닦이게 되면 절경을 이루어, 풍류를 좋아하는 호색가도 여기서 많이 나오게 되는 것입니다. 에너지를 담은 임수(壬水)식신은 활동력이 무궁하고 재능(才能)이 넘치게 됩니다. 선천적인 재능을 발휘하여 성공할 수 있습니다.

08

신금辛金론

신금(辛金)은 먹물로 피부에 문신을 넣은 형상에서 유래한 글자입니다. 열매가 결실을 맺어 이탈한 형상이며 맑고 윤택한 성질이 있습니다. 보석, 주옥, 작은 쇠, 바늘, 침 등을 의미합니다. 그래서 강한 가운데 내구력이 풍부해서 병화(丙火)를 만나 조화로우면 능히 구부린다 하였습니다.

【삼명통회】에 의하면 신금(辛金)은 하늘에 서리라고 하였으니 유(酉)는 신금(辛金)의 록지(祿地)가 되어 서리 내리는 때가 되면 초목이 물들어 낙엽이 되어 떨어지게 됩니다. 이것은 서리는 차가운 기운이라서 서리(辛)가 정오의 해(丙)를 보면 녹아 물로 변화하는 이치가 여기에 있습니다.

진월(辰月)과 사월(巳月)은 무토(戊土)가 당왕(當旺)한 때라 토가 중(重)하여 매금(埋金)될 염려가 있으므로 갑목(甲木)을 사용합니다. 신(辛)과 임(壬)의 금수(金水)는 총명(聰明)한데 무토(戊土)가 있으면 어리석고 나약해집니다. 그러나 일파(一派)임수(壬水)가 중(重)하면 무토(戊土)로 막아 줘야 합니다. 신금(辛金)이 약(弱)하면 습니(濕泥)인 기토로 보호해야 하므로 기토(己土)로 생부(生扶)하면 좋습니다.

하월(夏月)의 신금(辛金)에 화(火)가 많으면 기토(己土)를 얻어 화기(火氣)를 흡수하고 신금(辛金)을 생금(生金)하는 것이 좋습니다. 그러나 수(水)가 많아 신금(辛金)이 너무 약(弱)하면 기토(己土)는 모래흙인 니사(泥沙)가 되는 것이라서 좋지 않습니다. 하월(夏月)에 경금(庚金)은 임수(壬水)의 근원(根源)이 되어 중요한 역할을 합니다.

미월(未月)에는 경(庚)과 임(壬)을 사용하여 인보상관(刃輔傷官)의 유형을 이룰 수 있습니다. 인보상관이란 비견과 겁재로 상관을 생하면 상관의 효용도가 높아지게 되는 것을 말합니다. 신금(辛金) 주옥(珠玉)은 사시(四時)를 막론하고 임수(壬水)를 사용하여 청고(淸高)함을 나타내는데 이때 이것을 도세주옥(淘洗珠玉)이라 하고 총명(聰明)하고 재능(才能)을 충분히 발휘할 수가 있는 구조가 됩니다.

그런데 삼동신금(三冬辛金)은 춥기 때문에 병화(丙火)로 조후해야 따뜻해진 임수(壬水)가 되어 도세(淘洗)하는 효용(效用)이 더욱 높아지게 됩니다. 신금(辛金)은 가을에 무르익은 과일이거나 세밀한 가공이 다 이루어진 귀금속의 형태이기 때문에 오히려 타간(他干)이 훼손하는 것을 두려워합니다. 그러므로 신금(辛金)의 부귀(富貴)를 결정짓는 팔자(八字)의 진신(眞神)은 임수(壬水)가 최우선이 됩니다.

그래서 도세주옥이라 하여 물로 보석을 깨끗이 씻고 닦는 형상이라 하겠습니다. 이때 태양을 받으면 물로 닦아진 보석의 광채가 더욱 영롱할 것입니다. 다음으로 신금(辛金)이 원래의 뜻인 서리나 이슬로 형상(形象)이 나타날 때에는 기토(己土)의 습함이 신금(辛金)을 보호하는 작용이 있게 됩니다. 따라서 신금(辛金)은 임(壬), 병(丙), 기(己)의 조합을 진신으로 취합(聚合)하게 됩니다.

❶ 辛 + 丙

광채발금(光彩發金)의 상입니다. 신금(辛金) 보석과 이슬이 밝은 태양 아래 더욱 빛나는 형상이 됩니다. 보석은 물로 씻은 후에 태양빛을 받아 반짝거리며 빛을 발할 때에 효용이 최고가 되는 것입니다.

❷ 辛 + 壬

도세주옥(淘洗珠玉)의 상입니다. 왕한 신금(辛金)을 임수(壬水) 물로서 깨끗이 씻는 것입니다. 모든 보석은 물로 씻어야 깨끗해지고 영롱해지므로 그 가치를 발휘할 수가 있게 됩니다. 임수라는 상관이 효과적으로 작용하는 것이라서 재능을 충분히 발휘하고 더욱이 총명하여 매사 순조로운 인생을 살게 되게 됩니다.

❸ 辛 + 己

습니보옥(濕泥保鈺)의 상입니다. 신약한 신금(辛金)을 기토(己土)의 윤습(潤濕)함으로 돕는 것입니다. 만약 이때에 기토(己土)가 진흙과 모래흙이 되게 되면 니사(泥沙)가 되어 신금을 더럽히게 되는 것이 되므로 주의해서 사용해야 하는 것입니다.

09

임수壬水론

임수(壬水)는 길쌈할 때 북 실을 감은 형상을 본뜬 글자입니다. 임수(壬水)는 대하(大河)로 불리며 강, 호수, 큰 물, 대해수라 하고, 사방으로 끊임없이 흐르는 성질이 있어서 적수(適水)라고 합니다. 그래서 정지할 줄 모르는 진취적 활동가의 성격을 가지며 강한 가운데 덕이 있습니다.

임수(壬水) 일간인은 병화(丙火), 무토(戊土), 경금(庚金), 갑을(甲乙)이 진신(眞神)에 해당이 됩니다.

조화나 균형이 잘 이루어지지 않으면 오히려 쓰지 않음만 못한 것이 될 수 있으니 잘 확인하고 사용해야 합니다. 임수(壬水)의 특성은 적수(適水)로써 흐르는 성질이 있는데 무토(戊土)가 흐르는 물을 적당히 막아주면 산명수수(山明水秀)가 되어 수복(壽福)이 완전해지게 됩니다.

산명수수(山明水秀)란 말 그대로 산은 높고 물은 빼어나다는 뜻이니 스스로 청고(淸高)하여 부귀를 갖추는 명식이 되게 됩니다. 다음 경신(庚辛)금으로 수원(水源)을 발(發)해야 합니다. 왜냐하면 봄철에는 물의 쓰임이 많은 이유로 임수(壬水)가 고갈(枯渴)될 염려가 있으므로 경금(庚金)과 신금(辛金)의 도움으로 물의 근원을 얻는 것입니다. 이것을 **경발수원(庚發水源)**이라고 합니다. 경발수원이 성립이 되면 금(金)이 물의 수원지가 되어 공급이 그치지 않으므로 주변의 도움과 협조로 성공하는 명식이 되는 것입니다.

유월(酉月)의 가을철에는 임수(壬水)의 패지(敗地)로 임수(壬水)가 왕(旺)하지도 약(弱)하지 않아 금수(金水)가 상생(相生)하여 금백수청(金白水淸)이 나타나므로 오히려 무기(戊己)토가 있어서 수를 극하면 나빠지게 되므로 토가 병(病)이 되게 됩니다. 따라서 갑목(甲木)으로 소토(疏土)하는데, 갑목(甲木)이 투하여 무(戊)토를 제(制)하면 임수(壬水)가 밑바닥까지 보일 정도로 철저하게 징정(澄淨:맑고 깨끗함)하게 되어 한원(翰苑)에 이름이 높아서 귀격의 사주가 되게 된다고 하였습니다. 이때에 갑목(甲木)이 임수(壬水)를 만나면 수중 유영이 됩니다.

수중유영(水中柳影)이란 물속에 버드나무 그림자가 드리우는 모양이니 청초하고 멋들어져서 연예, 예술, 문학 분야의 재능이 뛰어나서 재기가 발랄한 사람이 되는 것입니다. **금백수청(金白水淸)**이란 금(金)은 희고 물은 맑다는 뜻입니다. 금(金)과 수(水)가 상생(相生)하는 좋은 길연(吉延)의 관계를 의미하므로 금(金)이 많아도, 수(水)가 많아도 좋지 않습니다. 만약, 금(金)이 많으면 수(水)는 탁해지고, 금(金)이 없으면 수(水)는 영원할 수가 없습니다.

그래서 금(金)과 수(水)가 균형이 잡혀 맑은 사주를 금백수청(金白水淸)이라고 합니다. 겨울의 임수(壬水)는 영(令)을 잡았으나 기후(氣候)가 매우 추우므로 병화(丙火)가 없으면 해동(解凍)이 불가하여서 목(木)을 생(生)하려는 뜻이 전혀 없게 됩니다. 양화(陽和)한 화기(火氣)가 작용하는 태양의 조후(調候)가 필수적으로 필요하게 됩니다. 그래서 음유한 정화(丁火)로써는 불충분한 것이 되는 것입니다. 이때 만나는 병화(丙火)가 **강휘상영(江輝相映)**이 되는 것이 됩니다.

▶ 강휘상영(江輝相映)이란?

강물이 태양빛을 반사하므로 하늘과 물이 서로 찬란하게 빛나면서 비추는 모양을 말합니다. 물은 맑고 태양은 빛나는 아름다운 자연의 현상을 두고 말하는 것입니다. 운이 강하고 재운이 깃들어 일확천금의 복덕을 누릴 수 있는데, 보통 병무(丙戊)재관을 사용하여 부귀격을 이루게 됩니다. 임수(壬水)가 을목(乙木) 희신(喜神)을 만나면 출수홍련(出水紅蓮)의 상(象)이 됩니다.

❶ 壬 + 戊

산명수수(山明水秀)의 상(象)입니다. 무토(戊土)가 주변의 언덕도 되어주고 왕한 물줄기도 잡아 주어 제방 역할도 하게 되면 무토(戊土)의 역할이 길(吉)해져서 안전해지고 유용하게 물을 쓸 수가 있게 됩니다. 그렇게 되면 산을 밝아지고 물은 빼어나, 수복(壽福)이 안전하게 되는 것입니다.

❷ 壬 + 庚

경발수원(庚發水源)의 상(象)입니다. 임수(壬水)가 대하(大河)라고는 하나 물의 근원이 없어지면 언젠가는 고갈(枯渴)되게 마련입니다. 끊임없이 장구한 세월에서 물줄기가 메마르지 않으려면 수원(水原)으로써 경금(庚金)의 역할이 반드시 필요합니다. 그래서 경발수원에 적합하게 되면 주변의 끊임없는 원조가 이어질 때 성공할 수가 있는 명식이 되는 것입니다.

또한, 금백수청(金白水淸)의 상(象)입니다. 금(金)과 수(水)가 상생(相生)하는 좋은 길연(吉延)의 관계로 만나게 되면 금수가 상생하여져서 금(金)은 희어지고 물을 맑아지므로 한원(翰苑)에 이름이 높아서 귀격의 사주가 됩니다.

❸ 壬 + 甲

수중유영(水中柳影)의 상(象)이 됩니다. 수중 유영이란 물속에 버드나무 그림자가 드리우는 모양으로 청초한 멋으로 연예, 예술, 문학 분야의 재능이 뛰어나서 재기가 발랄한 사람입니다. 갑목(甲木) 식신이 활동성이 아름답고 왕성해지는 것이 되어서 성공하는 명식입니다.

❹ 壬 + 丙

강휘상영(江輝相映)의 상(象)입니다. 강휘상영이 되면 태양빛이 강물에 반사하여 눈부시게 빛나는 상(象)으로 보는 사람이 감탄이 절로 나오게 되는 자연현상입니다. 그래서 이 사주는 사람들이 우러러보게 될 정도로 운이 좋아지고, 재운이 강해 성공하는 사주입니다.

❺ 壬 + 乙

출수홍련(出水紅蓮)의 상(象)입니다. 호수 위에 떠 있는 연꽃의 상(象)이라, 정초하고 고고합니다. 선비의 상(象)으로, 수재에게서 많이 나타납니다.

10

계수癸水론

계수(癸水)는 삼지창을 사방에 꽂은 모습을 하고 있는 글자입니다. 생수, 우로수(雨露水), 작은 물, 이슬비, 시냇물 등을 상징하며, 고요하고 유약하나 융통성이 있어서 화합을 잘합니다. 계수(癸水)의 진신은 임(壬), 병(丙)의 조합을 팔자의 진신(眞神)으로 취용(取用) 합니다.

계수(癸水)는 병화(丙火)와 같이 타간(他干)의 영향을 받지 않습니다. 계수(癸水)서리와 병화(丙火)태양은 다른 십간과 다르게 하늘의 고유 물상이기 때문입니다. 순일한 기운으로 인성의 조력이 크게 도움이 되지 않는데 계수(癸水)는 경금(庚金)의 부조(扶助)로 강(强)해지는 법이 없으나, 신금(辛金)은 계수(癸水)의 발원(發源)하므로 계수(癸水)의 어머니가 된다고 볼 수가 있습니다. 왜냐하면 비(癸水)는 보통 서리(辛金)와 함께 내리는 경우가 많은 까닭입니다.

그래서 계수(癸水)의 특성상, 계수(癸水)일간은 자신이 주도하기보다는 남을 보좌하는 역할과 활용됨의 공덕(功德)이 큰 십간입니다.

따라서 계수(癸水)는 임수(壬水)를 만나 길들여지므로 자신의 힘이 동화될 때 부귀를 논할 수 있게 되는 것입니다. 그래서 계수(癸水)가 임수(壬水)를 만나면 임수(壬水)의 작용으로 보는 것입니다. 그러므로 계수(癸水)가 임수(壬水)와 병화(丙火)를 보는 조합은 수보양광(水輔陽光)이 되어 부귀(富貴)가 극에 달합니다.

또한, 계수(癸水)는 기토(己土)를 옥토로 만드는데 수분을 제공하여 윤택(潤澤)한 공(功)을 이루게 됩니다. 그러나 무토(戊土)와 계수(癸水), 계수(癸水)와 병화(丙火)는 떨어져 있어야 본분을 다할 수가 있게 됩니다. 왜냐하면 계수(癸水)가 메마르고 고조(高燥)한 무토(戊土)를 만나면 합극(合克)되어 본성(本性)을 잃게 됩니다.

또한, 계수(癸水)는 안개비라서 병화(丙火)태양을 가리므로 병화(丙火)의 작용을 못 하게 만드는 습성(習性)이 있습니다 그래서 병화(丙火)는 계수(癸水) 만나는 것을 두려워합니다. 계수(癸水)는 불외화토(不畏火土)라 했는데 토왕(土旺)하면 종토(從土)하여 변화하기 쉬운데 계수(癸水)는 본래 담는 기물에 따라 형태가 달라지기 때문입니다.

❶ 癸+ 壬 + 丙

수보양광(水輔陽光)의 상(象)입니다. 즉, 수(水)의 보좌로 빛을 돕게 되는 것입니다. 계수(癸水)는 임수(壬水)를 만나 길들여지므로 자신의 힘이 동화될 때 부귀를 논할 수 있습니다. 그래서 계수(癸水)가 임수(壬水)를 만나면 임수(壬水)의 작용으로 보는 것입니다. 그러므로 계수(癸水)가 임수(壬水)와 병화(丙火)를 보는 조합은 수보양광(水輔陽光)이 되어 부귀(富貴)가 극에 달한다고 합니다.

❷ 癸 + 辛

신금(辛金)은 계수(癸水)의 발원지(發源地)이므로 계수(癸水)의 어머니가 됩니다. 보통 비와 서리가 함께 내리는 형상이 되어서 조화로운 자연의 조합이 되고 신금(辛金)의 영향력이 지대합니다.

❸ 癸 + 己

습윤옥토(濕潤沃土)의 상(象)입니다. 들판에 내리는 비의 형상을 가지므로 계수(癸水)가 기토(己土)를 옥토(沃土)로 만드는 공덕이 있어서 좋은 환경을 제공받게 됩니다. 이러한 명식으로 된 사람은 안정된 기반으로 직장 생활이 적성에 맞으며 관청이나 대기업이 적합한 명식입니다. 그러나 기토(己土)가 기신으로 작용하면 남성은 직업상 문제가 발생하고 출세가 어렵게 되고, 여자는 남편으로 인해 고생할 수 있습니다.

四柱命理 實戰百句文

사주명리 실전 100 구문

100 Phrases in practice

제2장

격국格局론

11

격국格局이란 무엇인가?

격(格)이란? 명조에서 일간(日干)의 주체가 되는 삶을 말합니다.

보통 체(體)라고도 합니다. 체(體)란? 나의 몸이면서 옷을 입는 것과 같다고 보면 됩니다. 예를 들면, 내 몸이 뚱뚱할 수도 있고 깡마를 수도 있으며, 키가 클수도 있고 작을 수도 있습니다. 자신의 몸을 비교하여 설명한 것이 바로 격(格)입니다. 그런데 체(體)는 몸이지 정신은 아닙니다. 나의 정신은 일간(日干)인 것입니다.

즉, 나의 일간이 갑(甲)목이면 갑목이 나의 정신이고, 나의 체(體)는 격(格)이 되는 것입니다. 그런데 일간이 격(格)과 동일할 수가 있고 일간이 격(格)과 다를 수가 있는 것입니다.

즉, 갑(甲)일간이 인월(寅月)건록이면 록겁격으로 동일한 격이고, 갑(甲)일간이 자월(子月)이면 인수격으로 일간과 격이 주체가 다른 것입니다. 그래서 일간과 격이 동일할 수도 있고 다를 수도 있다는 뜻입니다.

또한, 격이 용(用)과 동일할 수도 있고 다를 수가 있는데, 식신격이 재를 용(用)하면 격(格)과 용신이 다른 것이고, 정관격이 정관을 용(用)하면 격용(格用)이 동일하다고 말하는 것입니다. 일단 팔자가 격(格)이 정해지면 격국의 성격대로 인생을 살게 됩니다. 갑(甲)일간이 식신격을 성격(成格)시켰다면 갑(甲)일간의 정신이 식신격의 행동양식을 가지고 인생을 살아가는 것이라 말합니다. 갑(甲)일간이 정관격을 성격(成格)시켰다면 갑(甲)일간의 정신이 정관격의 행동양식을 가지고 인생을 살아가는 것으로 이해하면 되는 것입니다.

時		日		月		年		坤命
식신				식신		정재		六神
辛		己		辛		壬		天干
未		酉		亥		戌		地支
비견		식신		정재		겁재		六神
丁乙己		庚辛		戊甲壬		辛丁戊		지장간
冠帶		長生		胎地		養地		12운성
癸	甲	乙	丙	丁	戊	己	庚	
卯	辰	巳	午	未	申	酉	戌	대운
75	65	55	45	35	25	15	5	

▶ 위의 명식은 계사(癸巳)년 초에는 시험에 합격할 운세이나, 관운이 약하여 임관은 어렵고 로펌의 변호사가 될 것이라고 예상했는데 사법고시에 합격하였습니다.

사/주/해/설 ▶
십간론과 격국론을 이해하면 풀리는 명조가 됩니다. 해(亥)중 임수(壬水)가 투출하였으므로 재격(財格)입니다. 식신이 왕한 가운데 식신생재가 되는 격국으로 재용식생격으로 성격이 된 명조라 그릇이 크다고 볼 수 있겠습니다.

또한, 식신생재가 되는 재용식생격이니 기술적 재물이 크다고 할 수가 있습니다. 기술을 연마하고, 활용하여 재물을 모으는 명식인데 과연 무슨 기술일까요? 일반적으로 격(格)이나 체(體)라는 것은 몸을 뜻하고 일간은 정신을 의미합니다. 체(體)가 재격이라 해도 일간의 정신이 무엇이냐에 따라 직업과 취미가 결정이 나게 됩니다.

십간론으로 보면 기토(己土)일간은 전원토(土)로 성정(性情)이 "비습하고 중용적이고 축장(蓄藏)하는 공이 크며 모든 것을 다 받아들인다."라 하였습니다. 기토(己土)는 중정(中正)이라고도 하여 "치우치지 않고 바르다"고도 하는데 이런 종류의 성정(性情)은 노무 중재자가 적격이 기도합니다. 또한, 식신은 활동을 의미하므로, 갇혀 지내는 법관보다는 활동적이라고 봐야 하므로 로펌 변호사가 최상의 직업이 될 수 있습니다.

위 사주는 식신적인 생각과 움직임이 모두 재물로 연결이 되는 사람입니다. 토생금, 금생수로 흐르는데 수생목(水生木)으로 지장간의 갑목을 암중(暗中) 생해주기 때문에 보이지 않는 갑목(甲木)관성이 상당한 힘이 있는 사람이 되기도 합니다. 그렇지만 관성이 나타나 있지 않기 때문에 일을 하더라도 비정규 특별직을 가질 가능성이 매우 높은데 자유로운 로펌 변호사로 활발히 움직일 것으로 보입니다. 그렇다면 계사(癸巳)년 합격을 어떻게 확신할 수가 있었을까요?

신(申)대운은 용신운으로 길한 가운데 계사(癸巳)년에는 천간 재성운이 오면서 일지로 사해(巳亥)충이 되는데 이때에 해(亥)중 갑목이 충출(沖出)이 되어 일간과 갑기(甲己)합으로 득관(得官)이 되는 까닭입니다. 갑오(甲午)년에는 천간의 갑목 정관이 확실하게 보이기 때문에 계사년의 해(亥)중 갑목의 충출로 인한 득관은 사시합격을 예상할 수가 있는 것입니다. 물론 이러한 명조가 모두 사시 합격하는 것은 아니고, 사법고시 준비 중으로 합격운을 물어 오는 것이라서 계사(癸巳)년 득관(得官)이 갑오(甲午)년 득관(得官)으로 연계하여 확실하게 나타나는 것입니다.

(1) 재성, 정관, 정인, 식신의 4길신은 순용하면 성격(成格)이고 어쩔 수없이 극하는 것으로 용신을 삼으면 파격(破格)입니다.

"재, 관, 인, 식의 4길신은 순용(順用)하고"라는 뜻은 4길신은 생부(生扶)해 주는 것이 좋고 극, 충, 합거하는 것은 기신인데 기신을 오히려 극, 충, 합(制化)하여 기신을 제거하는 것을 구신(救神)이라 하고 구신(救神)이 원국에 있으면 구응(救應)이라 하여 성격이 되었다고 합니다.

(2) 편관, 상관, 편인, 겁재의 4흉신은 역용(逆用)하는 것으로 용신을 삼으면 성격(成格)이고 어쩔 수없이 상생(相生)하는 것을 용신으로 삼으면 파격(破格)입니다.

"살, 상, 효, 겁재의 4흉신은 역용(逆用)하라"함은 4흉신은 극, 충, 합하는 것이 좋고 4흉신을 오히려 생부(生扶)하는 것은 기신인데, 기신을 오히려 극, 충, 합하여 제거하는 것을 구신(救神)이라 합니다.

예를 들면 정(正), 재(材), 용비겁(比刦)은 정재격으로 비겁을 용(用)하는 것이 용신(用神)인데 격국용신은 파격이 됩니다. 왜냐하면 4길신이니 순용(順用)하여야 하는데 극하는 것으로 용(用)하기 때문입니다. 따라서 격국용신은 파격(破格)이 됩니다.

칠살격은 원래 역용해야 하는데 그것을 생부하는 정(正),편재(偏財)가 있으면 파격(破格)이 됩니다. 그러나 명조에 따라서는 칠살이 약해서 살을 살려야 하는 제살태과격도 있음을 잊어서는 안되겠습니다. 사주원국의 격을 깨는 기신이 있으면, 기신을 잡는 구신(求神)이 있어야 하고 구신(求神)이 없으면 일을 해도 되는 일 없고 일생이 힘듭니다. 운에서 일시적으로 구신(求神)이 오면 순간 운이 호전되다가 운에서 사라지면 다시 힘들어집니다.

그래서 원국에 구신이 있어야 좋은 것입니다.

격국용신은 재관을 중요하게 살펴봐야 합니다.

격국(格局)은 일단은 성격(成格)이 돼야 큰 그릇이 된다고 보는데 안정된 활동 무대를 가지고 인생을 살아간다고 보면 됩니다. 대운에 따라 성격과 파격이 변화가 올 수가 있는데 이것을 운에서 오는 변격(變格)이라고 합니다. 격(格)이 성격(成格)이 되었으나 격국 용신이 없거나 미약하면 좋은 배경의 사람이지만 무의 도식한다고 합니다.

격국이나 격국 용신은 하나이면서 뿌리가 뚜렷하면 좋습니다.

이것을 청(淸)하다고 말합니다. 격국용신이 동주(同住)하면 더욱 좋고 격국용신이 2개라도 혼잡하지 않아야 좋고 3개 이상이면 일은 많고 이루어지는 일이 없는 평범한 사람으로 봅니다.

時	日	月	年
己	甲		
	寅		

위 명조는 인월(寅月) 갑목(甲木)이 투출하여 정관격을 만들었습니다. 갑인(甲寅)월주가 동주하고 정관을 용(用)하니 격용이 동일합니다. 격국용신이 동주하여 뿌리가 확실하니 격국이 높다고 말할 수 있습니다. 격국의 높고 낮음은 전적으로 순잡과 청탁(淸濁)에 달려 있는 것입니다. 또한 위치와 배합이 적당해야 귀하게 되는 것입니다.

(3) 팔정격 정하는법.

자평진전에서 말하는 격은 ❶ 재성격 ❷ 정관격 ❸ 편관격 ❹ 인수격 ❺ 식신격 ❻ 상관격 ❼ 양인격 ❽ 월겁격 이상 8격입니다. 보통 8정격을 기존의 책에서는 정재격, 편재격, 정관격, 편관격, 편인격, 정인격, 식신격, 상관격으로 분류하여 8정격이라고 정의하고 있지만 【자평진전】에서는 위와 같이 말하고 있는 부분이 없으며 양인격과 월겁격을 8격에 포함시키고 있습니다. 심효첨 선생이 이렇게 구분한 데에는 이유가 있는 것인데 재성과 인성을 정편으로 나누고 정재격, 편재격, 정인격, 편인격의 8정격으로 보는 것은 자평진전 본래의 뜻과는 무관한 것이 됩니다. 격국을 잡는 방법에는 여러 가지가 있습니다.

첫째 월령 그 자체를 격으로 정하는 경우가 있는데 정관이 월령에 있으면 무조건 정관격으로 정하는 것입니다.
둘째 좀 진화된 방식으로 초기 사령을 잡아 격을 정하는 경우가 있습니다.
셋째 진화된 방식은 월령 투간한 오행을 격으로 잡는 경우입니다. 또는 지지 회합으로도 격을 잡는 것인데 세력을 얻는 것을 격국으로 보는 방식입니다.
이 방식은 자평진전에서 말하는 방법과 동일합니다.

격국의 의미란 다양하겠지만 월령에서 세력을 얻은 신을 '격신'이라 하고 거기에 맞춰 용신을 정하는 것인데 초기 사령을 먼저 선택해서 격을 잡게 되면 월령 본기가 투출하여 본기가 강한데도 초기사령 때문에 중기나 여기를 잡게 되면 격신이 두 개 이상 나타나게 되는데 바로 이 문제점으로 인해 격과 용신이 중구난방하게 되는 이유 같습니다. 분명한 것은 자평진전에서는 월령 투간하거나 회합한 오행을 격신으로 잡는다는 것입니다. 초기사령으로 잡는다는 내용은 없습니다. 격신이라는 것은 세력을 얻어야 하는 것이기 때문인 것입니다. 세력을 못 얻으면 격신으로 사용하기 어려운 것이겠지요.

❶ 본기투출하면 무조건 본기로 격을 정하고, 초기나 중기가 투출하면 투출한 육신으로 격을 정합니다.

❷ 초기와 중기가 동시에 투출하면 강한 것으로 격을 정합니다.(월지 사령 또는 주변상황파악)

❸ 초, 중, 정기 모두 투출 안 했으면 정기자체로 격을 정합니다.

❹ 왕지(子午卯酉)는 여기나 정기나 무엇이 투출하던 또는 아무 것도 투출하지 않더라도 무조건 정기로 격을 정해도 상관이 없습니다.

❺ 묘지(辰戌丑未)는 아무것도 투출하지 않은 것은 격으로 잡지 못합니다.
(甲辰일간이 辰월에 癸水 대신 壬水가 투출했으면 偏印格임)

(4) 격국의 쓰임이 용신이 됩니다.

격국이란 세력을 보는 것이 맞는다면 전체의 세력을 보는 것이 정답입니다. 하지만, 전체의 세력을 가지려면 년(年)지에서 출발하는가 아니면 월(月)지에서 출발하는가, 또는 일(日)지, 시(時)지에서 출발하는가를 분간해야 합니다. 월령에서 출발하여 보는 것이 세력이 강하겠습니까? 아니면 일지나 혹은 시지에서 출발하여 보는 것이 세력이 강하겠습니까. 만약, 월지에서 출발하는 것과 시지에서 출발한 것이 있다면 어떤 것이 더 강하다고 생각합니까?

【자평진전】에서는 월지(月地)에서 격이 투간하지 못했을 때에는 지지회합으로 그 세력을 이루면 격으로 따른다고 합니다. 그래서 전체에서 격국을 잡는다는 말이나, 월령에서 세력을 잡는다는 말은 결국 똑같은 말이 되는 것입니다.

이것은 【난강망(궁통보감)】에서도 재확인이 됩니다. 난강망을 보신 분들은 십간을 논하면서 월지인 계절학이 중심이 된다는 것을 알고 계실 것입니다. 그만큼 월령 계절을 얻으면 그 세력은 일지나 시지에서 얻는 것보다 더 강한 것이 되는 것입니다. 즉 갑목(甲木)이 인묘(寅卯)월에 태어나면 자기 계절을 얻는 것이라 록겁격이고, 양인격으로 강한 일신이 되는 것입니다.

(5) 상신과 용신을 구별해야 하는 이유는 무엇인가요?

상신은 격을 조율하고 격의 흐름을 좋게 하는 것으로 보는 것이 적합할 것입니다 그러면 용신은 무엇인가요? 제가 생각하는 용신은 "격국이 성격이 되던 파격이 되던 그 격이 존재하게 되면 그 격에 맞추어 쓸 수가 있는 무기"가 되는 것입니다. 격(格)에 꼭 필요한 절대적인 것이 용신이 되는 것입니다.

그런데 무기가 없으면 인생이라는 전투지에서 자기가 사용할 필살기가 없어, 무기력한 존재가 되어 도망 다니는 패잔병이 되는 것과 같습니다.

그래서 여기에서 말하는 용신은 그 격에 맞추어 사용하는 무기라면, 상신은 무기의 효용을 최대한 끌어올리기 위해 사용하는 것으로 곧, 무너진 성벽인 격국을 복구하여 전투력이 향상될 수 있도록 작용하는 것이 '상신'이라고 보시면 그 뜻이 어느 정도는 이해가 될 것도 같습니다. 따라서 용신은 사용하는 무기로 전투병과(도끼병, 기마병, 궁수병)이고 상신은 보급병, 위생병, 행정병 등으로 전투병을 지원하는 것으로 보면 됩니다.

12

격국이 정해지면
십신十神을 해석하는 법

(1) 일간의 지지가 12운성의 3개의 절(絶)이나 태지(胎地)를 만나면 평생 빈곤합니다.

아래의 명조는 병화일간의 자수(子水)는 태지입니다. 병화일간이 지지에서 절지(絶地)나 태지(胎地)등을 중첩해서 만나면 힘이 약해져서 운을 당겨오기가 힘이 듭니다.

時	日	月	年
戊	丙	壬	子
子	子	子	未
胎	**胎**	**胎**	

(2) 일지(日支)가 12운성의 3개의 록(祿)을 만나면 평생 외롭습니다.

아래의 명조는 을목(乙木)의 록(祿)지는 묘목(卯木)입니다.(여명은 독신녀가 많다)

時	日	月	年
己	乙	丁	己
卯	卯	卯	酉
祿	**祿**	**祿**	

(3) 천원좌살(天元座殺)하고 지지가 합으로 구성되면 두 처를 거느립니다.

時	日	月	年
己	甲	庚	庚
巳	申	辰	子

(4) 일지(日支)에 천원좌살(天元座殺)하고 시지(時支)가 관살 묘고가 되면 노후가 불행합니다.

아래의 명조는 사유축(巳酉丑) 금(金)국의 묘고지는 축(丑)입니다. 신금(申金)이 충을 만나면 축토(丑土)에 금오행이 입고하게 됩니다. 이것은 말년을 뜻하는 시지(時支)자녀궁에 묘고지를 두고 있기 때문에 자녀의 불행을 의미하기도 하는 것입니다.

時	日	月	年
乙	甲	丙	己
丑	申	寅	丑

(5) 삼형살이 있는 사주에서 나머지 하나의 형살이 들어와 사(四)형살이 되면 극형을 당하게 됩니다. 사형살을 가지고 있으면 제왕격 사주이나 처자는 반드시 극하게 되는 것입니다.

신해(辛亥)년을 만나 인신사해(寅申巳亥)충이 되며 4형살이 됩니다.

時	日	月	年	歲
甲	庚	甲	癸	辛
申	戌	寅	巳	亥

(6) 시지(時支)에 공망이 임하면 자식이 늦습니다.

신유(申酉)가 공망입니다. 만약, 공망이면서 충극을 받으면 무자식일 가능성이 높습니다.

時	日	月	年
甲	乙	丙	乙
申	亥	戌	酉

(7) 년주와 일주가 서로 상충하면 조상 부모덕이 없습니다.

아래의 명식은 조상궁과 일지가 충하면 조상,부모와 처가 사이가 나쁘다고 봅니다. 부모와 부인 사이가 나쁘면 가정이 편한 할 일은 없습니다.

時	日	月	年
庚	庚	己	甲
辰	申	巳	寅

또한, 아래의 명식에서 년주와 시주가 충하게 되면 자식이 조상과 인연이 없어 자손이 귀합니다. 이런 경우는 조상을 해치는 자녀를 두게 될 가능성이 높기 때문에 조상음덕을 못 받는 아들보다는 딸을 낳는 것이 좋습니다.

時	日	月	年
庚			甲
申			寅

(8) 시에 겁재(劫財)를 있으면 노후가 나쁩니다.

말년을 뜻하는 시간(時干)에 겁재가 있게 되면 을목(乙木)겁재(劫財)가 기토(己土)정재를 파괴합니다. 그러므로 노후가 불안합니다. 그러나 비견은 괜찮다고 봅니다.

時	日	月	年
乙	甲	己	丙
丑	辰		辰

(9) 신약한 사주가 월(月)에 편재가 있으면서 충극을 받으면 부모덕이 없습니다.

월주는 부모궁을 말하기도 하며 가정을 의미하기도 합니다. 이러한 월지는 신약한 명조로 충극을 받게 되면 부모덕이 없다고 봅니다.

時	日	月	年
甲	庚	甲	癸
申	戌	寅	巳

(10) 신약한 사주에서 시(時)에 편재가 있으면 자식덕이 없습니다.

신약한 사주가 시지에 기신인 편재가 있게 되고 충극을 받으면 자식 때문에 노후가 나쁘다고 봅니다. 그러나 시에 용신이 있으면 자식 덕이 있습니다.

時	日	月	年
甲	庚	乙	癸
寅	申	卯	巳

(11) 정재가 중첩되면 두 번 장가가거나 두 집 살림을 하게 됩니다.

時	日	月	年
丙	丁	壬	甲
午	未	申	申

정재 신(申)이 중첩하면 2번 결혼하거나, 2집 살림을 할 가능성이 높습니다.

時	日	月	年
癸	己	壬	壬
酉	巳	亥	戌

위의 명식에서 계수(癸水) 편재, 정재 임수(壬水)가 중첩됩니다. 노후가 불안하고 2번 결혼할 운명입니다. 사화(巳火)가 용희신이라 처덕이 있으나, 사해(巳亥)충으로 오래가지 못합니다. 사화(巳火)가 용희신이니 결혼을 빨리하면 운이 트이게 됩니다.

時	日	月	年
甲	辛	癸	丙
午	亥	亥	子

위의 명식에서 해(亥-戊甲壬)중 갑목(甲木)이 처입니다. 정재가 중첩이니 두 번 장가 가거나 두 집살림 할 수가 있습니다.

(12) 시지(時支)에 자형이 임하면 자식의 질병으로 고통스럽습니다.

일지와 시지가 진진(辰辰) 자형으로, 자식궁에 자형은 자손의 근심을 의미합니다.

時	日	月	年
戊	甲	己	庚
辰	辰	卯	申

(13) 칠살이 이중으로 시에 중첩되면 자식을 잃을 수가 있습니다.

특히 시지에 충(沖), 극(剋)을 받으면 더 위험성이 커집니다.

時	日	月	年
丙	庚	戊	丙
子	午	戌	申

(14) 지지가 삼합(방합)이 되고, 일간의 비겁이 되면 처자를 극하게 됩니다.

남자는 처자를 극하고 여명은 남편과의 사이가 안 좋아집니다.

時	日	月	年
丙	甲	丁	己
寅	辰	卯	丑

(15) 사주 구성이 좋은 경우

❶ 사주 원국이 좋아야 합니다.

❷ 대운이 용신운으로 흘러야 합니다.

❸ 사주의 충극이 없어야 합니다.

❹ 사주가 물 흐르듯이 흘러야 합니다. 상생(相生) 사주

❺ 오행을 모두 가지고 있어야 합니다.

(16) 사주 구성이 나쁜 경우

❶ 사주의 충극이 심하면 나쁜 사주가 될 수 있습니다.

인신(寅申)충, 사해(巳亥)충으로 역마충이 있으면 사고사 위험이 있습니다.

자오(子午)충, 묘유(卯酉)충으로 도화충이 있으면 잡기로 패망할 수 있습니다.

진술(辰戌)충, 축미(丑未)충 화개충이 있으면 학업이나 진로운이 좌절이 될 가능성이 높습니다.

❷ 여명의 관살혼잡은 남자관계가 복잡한 나쁜 사주입니다.

남자가 여러 명으로 재혼을 했거나, 접대부 생활을 할 가능성이 높습니다.

時	日	月	年		時	日	月	年
丁	癸	庚			癸	壬	己	戊
巳	亥	子			卯	子	未	戌

❸ 식상이 많을 경우, 삶이 고달픈 사주가 될 수가 있습니다.

여자가 식상이 많으면 가정을 책임지게 되고, 남자의 경우 가정을 위해 매일 일만 하게 됩니다. 또한, 관성을 극하여 관록과 인연이 없으니 삶이 피곤합니다.

時	日	月	年
甲	丙	癸	
午	午	巳	

❹ 인성이 과다한 경우도 종교인, 거지로 나쁜 사주가 될 수 있습니다.

時	日	月	年
乙	癸	癸	
未	亥	亥	

인성이 과다(過多)한 사주입니다. 또한 재성(財星)인 미토(未土)가 을목(乙木)의 묘고(墓庫)로 약합니다. 인성이 과다하여 도움만 받고, 재성이 없으면 거지 사주가 됩니다.

時	日	月	年
己	辛	戊	辛
丑	卯	戌	卯

인성이 많으니 종교인 사주입니다. 년주와 일주가 동일하면 운이 나쁘게 진행합니다.

❺ 재다신약이 되면 돈으로 고통 받는 나쁜 사주가 됩니다.

신약하면서 재다(財多)가 되면 돈 때문에 고통받게 됩니다. 신약하여 재물(財物)을 가져올 수가 없기 때문입니다.

時	日	月	年
甲	戊	己	
戌	戌	酉	

❻ 비겁상쟁이 되면 서로 경쟁하는 나쁜 사주가 될수 있습니다.

비겁이 많으니 서로 뺏었으려고 투쟁하게 됩니다. 따라서 무리를 통솔하는 군경(軍警)을 직업으로 선백하면 기운(開運)할 수 있습니다.

時	日	月	年
甲	甲	乙	甲
戌	子	卯	亥

❼ 형(刑)이 되면 나쁜 사주가 될 수 있습니다.

時	日	月	年		時	日	月	年
	甲					甲		
戌	戌				辰	辰		
辛						乙		
丁						癸		
戊						戊		

• 관이 있는 재성(여명은 관이 소중하다)   • 관이 없는 재성

(17) 합(合)의 육친해석 활용입니다.
❶ 이복형제가 있습니다.

時	日	月	年
甲	辛	丁	庚
午	亥	亥	子
		戊	戊
		甲	甲
		壬	壬

위의 명식은 신(辛)일간이 해(亥)를 깔고 중첩되어 있어야 합니다. 무토(戊土) 인성은 어머니가 2명이 됩니다. 또한 형제를 의미하는 경금(庚金) 비겁은 반드시 천간에 있어야 합니다.

時	日	月	年
乙	庚	壬	子
酉	申	子	酉

을경(乙庚)합금하고 비겁이 많으면 이복형제가 있을 가능성이 많습니다.

時	日	月	年
	辛		
未		未	

위의 명식에서 인성이 겹치는 경우, 쌍둥이 확률이 높습니다.

❷ 재성과 식상이 합하는 경우.

時	日	月	年
己	戊	戊	庚
未	申	子	午

위의 남(男)명은 재성은 아내가 되고, 식신은 장모가 되는데 만약, 재성과 식상이 합(合)하는 경우 아내와 장모가 묶여있는 상으로 보면 한 집에서 같이 산다고 할 수 있습니다. 그래서 장모와 부인이 같이 산다고 하는 것입니다. 물론 같이 살지는 않아도 사이가 좋은 것은 틀림이 없는지라 장모와 내가 궁합이 좋다고 보아도 됩니다.

時	日	月	年
丁	丁	甲	丁
未	酉	辰	巳

위의 남(男)명은 장모에 해당하는 식신인 진(辰)과 처에 해당하는 재성인 유(酉)가 진유(辰酉)가 합(合)하니 장모와 함께 살게 됩니다. 같이 살지 못하더라도 이웃하면서 사이가 무척 좋다고 보면 됩니다.

(18) 육친의 길흉판단법.

(a) 부모덕이 없는 경우입니다. ▶ 월주는 부모궁을 의미 합니다.
❶ 부모궁이 충극을 받는 경우

時	日	月	年
我	父		
	母		

時	日	月	年
丙	壬		
寅	申		
甲	**庚**		

위의 명식에서 갑(甲)편인과 경(庚)편재의 갑경(甲庚)충은 어머니와 아버지가 불화하지만 근본적으로 월지와 일지의 충극이므로 부모 덕이 없는 것입니다.

❷ 인성과 재성이 충극을 받는 경우.

時	日	月	年
甲	丁		
寅		申	

위의 명식에서 인(寅)인성과 신(申)재성이 충극입니다. 어머니와 아버지가 불화로 부모덕 없게 됩니다. 남명은 어머니와 처의 불화로 고부갈등이 있게 됩니다.

❸ 신약사주로 월에 편재가 있는 경우.

時	日	月	年
庚	甲		
巳	子	寅	亥

위의 명식에서 신약으로 갑인(甲寅)이 기신이고 편재입니다. 부모궁에 기신편재가 있으면 부모 덕이 없고, 부모로 인해 내 재물에 손실이 발생한다고 봅니다.

時	日	月	年
庚	乙		
	卯		

위의 명식에서 을묘(乙卯)가 정재이면 오히려 부모덕이 있고 물려받을 유산이 있다고 볼 수 있습니다. 정재와 편재의 해석이 틀려지는 이유가 됩니다.

(b) 자식덕이 없는 경우.

時	日	月	年
甲	庚	丙	壬
寅	子		

위의 명식은 신약한 사주로 시(時)에 편재가 있는 경우 자식 때문에 돈이 나간다고 봅니다. 신약한 사주가 시(時)에 편재가 있으면 노후에 자식이 고통을 줍니다.

時	日	月	年
辛	辛	壬	壬
巳	亥	子	辰

위의 명식에서 시(時)에 기신이 있는 경우와 시(時)에 관살이 충을 만나는 경우도 자식 덕이 없습니다.

(c) 처덕이 없는 경우.

신약사주로 일지에 편재가 있으면 처덕이 없습니다.

13

정관격 正官格

정관이란 나를 극하는 것입니다. 칠살(七殺)과 다른 점은 있으나 일주(日柱)를 극제 한다는 점에서는 결국 작용은 같습니다.

그런데 정관격은 어찌해서 형, 충, 파, 해를 꺼리게 되는가?

그 이유는 정관이 존귀함을 뜻하기 때문입니다. 형, 충, 파, 해는 꺼리는 것이 되고 정관을 생해주고(재성) 정관을 호위(인성) 하는 것을 좋아합니다. 희신을 존속시키고 기신을 제거하면 귀하게 됩니다. 재성과 인성이 모두 천간에 투출하였는데 재성과 인성이 서로 장애가 되지 않으면 대귀하게 됩니다.

그래서 정관격은 **재(財)**와 **인(印)**을 쓰는 것이 원칙입니다.

그러나 신약하다면 나를 돕는 인비겁운이 와야 좋고 정관이 약하다면 정관을 돕는 운이 와야 좋은 것입니다. 정관이 천간에 노출되어 있다면, 합(合)하거나, 칠살과 섞이거나, 정관이 거듭 있거나, 지지에 형충이 되었다면 불리하게 됩니다.

時	日	月	年
戊	乙	壬	甲
寅	巳	申	申

● 위의 명조는 설상공(薛相公)의 명조입니다. 정관격인데 이 사주에서는 인성인 임수(壬水)와 재성인 무토(戊土)가 있는데 재성과 인성 사이에 일간인 을목(乙木)이 있어서 무토(戊土)가 임수(壬水)를 극하지 못하므로 재성과 인성이 서로 방해를 받지 않았기 때문에 대귀 합니다.

時	日	月	年
庚	丁	丁	乙
戌	未	亥	卯

● 위의 명조는 김장원의 명조입니다. 정관격입니다. 경금(庚金)재와 을목(乙木)인을 병용하는 사주입니다. 만약 인성으로써 화관(化官)하는데 만약, 재성이 투출했다면 더욱 빼어나 대귀격이 될 수가 있었습니다.

時	日	月	年
乙	戊	丁	壬
卯	申	未	戌

● 위의 명조는 잡기정관격(雜氣正官格)입니다. 정관 을목(乙木)이 천간에 투출하여 지지의 묘(卯)와 미(未)에 뿌리박았으니 대귀할 것처럼 보일 것입니다. 하지만 인수 정화(丁火)와 편재 임수(壬水)가 정임(丁壬)합하였으니 고유한 작용력을 상실하여, 재성과 인성이 없는 것과 다름없게 되었습니다. 따라서 고관무보(孤官無補)로 보아야 하므로 벼슬이 칠품(七品) 이상 오를 수 없었습니다. 정관이 강하여 벼슬은 하지만 묘신(卯申)이 암합하고 술미(戌未)형하므로 을(乙)정관의 뿌리를 손상시키는 것이 이 명조의 약점입니다.

❶ 정관용재(正官用財).

정관용재(正官用財)가 되면 재와 관이 강하므로 신약할 가능성이 높습니다. 신약하다면 인수운과 신왕운이 좋고 일간을 설기시키는 식상운을 꺼리게 됩니다. 만약에 신왕하고 재관이 약하다면 재관운이 모두 좋습니다.

時	日	月	年
戊	乙	壬	甲
寅	巳	申	申

위의 설상공의 명조로 월령이 정관인데 재와 인을 겸하였습니다. 인성인 임수(壬水)와 재성인 무토(戊土)가 있는데 재성과 인성 사이에 일간 을목(乙木)이 있어 무토(戊土)가 임수(壬水)를 극하지 못하므로 재성과 인성이 서로 방해를 받지 않았기 때문에 대귀 합니다.

❷ 정관패인(正官佩印).

정관패인(正官佩印)이 되면 재운과 식상운이 좋습니다. 만약, 관이 강하고 신약하여 인수가 용신이면 재운이 올 필요가 없습니다. 정관격에 상관이 투출하여 인수가 용신이 되었을 경우에는 재성이 있으면 좋지 않습니다. 인수가 상관을 눌러 줘야 정관이 맑아져 길하게 되는 명조라, 재성이 오히려 인수를 파괴하게 되면 상관을 보호하는 작용을 하게 되는 까닭입니다.

時	日	月	年
辛	壬	辛	己
亥	寅	未	卯

위의 명조는 정관격인데 미(未)중 본기인 기토(己土)정관이 년간에 투출하였습니다. 지지에서 목국(木局)상관을 이루었으나, 2개의 신금(辛金)인성이 이를 해지하였습니다. 목(木)상관을 만났으나 신(辛)인수를 가지고 있으니 사주가 맑게 되었습니다.

時	日	月	年
壬	壬	乙	癸
寅	子	丑	丑

● **위는 사법고시 합격생의 명조입니다.** 이 명조는 정관격인데 정관격에 을목(乙木) 상관이 투출하여 인수가 용신이 되었을 경우에 정관패인을 성격시키면 큰 인물이 됩니다. 인수로 인극상을 해줘야 정관패인으로 성격이 될 수 있습니다. 경진(庚辰)년에 을경(乙庚)이 합(合)하여 을목(乙木)상관을 제거하였습니다. 정관을 극하는 을목(乙木)의 제거하여 관이 맑아져, 이때 사법고시에 합격한 것으로 판단됩니다. 다가올 신유(辛酉)와 경신(庚申)대운은 인수운으로 정관패인을 성격하여 크게 발복하게 될 인물입니다.

▶ 정관격에서 상관을 만났는데 인수가 있어서 사주가 맑아질 수도 있고, 칠살이 섞였는데도 거살유관으로 사주가 맑아질 수도 있습니다. 또한 정관격에 칠살이 섞이면 식상운이 제살의 역할을 하기 때문에 식상운이 나쁘지 않습니다.

時	日	月	年
戊	甲	乙	庚
辰	子	酉	寅

위의 명조는 갑목(甲木)이 유금(酉金)의 경(庚)정관을 쓰는데 칠살인 경금(庚金)이 투출하여 관살혼잡하나, 을경(乙庚)합하여 합살류관(合殺留官)이 되니 칠살이 섞였지만 사주가 맑아졌다고 봅니다.

14

편관격 偏官格

칠살(七殺)은 나를 공격하는 것으로 좋아 보이지는 않습니다.

그러나 대귀한 사람의 명조를 보면 칠살격이 많습니다. 칠살(七殺)도 잘 통제하기만 하면 귀하게 쓸 수 있습니다. 이것은 마치 대영웅이나 대호걸이 다스리기 어려워 보이지만, 잘 다스리면 경천동지의 공로를 세우게 됩니다. 그래서 왕후장상(王侯將相)의 명조 가운데는 칠살격이 많습니다.

그런데 다음과 같은 경우는 정관과 찰살의 역할이 변할 수 있습니다. 즉, 정관도 많으면 관다신약(官多身弱)이 되어 칠살(七殺)과 다름이 없고, 살약신강(殺弱身强)하다면 칠살(七殺)도 정관과 같은 것입니다. 또한, 음간일주에 칠살은 왕한 것을 두려워하지 않으며, 식신의 제살만 있으면 되지만 양간일주는 반드시 신강해야 식신제살로 쓸 수가 있습니다. 칠살을 쓸 경우 재로써 칠살을 생하든지 인수로써 화살하든지 식신으로써 제살하든지 해야 합니다.

칠살 한 가지로 단독으로 쓰는 경우는 없습니다.

❶ 살용식제(煞用食制).

칠살(七殺)도 왕하고 식신도 강하며 신강한 명조가 식신제살(食神制殺)이 되면 귀하게 됩니다.

時	日	月	年
丁	乙	乙	乙
丑	卯	酉	亥

● 위는 육상염(陸商閻)의 명조로 매우 귀하게 되었습니다. 이 명조는 칠살격인데 정화(丁火)식신이 천간에 나타나 있습니다. 칠살은 역용(逆用)하면 성격(成格)이라서 묘유(卯酉)충이 되고 정화(丁火)로 식신제살하니 귀격의 사주가 됩니다.

▶ 칠살격에 식신의 제살(制殺)을 쓰는 경우에는 재와 인수가 투출하면 안 됩니다. 재는 식상을 설기하여 칠살을 돕고 인수는 식신을 제거하여 칠살을 보호하기 때문입니다. 그러나 재와 인이 투출해도 서로에게 방해가 되지 않다면 무방한 것입니다.

時	日	月	年
戊	丙	甲	壬
戌	戌	辰	辰

● 위는 탈승상(脫丞相)의 명조입니다. 진(辰)중에 계수(癸水)가 있고 천간에 칠살 임수(壬水)와 갑목인수가 투출하였습니다. 무토(戊土)식신이 지지 네곳에 뿌리박고 있으니 식신이 태왕하여 식신으로 칠살을 제살함이 태과하여 제살태과할 수가 있습니다. 그런데 인수갑목(甲木)이 있어서 태과한 식신을 제복(制伏)시켜 칠살을 살리고 있습니다.

▶ 식신을 써서 제살하는 국(局)에서는 살중식경(殺重食輕)하다면 식신을 돕는 운이 와야 하고 살경식중(殺輕食重)하다면 칠살을 돕는 운으로 가야 합니다. 칠살과 식신이 균형을 이루고 있는데 일주의 뿌리가 약하면 일주를 돕는 운으로 가야 좋으며, 칠살을 혼잡하게 하는 정관운과 탈식(奪食)하는 편인운을 두려워하게 됩니다.

❷ 칠살용인(七殺用印).

칠살격에 인수가 용신인 경우가 있습니다. 인수는 칠살을 보호하니 마땅히 쓸 수가 있는 것이 아닙니다. 하지만 살인상생(殺印相生)하여 유정하다면 칠살을 쓸 수가 있어서 귀격이 됩니다. 칠살격에 인수를 쓰는 사주는 인수로써 살인상생하는 것이므로 용신이 되는 인수를 파하는 재운을 가장 꺼리게 됩니다.

時	日	月	年
辛	壬	戊	丙
丑	戌	戌	寅

● 위는 하참정(何參政)의 명조입니다. 이 명조는 칠살격으로 병화(丙火)재성과 신금(辛金)인수가 투출하였습니다. 원래 재성과 인수는 병용(倂用)하지 않는 것이 원칙입니다. 그러나 재성과 인수가 서로 극하지 않는 배합이라면 서로 병용할 수가 있는 것입니다. 이 명조는 병화(丙火)가 무토(戊土)를 생하느라고 신금(辛金)인수를 극하지 못하고 있습니다. 인수의 위치와 배합이 적당하므로 귀하게 되었습니다.

時	日	月	年
戊	戊	甲	戊
午	寅	寅	辰

● 위는 조원외(趙員外)의 명조입니다. 이 명조는 칠살격으로 칠살이 왕하고 병령하여 진신득용(眞神得用)이 되었는데 인오(寅午)가 회합하여 인수가 화살생신(化殺生身)하고 있습니다. 칠살용인(七殺用印)으로 용신이 뚜렷하니 청수하여 귀하게 되었습니다.

▶ 만약 칠살이 중(重)하고 신약하다면 약한 일주가 식신을 감당하지 못합니다. 만약 식신을 버리고 인수를 용신으로 취한다면 비록 월령에 통근하지 못했다고 해도 역시 무정한 것이 유정하게 되는 것입니다. 이렇게 되면 역시 귀하게 되는데 귀가 크지는 않는 것입니다.

❸ 칠살용재(七殺用財).

칠살격에 재를 쓰는 경우가 있습니다. 재성은 칠살을 생해주니 원래 좋은 것은 아닌 것입니다. 만약에 신강한 사주에 식신으로 제살하는데 인수가 투출하여 식신을 극하고 있다면 재를 써서 인수를 제거하여야 합니다. 이것은 병약으로 용신을 정한 것입니다. 그렇게 되면 귀격이 됩니다.

時	日	月	年
庚	丁	甲	戊
戌	未	子	戌

● 위는 주승상(周丞相)의 명조입니다. 이 명조는 칠살격인데 상관 무토(戊土)가 인수 갑목(甲木)에 의해 극을 당하여 칠살을 제복하지 못하고 있습니다.
그런데 시의 경금(庚金) 재성이 인수를 어느 정도 제거하니 식신이 맑아지고 재가 부족한 칠살을 생하니 생살(生殺)이 곧 제살(制殺)로 이어져서 두 가지 작용을 모두 하니 대귀했습니다.
또 신강하고 칠살은 약한데 인수가 있어서 칠살의 기운을 설기하여 용신이 청(淸)하지 못할 때는 재를 빌려서 격을 맑게 하면 이 역시 귀격이 됩니다.

時	日	月	年
庚	丙	乙	甲
寅	戌	亥	申

● 위는 유운사(劉運使)의 명조입니다. 이 명조는 칠살격으로 인술(寅戌)은 병화(丙火)를 공합하여 일주가 왕하지만, 해수(亥水) 칠살이 약합니다. 이 사주역시 경금(庚金)재로써 칠살을 생하는 경우인데 재성이 인수를 극합하여 격국이 맑아진 경우입니다.

▶ 잡기칠살격(雜氣七殺格)은 천간에 재성이 투출하지 않으면 용신이 맑으니 귀하게 됩니다. 그러니까 용신이 식신이던지 인수이던지 재성이 투출하지 않으면 용신이 손상되지 않으므로 용신이 맑아진다는 것입니다. 또 , 칠살격에 정관이 섞인 사주는 정관을 제거하거나, 칠살을 제거하면 사주가 맑아져서 귀하게 됩니다.

時	日	月	年
庚	庚	丁	癸
辰	寅	巳	卯

● 위의 악통제(岳統制)의 명조입니다. 이 명조는 사화(巳火)가 칠살로 칠살격으로 이루는데 정화(丁火) 정관이 투출하여 혼잡합니다. 그런데 정계(丁癸)충으로 정관을 제거하고 사화를 남겨 놓게 되므로 격이 맑아졌습니다. 그래서 거관류살이 된 사주입니다. 정관은 귀기(貴氣)인데, 정관을 제거하고 칠살을 제거하지 않은 까닭은 월령이 칠살이고 칠살이 격국이지 정관이 격국은 아니기 때문입니다. 그러므로 정관과 칠살 가운데 그 비중이 큰 것을 좇아야 합니다.

時	日	月	年
辛	辛	甲	丙
卯	亥	午	子

● 위는 심낭중(沈郞中)의 명조입니다. 이 명조는 오화(午火)가 편관으로 자오(子午)충이니 칠살 오화(午火)를 제거합니다. 그래서 거살류관이 되었습니다. 그런데 이와 같이 칠살격을 없애고 정관을 쫓는 것은 격이 크게 맑지 못한 것이 됩니다.

▶ 제살태과(制殺太過)하면 태과한 것이 병이 되니 칠살이 허약해져서 반드시 위살(衛殺)해야 합니다. 그러므로 약한 칠살을 생해주는 재성운에 발복하게 되는데 이것을 재자약살격(財滋弱殺格)이라고 합니다. 또한 태과(太過)한 식신을 억제시키는 인수의 운에서 발복하게 됩니다.

時	日	月	年
戊	丙	壬	戊
戌	子	戌	戌

● 위는 호회원의 명조입니다. 이 명조는 식신격이지만, 임수(壬水)가 주변의 왕토(旺土)에 의해 극을 당하여 제살태과한 사주입니다.

15

식신격 食神格

식신은 원래 설기하는 작용을 합니다.

정재를 생하는 효용이 있기에 식신을 기쁘게 여깁니다. 신강한 사주에 식신이 왕하고 재성이 투출하면 대귀하는 격국입니다. 만약 왕(旺)하기만 하고 설기함이 없어 오행의 유통이 일주에서 멈추고 말았다면 좋은 명조가 아닙니다.

신강하면 재(財)와 식신운이 좋고 신약하다면 방신하는 운이 좋습니다. 만약 식신이 천간에 투출하고 있다면 설기함이 심하다는 것이므로 비겁의 운도 꺼리지 않습니다. 식상이 용신인 사람은 머리가 총명하고 재능을 잘 발휘하는데 이는 수기(秀氣)의 유통이 좋은 탓입니다.

時	日	月	年
癸	癸	癸	丁
丑	亥	卯	未

● 위는 양승상(梁丞相)의 명조입니다. 계수(癸水)가 왕하고 해묘미(亥卯未)가 합하여 식신의 국(局)을 이루고, 정화(丁火)가 투출했습니다. 정화(丁火)는 계수(癸水)를 충하여 제거하므로 격이 청순하게 되었습니다.

時	日	月	年
庚	戊	壬	己
申	子	申	未

● 위는 사각로(謝閣老)의 명조입니다. 신자(申子)합수하면서 장생지인 신금(申金)에서 임수(壬水)가 투출하여 재성이 힘이 있고, 경금(庚金)이 임수(壬水)를 식신생재하므로 귀하게 될 수 있습니다.

❶ 식신용재(食神用財)

화(火)여름의 목(木)나무가 토(土)재를 쓰는 경우는 불은 뜨겁고 흙은 메말랐으니 무반(武班)에서 귀하게 됩니다.

時	日	月	年
丙	甲	己	己
寅	寅	巳	未

● 위는 황도독(黃都督)의 명조입니다. 식신격으로 재(財)를 용(用) 합니다. 갑인(甲寅)일주가 천간과 지지에서 강하고 하늘을 찌르는 기세를 이루고 있습니다. 사화(巳火) 식신으로 설기하고, 기토(己土)재성이 용신이 됩니다.

▶ 만약 단독으로 식신을 쓰는 경우에는 식신이 유기(有氣)하고 재의 운으로 흐른다면 부(富)하게 되고 재(財)의 운으로 흐르지 못하면 가난하게 됩니다.

時	日	月	年
丙	癸	甲	己
辰	亥	戌	亥

● 위의 명조는 기토(己土)칠살을 상관갑목(甲木)이 갑기(甲己)합거하고 병화(丙火)재가 남은 명조입니다. 식신이 칠살을 합거하고, 재를 남겨 뛰어난 귀격이 되었습니다.

時	日	月	年
乙	辛	庚	丙
未	卯	子	辰

● 위는 여수평중승상(余壽平中丞相)의 명조입니다. 식신격인데 묘미(卯未)반합하여 투간한 을목(乙木)으로 목국(木局)을 만들고 있습니다. 월령이 자수(子水)식신이고 병화(丙火)정관이 용신인데 식신이 자진(子辰)합수하여 왕해진 식신이 재(財)를 생하고 재(財)가 다시 정관을 생하고 있어서 위치와 배합이 적절하므로 귀격이 되었습니다.

❷ 식신용살인(食神用殺印)

만약 재(財)를 쓰지 않고 살인(殺印)을 쓴다면 가장 권위가 혁혁하게 됩니다.

時	日	月	年
己	癸	辛	辛
未	酉	卯	卯

● **위는 상국공(常國公)의 명조입니다.** 2개의 묘(卯)가 월령에서 병립하여 묘(卯)식신이 강합니다. 2개의 신금(辛金)에게 극제당하고 있는 것처럼 보이나 신금(辛金)은 오히려 절지에 놓인 것이고 유금(酉金)은 묘묘(卯卯)의 쌍글자를 충하지 못하는 것입니다. 또한 금(金)인수가 수(水)일간을 생하고 수(水)일간이 목(木)식신을 생하느라 묘(卯)식신에는 무리가 없습니다. 그러므로 기토(己土)칠살이 투간하였으니 신금(辛金)인수가 기토(己土)칠살을 화살(化殺)하는 용신이 됩니다. 칠살은 권위를 주관하는데 격국이 청순하므로 권세가 혁혁하게 된 것입니다.

▶ 만약 인수가 없이 단독으로 칠살만 투출했다면 재가 없어야 비로소 귀격이 됩니다.

時	日	月	年
戊	丙	壬	戊
戌	子	戌	戌

● **위는 호회원(胡會元)의 명조입니다.** 자(子)중 임수(壬水)가 투출하여 칠살이 강합니다. 왕토(旺土)를 극해줄 목(木)인수는 없고 금(金)재성도 지장간에 숨어 있습니다. 만약에 금(金)재성이 투출하여 왕한 토(土)식상을 설기하고, 임수(壬水)칠살을 생했더라면 칠살의 흉이 나타나 귀하지 못하였을 것입니다. 중년 이후의 대운이 병인(丙寅), 정묘(丁卯)의 목화(木火) 인수와 비겁으로 연속되니 족히 팔자의 부족함을 보충할 수 있었습니다.

▶ 금수식신격(金水食神格)이 칠살을 쓴다면 귀하게 되고 아울러 총명합니다. 식신격에는 관살을 꺼리지만 금수상관격은 조후로써 병정(丙丁)화 관살을 보는 것이 좋습니다. 동금(冬金)은 수냉금한(水冷金寒)하니 반드시 기후의 조화를 이루어야 하고, 때문에 조후하는 오행이 용신이 됩니다.

時	日	月	年
丁	辛	壬	丁
酉	巳	子	亥

● 위는 서상서(徐尚書)의 명조입니다. 금수상관격이므로 병정(丙丁)화 관살이 용신이 됩니다. 임자(壬子)월주가 특히 왕하므로 정화(丁火)관살이 필요한 것입니다.

時	日	月	年
丙	甲	癸	丙
寅	子	巳	午

● 위는 전참정(錢參政)의 명조입니다. 목화(木火)식신격이니 계수(癸水)인수를 보면 좋습니다. 식신격에는 인수가 기신이라고 하지만 여름의 화(火)는 너무 뜨거우니 조후로써 계수(癸水)인수가 투출해도 장애가 되지 않습니다.

▶ 인수가 식신을 극하여 인수가 병이 될 때에 다시 재성이 투출하여 인수를 파괴하여 이를 해소하면 이 역시 부귀합니다. 그러나 반드시 전국(全局)의 기세를 보고 판단해야 합니다. 심지어 식신격인데 관살이 모두 투출한 경우에도 역시 국(局)을 이루는 수도 있지만 대귀하지는 못하게 됩니다. 예를 들면 아래와 같습니다.

時	日	月	年
壬	甲	丙	己
申	寅	寅	亥

위의 사주는 갑목(甲木)이 녹을 깔고 앉았고 병화(丙火) 식신이 투출하니 좋습니다. 그런데 편인 임수(壬水)가 투출하여 식신을 극하고 있으니 편인이 병이 됩니다. 애석하게도 기토(己土) 재성이 뿌리가 없어서 인수를 극하는 역량이 부족하니 병(病)은 중하고, 약(藥)은 가벼운데 대운이 서북(西北)으로 행하니 병신(病神)을 도와서 온갖 재난을 만납니다.

그러나 식신과 인수가 서로 장애를 주지 않는 경우도 있고 비겁이 보호하여 재가 인수를 파하지 못하니 반드시 전국의 배합을 살펴보아야 합니다. 예를 들면 아래와 같습니다.

時	日	月	年
戊	甲	丙	己
辰	子	寅	丑

● 예 1) 병화(丙火)식신이 투출하고 기토(己土)재와 자수(子水)인성이 천간과 지지에 나누어져 서로 장애를 주지 않으니 부귀했습니다. 또한, 식신격에 관살이 모두 투출해도 전국의 배합에 장애를 주지만 않는다면 부귀하는 경우도 있습니다.

時	日	月	年
丙	甲	庚	辛
寅	辰	寅	卯

● 예 2) 인묘진(寅卯辰) 목국(木局)을 이루니 극도로 신왕(身旺)합니다. 병화(丙火)식신을 설기하는 용신으로 삼는데, 경신(庚辛)관살이 모두 투출하니 관살이 병이 됩니다. 지지가 국(局)을 이룰 때에 합국(合局)을 극하는 오행이 천간에 투간하면 일체가 허무해져 록록인이 된다고 하였습니다. 다행히 관살이 뿌리가 없어서 격국을 구성하는데 장애가 되지 못합니다.

따라서 관살을 생하는 토금(土金)의 운에 파산했습니다. 만약, 대운이 목화(木火)로 흘렀다면 명리쌍전(名利雙全)했을 것입니다. 또한, 식신격에 칠살이 투출했다면 원래 재가 있음을 꺼리게 됩니다. 그러나 재가 앞에 있고 칠살이 뒤에 있는데 그 중간에 식신이 있다면 재는 칠살을 생조하지 못하므로 역시 귀하게 될 수 있습니다.

時	日	月	年
乙	己	辛	癸
亥	卯	酉	酉

● **위는 유제태(劉提台)의 명조입니다.** 유금(酉金)식상도 왕하고 을목(乙木)칠살도 왕합니다. 계수(癸水) 재성이 투출해 있어서 왕한 칠살을 생하여 흉할 수가 있습니다. 그러나 재성과 칠살이 멀리 떨어져 있고 중간에 식상 신금(辛金)이 투출하여 재가 칠살을 생하는 것을 막고 있습니다. 중년 대운 정사(丁巳), 병(丙)의 15년간 을목(乙木)칠살을 화살(化殺)하면서 일간을 돕고 왕(旺)한 식상을 제압하는 좋은 점이 있었습니다. 그러므로 제태의 벼슬에 올랐습니다.

16

상관격 傷官格

상관은 비록 길신(吉神)은 아니지만 수기(秀氣)인 것이 분명합니다. 상관을 용신으로 쓰는 사람은 총명합니다. 그래서 문인학사(文人學士)의 명조에 상관격이 많습니다.

여름의 목(木)은 통명(通明)하여 수(水)를 보면 좋고, 겨울의 금(金)은 영통(靈通)하니 화(火)를 보면 더욱 수기가 빼어납니다. 격국 가운데 상관격이 가장 종류가 많고 변화 또한 많습니다. 기후를 보아야 하고 강약을 보아야 하며, 희기(喜忌)를 살펴야 하고 순잡(順雜)을 관찰해야 하니 정미롭고 정미로워 일괄적으로 논할 수 없습니다.

❶ 상관용재(傷官用財)

상관용재(傷官用財)는 재(財)를 사용합니다.

상관격은 설기가 많다는 것이니 신강해야 좋고 용신인 재성이 뚜렷해야 합니다. 상관은 정관을 극하므로 흉한 것으로 여기는데 상관이 재를 생하게 되면 재가 정관을 생하는 도구가 되어 흉이 변하여 길(吉)이 되니 가장 유리하게 됩니다.

정관을 쓰는 사주는 상관을 보지 말아야 하고, 상관을 쓰는 사주는 정관을 보지 말아야 합니다. 그런데 정관과 상관을 병용할 수는 없지만 상관격에 정관이 있을지라도 재성이 투출하면 해로움을 해소할 수 있습니다.

時	日	月	年
庚	戊	己	壬
申	午	酉	午

● 위는 사춘방(史春芳)의 명조입니다. 상관용재격인데 정관을 보지 않았습니다. 임수(壬水)재성이 뿌리가 있고 다시 상관이 있어 재를 생하니 더욱 청순하여 귀하게 된 것입니다.

時	日	月	年
乙	戊	己	壬
卯	戌	酉	戌

● 위는 모시랑(某侍郎)의 명조입니다. 토금상관격(土金傷官格)으로 시(時)에 정관 을목(乙木)이 투출하니 상관견관(傷官見官)이 되는 것 같지만, 년간에 임수(壬水) 재성이 투출하니 상관은 재를 생하고 재는 다시 정관을 생하고 있습니다. 따라서 정관이 손상되지 않았을 뿐만 아니라 상관이 도리어 정관을 생하는 도구가 되고 있습니다.

▶ 재(財)와 상관이 유정한 것과 상관이 재로 화한 것은 빼어난 수기(秀氣)에 있어서 별 차이가 없습니다.

時	日	月	年
庚	丙	丁	己
寅	寅	丑	卯

● 위는 진룡도(秦龍圖)의 명조입니다. 상관기토(己土)와 재성경금(庚金)이 모두 월령에 통근하여 청하게 되었고 또한 수기가 빼어나게 된 것입니다. 상관이 변하여 재가 되면 더욱 유정합니다.

時	日	月	年
戊	辛	乙	甲
子	未	亥	子

● 위는 나장원(羅壯元)의 명조입니다. 해미(亥未)가 모이고 천간에 을목(乙木)이 투출했으니 목국(木局)이 이루어진 것이라고 볼 수 있습니다. 따라서 해수(亥水)상관이 변하여 재가 되었다고 볼 수 있으니 격국이 청하게 변했습니다. 상관이 변하여 재가 되었으니 상관생재하여 더욱 유정합니다.

❷ 상관패인(傷官佩印)

상관패인이란 상관격에 인수가 있는 경우입니다. 인수란 능히 상관을 제압하므로 귀격이 되는 것입니다. 그런데 이 상관패인의 경우에는 상관이 왕하고 조금 신약하여야 인수를 사용 가능하므로 비로소 수기가 빼어나게 됩니다. 즉 인수를 용신으로 써서 상관을 제압하면서 일주를 도와야 합니다. 그러나 상관이 경미하고 신강한데 인수가 많이 있으면 파격이 되어 오히려 빈궁하게 되는 것입니다. 상관패인(傷官佩印)의 국은 관살운이 좋고 인수운 역시 길합니다. 식상운은 꺼리지 않지만 재운은 인수를 극해서 흉합니다.

時	日	月	年
壬	甲	丙	壬
申	午	午	申

● **위는 나평장(羅平章)의 명조입니다.** 상관이 왕하고, 인수가 뿌리가 있으나 신약합니다. 그래서 상관패인을 성격시킵니다. 여름의 나무가 용신으로 물을 만났으니 그 빼어남이 백배에 이르는 것입니다. 그러므로 일품(一品)의 귀를 누렸습니다.

▶ 상관격에 재와 인수를 겸용(兼用)하는 경우가 있습니다. 재와 인은 상극하는 관계이므로 원래는 병용하지 못하는 것이 일반적입니다. 그러나 간두(干頭)에서 재와 인이 모두 청하고 서로 장애가 되지 않는다면 겸용할 수 있습니다. 그리고 생재를 반드시 해야 하면서도 재가 태왕한데 인수가 있는 경우와 인수가 너무 많은데 재가 있는 경우에는 중화(中和)를 이루어 귀격이 될 수가 있습니다. 그러므로 재가 많고 인수가 있으면 인수를 돕는 운이 좋고 인수가 많고 재가 있으면 재를 돕는 운이 좋은 것입니다.

時	日	月	年
壬	戊	己	丁
子	子	酉	酉

● 위는 도통제(都統制)의 명조입니다. 재가 너무 많은데 정화(丁火)인수가 있고 정
(丁)과 임(壬) 사이에 무기(戊己)가 있어서 재와 인이 서로에게 장애가 되지 않았
습니다. 더군다나 금수(金水)가 많아서 한랭한데 화(火)를 얻어 융화(融化)하게 되
었습니다.

時	日	月	年
丁	戊	己	壬
巳	午	酉	戌

● 위는 어느 승상의 명조입니다. 인수가 너무 중첩하여 있는데 재가 있습니다.
재와 인 사이에 무기(戊己)가 있으니 정(丁)과 임(壬)이 서로 장애가 되지 않
았습니다. 오히려 이와 반대가 되면 재와 인을 겸용할 수도 없고 수기가 빼어
나지도 못하게 됩니다.

❸ 상관용살인(傷官用煞印)

상관격에 칠살과 인수를 쓰는 것입니다. 만약에 상관이 많고 신약하면 칠살이 생한 인수의 방신(幇身)에 의지하게 됩니다. 칠살은 상관에게 제복되었으니 칠살이 무섭지 않고 살인상생이 되므로 일신을 강하게 합니다.

時	日	月	年
丙	庚	丙	己
子	子	子	未

● **위는 채귀비(蔡貴妃)의 명조입니다.** 상관격에 칠살과 인수를 함께 쓰는 명조인데 자수(子水)상관이 태과하지만, 기토(己土)인수가 있어서 상관을 극해 주므로 병화(丙火)칠살을 보호해 주고 있습니다. 더구나 재성이 없으므로 인수를 극하지 못합니다. 겨울의 금수상관격이니 병화(丙火)의 조후를 얻어 사주를 따뜻하게 하니 귀격이 되었습니다.

時	日	月	年
壬	丙	丁	壬
辰	寅	未	寅

● **위는 하각로의 명조입니다.** 병화(丙火)가 비록 약하지 않지만 여름에 출생한 화토상관격이니 수(水)의 윤택함에 의지하여야 한다. 그러므로 북방 수(水)대운에 더욱 발달했던 것입니다. 용신이 비록 인(寅)인수이지만 더욱 좋은 것은 임(壬)칠살이 있어 조후가 되었다는 점이다. 만약 인(寅)인수만 있고 임(壬)칠살이 없었다면 빈천한 국(局)이 되었을 것입니다.

▶ 상관격에 칠살이 있는 상관대살(傷官帶殺) 국은 상관을 극해주고, 칠살을 화살시키는 인수가 좋고 재를 꺼립니다. 그러나 상관은 중(重)하고 칠살은 경미하다면 중(重)한 상관을 극하고 신약한 일간을 보(補)해주는 인수운과 칠살을 생해주는 재운이 모두 길합니다. 또한 칠살의 뿌리가 중하면 상관제살하는 식상운을 좋아하고 칠살을 화살(化殺)시켜 주는 인수운과 칠살을 대적할 수 있는 신왕운 역시 길합니다. 하지만 왕한 칠살을 생해주는 재운에는 흉합니다.

❹ 상관용관(傷官用官)

상관격에 정관을 쓰는 상관용관(傷官用官)이 있습니다. 다른 상관격은 정관을 쓰지 못하지만 오로지 금수상관격만은 관살이 필요합니다. 겨울의 금(金)이 냉랭(冷冷)하여 조후인 화(火)관살을 기뻐하기 때문입니다. 그러나 금수상관격에서도 정관을 용신으로 삼는 경우 재와 인으로 정관을 보좌해야 하며 정관과 상관이 모두 천간에 투출하면 안 됩니다. 신왕하다면 재로써 정관을 보좌하고 신약하다면 인수로써 보좌합니다.

時	日	月	年
丁	庚	甲	戊
丑	午	子	申

위의 명조는 일주 경금(庚金)이 신(申)에 득록하고 무토(戊土)인수의 생조를 받고 있습니다. 신자(申子)가 합하여 자오(子午)충을 해소하고 있습니다. 계수(癸水) 상관은 지지에 있고 정화(丁火) 정관은 천간에 있습니다. 서로 장애가 없었으며 무(戊)와 갑(甲)이 정관을 보좌하면서 정화(丁火)정관이 지지에서 오화(午火)녹(祿)을 얻었습니다. 그러므로 승상이 될 수 있었습니다. 만약 고관무보(孤官無輔)가 되었거나 혹, 정관과 상관이 모두 천간에 투출했다면 발복이 크게 되지 못했을 것입니다.

時	日	月	年
己	辛	己	丙
亥	未	亥	申

● 위는 정승상(鄭丞相)의 명조입니다. 이 명조는 해미(亥未)가 공합(拱合)하였으나 묘(卯)가 없어서 재성인 목(木)으로 화하지는 못했습니다. 그래서 금수상관격이 되는데 병화(丙火)정관이 나타나 있으므로 상관용관으로 보면 됩니다. 정관을 생해주는 목화(木火)운이 좋은 것입니다. 대운이 인묘(寅卯) 갑을(甲乙)로 흐르니 재성이 투청(透淸)하였고 계속해서 남방(南方)으로 흐르니 정관이 득지하여 극히 수기가 빼어나고 극귀(極貴)하게 된 것입니다.

▶ 금수상관격이 아니면서도 정관을 보아도 되는 것이 있습니다. 어떤 경우입니까? 상관이 변하여 재가 되면 재왕생관(財旺生官)이 된 것이지 상관견관이 된 것이라고 할 수 없습니다.

時	日	月	年
辛	己	壬	甲
未	亥	申	子

● 위는 장승상(章丞相)의 명조입니다. 신자(申子)가 회국하므로 신금(申金)상관이 변하여 재가 되었습니다. 따라서 정관 갑목(甲木)을 생해주고 있습니다. 또한 일간 기토(己土)는 미토(未土), 해수(亥水), 신금(申金)에 통근하여 신왕하니, 능히 재관(財官)을 감당할 수 있어 귀하게 되었습니다.

재격 財格

재(財)는 내가 극하는 것이고 사용하는 것입니다.

능히 관을 생하니 아름다운 것이고 재물이 되고 처첩(妻妾)이 되고 역마(驛馬)가 되기도 합니다. 재는 뿌리가 깊은 것이 좋고 지나친 노출(太露)은 좋지 않습니다. 왜냐하면 재가 천간에 노출되면 비겁의 분탈이 있기 때문입니다. 하지만, 관성이 있어서 재를 보호하게 되면 길해집니다. 관청의 창고의 돈과 곡식 군사가 지키는 것과 같으니 노출되어 있다고 해도 누가 감히 겁탈할 수가 없는 것입니다.

時	日	月	年
乙	戊	壬	壬
卯	午	子	申

● **위는 갈참정(葛參政)의 명조입니다.** 재격(財格)인데 천간의 임수(壬水)가 신자(申子)에 뿌리박아 득기(得氣)했고 시에 을묘(乙卯) 정관이 있고 일지에 인수가 있어 관인상생하여 일간을 생하므로 신강하니 재관이 용신이 됩니다. 정관이 재를 보호하니 비겁의 분탈을 두려워하지 않습니다.

❶ 재왕생관(財旺生官).

정관격은 월령이 정관이고 재왕생관격은 월령이 재성인 것이 다릅니다.

재왕생관이 되었다면 재관이 왕하고 신약하므로 신왕한 운과 인수의 운으로 가야 좋습니다. 만약 재관이 가볍고 신왕하다면 재관운으로 가야 좋습니다. 칠살이 오거나 식상이 오면 정관에게 장애가 되므로 꺼리게 됩니다.

재왕생관(財旺生官)이 되어 용신이 정관에 있으면 상관과 칠살이 투출함을 꺼리게 됩니다. 만약 재왕생관이 되었는데 인수가 투출했다면 상관운으로 가도 해롭지 않습니다. 이는 인수가 식상을 회극(回剋)하여 정관을 보호하기 때문입니다. 재왕생관이 되었는데 다시 식신이 있어서 정관에게 병이 되어 국(局)이 깨졌다면 식신을 극하는 인수운이 좋고 관살혼잡이 되는 칠살운이 와도 식신이 있어 극해주므로 도리어 관이 맑아져서 길하게 됩니다.

時	日	月	年
乙	戊	壬	壬
卯	午	子	申

● 위의 명조는 이미 거론했던 갈참정의 명조입니다. 을목(乙木) 정관이 용신인데 월령의 재가 왕성하여 정관을 생해주고 있습니다. 즉 재왕생관된 명조입니다. 갑(甲)운에는 칠살이니 관살혼잡하여 불리하고 인(寅)운에 인오(寅午) 회국하여 화세(火勢)를 이루어 자오(子午) 충(沖)을 해소하고 방신(幇身)하니 길하였습니다. 을묘(乙卯)대운 십년간 정관이 청하므로 비록 정관이 너무 강해졌지만 장애가 없었습니다. 병진(丙辰), 정사(丁巳) 무오(戊午) 기미(己未) 대운이 모두 길합니다. 오직 금수(金水)의 식상운을 꺼릴 뿐입니다.

❷ 재용식생(財用食生).

재격에 식신을 용신으로 쓰는 재용식생은 식신생재(食神生財)를 말합니다. 즉, 재가 월령에 있으면 재용식생이라고 합니다. 재와 식상이 중하고 신약하면 신왕한 운이 오면 좋고 재와 식상이 가볍고 일주가 신왕하면 재와 식상운이 좋습니다. 재용식생(財用食生)에서는 용신이 식신에 있으니 정관이 투출하지 않으면 귀격이 됩니다. 비겁은 식상을 생하므로 유정합니다. 식신이 칠살을 제복하기 때문에 칠살운 역시 꺼리지는 않으나 정관운은 꺼리고 인수운에도 인수가 식신을 손상시키기 때문에 오히려 불리합니다.

時	日	月	年
辛	庚	壬	壬
巳	辰	寅	寅

● **이미 논했든 양시랑의 명조입니다.** 재용식생(財用食生)격인데 일원과 재식(財食)이 균형을 이루고 있습니다. 경금(庚金)이 진토(辰土)인성을 깔고 않았으니 설기를 감당할 수 있습니다. 용신이 임수(壬水)식신에 있으니 식상과 재운이 모두 길합니다. 곧 갑진(甲辰)과 을사(乙巳)가 길하였습니다. 병화(丙火) 칠살운 역시 꺼지지 않는 것은, 식상이 칠살을 회극하기 때문이고 동시에 사주를 따뜻하게 해주기 때문입니다. 어찌해서 정관 정화(丁火)와 인수 무토(戊土)운을 꺼리는가? 정화(丁火) 정관은 용신인 임수(壬水)를 합거하여 정관을 손상케 하고, 무토(戊土) 인수는 임수(壬水)를 극제하여 용신을 상하게 하기 때문입니다. 그러므로 도리어 나쁘다고 보는 것입니다.

❸ 재격패인(財格佩印).

재(財)와 인(印)을 병용하는 것은 가장 어려운 일입니다. 그럴 경우의 용신은 통관해주는 관(官)에 있습니다. 그런데 재와 인이 모두 청하고 거리가 떨어져 서로 장애를 주지 않는다면 부귀한 경우가 많습니다.

時	日	月	年
庚	丙	甲	乙
寅	申	申	未

● 위는 증참정의 명조입니다. 재격인데 인(寅)에서 일간 병화(丙火)가 장생(長生)하고, 갑목(甲木)이 득록(得祿)하고 있습니다. 재성인 경금(庚金)은 신(申)에 득록(得祿)하고 인성인 갑(甲)과 재성인 경(庚)이 모두 투출하여 장애가 될 것 같지만, 그 사이에 병화(丙火)가 있으니 재성인 경금(庚金)이 인수 갑목(甲木)을 극하지 못하니 재와 인이 서로 장애가 되지 않았습니다. 그런데 궁극적으로 따져 보면 신약하고 인신(寅申)충으로 인목(寅木)의 뿌리가 손상되어 목(木)인수가 약한데 재성인 경금(庚金)은 병령(秉令)하여 왕성합니다.

그러므로 일신을 방신(幇身)하는 운이 길하며 가장 길한 것은 인수의 운이 됩니다. 그런데 어찌하여 관살운도 좋다고 하는가? 이는 금(金)재는 수(水)관살을 생하고 수(水)관살은 목(木)인수를 생하게 되어 재와 인의 싸움을 해소하고 통관하는 까닭입니다.

時	日	月	年
辛	庚	己	乙
巳	寅	卯	未

위의 명조는 해묘(亥卯)합하고 을목(乙木)이 투간하여 재성이 강합니다. 그런데 이 사주는 재성 을(乙)과 인수 기(己)가 모두 투출했습니다.

재인(財印)이 첩신하여 재가 인을 파괴(破壞)하고 있습니다. 게다가 일주 경금(庚金)이 신약하니 당연히 재를 극해주고 일신(日身)을 방신(幇身)해주는 겁재가 용신이 됩니다. 운에서는 겁재로써 부신(扶身)하면 길하고 인수운 역시 길합니다. 재를 설기시키고 인수를 생해주는 관살운 역시 무방하지만 재를 생해주는 식상과 재운은 불리합니다. 비록 사주의 격국이 청하여 상당한 성취는 이루었으나 재인(財印)파괴로 인해 작은 부자에 불과했으며 귀를 누리지는 못했습니다.

時	日	月	年
戊	乙	壬	癸
寅	巳	戌	巳

● 위의 명조는 **재격패인(財格佩印)입니다.** 임계(壬癸)의 인성이 지지에 통근하지 못했으나 진기(進氣)입니다. 화(火)의 상관이 암장되어 왕하니 토(土)가 건조하고 목(木)이 메말랐습니다. 그러므로 인성을 용신으로 쓰지 않으면 안 됩니다. 재와 인이 모두 청하고 서로 장애를 주지 않았습니다. 그 사람이 총명이 절정에 달하고 어려서부터 부모덕이 컸으며 벼슬길에 나아가서는 전성(全省)의 공로국장(公路局長)으로 지내다가 술(戌) 대운 해(亥)년 해(亥)월 신(申)일 신(申)시에 재가 인을 파하고 사충(四冲)이 되어 사망했습니다.

時	日	月	年
丁	戊	癸	癸
巳	子	亥	酉

● 위의 명조는 **재인쌍청(財印雙淸)한 사주입니다.** 재가 왕한데 재와 인이 서로 장애가 되지 않고 시에 귀록(歸祿)을 얻으니 비겁 운에 많은 돈을 벌어 강절(江浙) 지방의 거상(巨商)이 되었습니다. 비겁이 재를 나누는 작용을 한 것입니다.

❹ 재용식인(財用食印).

재격에 식신과 인수를 병용해서 사용하는 재용식인(財用食印)의 격국은 월령이 재성이고 천간에 식신과 인수가 투출한 것을 말합니다.

재성이 경(輕)하다면 재와 식신의 운이 길하고 신약하다면 비겁과 인수운이 길합니다. 인수가 있어서 정관을 보호하면서 재가 정관을 생해주니 정관운은 무방합니다. 그러나 칠살운에는 재가 칠살을 생해주므로 꺼리게 됩니다.

時	日	月	年
丙	戊	戊	庚
辰	子	子	戌

● 위는 오방안(吳方案)의 명조입니다. 월령에 자수(子水) 재를 놓으니 재격입니다. 월령의 재가 병립하여 왕하고 년에 식신 경(庚)이 투출하고 시에 편인 병(丙)이 투출했습니다. 그러나 거리가 서로 멀리 떨어져 있어서 서로 장애가 되지 않습니다. 그런데 묘하게도 재는 지지에 있고 인수는 천간에 있어서 서로 장애가 되지 않았습니다. 그러므로 귀하게 되었는데 일주가 신약하니 비겁과 인수의 운이 나쁘지 않습니다.

時	日	月	年
辛	癸	乙	壬
酉	巳	巳	辰

● 위는 평강백의 명조입니다. 을(乙)식신과 신(辛)인수가 모두 투출했습니다. 계수(癸水) 일주가 비록 휴수(休囚)되었지만 인수가 왕합니다. 사유(巳酉)가 합하여 금기를 띄우고 진유(辰酉)가 모두 합하여 금(金)의 속성을 보이게 됩니다. 왕한 편인 신금(辛金)이 식신을목(乙木)을 극하고 있으나, 사(巳)중 무토(戊土) 정관이 있으니 식신을 제거하고 관을 보호하니 오히려 복이 되었습니다. 이것은 재가 약하면 재운이 좋다고 하는 말에 부합합니다. 사화(巳火)가 금(金)으로 변화하여 재가 약화가 된 것입니다. 식신운은 역시 재를 생하니 길하고 관운은 더욱 좋은 것입니다.

❺ 재대상관(財帶傷官).

재격에 상관을 용신으로 쓰는 경우가 있습니다.

재대상관(財帶傷官)의 격으로 재가 왕하지 않으며 비겁이 강하고 상관이 하나 투출하여 비겁의 기운을 설하는 것이 그러합니다. 만약 재가 왕한데 비겁이 없고 상관이 투출하면, 상관을 극하면서 일간을 생해주는 인수를 써야 합니다. 만약 재가 왕(旺)한데 비겁도 없고 인수도 없다면 재다신약이 되어 부귀를 바랄 수 없습니다. 재격이니 재운에 형통하고 칠살은 용신인 상관을 합살하니 칠살운은 불리하며 정관은 비견과 합하여 일간을 허약하게 만들어 좋지 않으며 인수는 상관을 제거하여 용신을 파괴하므로 나쁜 것이 됩니다.

時	日	月	年
壬	辛	辛	甲
辰	酉	未	子

● **위는 왕학사의 명조입니다.** 갑목(甲木)이 투출하고 미(未)에 통근하였습니다. 신금(辛金)이 갑(甲)재를 겁탈하는데 상관 임수(壬水)가 겁재의 기운을 설하여 재를 생하고 있습니다. 임(壬)상관이 비겁의 기운을 설기하는 용신이 되는 것입니다. 그래서 재대상관(財帶傷官)의 명조입니다. 진유(辰酉)가 합하여 금(金)이 되고 (未)월에 생했으니 토(土)는 건조하고 금(金)은 물러져 있습니다. 자미(子未)가 비록 서로 해(害)하지만 토(土)를 윤택하게 하여 금(金)을 생조하니 나쁘지 않습니다. 자수(子水)는 더구나 갑(甲)재를 생하고 있습니다. 따라서 임(壬)상관을 용신으로 하는 까닭은 조후(調候)와 통관(通關)의 작용을 중시한 것입니다.

❻ 재대칠살(財帶七殺).

재격에 칠살이 있는 재대칠살(財帶七殺)의 격국은 합살(合殺)이 되었든 제살
(制殺)이 되었든 언제나 식상운과 신왕운이 좋습니다. 식상운에는 칠살을 제
살하고, 신왕운에는 칠살을 대적할 수가 있기 때문입니다. 신약하면 인수운
이 마땅하지만 제살하는 사주에서는 인수운이 좋지 않습니다. 이것은 인수가
용신인 식상을 극하는 까닭입니다.

時	日	月	年
戊	甲	庚	乙
辰	午	辰	酉

● 위는 모장원(毛壯元)의 명조입니다. 을경(乙庚)합하여 칠살을 제거시키고,
진유(辰酉)합하여 유금(酉金)정관을 합생하고 있습니다. 오화(午火)가 첩신하
기 때문에 진유(辰酉)합화(合化)는 어렵습니다. 오(午)중의 정화(丁火)가 제살
하는 용신이 됩니다.

時	日	月	年
甲	戊	戊	庚
寅	寅	子	辰

● 위는 이어사의 명조입니다. 자진(子辰)이 합수하여 재격입니다. 무인(戊寅)
일주이니 일간이 일지에 장생을 깔고 앉았습니다. 또한 비견의 도움을 얻어
신왕하니 신살양왕(身殺兩旺)하다고 볼 수가 있습니다. 그러므로 경(庚)식신
이 제살(制殺)하면서 진자(辰子)합의 재성을 생하고 있습니다. 자진(子辰)이
회합하니 토금수목이 상생하여 기가 유통되고 있으니 귀하게 될 징조입니다.
대운이 식상운으로 가도 좋고 신왕운으로 가도 좋으며, 천간의 병화(丙火) 인
수가 용신인 경금(庚金)을 제거하면 나쁘게 작용합니다.

❼ 재용살인(財用殺印)

월령이 재성이고 칠살과 인수가 모두 천간에 투출한 격국에서는 인수가 화살(化殺)하는 용신이 됩니다. 재격에 칠살과 인수를 겸용해야 하는데 인수 하나만 있거나 재살이 모두 천간에 투출한다면 부귀를 얻지 못합니다. 재용살인(財用殺印)의 격국은 인수가 용신이므로 인수가 왕해지는 운이 가장 좋고 재운은 용신인 인수를 극하니 반드시 나쁘며 식신 상관의 운 역시 대체로 나쁘지만 사주의 배합을 잘 살펴보아야 합니다.

時	日	月	年
乙	己	丁	乙
亥	巳	亥	丑

● **위는 조시랑(趙侍郎)의 명조입니다.** 천간에서 살인상생(殺印相生)하니 정(丁)인수가 을(乙)칠살의 기운을 설기하여 일간을 돕는 용신이 됩니다. 갑을(甲乙)대운은 관살이 인수를 생조하니 길하고 신유(申酉) 대운은 비록 식상이 재를 생하고 재가 다시 칠살을 생하게 하는 결점은 있지만, 원국 자체에서 칠살이 인수를 생하고 있으니 길한 운은 아니지만 나쁜 운도 아닙니다. 임(壬)대운은 용신 정화(丁火)를 합거하여 칠살로 변하게 만드니 나쁩니다. 재는 용신인 인수를 극하므로 반드시 나쁘다고 할 수 있습니다.

▶ 겁재와 양인이 너무 많으면 극재하여 재성이 파괴될 수 있어 재를 버리고 칠살을 씁니다.

時	日	月	年
壬	丙	丙	丙
辰	午	申	辰

● 위의 명조는 이미 거론했던 어느 상서의 명조입니다. 병화(丙火)가 양인 오(午)를 깔고 앉았습니다. 신진(申辰)이 수국(水局)을 공합(拱合)하고 천간에 임수(壬水)가 투출했으니 재로 논하지 말고 칠살로 논해야 합니다. 이 사주가 좋게 된 것은 오로지 양인 오화(午火)에 있으니 양인이 신강하게 하면서 칠살에 대항하고 있는 것입니다. 임수(壬水) 칠살이 신(申)에서 장생하여 가을의 물이 원천이 깊은 (秋水通源) 상태이니 용신이 진기(進氣)를 얻었고, 이 사주는 편관격에 포함시켜 논해야 할 것이지만 월령이 신금(申金) 재성인 까닭에 재격에서 논한 것입니다. 중년에 대운이 서북으로 흐르니 재가 칠살을 흐름을 따라 변하고 있습니다.

▶ 임수(壬水) 일주가 오월(五月)에 생하거나 계수(癸水) 일주가 사월(巳月)에 생하면서 재를 단독으로 써도 귀를 누립니다. 이것은 월령에 정관이 암장되어 있는 까닭입니다.

時	日	月	年
壬	癸	癸	丙
戌	未	巳	寅

● 위는 임상서(林尙書)의 명조입니다. 월지 사(巳)의 지장간 중에서 병화(丙火) 재가 투출하고 무토(戊土) 칠살이 감추어져 있습니다. 무토칠살이 무계명암합으로 묶이니 칠살을 버리고 재를 취합니다. 좋은 것을 취하고 나쁜 것을 버린 것이라고 하겠습니다.

時	日	月	年
壬	壬	壬	癸
寅	戌	巳	辰

● 위는 왕태복의 명조입니다. 인(寅)중 병화(丙火)가 월령의 사화(巳火)와 연결되어 재성이 힘이 있으므로 재를 단독으로 쓰는 경우입니다.

18

인수격印綬格

인수(印綬)는 내 몸을 생하니 좋은 것입니다.
정인(正印)과 편인(偏印)으로 구별되긴 하지만 둘 다 아름다운 격이라서 재성
과 인성은 정편(正偏)을 나누지 않고 동일한 격으로 말합니다.

❶ 인수용관(印綬用官)

인수를 생조하는 용신으로 정관을 쓰는 것이 아니고 정관자체가 용신이 될 수도 있습니다. 이것은 칠살과 정관이 다른 점입니다. 그런데 만일 인수격에 정관이 투출한 경우 신강하면 정관이 용신이고 재로써 정관을 생조하면서 인수를 손상하는 것이 좋고 신약하다면 인수가 용신이 되니 재가 와서 인수를 손상함을 꺼리게 됩니다.

時	日	月	年
戊	辛	戊	丙
子	酉	戌	寅

위의 사주는 인술(寅戌)이 합작하고 병화(丙火)가 투간하니 화세(火勢)가 강합니다. 그래서 무토(戊土)가 조열하나 자수(子水)로써 조후가 되는 것이라서 토가 윤습하게 되어 생기를 가지게 되므로 금(金)을 생해줄 수가 있게 됩니다. 이것은 자수(子水)가 조후인데 상신으로 작용하여 격을 좋게 하기 때문에 정관인 병화(丙火) 자체가 용신이 될 수가 있는 것입니다. 이것은 인수격인데 식상이 있어서 귀하게 되는 경우와 마찬가지인 것입니다.

時	日	月	年
壬	辛	戊	丙
辰	未	戌	戌

● **위는 주상서(朱尙書)의 명조입니다.** 인수격에 정관이 투출한 명조가 되는 것인데 임수(壬水)상관이 투출하여 병화(丙火)정관을 손상시키는 것을 두려워하지만, 무토(戊土)인수에 의해 제압되었으니 상관이 정관을 손상시키지 못하게 됩니다. 인수가 태과하기 때문에 인수를 덜어줄 목(木)재성이 필요합니다. 목(木)재성은 상신으로 필요한 것이며 용신은 병화정관이 되는 것입니다.

즉 인수용관으로 목(木)재성을 상신으로 사용해야 합니다. 진토(辰土)와 미토(未土)에는 지장간의 을목(乙木)이 있어서 태과(太過)한 인수를 암암리에 제압하고 있는 것입니다. 또한 인수인 토(土)가 중하면 신금(辛金)일간이 매금될 우려가 있습니다.

따라서 인묘진(寅卯辰) 동방목(木)운에 태과한 인수를 제압하고 정관을 생조하여 좋았고 또한 토가 조열하니 임수(壬水)가 조후상신으로 좋게 작용하는데 금수(金水)운도 임수(壬水)를 생하여 마른 토를 윤습하게 하므로 일간을 생조하니 좋았던 것입니다.

時	日	月	年
壬	丁	己	乙
寅	酉	卯	亥

● **위는 임회후(臨淮候)의 명조입니다.** 인수격에 임수(壬水)정관이 투출한 명조입니다. 식신기토(己土)가 임수(壬水)정관을 손상시키는 것이 두려운데 편인을목(乙木)에게 제압당하고 있어서 임수(壬水)정관에게 장애가 되지 못하고 있습니다.

해묘(亥卯)반합하고 을목(乙木)이 투간하여 있으니 인수가 왕하고 병령하였습니다. 그래서 유금(酉金)재성으로 인수를 덜어주면서 임수(壬水)인 정관을 생해주어야 합니다. 마찬가지로 인수용관으로 금(金)재성을 상신으로 사용하는 것입니다.

▶ 위 명조에서는 기토(己土)가 을목(乙木)에게 극을 당하여 정관에게 장애가 되지 못했으니 병을 제거하여 사주가 맑아졌다고 봐야지 식신이 편인에게 효신탈식(梟神奪食)의 해가 된다고 보아서는 안 되는 것입니다.

❷ 인수용살(印綬用殺).

인수격에 편관을 쓰는 경우가 있습니다. 편관은 원래 좋은 것이 아니지만 인수를 생하기 때문에 부득이 쓰는 것입니다. 그러므로 반드시 신중(身重)하고 인경(印輕)하거나 혹은 신경(身輕)하고 인중(印重)한 경우에 부족함을 편관이 매워 주면 비로소 유정(有情)하게 됩니다.

時	日	月	年
庚	癸	癸	己
申	未	酉	巳

● **위는 모장원의 명조입니다.** 이 명조는 사유(巳酉)합하여 금(金)인수로 변하니 신경인중(身輕印重)합니다. 기토(己土) 칠살이 투출하였으나 사유(巳酉)합한 인수가 칠살을 살인상생합니다. 칠살의 쓰임이 없었다면 관록의 운이 귀하게 되지 못하였을 것입니다.

時	日	月	年
壬	壬	戊	壬
寅	辰	申	寅

● **위는 마참정(馬參政)의 명조입니다.** 인수격에 편관을 사용합니다. 인경신중(印輕身重)한 명조가 되어 칠살이 약한 인수를 생해주어야 합니다. 이때 재성을 보아서 재성이 허약한 인수를 파괴하면 파격이 됩니다.

▶ 그런데 만약에 신(身)과 인(印)이 모두 중(重)한데 칠살을 쓴다면 고독하지 않으면 빈한합니다. 왜냐하면 칠살이 이미 중(重)한 인수를 생해주므로 인수가 태과(太過)가 되면서 다시 신강한 일간을 생해주는 것이라서 기신의 역할을 하기 때문입니다. 【자평진전】

인수격에 칠살을 쓰는데 식상도 아울러 있는 경우가 있습니다. 식상제살로 칠살이 용신이면서 제복이 되었고 인수가 내 몸을 생하는데 설기하는 식상도 있는 상태가 됩니다. 따라서 용신은 칠살이 되고 식상은 상신이 됩니다.

이 경우는 신왕(身旺)하든 인수가 중(重)하든 식상이 있어서 칠살을 제복해 주면서 왕한 일간을 설기시켜주는 것이라서 모두 귀격이 된다고 말할 수가 있습니다. 인수격에 관살이 모두 투출한 경우가 있습니다. 합살(合殺)이 되었거나 관살을 제어함이 있다면 모두 귀격이 됩니다.

時	日	月	年
乙	甲	庚	辛
亥	辰	子	亥

● 위의 명조는 인수격으로 경신(庚辛)금이 모두 투출하여 관살혼잡이 되었습니다 그러나 을경(乙庚)합하니 합살류관(合殺留官)이 되어 신금(辛金)을 남겨 정관이 청수해졌습니다.

時	日	月	年
己	丙	癸	壬
亥	子	卯	子

● 위의 명조는 인수격으로 임계(壬癸)수가 모두 투출하여 관살혼잡이 되었습니다. 하지만 천간의 기토(己土)에 의해서 수(水)의 관살이 제어되어 있습니다.

▶ 인수격에 칠살이 투출한 경우 겁재가 있어서 칠살과 인수가 남는다면 역시 귀격입니다.

時	日	月	年
乙	甲	戊	庚
亥	戌	子	戌

위의 명조는 인수격인데 무(戊)와 술토(戌土)가 인수인 자(子)를 포위하고 있습니다. 재성이 강하여 인수를 파괴할려고 하니 겁재 을목(乙木)을 취하여 재성 무토(戊土)를 극하고 경(庚)칠살과 자(子)인수를 남겨 두었습니다. 을목(乙木)은 게다가 화(火)를 생조하는 좋은 점도 있습니다.

❸ 인수용식상(印綬用食傷).

인수격(印綬格)에 식상(食傷)을 쓰는 것이 있습니다.

신강하고 인수가 왕(旺)하면 너무 태과(太過)한 것이 두려운 것이므로 일간의 기운을 설기하는 식상이 필요합니다. 인수격에 식상을 쓰는 사주는 재운이 길하고 식상운도 길합니다. 그러나 만약 정관운으로 흐르면 식상이 정관을 극하니 도리어 재앙이 있고 칠살운은 제복이 되므로 복이 됩니다.

時	日	月	年
己	丙	乙	戊
亥	午	卯	戌

● **위는 이장원(李壯元)의 명조입니다.** 인수격에 신강한 명조인데 인수가 왕하고 일간이 강하니 식신 기토(己土)가 수기(秀氣)를 설기하는 용신이 됩니다. 기토(己土)가 투출하고 정관이 투출하지 않았으니 용신을 정하기 용이합니다. 그러므로 식상운과 재운이 모두 길합니다. 정관운은 도리어 재앙이 있으니 정관 계(癸)가 무(戊)와 합하여 합거되거나 겁재로 변하기 때문입니다. 칠살운은 식상제살이 되어 도리어 복이 됩니다. 그런데 반대로 인수가 미약하고 신약한데 식상이 중첩하여 있다면 빈한한 사람이 되므로 인수를 사용하여 식상을 극해줘야 합니다.

❹ 인수용재(印綬用財).

인수가 많아서 재성을 용신으로 삼는 경우가 있습니다.

인수가 중(重)하고 신강하면 투출한 재성이 인수의 태과함을 억제하는 용신이 됩니다. 인수의 뿌리가 견고하다면 재성이 인수를 파괴하여도 무방합니다.

時	日	月	年
辛	壬	丙	辛
亥	申	申	酉

● **위는 왕시랑의 명조입니다.** 인수격으로 병화(丙火)재성이 투출하였습니다. 그런데 인수가 태과하니 병화(丙火)재성으로 인수를 억제해주어야 합니다. 즉 인수용재(印綬用財)가 되는데 문제는 병신(丙辛)합으로 용신이 기반(羈絆) 이 되어 있는 것입니다 다행한 것은 운이 동남(東南)목화운으로 흘러 용신병 화(丙火)가 힘을 얻어 사용할 수가 있게 되었다는 점입니다.

▶ 그런데 반대로 인수가 경미하고 재성은 중(重)하면 반드시 겁재가 인수를 구해주지 않는다면 탐재파인(貪財破印)이 되어 빈천한 격국이 됩니다.

時	日	月	年
乙	丙	戊	庚
未	申	寅	申

위의 명조는 인수격으로 재성이 투출하였습니다. 인수용재(印綬用財)이지만 경금(庚金)재성이 강하므로 비겁으로 재성을 덜어 주고 일신을 보강해줘야 길합니다. 인수의 생조에 의지하는 사주이지만 재성이 인수를 파괴하고 비겁 이 없어 재성을 제거하지 못했으니 탐재괴인이 되었습니다.

▶ 인수용재(印綬用財)로써 인수가 중하고 재성이 경미한데 식상이 드러나 있는 경우가 있습니다. 식상이 재를 생하여 주니 재기 경미한 것 같지만 경미하지 않으니 부자가 될 수 있습니다. 그러나 귀하지는 못합니다. 재를 합하여 식신이 남는 경우에도 이와 동일합니다.

時	日	月	年
癸	辛	甲	己
巳	未	戌	未

위의 명조는 인수격에 재성과 식상이 투출하였습니다. 인수용재가 될 것 같지만 갑기(甲己)합으로 기반(羈絆)이 되어 있어서 갑(甲)재성을 사용하지 못합니다. 따라서 인수용식상으로 식상을 용신으로 해야 합니다. 토(土)인성이 태과한데 갑목(甲木)재가 태과한 인성기토(己土)를 합하고 계(癸)식신을 남겨 귀하게 되었습니다.

▶ 인수가 변하여 비겁으로 되면 인수를 버리고 재관(財官)을 취할 수 있습니다.

時	日	月	年
癸	丙	庚	丙
巳	午	寅	午

위의 명조는 인수격이었지만 인오(寅午)가 합하여 인목(寅木)인수가 겁재로 변했습니다. 경(庚)과 계(癸)의 재관을 용신으로 쓸 수 있습니다만, 애석한 것은 재관이 뿌리가 없습니다.

건록월겁격 建祿月劫格

건록(建祿)이란 월지가 일주의 녹(祿)인 것을 말합니다.

월겁(月劫)이란 월지가 겁재인 것을 말합니다. 녹(祿)은 곧 비겁이 되지만 천간에 투출한 것은 녹(祿)이 아니고 비겁이라고 말합니다. 그러므로 건록과 월겁은 동일한 격으로 볼 수 있으며 굳이 나눌 필요가 없습니다.

비견이든 겁재이든 천간에 투출하고 지지에서 회국한다면 재관살식상 등을 취하여 쓸 수가 있습니다. 월령이 건록이나 겁재인 경우에는(격을 삼을 수는 있어도) 용신으로 삼을 수 없으니 사주의 배합을 보아서 재관식상을 용신으로 삼으면 됩니다.

년지에서 녹(祿)을 만나면 세록(歲祿)이라 말한다

월지에서 녹(祿)을 만나면 건록(建祿)이라 말한다

일지에서 녹(祿)을 만나면 전록(專祿)이라 말한다

시지에서 녹(祿)을 만나면 귀록(歸祿)이라 말한다

❶ 록격용관(祿格用官).

건록격에 정관을 쓰는 록격용관(祿格用官)의 경우는 정관이 천간에 투출하면 좋습니다. 정관을 재(財)와 인(印)이 보좌해야 좋고 정관이 고관무보(孤官無補)가 됨을 꺼리게 됩니다. 정관을 쓰는데 인수로 정관을 보호하는 경우가 있습니다. 즉 식상이 정관을 손상함을 두려워하므로 인수가 있어서 인극식하여 식상으로부터 정관을 보호하는 것입니다.

時	日	月	年
癸	癸	戊	庚
亥	酉	子	戌

● 위는 김승상(金丞相)의 명조입니다. **록겁격이 됩니다.** 무토(戊土) 정관이 술(戌)에 통근하니 정관이 뿌리가 있습니다. 인수 경금(庚金)으로 보좌하지만 신왕하면 인수의 생조가 불필요하게 됩니다. 인수는 다만 운이 식상으로 흐를 때 정관을 보호하는 역할을 할 뿐입니다. 즉 경금(庚金)인수가 무토(戊土) 정관을 극하는 목(木)식상운을 만날 경우에 목(木)을 제어하여 정관인 무토(戊土)를 보호하는 것입니다. 더욱 좋은 것은 무계(戊癸)합이 되어 득관(得官)하는데 합화(合化)가 되지 않는다는 점입니다.

▶ 정관이 뿌리를 내려야 한다는 말은 예컨대 임수(壬水)가 정관이라면 운에서 다시 임수(壬水)가 오면 중관(重官)이 됩니다. 계수(癸水)가 운에서 오면 관살혼잡이 됩니다. 대운이 해자축(亥子丑)이면 정관이 뿌리를 내리게 됩니다. 마땅히 잘 살펴봐야 하는 것입니다.
정관을 쓰는데 재로써 돕는 경우도 있습니다.

時	日	月	年
壬	丁	丙	丁
寅	巳	午	酉

● 위는 이지부(李知府)의 명조입니다. 록겁격으로 정관 임수(壬水)가 천간에 있습니다. 정관임수(壬水)를 쓰는데 유금(酉金)재로써 재생관하여 돕고 있습니다. 년지 유금(酉金)이 정관 임수(壬水)와 거리가 멀어서 생하기가 어렵습니다. 그러나 사(巳)가 유(酉)를 합하여 끌어당겨서 정관을 생조하고 있는 것입니다. 정임(丁壬)합이지만 일간의 합은 득관이 되는 것이니 불화(不化)하여 격국이 청순하게 되었습니다.

▶ 정관이 있으면서 재와 인수를 모두 가지고 있으면 정관이 재와 인수 사이에 위치하여 재와 인수가 서로 싸우지 않아야 그 격국이 더욱 크게 됩니다.

時	日	月	年
丁	癸	戊	庚
巳	卯	子	午

● 위는 왕소사(王少師)의 명조입니다. 록겁격으로 재성인 정화(丁火)가 오(午)에 통근하고 경무(庚戊)가 사(巳)에 통근하니 지장간이 투출하여 뿌리가 있고 재와 인수가 거리가 멀리 떨어져 있어서 각각 그 쓸모를 잃지 않았고 서로에게 장애가 되지 않았습니다. 그러므로 귀격이 된 것이 당연합니다.

▶ 건록격과 월겁격에 정관이 두 개 이상 투출하면 역시 정관을 극제해야 하는데 이것을 가리켜 정관이 다툴 때는 상관이 없으면 안 된다고 하는 것입니다. 정관이 많으면 칠살이라고 말하고 칠살이 경미하면 정관이라고 말하면 됩니다.

만약 건록격과 월겁격에 정관을 쓰는데 고관무보가 되었다면 격국이 작으니 귀를 누리기 힘들게 됩니다. 만약 식상까지 투출하여 정관을 극한다면 파격이 됩니다. 그러나 정관과 상관이 모두 투출했는데도 귀하게 되는 수가 있습니다.

時	日	月	年
庚	壬	乙	己
子	戌	亥	酉

● **위는 왕총병(王總兵)의 명조입니다.** 록겁격인데 기토(己土) 정관과 을목(乙木) 상관이 투출하였습니다. 을(乙)상관이 기토(己土) 정관을 극하니 상관견관명조인데 을경(乙庚)합거하여 을(乙)상관이 기토(己土)정관을 극하지 못하므로 기토(己土)정관을 보호하고 있습니다.

▶ 건록월겁격에 인수가 투출하면 일주가 필연적으로 왕하게 마련이니 정관을 생하는 재가 좋고 정관이 합거되거나 칠살과 혼잡함을 꺼리게 됩니다.

時	日	月	年
癸	癸	戊	庚
亥	酉	子	戌

위 명조는 월령이 건록입니다. 무토(戊土) 정관이 술(戌)에 통근하니 정관이 뿌리가 있습니다. 인수 경금(庚金)으로 보좌하지만 신왕하면 인수의 생조가 불필요합니다. 인수는 다만 운이 식상으로 흐를 때 정관을 보호하는 역할을 할 뿐입니다. 경인(庚寅), 신묘(辛卯), 임진(壬辰) 동방목대운에는 식식운으로 평범했고 계사(癸巳) 대운 이후에 대운이 남방화운으로 들어 재가 정관을 생하니 만년에 뜻을 이루었습니다.

❷ 록겁용재(祿刼用財)

건록격과 월겁격에서 재(財)를 쓰는데 단독으로 쓰는 것은 격(格)에서 꺼리며 식상이 없이는 재를 쓰지 못하는 것입니다. 왜냐하면 비겁이 재를 극하기 때문인데 이 때에는 식상이 있어서 비겁과 재를 통관시켜 줘야 하기 때문입니다.

식상이 있는 경우에는 재성과 식상이 중하다면 자연히 일간이 신약해지므로 식상을 극해주고 일간을 생조 해주는 인수가 있어야 좋고 비겁은 신강해지므로 꺼리지 않으며 재와 식상이 경미하다면 일간이 신강해지므로 마땅히 재를 도와야 하고 인수와 비겁은 좋지 않습니다. 식상이 있는 경우에는 칠살을 만나도 식상제살하므로 상해가 없고 정관을 만나면 상관견관이 되어 복이 되지 않는 것입니다.

時	日	月	年
壬	癸	丙	甲
辰	丑	子	子

● 위는 장도통(張都統)의 명조입니다. 자수(子水)가 건록인데 병화(丙火) 재성과 갑목(甲木) 식상이 나타나 있습니다. 그러므로 록겁용재(祿刼用財)격인데 자수(子水)비견이 병화(丙火) 재성을 극하지만 상관갑목(甲木)이 상관생재하여 재와 비겁의 싸움을 말리고 있습니다. 갑(甲)과 병(丙)이 모두 통근하지 못하고 식상이 미약하니 마땅히 식상운으로 가서 재(財)를 생해주어야 합니다. 그래서 무인(戊寅) 기묘(己卯) 대운의 식상운에 가장 길하였습니다

건록격과 월겁격에 재(財)를 쓰는데 식상이 투출하지 않으면 발달하기 어렵습니다. 그러나 천간에 재(財)가 한 개가 투출하고 잡다하지 않으면서 지지에 뿌리가 많다면 역시 부유하게 됩니다. 그러나 귀하지는 못합니다.

▶ 화겁위재(化劫爲財)와 화겁위생(化劫爲生).

월지가 겁재일 경우에 이 겁재가 변하여 길하게 작용하게 되면 이것을 가리켜 화겁위재(化劫爲財)가 되거나 화겁위생(化劫爲生)이 되었다고 말하며 이 경우 수기가 더욱 빼어납니다.

時	日	月	年
辛	丁	己	己
丑	未	巳	未

위의 경우 사축(巳丑)이 합하였고 신금(辛金)이 있으니 화(火)겁재가 변하여 금(金)재가 되었습니다. 축토(丑土)가 사화(巳火)를 당겨 금(金)으로 합화(合化)하려는 기운이 있는 것입니다. 이런 경우를 가리켜 **화겁위재(化劫爲財)**라고 합니다.

時	日	月	年
甲	庚	甲	庚
申	子	申	子

● 위는 고상서(高尙書)의 명조입니다. 월지와 시(時)지에 녹이 있고 년(年)간에 비견이 투출하니 일주가 약하지 않습니다. 갑(甲)재성을 용하므로 녹겁용재(錄劫用財)에 해당하는데 마땅히 식상이 있어야 합니다. 자신(子申)이 합하여 수(水)의 식상이 되니 겁재 신금(申金)이 변하여 갑목(甲木)재를 생하는 식상 수(水)가 되었습니다. 이런 것을 가리켜 **화겁위생(化劫爲生)**이라고 합니다.

❸ 록겁용살(祿劫用殺)

건록격과 월겁격에 칠살을 쓰는데 반드시 제살해야 합니다.

제살하는 방법에는 여러 가지가 있습니다. 만약에 식상이 있을 경우에는 식상제살하면 되는데 식상이 중하고 칠살이 미약하다면 제살태과가 되므로 칠살을 돕는 운으로 가야 하고 식상이 미약하고 칠살이 무거우면 식상을 돕는 운으로 가야 합니다.

時	日	月	年
己	癸	壬	丁
未	卯	子	巳

● **위는 누참정(樓參政)의 명조입니다.** 자수(子水)가 건록인데 겁재 임수(壬水)가 투출하였습니다. 기토(己土)칠살이 사화(巳火) 제왕지를 놓고 있어서 약하지 않습니다. 겁재 임(壬)이 재성 정(丁)을 정임(丁壬)합거하여 정화(丁火)가 기(己)칠살을 생하지 못하게 하면서 묘미(卯未)가 회국하여 목(木)의 식상이 되어 기(己)칠살을 제살하고 있습니다.

▶ 록겁격에서 칠살이 있는데 재가 있으면 칠살을 왕성하게 하므로 원래는 불미스러운 것이 됩니다. 그러나 칠살을 제거하고 재를 남긴다면 이 또한 귀격이 될 수가 있습니다. 록겁격에서 재를 남기는 것이 되므로 칠살로 말하지 않고 재로 말해야 하며 반드시 식상이 있어서 재를 생해줘야 합니다. 식상운으로 가야 좋고 재운도 꺼리지 않으며 만약에 정관이 투출해도 재성이 정관을 생하므로 염려할 바가 없고 신왕한 운 역시 재관을 쓸 수 있으므로 형통하게 됩니다. 만약 원국에서 재를 합거하고 칠살을 남겼을 경우에는 칠살로 논해야 하므로 식상으로 칠살을 제살해야 하고 칠살이 미약하다면 칠살을 도와야 하며 식상이 미약하다면 식상을 돕는 운이 와야 하는 것입니다.

時	日	月	年
丙	壬	癸	戊
午	午	亥	辰

● **위는 원내각(袁內閣)의 명조입니다.** 록겁격인데 계수(癸水)겁재가 투출하고 무토(戊土) 칠살이 투출하였습니다. 무토(戊土)칠살을 무계(戊癸)합거하고 병화(丙火)재를 남겼습니다. 그러므로 록겁용재(祿劫用財)로 말해야 하고 록겁용살(祿劫用殺)이라고 말해서는 안 되는 것입니다. 기쁜 것은 해(亥)중에 갑목(甲木)이 숨어 있어서 식신생재를 하는 용신이 된다는 점입니다. 그러므로 신왕운과 식상운이 길하였습니다. 병인(丙寅), 정묘(丁卯) 식상과 재성운에 길하고 무진(戊辰)의 관살운에는 불리하였습니다.

▶ 건록격과 월겁격에 관살이 모두 투출하면 반드시 거류하여 사주를 맑게 해야 비로소 귀격이 될 수 있습니다. 관살이 모두 투출하면 칠살로 보는데 인수로 화살하든지 식상으로 제살해야 합니다.

時	日	月	年
乙	甲	庚	辛
亥	辰	寅	丑

위 명조는 경금(庚金)과 신금(辛金)이 투출하니 관살혼잡이 되었습니다. 그런데 을경(乙庚)이 합살류관하여 신(辛)정관을 남기므로 관이 맑아졌습니다.

時	日	月	年
乙	戊	己	甲
卯	辰	巳	辰

위의 명조는 갑을(甲乙)이 모두 투출하여 관살혼잡이 되었습니다. 갑기(甲己)가 합살하여 을(乙)정관을 남기므로 합살류관이 되어 관이 맑아 졌습니다.

時	日	月	年
丙	甲	庚	辛
寅	申	寅	亥

위의 명조는 경신(庚辛)이 모두 투출하여 관살혼잡이 되었습니다. 병신(丙辛)합으로 합살하여 경(庚)정관을 남겨 합살류관이 되어 관이 맑아졌습니다.

時	日	月	年
庚	乙	辛	丙
辰	亥	卯	辰

위의 명조는 경신(庚辛)금이 모두 투출하여 관살혼잡이 되었습니다. 병화(丙火)가 경금(庚金)을 제살하여 제살류관이 되어 관이 맑아졌습니다.

時	日	月	年
戊	庚	丁	丙
寅	午	酉	辰

위의 명조는 병정이 모두 투출하여 관살혼잡이 되었습니다. 칠살 병(丙)은 인(寅)에서 장생하고 정관 정(丁)은 오(午)에 녹을 얻었습니다. 관살이 모두 투

출하여 통근했으니 진정한 관살혼잡입니다. 무(戊)인수로 관살의 기운을 설기하여 일주를 생하니 인수기 용신입니다.

▶ 건록격과 월겁격에 관살이 중첩하고 제복이 없어도 관살을 제복하는 운이 오면 역시 돈을 벌 수 있다. 그러나 관살이 너무 과중하면 신경살중(身輕殺重)하니 신상에 위험합니다.

時	日	月	年
丙	己	丙	戊
寅	卯	辰	寅

위의 명조는 寅卯辰이 모두 있으니 木의 방국(方局)을 이루어 관살이 왕하다. 기쁜 것은 월간과 시간에 두 개의 丙火 인수가 있다는 점이다. 어려서는 비겁운이니 고생이 극심했고, 중년운 庚申, 辛酉 대운에 식상이 관살을 제복하니 많은 돈을 벌어, 만년에 대운이 재운으로 흐르니 인수를 파하고 관살을 도와 일패도지했습니다.

❹ 록겁용식(祿劫用食).

건록격과 월겁격에서는 재관이 없으면 식상으로 설기해야 합니다.

설기가 태과하면 비록 수기(秀氣)라고는 하지만 오로지 봄의 목(木)일주와 가을의 금(金)일주만 귀하게 됩니다. 무릇 목(木)은 화(火)를 만나면 통명(通明)하게 되고 금(金)은 수(水)를 생하면서 영통(靈通)하게 됩니다. 화토(火土)상관과 토금(土金)상관은 편조(偏燥)하니 기후가 중화를 얻어야 비로소 좋게 될 수가 있습니다.

건록격과 월겁격에서 식상을 쓰는 경우에는 식상생재하는 재운이 가장 길하고 식상제살하는 칠살운 역시 꺼리지 않으며 인수운은 식상을 극하니 불길하고 정관이 대운 천간에서 오는 것도 상관견관이 되므로 불미스럽습니다.

만약 사주 원국에서 식상이 태과하다면 식상을 설기시켜주는 재운이 당연히 유리하고 태과한 식상을 극해주는 인수운 역시 꺼리지 않습니다.

時	日	月	年
丙	甲	丙	甲
寅	子	寅	子

● 위는 **장장원(張壯元)**의 명조입니다. 록겁격이지만 인(寅)중 병화(丙火)가 투출하여 식신격으로 보고, 목화통명(木火通明)이 되었습니다. 더욱 기쁜 것은 인수수(水)가 있어서 기후의 중화를 얻어, 식신이 왕해서 식신생재가 되어 재운이 좋습니다.

時	日	月	年
庚	庚	庚	癸
辰	子	申	卯

위의 명조는 경(庚)일주에 신자진(申子辰)이 모두 있으니 금수상관격 가운데 정란차격(井欄叉格)이 되었습니다. 금수상함(金水相涵)이 되었습니다. 년(年)지 묘목(卯木)이 왕한 수(水)기를 설하고 있으니 좋습니다. 운은 재의 목(木)의 대운에 좋았습니다.

20

양인격 羊刃格

양인(羊刃)이라는 것은 겁재의 왕성함이 지나쳐 극에 이른 상태가 양인이니 마땅히 제복해야 합니다. 양인을 제복할 때는 관(官)과 살(殺)을 구별하지 않습니다.

양인격(羊刃格)이 아닌 다른 격국에서는 칠살(七殺)이 나를 극하는 것으로 보아 칠살을 먼저 제복하는 것을 원칙으로 합니다. 그래서 칠살을 생해주는 재성이나 식신제살을 방해하는 인수를 꺼리는데 어째서 유독 양인격만은 칠살을 정관과 마찬가지로 재와 인으로 보좌하면 좋다는 말하겠습니까? 그것은 양인격에서 칠살을 쓰는 것은 오로지 칠살에 의지해서 흉한 양인을 제복해야 하기 때문에 칠살이 나를 극하는 것을 두려워하지 않는 것입니다. 그러므로 오히려 칠살도 재와 인수를 좋아하고 칠살을 제복하는 것을 꺼리는 것이 되는 것입니다.

양인격은 신왕하여 칠살을 직접 대적할 수 있기 때문에 칠살을 제압하는 식상의 제살이 필요 없는 것입니다. 그런데 관살이 양인을 극하는 경우에 식상이 있는데도 귀하게 되는 것이 있습니다. 그것은 인수가 있어서 식상을 극해 주므로 식상이 관살을 극하지 못하게 하여 관살을 보호하거나 칠살이 태과하여 양인을 누르는데 식상이 칠살을 손상하거나 관살혼잡이 된 명조에서 관살이 식상으로 인해 거관류살이 되거나 거살류관이 되어 사주가 청하게 된 까닭입니다.

▶ 갑목(甲木)이 묘월(卯月)에 생하면 양인이지만, 묘월(卯月)이 아닌 천간의 을목(乙木)이나, 년지 일(日)지 시(時)지의 묘(卯)는 겁재일 뿐이지 양인이 아닙니다.

❶ 양인용관(陽刃用官).

양인격에 정관이 있는 양인용관(陽刃用官)의 경우에는 정관을 돕는 운이 좋습니다. 그러나 사주 원국에서 정관이 뿌리가 깊다면 일신을 방신(幇身)해 주는 인수운과 비겁운이 도리어 좋습니다. 그러나 식상운은 정관을 손상시키거나 합하므로 좋지 않습니다.

時	日	月	年
丙	壬	壬	己
午	申	子	酉

위의 명조는 재가 왕하여 정관을 생하고 있습니다. 비록 월령이 양인이지만 병오(丙午)재성도 강합니다. 기쁜 것은 년주 기유(己酉)가 있어서 관인상생이 되었다는 점입니다. 이것은 기토탁임이 된 관성이 별 쓸모가 없게 되는 것인데 관인상생하게 되므로 정관기토가 쓸모 있게 되었음을 말합니다. 때문에 자수(子水)양인이 왕하여 유금(酉金)인수가 생해주면 나쁠 거라는 신약개념과는 다른 것입니다. 사주를 풀 때에는 재관인인(財官印刃)으로 기가 두루 흘러 정체하지 않고 있는가를 파악하는 것이 중요한 내용이 되는 것입니다.

❷ 양인용살(陽刃用殺).

양인격에 칠살이 있는 양인용살(陽刃用殺)의 경우 칠살이 강하지 않다면 재운 (財運)이 와서 칠살을 도와줘야 합니다. 그러나 칠살이 너무 강하다면 일신을 도와주는 신왕운과 인수운이 좋고 칠살을 제살하는 식상운 역시 꺼리지 않습 니다. 양인용살은 양인용관의 경우와 대동소이합니다. 정관은 마땅히 왕하게 해야 하고 칠살은 마땅히 제복해야 하는데 양인격에서는 칠살이라도 그대로 사용할 수가 있는 것이므로 식상운을 보는 법이 달라지게 되는 것입니다.

時	日	月	年
壬	丙	甲	辛
辰	申	午	丑

위의 명조는 본편에서 거론한 어느 승상의 명조입니다. 임수(壬水)칠살이 투 출하고 뿌리가 깊습니다. 비록 월령이 양인이지만 신왕하지는 않습니다. 갑 (甲)인수를 써서 칠살을 화살(化殺)시키면 좋습니다. 또한 오(午)양인으로 신 (辛)재성을 극하여 갑(甲)인수를 보호해야 합니다. 임(壬)칠살을 사용하는데 있어서 정(丁)겁재가 천간에 투출하면 칠살과 겁재가 합살(合殺)하여 칠살을 사용하지 못하므로 겁재투출을 꺼리게 됩니다. 그러나 월지 양인과 칠살이 합살 할 때에는 살인양정(殺刃兩停)에 해당이 되는가를 잘 살펴 봐야합니다. 지지의 양인합살과 천간의 겁재합살은 그 의미가 틀린 것입니다.

時	日	月	年
丙	壬	丁	
	午		

위의 명조는 임수(壬水) 칠살이 오(午)양인을 제복하고 있는데 정(丁)겁재가 투출하여 정임(丁壬)합하므로 탐합망극(貪合忘剋)하고 있습니다. 이때에는 오(午)양인이 왕성해 양인의 흉이 노출될 수 있으므로 주의깊게 살펴봐야 합 니다.

時	日	月	年
庚	甲	乙	甲
午	寅	卯	申

● 위의 명조는 어느 내관(內官)의 명조입니다. 경(庚)칠살이 을(乙)겁재와의 을경(乙庚)합을 탐하여 묘(卯)양인을 극하는 것을 망각하고 있습니다. 양인격에서는 칠살과 겁재가 천간에 모두 투출하면 칠살이 약해져 양인을 제압하지 못하므로 공을 이루지 못하게 됩니다.

時	日	月	年
壬	丙	甲	丙
辰	申	午	寅

위의 명조는 병(丙)일주가 오월(五月)에 출생하여, 양인격인데 임수(壬水)칠살이 투출하므로 칠살을 써야 합니다. 그런데 오(午)중에 기토(己土)식상이 내장되어 있으니 식상이 임수(壬水)칠살을 극할 수 있습니다. 이때에는 상관기토(己土)를 제(制)해 줄 수가 있는 금(金)재성 또는 목(木)인수가 있어야 합니다. 그리고 이 명조는 신진(申辰)공합(拱合)하고 임수(壬水)가 통근하니 양인도 왕하고 칠살도 강합니다. 오(午)중 기토(己土)가 임수(壬水)를 극할 수가 있는 것인데 갑목(甲木)이 갑기(甲己)명암합하여 눌러 주고 있습니다. 그러므로 병권과 형벌권을 장악하고 생살지권을 쥐었습니다. 만약 신(申)과 인(寅)의 자리가 바뀌었다면 양인은 왕한데 칠살은 강하지 못하여 귀격이 되지 못했을 것입니다.

▶ 양인격이 관살이 모두 투출하면 거관(去官)이든 거살(巨殺)이든 제복하는 운이 좋습니다. 신왕운 역시 유리하고 재관운은 불길합니다.
월령이 양인인데 관살이 투출하면 관살로 양인을 극하니 성격(成格)이 된 것입니다.

만약 식상까지 투출하면 극설교집(剋洩交集)이 되니 반드시 사주의 배합을 잘 살펴서 희기를 정해야 합니다. 그런데 관살이 양인을 극하는 경우에 식상이 있는데도 귀하게 되는 것은 무슨 까닭인가?

그것은 인수가 있어서 식상을 극해 주므로 식상이 관살을 극하지 못하게 하여 관살을 보호하거나 칠살이 태과하여 양인을 누르는데 식상이 칠살을 손상하거나 관살혼잡이 된 명조에서 관살이 식상으로 인해 거관류살이 되거나 거살류관이 되어 사주가 청하게 된 까닭입니다.

時	日	月	年
戊	庚	癸	甲
寅	寅	酉	午

● **위의 목동지의 명조입니다.** 월령이 양인인데 오화(午火)가 양인을 극하고 있는데 천간에 식상이 투출하니 파격입니다. 좋은 것은 시간의 무토(戊土)가 계수(癸水)를 합거하니 정관이 되살아나 성격(成格)이 됩니다. 계수(癸水)가 오(午)의 정관을 손상하기 전에 무(戊)인수가 계(癸)상관을 합거하였습니다. 계(癸)식상을 무(戊)인수가 제거하여 오(午)정관을 보호한 것이 되는 것입니다.

時	日	月	年
壬	庚	丁	丙
午	申	酉	戌

위의 명조는 경신(庚申)일주가 유월(酉月)에 태어나므로 양인격이 되었습니다. 병정(丙丁)관살이 모두 천간에 투출하여 관살혼잡한데 식신 임(壬)이 정관 정(丁)을 합거하니 합관유살하여 병(丙)칠살이 홀로 남아 혼잡하지 않고 청수하게 되었습니다.

時	日	月	年
甲	戊	庚	甲
寅	申	午	寅

위의 명조는 갑(甲)칠살이 2개나 천간에 투출하고 인(寅)의 녹을 만나 통근하고 뿌리가 깊은데 경(庚)식신이 칠살을 제압하고 있습니다. 인오(寅午)회국하여 양인격이 인수격으로 변했는데 그래서 칠살을 인수가 살인상생하게 만들고 있습니다. 인수로써 화살(化殺)하니 중화를 이루어 부귀복수(富貴福壽)를 다 누렸고 명리쌍전(名利雙全)했습니다. 이 사주의 묘한 점은 수(水)재가 없는 것입니다.

❸ 양인용인(陽刃用引).

時	日	月	年
戊	丙	戊	戊
戌	辰	午	子

위의 명조는 월령이 양인이지만 토(土)의 설기가 너무 심하면 도리어 신약한 명이 되었습니다. 이때에는 오히려 인수인 목(木)을 용신으로 삼아 토(土)식상을 제압하고 양인을 도와야 합니다.

時	日	月	年
壬	丙	甲	辛
辰	申	午	丑

위의 명조는 임(壬)칠살이 천간에 투출하였으나 월령을 득하지 못하였습니다. 하지만 임수(壬水)칠살은 신금(辛金)이 장생지이고 진토(辰土)에도 뿌리를 내리고 있으므로 강하다고 봐야 합니다. 월령 오화(午火)가 양인이라도 신약 명이니 갑(甲)인수를 써서 칠살을 화살(化殺)하면서 일신(日身)을 생조해 줘야 합니다. 이때 신금(辛金)은 갑목(甲木)을 훼손시킬 우려가 있는데 오화(午火)양인이 재성신금(辛金)을 견제하여 보호하고 있는 것입니다. 역시 승상의 명조입니다.

❹ 양인용재(陽刃用財).

양인이 재성을 만나면 식상으로 통관하지 않으면 안 됩니다.

그러므로 식상이 관건이 되는데 반드시 식상이 있어서 통관해 주어야 격이 성립하게 됩니다. 양인이 재를 극하기 때문인데 만약 재가 뿌리가 깊고 식상을 써서 식상생재한다면 양인이 식상을 생하고 식상이 다시 재를 생하게 되게 되어 좋아질 수 있게 됩니다. 비록 건록격(建祿格)이나 월겁격(月劫格)보다는 못하지만 부귀할 수 있는 것입니다. 식상도 없다면 양인과 재가 서로 싸우니 국을 이루지 못하게 됩니다.

時	日	月	年
辛	壬	丙	甲
亥	寅	子	申

임(壬)일간이 자월(子月)에 태어나 양인격을 이룹니다. 천간의 목화(木火)가 지지에서 장생을 만났습니다. 자신(子申)수국(水局)을 이루니 갑(甲)식신 역시 생부를 얻고 있습니다. 병화(丙火)재성은 인목(寅木)이 장생이고 갑(甲)식신의 생재(生財)를 받게 되므로 재기(財氣)가 문호(門戶)에 통했으니 부격(富格)입니다.

▶ 만약에 양인은 강하고 재성은 경미한데 식상이 없다면 어떠할까요?

時	日	月	年
戊	戊	戊	戊
午	戌	午	子

화염토초하므로 수(水)재로써 윤택하게 해야 한다고 하지만 수(水)재성의 뿌리가 되는 금(金)식상이 없으니 물이 살아 남기 힘들게 되었습니다. 이것은 군겁쟁재로 보아도 되므로, 자수(子水)가 병(病)이 되는 것입니다. 그런데 자오(子午)충이 되므로 자수(子水)는 제거지병(除去之病)이 된 것이니 병(病)이 없어진 셈이라, 우수한 격국이 되는 것입니다.

▶ 양인격에서 관살로 양인을 제복함에 있어서 격국의 높고 낮음은 무엇으로 구분할 수 있을까요? 관살이 천간에 노출되고 뿌리가 깊으면 귀가 크다고 말할 수 있습니다. 그러나 관살이 지지에 있고 천간에 드러나지 않았거나 천간에 드러났다고 해도 뿌리가 약하면 그 귀가 적은 것입니다.

時	日	月	年
丙	壬	丙	己
午	寅	子	酉

위는 어느 승상의 명조로 정관 기(己)의 녹이 오(午)에 있고 인오(寅午) 회국하고 병화(丙火)가 두 개나 천간에 투출했습니다. 재왕생관(財旺生官)이 된 것입니다. 자수(子水)양인이 고립되어 있고 재가 왕해 신약명이 되었습니다 특이한 것은 자수(子水)가 있어서 병(丙)재가 유(酉)인수를 파괴하지 못한 것인데 양인이라도 신약한 명조가 되는 것이라서 대운이 서북으로 흘러 일신(日身)을 강하게 해주므로 귀하게 된 명조입니다.

잡격론 雜格論

전왕격(專旺格), 화기격(化氣格)
기명종살(棄命從殺), 기명종재(棄命從財)

(1) 전왕격(專旺格)

잡격(雜格)이란 월령에서 쓸 것을 찾지 않고 외격(外格)에서 찾는 것입니다.
잡격은 종류가 아주 많습니다. 오행 가운데 어느 한 오행의 수기(秀氣)를 취
하는 것으로는 곡직격(曲直格), 염상격(炎上格), 가색격(稼穡格), 종혁격(從革
格), 윤하격(潤河格)의 5다섯가지가 있습니다.

곡직격 경우 갑을(甲乙)이 있고 해묘미(亥卯未)나 인묘진(寅卯辰)이 모두 있으면서 봄에 출생했다면 원래 비겁이 꽉 찼지만 한가지 오행이 전체를 이루고 있으니 격이 이루어집니다. 방국(方局)이 완전하게 갖추어지지 않았다고 해도 그 기세가 전일(專一)하다면 그 왕한 세력을 좇아가는 것이 있습니다.

이런 격은 인수가 있는 것이 좋고 사주 전체가 순수하여야 합니다. 사주가 온통 그 세력을 장악한 신(神)을 중심으로 단결하여 권세가 한 사람에게 집중된 것과 같은 형상을 이루면 그 기세와 성정(性情)에 순응하는 것으로 용신을 정해야 합니다. 만약 억지로 이를 극제하려고 하면 도리어 격동시켜 우환을 만들게 되는 것입니다.

時	日	月	年
壬	乙	乙	癸
午	未	卯	亥

● **위의 오상공(吳相公)의 명조입니다.** 해묘미(亥卯未)삼합을 이루고 있는데 을목(乙木)이 쌍투하며 임계(壬癸)수인성이 목을 생해주고 있습니다. 그래서 전왕하다고 말할 수가 있습니다. 대운은 인수운과 비겁운이 좋고 재운과 식상운도 길하지만 관살운은 꺼리게 됩니다.

❶ 운이 식상의 설기하는 곳으로 흐르는 것이 가장 좋습니다.

❷ 원국에 식상이 있다면 재운 역시 좋습니다.

❸ 인수의 운은 그 왕신(旺神)을 종(從)하므로 마땅히 좋다고 보는 것입니다.

❹ 만약 원국에 식상의 설기가 있다면 식상을 극하는 인수운을 꺼리게 됩니다.

❺ 관살이 그 강한 기세를 거역하면 외격에서 꺼리는 바인데 만약 인수의 생화(生化)가 없다면 재앙이 가볍지 않다고 볼 수 있습니다.

(2) 화기격(化氣格)

화(化)를 쫓아서 격을 정하는 것을 말합니다.

원문에서 화(化)를 쫓는다는 말은 기명종격(棄命從格)이 아니고 화기격(化氣格)을 말합니다. 갑기화토(甲己化土), 을경화금(乙庚化金), 병신화수(丙辛化水), 정임화목(丁壬化木), 무계화화(戊癸化火)의 5가지 격을 말합니다.

화기격은 필히 지지의 기를 얻어야 하며 더욱이 월령을 얻어야 합니다. 월령에서 기를 얻지 못하면 화기격이 될 수가 없습니다. 예를 들면 정임화목(丁壬化木)이 되려면 반드시 인묘(寅卯)월이라야 하고 갑기화토(甲己化土)가 되려면 반드시 진술축미(辰戌丑未)월이라야 합니다. 이것을 가리켜 화신(化神)은 득시 병령해야 한다고 하는 것입니다.

예를 들면 정임화목(丁壬化木)이 되면서 지지에서 해묘미(亥卯未)나 인묘진(寅卯辰)이 온전하게 갖추어지면서 봄에 출생하면 대귀합니다.

時	日	月	年
甲	壬	丁	甲
辰	寅	卯	戌

이 명조는 정임화목(丁壬化木)하여 목(木)이 되는데 월령이 묘월(卯月)이라 득령을 하였습니다. 지지에서는 인묘진(寅卯辰)삼합국을 만들어 사지(四支)의 국(局)이 완전합니다. 그래서 일품(一品)의 귀를 누린 사주입니다. 운은 화(化)한 오행이 오거나 화한 오행에게 인수가 되는 운이 좋고 화한 오행에게 재나 식상이 되는 운도 무방하지만 화한 오행에게 관살이 되는 운은 좋지 않습니다.

❶ 삼합국과 삼회방이 완전히 이루어진 것이 중요한 것이 아니고 오로지 기세가 순수한 것이 중요합니다.

❷ 정임화목(丁壬化木)이 미월(未月)에 출생하면 화기격이 되기 힘듭니다.

❸ 무계화화(戊癸化火)는 술미(戌未)월에 출생하면 화(化)할 수 있다. 그것은 술미(戌未)가 모두 화토(火土)이니 원래의 기질을 극할 수 있기에 화하는 것입니다.

❹ 화기(化氣)에는 왕하고 약한 구별이 있다. 왕한 것은 설기를 좋아하고 약한 것은 부조하는 것을 좋아합니다.

(3) 기명종살(棄命從殺)

사주가 모두 관살로 되어 있고 일주가 뿌리가 없어서 자기를 버리고 관살을 좇아가는 것입니다. 격이 이루어지면 대귀합니다.

❶ 만약 식상이 있으면 칠살이 극을 당하니 종살격이 이루어지지 않습니다.
❷ 인수가 있으면 인수가 화살하여 일간을 생부하니 종살격이 안됩니다.
❸ 재관(財官)운이 길하고 인비운은 꺼리며 식상운(火)은 더욱 꺼립니다.

時	日	月	年
甲	乙	乙	乙
申	酉	酉	酉

● 위의 명조는 이시랑(李侍郞)의 명조입니다. 을목(乙木)이 뿌리가 없고 기세가 금(金)에 편중되어 있으니 기명종살격입니다. 금(金)관운이 가장 좋고 토(土) 재운 역시 금을 생하니 길하며 목(木)운은 을목(乙木)이 통근하니 불길하고, 화(火)운은 왕한 금의 기세를 거역하니 흉합니다.

(4) 기명종재(棄命從財)

사주가 모두 재(財)로 이루어지고 신약하여 무력한 경우에 나를 버리고 재(財)를 좇아 종(從)하는 것입니다. 종재격이 이루어지면 대귀합니다.

❶ 만약 인수가 투출하면 인수의 생조에 의지하니 종격이 되지 못합니다. 그러나 인수가 뿌리가 없다면 종재격이 성립하는데 장애가 되지 않을 수도 있습니다.
❷ 관살이 있으면 재(財)를 좇지 않으니 종재의 이론이 성립되지 않습니다. 관살이 있으면 재의 기운을 설기하니 불길합니다.
❸ 종재격은 비겁운을 가장 꺼리지만 만약 사주 원국에 식상이 있다면 식상이 비겁의 기운을 설하여 재를 생하니 종재격의 파격이 되지는 않는 것입니다.

時	日	月	年
乙	丙	乙	庚
丑	申	酉	申

● 위의 명조는 왕십만(王十萬)의 명조입니다. 을(乙)이 경(庚)을 좇아 금(金)으로 변하니 을(乙)은 이미 인수가 아닙니다. 병화(丙火)가 신(申)을 깔고 앉았으니 병지(病地)이고 사주에 뿌리가 없습니다. 시의 축(丑)이 금(金)을 생하고, 기세가 금(金)에 편중되어 있으니 기명종재격이 되었습니다. 식상운과 재운이 길하고 인비운은 불리합니다. 토금수 대운이 좋았고 비겁운인 남방화운은 불리합니다.

제3장

형충회합刑沖會合

22

형충회합刑沖會合 고찰

사주를 볼 때 주의해야 할 점은 간지(干支)의 회합(會合)입니다.

사주의 변화는 모두 여기에서 나온다고 할 수 있습니다. "길신은 간합하여 귀(貴)를 망각하고 흉신은 간합하여 천(賤)을 망각한다."라고 하였는데 이 말의 뜻은 합이 길신을 기반하면 흉하게 쓰이는 것이고, 흉신을 기반하면 길하게 쓰이는 것이라는 의미가 됩니다.

그래서 합의 작용에 따라 **합화(合化), 합동(合動), 합기(合起), 합생(合生), 합반(合班), 기반(羈絆), 합거(合去)**라는 각각 다른 표현을 쓰는 것입니다.

이러한 표현법은 한 가지 간법일 뿐이고 사주 통변술에 있어서 사주 전체의 견지에서 합을 봐야 한다는 것입니다. 그렇지 않고 이러한 단순한 간법들로만 보게 되면 서로 충돌하여 뜻이 위배되는 것처럼 보이기도 하겠지만 사주 전체에서 둘러보면 동일한 뜻이 된다는 것을 이해하여야 합니다. 즉 "합은 좋은 것이다."라는 점도 옳은 말이며, "합은 기반으로 나쁜 것이다."라는 점도 옳은 말인 것이라는 것입니다.

(1) 4길신이 합(合)되어 무용지물이 된 경우.

정관이 합이 된 후에 그 정(情)이 일주를 향하지 않는다면 그 정관은 더 이상 정관으로 논하지 않는다. 갑(甲)일주가 신금(辛金) 정관(正官)을 쓰는데 병화(丙火)가 투출되어 신금(辛金)과 합하면 정관은 정관의 구실을 하지 못하게 되며, 갑(甲) 일주가 계수(癸水) 인수(印綬)를 쓰는데 무토(戊土)가 투출하여 계수(癸水)를 합하면 인수는 제 구실을 하지 못하게 됩니다.

時	日	月	年
甲	辛	丙	

위의 명조는 신금(辛金)정관이 병신합반으로 정관의 기능을 상실합니다.

時	日	月	年
甲	癸	戊	

위 명조는 계수(癸水)인수가 무계합반으로 인수의 기능을 상실합니다.

時	日	月	年
甲	丙	辛	

위 명조는 갑(甲)일주가 식신(食神)인 병(丙)을 쓰는데 신(辛)이 있어 병(丙)과 합하면 병(丙)은 이미 식신으로서의 기능을 상실하게 됩니다

時	日	月	年
甲	戊	辛	丙
寅	寅	卯	午

위 명조에서 병신(丙辛)이 서로 합(合)하지만, 묘월(卯月)이고 목이 많아 수(水)로 화(化)하지는 않습니다. 병(丙)이 없다면 신금(辛金)을 용신으로 삼아 갑목(甲木)을 제압할 수 있고, 신(辛)이 없다면 병(丙)을 용신으로 삼아 갑(甲)의 기운을 배출시킬 수 있을 것입니다. 2개가 다 쓸모 있는 것들이었으나, 합이 되므로 말미암아 그 쓸모를 모두 잃고 말았습니다.

(2) 4흉신이 합(合)하여 길(吉)하게 되는 경우.

갑(甲)일주가 경(庚)을 만나면 칠살(七殺)인데 을(乙)이 있어서 경(庚)과 합하면 칠살은 일주를 극하지 못합니다. 갑(甲)일주에게는 을(乙)이 겁재(劫財)인데 을(乙)이 경(庚)과 합하면 을(乙)은 더 이상 겁재가 아니고 경(庚)은 더 이상 칠살이 아닙니다. 갑(甲)일주가 정(丁)을 만나면 상관(傷官)이고 임(壬)을 만나면 효신(梟神)인데 정(丁)과 임(壬)이 합하면 임(壬)은 더 이상 효신이 아니고 정(丁)은 더 이상 상관이 아닙니다.

▶ 효신(梟神)이란 편인을 말하지만 편인이 전부 효신은 아닙니다. 편인중에서 식신을 도식(盜食)할 수 있는 편인를 말하여 효신(梟神)이라고 말하는 것입니다.

時	日	月	年
甲	庚	乙	

위의 명조는 을경(乙庚)이 합하여 더 이상 경금(庚金)은 칠살이 안되며, 을목(乙木)은 겁재가 안 됩니다.

時	日	月	年
甲	丁	壬	

위의 명조는 정임(丁壬)이 합반하여 정화(丁火)는 상관이 못 되고, 임수(壬水)는 효신이 안 됩니다. 또한 불필요한 십신이 합하여 좋아지는 경우가 있습니다.

時	日	月	年
己	乙	甲	己
卯	亥	戌	卯

● 위는 장소증의 명조입니다. 갑(甲)과 기(己)는 본래는 2개 모두 불필요한 것들이었는데, 합이 되어 2가지 모두 작용력을 잃게 되어 격국(格局)이 맑아졌습니다.

時	日	月	年
辛	甲	辛	丙
			卯

위의 명조는 정관인 신금(辛金)이 두 개나 투출하였는데 년간의 병화(丙火)가 월간의 신금(辛金)을 합거하여 신금(辛金)이 홀로 남으니 사주가 맑아졌습니다.

時	日	月	年
庚	甲	辛	丙
			卯

위의 명조는 칠살(七殺)인 경금(庚金)과 정관인 신금(辛金)이 천간에 투출하여 관살혼잡(官殺混雜)인데 년간의 병화(丙火)가 신금(辛金)을 합거하니, 합관류살(合官留殺)하여 살인격(殺刃格)이 되니 사주가 좋아졌습니다.

▶ 합관류살(合官留殺)이란 정관을 합거(合去)하여 보내고, 칠살을 잔류(殘留)시킨다는 뜻입니다.

(3) 지지에 기세(氣勢)가 왕(旺)하면 합하여도 변하지 않는다.

지지에 통근하면 비록 합(合)할지라도 고유한 작용을 상실하지 않으므로, 길흉(吉凶) 작용력이 여전히 남게 됩니다. 병신(丙辛)이 서로 합하지만 왕성한 정관인 신(辛)이 지지에 통근하고 있습니다. 정관이 많으면 칠살로 변하므로 병화(丙火)가 정관을 제압하는 용신(用神)이 됩니다.

時	日	月	年
丙	甲	辛	癸
寅	申	酉	未

● 위의 명조는 유진화의 명조입니다.

(4) 요합(遙合)의 합력(合力)은 20%~30% 정도이다.

천간의 합이 되는 듯해도 실상은 합이 되지 않는 것이 있습니다. 거리가 멀어서 합하지 못하는 경우도 있고, 가까이 붙어 있어도 극을 당하여 합할 겨를이 없는 경우도 있습니다. 이와 같은 여러 경우로 인하여 합이 되려다가 만 것은 합하는 작용력이 10분의 2, 3에 불과하다고 보는 것입니다. 거리가 너무 멀리 떨어져 있으면 합하는 역량이 감소하는 것입니다. 따라서 합한 결과가 좋은 사주라면 요합이 되어 흉신이 확실하게 묶이지 않게 되면 흉(凶)이 살아 있는 것이므로 길(吉)이 감소되고, 합한 결과가 나쁜 경우라면 요합이 되어 길신이 확실하게 묶이지 않게 되므로 길(吉)이 살아 있는 것이라서 흉(凶)이 감소되는 것입니다.

時	日	月	年
壬	丙	丙	丁
辰	子	午	卯

● 위의 명조는 용제광의 명조입니다. 양인이 왕(旺)하니 양인(羊刃)을 제압하는 칠살이 용신이 됩니다. 간격이 멀어서 정임합(丁壬合)이 성립되지 않으니 임수(壬水)가 고유한 작용력을 상실하지 않으므로 용신이 됩니다. 따라서 살인양정격이 성립이 되었습니다.

▶ 요합(遙合)이란 "멀다"라는 뜻입니다. 즉 멀리 떨어져 있는 합을 말합니다.

(5) 일간 본신은 합하므로 합거(合去)라고 보지 않는다.

일간의 합은 화격(化格)이 되지 않는 한, 본질이 변하여 사라지지 않습니다. 따라서 일반적으로는 합거되있다고 하지 않습니다. 이것은 득재(得財), 득관(得官)이라 말합니다. 예를 들면 을(乙)일간은 경(庚)이 정관인데 일간 을(乙)과 경(庚)합하면 이것은 나의 정관이 나와 합하는 것이요, 내가 정관과 합하는 것이니 합거(合去)라고 보지 않습니다.

時	日	月	年
戊	己	甲	戊
辰	巳	子	戌

위의 명조는 월지의 편재 자수(子水)가 월간의 갑목(甲木)관을 생하고 있습니다. 겁재가 중첩하였으니 정관 갑목(甲木)을 얻음이 기쁩니다. 갑목(甲木)이 일간과 합하니 정관의 정이 오로지 일간에게만 향하고 있습니다. 정관이 비견(比肩)과 겁재(劫財)를 제압하여 비겁이 재물을 다투지 못하게 막아주니, 이른바 정관을 써서 겁재를 제압함으로 인해 재를 보호하는 격이 성립이 되는 것입니다.

(6) 시제의 법칙.

아래의 명조는 원국에서는 일간 갑(甲)이 기토(己土)를 얻어 득재(得財)한 상태입니다. 대운이나 세운에서 갑운(甲運)이 찾아오면 기토(己土)를 갑기(甲己)합거로 데리고 나갑니다. 즉 갑(甲)일간은 기토(己土) 정재를 빼앗기는 현상이 되어 버립니다.

時	日	月	年	歲
甲	己			甲

▶ 합에는 순서가 있습니다. 합의 순서는 간합과 지합이 다릅니다.
  천간의 합은 반드시 시제의 법칙을 따라야 합니다.(우선 발생된 합이 먼저).

❶ 천간에서는 원국의 합이 우선 적용이 됩니다.
  년간〉월간〉시간 순서로 진행이 됩니다.(▶ 근묘화실에 따른다)
❷ 대운의 합이 적용이 됩니다.
❸ 세운의 합이 적용이 됩니다.
❹ 개고된 지장간의 합(암합)이 성립이 됩니다.
❺ 그리고 마지막은 일간과의 합이 성립이 됩니다.

세운에서 천간이 들어오면 원국과의 합을 먼저보고 없으면 대운천간과의 합을 봅니다.
세운에서 형충을 하여 개고가 되면 우선원국(년간〉월간〉시간)을 찾아 보고, 다음은 대운천간을 찾아보고, 다음에는 세운천간을 찾아보고, 다음에는 지장간을 찾아보고, 마지막에 일간이 취득하는 순서로 보면 됩니다.
이렇게 합이 순서에 의하여 진행이 됩니다.

결국 원국에서 간합이 되어 있으면 쟁합등이 성립되질 않는 것입니다. 이것은 뺏어서 나간다는 뜻이다. 즉 합이 합으로 풀린 후에 뺏었기는 현상이 발생합니다. 그러나 지지는 다릅니다.

지지는 강약의 법칙이 우선 적용이 됩니다.

즉, **방합〉삼합〉육합〉반합**의 순서로 작용합니다. 그래서 같은 동종끼리 풀 수 있고, 상위의 합이 하위의 합을 풀 수가 있게 됩니다.

時	日	月	年
甲	甲	己	

위의 명조 경우는 년에 있는 재성 기(己)가 월에 있는 갑(甲)과 합하므로 일주인 갑(甲)에게는 차례가 오지 않게 됩니다.

時	日	月	年
甲	己	甲	

이런 경우에는 월의 기(己)가 년의 갑(甲)과 합하니 일간인 갑(甲)에게는 몫이 없게 됩니다. 천간에서는 순서(順序)에 선후(先後)가 있으므로 투합(妬合)이나 쟁합(爭合)으로 논하지 않는 것입니다.

(7) 쟁합(爭合)과 투합(妬合)은 무엇인가?

쟁합이란 이양일음(二陽一陰)의 간합(干合)을 말하는데 양을 남자로 보고, 음을 여자로 보고 두명의 남자가 한 여자를 쟁탈하는 표현으로 쟁합이라 합니다. 기토(己土)가 하나 떠 있고 갑목(甲木)이 둘이 떠 있다면 두 개의 갑목(甲木)이 서로 먼저 기토(己土)와 갑기(甲己)로 합(合)하여 다투므로 진합(眞合)을 이루지 못한다고 합니다. 그런데 이것은 **'일간을 두고 다툼이 일어날 때'**에 국한 합니다. 타간의 합은 시제의 법칙이 적용되므로 쟁합 자체가 성립하지 않는 것입니다. 이와는 반대로 되는 것이 투합(妬合)인데, 곧 2음 1양의 간합을 투합(妬合)이라 합니다. 즉 한 남자를 놓고 두 여자가 다툼하는 것이니 남자는 쟁투의 속성이 있고 여자는 질투의 속성이 있어서 투합(妬合)이라고 합니다. 2양 1음, 혹은 2음 1양은 부부의 도를 어지럽게 하게 하는 것입니다. 그래서 쟁합, 투합이 된 사주는 다툼이 있게 됩니다.

時	日	月	年
壬	丁	壬	丙
寅	未	辰	戌

● 위의 명조는 고죽헌의 명조입니다. 2개 정관 임(壬)이 1개 정(丁)을 사이에 끼고 있으니 쟁합이 성립이 됩니다.

時	日	月	年
丁	壬	丁	甲
	戌		子

위의 경우 일간 임수(壬水)를 동시에 2개 정화(丁火)가 투합(妬合)하고 있는 상(象)으로 본인이 두2명의 부인을 맞게 되거나, 2명의 여자를 거느린다는 뜻입니다.

時	日	月	年
丙	丙	辛	甲
寅	戌	丑	寅

위 사주는 남자로 확실한 쟁합이 못 됩니다. 일간 병(丙)은 월간 정재 신(辛)과 간합하는데 시의 병(丙)비견이 동시에 정재인 처에 간합하고 있는 상태로, 부인이 남편에 대해서 2가지 마음을 품고 있는 것으로 보입니다. 시간(時干)의 위치는 사이가 멀어 화합하기 어렵고 쟁투합이 되더라도 극히 초기에 그 상태가 야기되거나 인연이 박하다고 봅니다.

時	日	月	年	運
丁	辛	辛	甲	丙
亥	丑	卯	戌	

● 위의 사주는 대운을 맞아 쟁투의 합이 되는 경우입니다. 사주 중에 비견이 있는 것은 대운을 맞아 쟁합(爭合)이나 투합(妬合)의 운기가 되므로 간명할 때 조심하지 않으면 안 됩니다. 여자 사주인데 사주 중에 비견이 1개가 있고 대운에서 병(丙) 정관운을 맞을 경우 병(丙)의 정관과 신(辛)은 각각 투합(妬合)의 운을 맞이하게 됩니다. 그러나 투합보다는 월간의 신(辛)금 비견이 남편을 빼앗아 가는 형태가 나타나게 될 것입니다. 즉, 남편은 다른 여성에게 관심을 갖게 되어 이 운에는 가정불화가 발생할 것 같습니다.

時	日	月	年	運
己	壬	丁	甲	丁
亥	寅	卯	申	

● 위의 사주는 남자로 일간 임(壬)과 월간 정(丁)의 정재와 간합을 하고 있습니다. 평소에는 아내와 화목하지만, 정(丁)대운에 정재의 간합운을 맞이하면 투합이 되어, 다른 여자에게 관심을 쏟는 운기를 맞이하는 상태입니다. 심한 경우에는 이 기간 중에 아내와 별거 또는 이별의 흉운(凶運)이 예상 됩니다.

(8) 지장간의 암합.

사주 내에서 지지 장간의 간합에는 월(月)지에 연결된 간합과 일(日)지에 연결된 간합의 2가시로 구분을 할 수 있습니다.

時	日	月	年
己	丁	壬	辛
丑	亥	午	卯
	壬	丁	

● 위의 사주는 여자로 일지 해(亥)의 장간인 임(壬)의 정관이 월지 오(午)의 장간 정(丁)의 비견과 정임(丁壬) 간합하고 있습니다. 여자 사주에서 정관은 남편으로 보고 비견은 형제 또는 동성으로 봅니다. 따라서 남편은 이심(二心)을 품고 있으므로 자신에게 애정이 박하다고 보는 것입니다. 또한, 일지는 배우자의 궁이므로 이런 형태는 배우자의 품행이 바르지 못하다는 뜻 입니다.

時	日	月	年
乙	己	壬	癸
丑	未	寅	丑
		甲	己

● 위의 사주는 기(己)일간 인(寅)월 생으로 월지 정관격이나, 월지 인(寅)의 지장간 갑(甲)의 정관과 년지 축(丑)의 지장간 기(己)가 갑기(甲己) 간합하여 일간인 나를 돌보지 않습니다. 즉, 길신이 간합하여 귀(貴)를 망각하므로 파격이 된 사주입니다.

(9) 간합된 오행의 변화.

길신(吉神)은 간합하여 귀(貴)를 망각하고, 흉신(凶神)은 간합하여 천(賤)을 망각합니다.

時	日	月	年
辛	甲	癸	戊
巳	申	未	戌

위의 사주는 계수(癸水)인수와 무토(戊土)편재와의 간합입니다. 이것을 기반(羈絆)되었다고 합니다. 계수(癸水)인수는 일간을 돌보지 않고 무토(戊土)편재도 합이 되어 자신을 돌보지 않습니다. 인수가 타간과 합이 되므로 부모덕이 희박합니다. 길신이 간합하면 길(吉)의 효과는 기대하기 어렵고, 흉신이 간합하면 흉(凶)은 없어지고 좋은 효과를 가져옵니다. 예를 들면 인수가 간합하면 존친(尊親)의 사랑이나 장상의 후원을 기대할 수는 없고, 편인이 간합하면 자육신(慈育神)으로 변화하여 자신의 식록을 파하는 일이 없습니다.

Ⓐ 각 육신이 기반되었을 경우에 일반적인 간법.

❶ 식신(食神)이 간합하면 의식주가 궁합니다.
❷ 재성(財星)이 간합하면 금전이 궁합니다.
❸ 관성(官星)이 간합하면 명예가 뜬구름과 같습니다.
❹ 겁재(劫財)가 간합하면 재물을 빼앗기지 않습니다.
❺ 상관(傷官)이 간합하면 명예를 파하지 않습니다.
❻ 편관(偏官)이 간합하면 나를 공격하는 일이 없습니다.

그러나 위의 내용은 한 가지 단순한 간법일 뿐, 사주 전체를 보고 합의 변화를 읽어야 합니다.

Ⓑ 자화간합(自化干合).

자화간합(自化干合)이란 동주(同柱)한 명암합을 말합니다 대개는 일(日) 간지에 한정해서만 말합니다. 일산지의 자화간합(自化干合)이 성립이 되면 육신에서는 반드시 재관(財官)이 되는 것이므로 "배우자가 득위(得位)한다"하여 귀하게 봅니다. 이 또한 한 가지 단순한 간법일 뿐, 사주 전체를 보고 합의 변화를 읽어야 합니다.

時	日	月	年
癸	甲	辛	丁
酉	午	未	亥
		己	

Ⓒ 일간과 대운과의 간합.

사주 중에서 일간과 연결된 간합이 없고 대운을 맞이하여 일간이 간합하는 경우는 오행에서는 양일생은 반드시 정재와 음일생은 정관과 간합하게 됩니다.

時	日	月	年	運
丁	甲	癸	壬	己
卯	申	丑	子	

위의 사주에서 갑(甲)일간이 대운에 기(己)운을 맞이하면 갑기(甲己) 간합하므로 기(己)는 정재입니다. 남자 사주에서 정재운이 간합하는 것은 미혼자 이성의 록(祿)이 강한 운기로 혼기(婚期)가 가까워졌음을 알 수 있습니다. 기혼자는 한층 더 금슬이 좋아지는 운기로 보며, 사주에 편재가 있으면 삼각관계 즉 이성 문제로 갈등이 발생하기 쉬운 운기에 들어서는 것을 의미합니다.

ⓓ 일간과 세운과 간합.

일간과 세운과의 간합은 미혼자는 결혼이 가까워졌다고 보며(남자사주에 있어서는 정재, 여자 사주에 있어서는 정관과의 간합운) 연애관계가 생기는 것을 뜻합니다. 기혼자는 대개 타인과의 융합, 합병, 합동 등의 운으로 보게 되면 됩니다.

위는 여자 사주인데 정관을 남편으로 봅니다. 예를 들어서 세운에서 병(丙)의 정관 운이 오면 여자 사주에서 혼인운으로 볼 수 있고 정관과 일간과의 간합운이면 보다 강한 혼인 운으로 보아도 됩니다.

ⓔ 사주 용신과 대운과 간합.

사주의 용신과 대운과의 간합 간법은 길신격과 흉신격으로 양분하여 인정한다. 곧 길신격은 간합운을 맞이하여 운중파격(運中破格)이 되고 흉신격은 간합의 운을 맞이하면 운중성격(運中成格)하여 길명으로 됩니다.

위의 사주는 계(癸)일간이 묘(卯)월 정기에 생하였는데 묘(卯)월의 을(乙)의 암장간이 일간에서 보아 식신격을 구성하고 있으나 대운에서 경(庚)을 맞이하여 을경(乙庚)간합의 상(象)이 되면 격을 손상시키므로 길신은 귀를 망각하고 파격이 됩니다.

ⓕ **사주 내의 오행과 대운과의 간합.**

사주 중의 성신과 대운과의 간합은 길흉이 다양하므로 자세한 검토가 필요합니다. 아래의 사주는 축토(丑土)가 월지로 정재격인데 월간에 을(乙)의 겁재를 보고 격은 파괴되나 대운에 경(庚)의 편관운을 맞이하면 을경(乙庚)간합합니다. 을(乙)의 겁재는 사주의 기신에 해당하는데 이것이 간합하는 것은 겁재가 축토(丑土)를 파괴하는 일을 못하게 하므로 을목(乙木)이 흉의 뜻을 갖지 않게 됩니다. 즉, 정재격은 이 운 중에만 성격(成格)하여 길한 운으로 보게 됩니다.

時	日	月	年	運
乙	甲	乙	癸	庚
丑	子	丑	未	

ⓖ **사주의 오행과 세운과의 간합**

남녀 공히 세운에서 오는 배우자의 신(神)이 일간과 간합하면 그 해 혼담이 성립하게 됩니다. 미혼자에게는 길하나 기혼자에게는 불길합니다. 사주의 원국에서 희신이 간합되면 길함이 적고, 기신이 간합되면 그 해에 경사가 있게 됩니다. 원국사주에서는 화신을 구성하고 있는 것은 세운에서 쟁투합으로 되면 파격에 준하므로 매사에 발전이 없습니다.

Ⓗ 일간을 간합하는 경우에 화격 성립이 되는 경우

時	日	月	年
癸	戊	壬	甲
寅	戌	午	寅

위 사주는 오월에 태어 난 일간 무(戊)가 인오(寅午)합으로 회합(會合)하여 화가 강하니 시(時)정재 계(癸)와 무계합화(戊癸合火)로 간합합니다. 화격(化格)중의 화화격(化火格)을 구성하는 것입니다. 이 예와 같이 일간에 연결된 간합은 때때로 화격이 되는 것이 있으므로 화격 성격의 조건을 알아 둘 필요가 있습니다.

(10) 간합의 뜻

❶ 갑기간합(甲己干合)은 토(土)로 화(化)하고 중정지합(中正之合)이라 합니다.
사물에 역하지 않고 마음이 넓다는 뜻입니다.

❷ 을경간합(乙庚干合)은 금(金)으로 화하고 인의지합(仁義之合)이라 합니다.
강건, 과감, 용기를 뜻합니다.

❸ 병신간합(丙辛干合)은 수(水)로 화하고 위세지합(威勢之合)이라 합니다.
칠살을 가지고 있는 것을 좋아하며 편협, 색정을 뜻합니다.

❹ 정임간합(丁壬干合)은 목(木)으로 화하고 음익지합(淫匿之合)이라 합니다.
분위기에 잘 휩쓸리고 색욕을 좋아합니다.

❺ 무계간합(戊癸干合)은 화(火)로 화하고 무정지합(無情之合)이라 합니다.
정임간합(丁壬干合)과 유사하여 색욕에 물들기 쉽습니다.

(11) 지지 육합

지지는 지장간이 있기 때문에 합의 작용이 매우 복잡합니다. 특히 합충으로 개고(開庫)의 문제가 일어나기 때문에 잘 살펴봐야 합니다.

時	日	月	年
	癸		
戌	卯	酉	

위의 경우 충(冲)도 합(合)도 아닌 것으로 봐야 합니다. 묘술(卯戌)합으로 묘유(卯酉)충이 풀리는 사례입니다.

時	日	月	年	歲
				卯
辰	酉			

위의 경우 진유(辰酉)합도 합반으로 묶여 있어서 일단은 묘유(卯酉)충이 되더라도 개고되지 않습니다. 즉 진유(辰酉)가 합으로 보호되고 있는 것입니다. 대, 세운에서 묘(卯)가 와서 묘유(卯酉)충이 되면 진유(辰酉)의 합은 풀리지만, 개고현상은 일어나지 않습니다. 합은 풀리지만 개고는 안 된다는 것입니다. 합이 풀린다는 것은 굉장히 중요한 의미를 갖는 것입니다.

時	日	月	年
	庚		
	寅	亥	

위의 사주는 해(亥)식신과 인(寅)재성이 묶여 있는 것입니다. 이렇게 식재가 묶였으니까 인생이 답답하다. 그런데 대운이나 세운에서 해(亥)가 오거나 인(寅)이 오면 인해(寅亥)육합을 풀게 됩니다. 식신과 재성이 살아나니까 먹을 꺼리와 재물이 생긴다는 뜻 입니다. 사(巳)가 와서 사해(巳亥)충을 하면 인해(寅亥)합이 풀리면서 사(巳)만 개고가 됩니다. 인해(寅亥)합은 풀리면서 합기(合起)가 동시수반으로 일어났다가 풀리게 됩니다. 합기(合起)는 합으로 인해서 오히려 발전되는 것입니다.

위의 경우 진유(辰酉)합에서 묘(卯)가 와서 묘유(卯酉)충을 하면, 진유(辰酉)합동을 하게 됩니다. 이것은 합이 풀리기 전에 일어나는 합기(合起)에 해당합니다. 이것을 동(動)한다고 하는데 명리에서 매우 중요한 의미에 해당합니다.

時	日	月	年
亥	寅	亥	

위의 경우 인(寅)을 두고 쟁합(爭合)이 일어나 합은 성립하지 않습니다. 합이 합을 푸는 모양새입니다. 묶이는 글자 없이 세 글자 모두 사용합니다.

時	日	月	年
			辛
	子	丑	

이격이 없으므로 합이 성립이 됩니다. 자축(子丑)합이 되더라도 각각의 글자의 속성은 잃지 않습니다. 그래서 신금(辛金)은 축(丑)중 신금(辛金)에 뿌리를 내릴 수가 있습니다.

時	日	月	年
			丁
午	子	丑	

위의 경우 충과 합이 교차를 하면 충이나 합이 이루어 지지 않습니다. 충이 합을 풀어 버리게 되는 것입니다. 정화(丁火)는 오화(午火)에 건전한 뿌리를 내릴 수가 있습니다.

時	日	月	年
丑	子	丑	

위의 경우 합이 합을 해소합니다. 즉 합이 일어나지 않습니다. 교착상태에 있는 것으로 묶이지 않았으므로 각 글자를 사용할 수가 있는 것입니다. 팔자에 자축(子丑)합이 있는데 세운에서 축(丑)이 오면 합은 해소 되게 됩니다.

時	日	月	年
	甲		
	子	丑	

위의 경우 일지에 합이 되어 있거나(일지와 월지의 합, 또는 일지와 시지의 합) 운에서 오는 글자가 있으면 합생(合生)이라고 말합니다. 일지가 취하는 것으로 해석하여 "득(得)하였다"라고 말하며 기반으로 보지 않습니다. 재성과 일지가 자축(子丑)합을 이루어 처와의 유대가 각별하다고 보아야 합니다.

時	日	月	年	運
	甲			
	子			丑

위의 경우 축(丑)운 재성운의 유입이 일지와 합하므로 합생(合生)이 되어 다른 어떤 경우보다 더욱 실감나게 들어오게 됩니다.

時	日	月	年
	甲		
		子	丑

위의 경우 인성과 재성의 합이니 문서로 존재하는 재산을 의미하게 됩니다. 즉 부동산이나 년은 금이라고 생각해도 좋습니다. 이것을 현금화하는 시점은 자축(子丑)합을 해소하는 년(年)이 와야 실질적으로 돈을 손에 가질 수가 있게 됩니다. 미(未)년이나 자(子)년, 축(丑)년이 오면 자축(子丑)합을 풀어 버리므로, 재성이 살아나게 되어 득재(得財)할 수가 있게 됩니다. 또한 인수도 살아나므로 득인(得印)을 할 수가 있게 됩니다.

위의 경우 해(亥)운에는 식신운이니 인(寅)재성과 해(亥)식신이 인해(寅亥)합합니다. 식신으로 인해 새로운 일을 벌이면서 재물을 소모하는 모양새입니다.

위의 경우 오(午)운에는 정관운이 찾아옵니다. 인(寅)재성과 오(午)정관의 인오(寅午)합이니 관(官)을 얻기 위해서 재(財)를 소모하는 것을 의미 합니다.

(11) 결혼이 가능한 운은 언제쯤 올까요?

時	日	月	年
丁			
	亥	寅	

이 여자 분은 무인(戊寅)년에 결혼하였습니다. 위 사주에서 결혼이 가능한 운이 언제인가를 살펴보겠습니다. 우선 관성인 해수(亥水)가 인해(寅亥)합으로 묶여있습니다. 관성 해수(亥水)가 살아나야 결혼 운을 얻을 수가 있게 됩니다. 그러면 관성 해수(亥水)가 어느 시점에서 자유로워질 수가 있을까를 생각해야 합니다.

인해(寅亥)합을 해소하는 신(申)이나 사운(巳運)을 생각할 수 있습니다. 또, 덧붙여 인해(寅亥)합을 방해하는 인(寅)이나 해운(亥運)도 결혼이 가능하다는 것을 알아야 합니다. 신운(申運)에는 인신(寅申)충으로 해수(亥水)가 자유롭게 됩니다. 해수(亥水)관성이 살아나게 됩니다. 사운(巳運)에는 사해(巳亥)충과 인사(寅巳)형이 발생하게 됩니다.

인운(寅運)에는 인해(寅亥)합으로 인하여 기존의 합을 깨고 일지 해수(亥水)관성을 온전히 얻을 수가 있습니다. 또한, 해운(亥運)에는 인해(寅亥)합으로 해수(亥水)관성을 얻을 수 있게 됩니다.

23

합화合化, 불화不化
이해하기

사주를 간명할 때 제일 먼저 주의해야 할 점은 간지의 회합(會合)입니다.
사주의 천변만화는 모두 여기에서 나온다고 할 수 있습니다. 10천간의 배합
에는 합이 될 경우와 합이 되지 않는 경우가 있고 합이 되었다고 해도 변화
(化)하는 경우와 변화하지 않는 경우가 있습니다. 합하여 변화하면 합화(合化)
이고, 변화하지 못하면 불화(不化)입니다.

먼저 가까이 붙어 있는지 멀리 떨어져 있는지 간격을 보아야 합니다. 사람에 비유한다면, 서로 좋아해도 중간에 방해자가 있으면 맺어지기 힘든 것과 같습니다. 거리가 멀어서 합하지 못하는 경우도 있고, 가까이 붙어 있어도 극을 당하여 합할 수 없는 경우가 있습니다.

이와 같이 여러 이유로 합이 되려다가 만 것은, 합하는 힘이 10분의 2, 3에 불과합니다. 정관이 합이 된 후에 그 정(情)이 일주를 향하지 않는다면 그 정관은 더 이상 정관으로 논하지 않습니다. 년(年)간과 월(月)간끼리 합했거나 년(年),월(月)간이 시(時)합이 되면 그러한 것인데, 그러나 **일주와 합한 것은 그렇게 보지 않습니다. 합화(合化)의 조건은 월령을 얻느냐 못 얻느냐 입니다. 월령을 못 얻으면 불화(不化)입니다.**

갑기(甲己)합이 술월(戌月)을 얻으므로 갑기(甲己)합화(合化) 합니다.

갑기(甲己)합하지만 월령을 얻지 못해 불화(不化)가 됩니다 식신 갑을 잃어 진로가 막힙니다. 그러나 아래와 같이 지장간을 활용해 풀어야 할 명조도 있습니다.

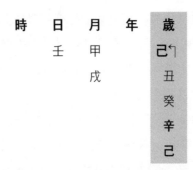

時	日	月	年	歲
壬	甲			己↰
		戌		丑
				癸
				辛
				己

축술(丑戌)형이 되면 축(丑) 지장간의 기토(己土)를 충출하여 갑기(甲己)합하면, 월령 술(戌)을 얻게 되므로, 갑기(甲己)합화가 된다 즉, 갑목(甲木) 식신을 잃어 진로가 막히지만 새로운 관을 얻게 됩니다.

時	日	月	年	歲
壬	乙			庚
		酉		

위의 경우 을경(乙庚)합화(合化)가 이루어집니다. 월령이 유금(酉金)으로 자기의 철을 얻었기 때문입니다.

時	日	月	年	歲
壬	戊			癸
		午		

무계(戊癸)합화(合化)가 이루어집니다. 월령이 오화(午火)로 남방화(南方火)를 얻었기 때문입니다.

▶ 월령이 중심이 되어 계절을 얻어 합화가 이루어지는 현상은 매우 중요합니다. 다만 주변 글자의 배합을 항상 살펴 봐야합니다. 합충으로 또 다른 변수가 있기 때문에 계절을 얻고도 합화가 이루어지지 못하는 경우도 있기 때문입니다.

24

육합六合 이해하기

십이지지(十二支地)는 상상의 동물과 땅의 동물을 배열한 것이므로 지지는 동물의 속상(屬象)을 알아야 합니다. 그래서 【삼명통회】에서는 지지속상(屬相)으로 12지를 설명하였습니다. 그러므로 육합을 오행으로 설명하려면 무리수가 생기는 것입니다.

호랑이(寅)가 멧돼지(亥)를 발견하면 쏜살같이 달려갑니다. 이것은 인해(寅亥)합의 표현입니다. 호랑이 앞에 생쥐가 지나간다면 달려가지 않습니다. 인자(寅子)합이란 없기 때문입니다. 고양이(申)는 쥐(子)를 보면 달려갑니다. 이것은 신자(申子)합의 표현입니다. 동남아 여행을 하다 보면 고양이가 물고기를 잡고 오른쪽 팔을 시계 추처럼 움직이는 인형을 판매하는데, 행운의 상징이라고 하여 많이 팔립니다. 이것은 신진(申辰)합의 표현입니다. 이런 방식으로 육합(六合)을 이해하려고 노력하다 보면 답을 얻게 될 것입니다.

● 12지지를 물상(物象)으로 표현한 동물들입니다.

12지	물상(物象)
자(子)	쥐, 박쥐. 제비
축(丑)	소. 게, 자라, 동굴
인(寅)	호랑이. 여우, 삵
묘(卯)	토끼, 고슴도치, 오소리
진(辰)	용, 물고기, 교룡, 연어
사(巳)	뱀, 지렁이, 뱀장어과
오(午)	말, 사슴, 노루
미(未)	양, 기러기, 매, 마구간, 수리과
신(申)	원숭이, 고양이, 까마귀
유(酉)	닭 , 솔개, 꿩
술(戌)	개, 늑대, 승냥이
해(亥)	돼지, 멧돼지

(1) 육합의 종류

자축(子丑), 인해(寅亥), 묘술(卯戌), 진유(辰酉), 사신(巳申), 오미(午未)가 있습니다.

❶ 자축(子丑)합의 응용 통변.

쥐는 두 마음을 가지고 있어서 신중하고 영리하며 다산하므로 인생이 분주하여 고단합니다. 축(丑)은 자(子)입장에서 쥐구멍에 해당이 됩니다. 그래서 자(子)는 축(丑)을 보면 자기의 집이라고 여겨 합을 만들어 냅니다. 자축(子丑)합은 축(丑)을 충격하면 자(子)는 축(丑)에 입고 합니다. 이것을 북고(北庫)라고 합니다. 쥐는 본능적으로 축(丑) 동굴로 들어가려는 습성이 있기 때문입니다. 쥐의 습성은 쥐구멍만 열리면 언제든지 달려 갈 준비가 되어 있습니다.

時	日	月	年	歲
	子	丑	未	

위 사주의 경우 축미(丑未)충이 되면 자(子)가 축(丑)에 빨려 들어갑니다.

時	日	月	年
	戊		
	子	丑	
	癸		

위 사주의 경우 자(子) 처성은 무토(戊土) 일간보다 축(丑) 겁재를 더 좋아합니다. 무토(戊土)는 자(子) 지장간 계수(癸水)와 암합하므로 떨어지지도 못하는 것입니다. 이것은 자(子) 처성이 축(丑)을 좋아하더라도 쉽게 헤어지지 못하는 관계를 의미합니다.

時	日	月	年	歲
	戊			
	子	卯	丑	酉

위 사주의 경우 자(子) 처성은 묘(卯) 자식 때문에 축(丑)으로 합하지 못하고 있습니다. 즉 자(子)처는 축(丑)을 좋아하는데 자식 때문에 갈라서지 못하고 있는 것입니다. 그러나 세운 유년(酉年)에 묘유(卯酉)충으로 묘(卯) 자식이 제거되므로 이 때 자(子)처는 축(丑)을 따라 가출하게 되는 것입니다.

時	日	月	年
	戊		
未	子	丑	

위 사주의 경우 쥐덫에 걸린 쥐의 물상입니다. 쥐가 축(丑)에 들어 갈려다가 미(未)라는 덫에 걸리는 형상입니다. 흉한 명조로 이해하면 되겠습니다. 즉 자(子)가 재성이라면 축미(丑未)충으로 재성은 미(未)라는 작살에 찍혀 축(丑)에 입고된 상태이니 이 명조의 재성은 이미 잃어버린 상태입니다. 재물이 안 들어오게 되어 재물 복이 없는 것입니다. 만약, 자(子)가 관성이라면 관록이 없는 것입니다.

時	日	月	年
乙	戊	辛	丙
卯	子	丑	戌

일지 자(子) 정재와 축(丑) 겁재가 자축(子丑)合이 되어 있습니다. 이것은 처가 남편보다 축(丑)겁재를 더 좋아한다는 의미인 것입니다. 실제로 처가 다른 남자와 몰래 만나 바람을 피웠습니다.

❷ 인해(寅亥)합의 응용통변

인해(寅亥)합은 합과 파살이 같이 존재합니다. 그래서 '선합후파'라 합니다. 선합후파란 먼저 합한 후에 나중에는 파괴하게 된다는 뜻입니다. 인(寅)호랑이가 돼지를 보면 흥분하여 쫓아가게 됩니다. 이것은 합의 표현입니다. 인(寅)호랑이는 해(亥)돼지가 먹잇감이 되는데 합의 작용이 생기기 때문에 쏜살같이 달려가는 것입니다. 그런 후 해(亥)돼지는 인(寅)호랑이에게 물려 죽게 되고 호랑이는 포식을 하게 됩니다. 그래서 인해(寅亥)합은 해(亥)가 상처를 입게 되는 경우가 많습니다.

돼지 해(亥)는 인(寅)에 병지(病地)가 되기 때문에 해(亥)돼지가 불리한 상황에 처하게 되는 것입니다. 반면에 인(寅)호랑이는 해(亥)에서는 장생(長生)을 얻기 때문에 생의(生意)가 일어나는 것입니다.

寅	亥
甲	**壬**
병지	장생

인(寅)중 갑목(甲木)은 해(亥)에서는 장생(長生)이 되고, 해(亥)중 임수(壬水)는 인(寅)에서는 병지(病地)가 됩니다.

時	日	月	年
	丁		
	亥	寅	

인(寅)어머니는 해(亥) 사위를 보자마자 좋아해서 사위로 삼으려고 합니다. 인해(寅亥)합이 작용하므로 인(寅)이 돼지를 보고 달려가는 것입니다. 그러나 결혼 후에는 해(亥)수가 시달리므로 장모 때문에 이혼하게 됩니다. 선합후파가 되는 것입니다. 먼저 합한 후에 파하게 되는 것입니다.

❸ 묘술(卯戌)합의 응용 통변.

개가 토기를 사냥한 후에는 토사구팽을 당합니다. 둘 다 상처를 입으므로 '**합후질기**'라고 합니다. 합후질기란 합한 후에 서로 질시한다는 의미입니다.

時	日	月	年
	庚		
卯	戌		

위 사주의 경우 술(戌)어머니가 묘(卯)며느리 될 아내를 보고 좋아합니다. 술(戌)개가 묘(卯)토끼를 향해 달려 가는 모습입니다. 이것이 묘술합의 표현입니다. 결혼 후에 목극토로 며느리는 시어머니를 극하게 됩니다. 이것은 '합후질기'라 합니다.

卯	戌
乙	**戊**
욕지	묘지

묘(卯)중 을목(乙木)토기는 술(戌)에서는 묘지(墓地)가 됩니다. 술(戌)중 무토(戊土)개는 묘(卯)에서는 목욕(沐浴)지가 됩니다. 합한 후에는 목극토로 묘(卯)가 술(戌)를 극하게 됩니다.

❹ 진유(辰酉)합의 응용 통변.

물고기와 수리의 관계입니다. 유(酉)는 솔개가 되고 진(辰)은 물고기가 됩니다. 유(酉)솔개가 진(辰)물고기를 낚아채는 모습입니다. 또는 다른 형상으로 보면 진(辰)용이 유(酉)연못을 만나니 용이 물을 만난 것과 같습니다. 그러나 나중에는 승천을 바라는 용에게는 좁은 연못이 원망스럽게 됩니다. 이것은 합후질기에 해당이 되는 것입니다 합후질기란 합한 후에 나중에는 서로 미워하게 되는 것입니다.

辰	酉
戊	**辛**
묘지	사지

진(辰)중 무는 유(酉)에는 사지(死地)이고 유(酉)중 신은 진(辰)에는 묘지(墓地)에 해당이 됩니다. 사지와 묘지이니 서로가 다치는 것이 되므로 **'합후질기'**라 합니다.

時	**日**	**月**	**年**
	庚		
	辰	酉	

위 사주의 경우 진유(辰酉)합으로 진(辰)어머니는 경(庚)일간인 나보다도 유(酉)겁재인 형을 더 좋아합니다. 그러나 유(酉)솔개가 진(辰)물고기를 낚는 물상으로 유(酉)겁재는 솔개를 진(辰)어머니가 이길 수가 없는 것입니다. 그래서 유(酉)겁재아들은 어머니에게 상처만 주게 됩니다.

❺ 사신(巳申)합의 응용 통변.

신(申) 고양이와 사(巳)뱀의 관계입니다.

신(申) 고양이가 사(巳)뱀을 잡아먹으려고 하는 물상인데 신(申)고양이가 사(巳)뱀을 보면 호기심으로 달려갑니다. 사신(巳申)합의 표현입니다.

신(申) 고양이는 사(巳)뱀에서는 장생궁으로 생지(生地)입니다. 그래서 사(巳)뱀보다 신(申)고양이가 우세합니다. 사(巳)뱀은 신(申)에서 병지(病地)이니 사(巳)뱀이 신(申)고양이를 만나면 움츠리는 물상으로 나타나게 되는 것입니다. 이것은 '선합후파'입니다. 선합후파란 먼저 합한 후에 나중에는 서로 파하는 것입니다.

사(巳)뱀은 신(申)고양이에게 잡아먹히지만, 간혹 뱀이 고양이, 원숭이를 잡아먹히기도 합니다. 그래서 둘 다 상처를 입을 수가 있습니다. 이 경우 사신(巳申)형의 작용으로 나타나는 것입니다.

巳	申
丙	**庚**
생지	병지

❻ 오미(午未)합의 응용 통변.

오미(午未)합은 사슴과 양, 말과 기러기의 관계를 의미합니다.

또, 말과 마구간의 관계로 보기도 합니다. 말은 평원을 달리고 기러기는 창공을 나르며 크게 발전하는 것을 의미합니다. 그래서 오미(午未)합은 대부분은 길(吉)한 면이 많습니다. 마구간에 있는 말은 휴식을 취할 수가 있으며, 초원의 사슴과 양은 평안하고 안정된 모습으로 오미(午未)합은 인생의 굴곡이 많지 않습니다.

그런데 오미(午未)합이 된 상태에서 축미(丑未)충이 되어 미토(未土)를 동(動)하게 만들면 오(午)가 미토(未土)에 입고(入庫)하게 됩니다. 이것을 남고(南庫)라고 말합니다. 오행의 입고(入庫)와 더불어 북고(北庫)와 남고(南庫)의 관계를 잘 이해하시기 바랍니다.

午   未

丁   **己**

록지   관대

오(午)는 미(未)에 관대에고 미(未)는 오(午)에 록지이니 서로의 관계가 매우 길한 것입니다.

위 사주의 경우 오(午)처와 미(未)자식의 관계가 좋습니다. 그러나 축미(丑未)충이 되는 해에는 오(午)가 미(未)에 입고하게 됩니다. 즉 오(午)처가 미(未)자녀를 따라 집을 다가는 모양새이니 아버지는 기러기 아빠라고 보면 됩니다. 어머니가 자녀를 데리고 외국으로 유학을 가게 되는 모양새입니다.

時	日	月	年
	壬		
未	午	丑	

오(午)가 재성이라면 축미(丑未)충으로 오(午)재성은 미(未)에 입고된 상태이니 이 명조의 재성은 이미 잃어버린 상태입니다. 재물이 안 들어오게 되어 재물복이 없습니다. 만약, 오(午)가 관성이라면 관록이 없는 것이 되는 것입니다.

25

반합이 투간한 4정이 있으면 합국을 짓는다

4정은 왕지(旺支)인 자오묘유(子午卯酉)를 말합니다.

삼합은 생(生)지+왕(旺)지+묘(墓)지로써 3개의 지지가 모두 모여야 국(局)을 이루게 되는데 2개의 지지만 있을 경우에도 합이 성립이 될 수가 있겠습니까? 이 학설은【낙록자삼명소식부(珞碌子三命消息賦)】를 석담영(釋曇瑩)이 주해한 책에도 언급되어 있으며, 질문에 대해서 서락오는【자평진전평주】에서 다음과 같이 말하고 있습니다.

인(寅)과 오(午) 또는 술(戌)과 오(午)가 있으면 절반의 화국(火局)을 만듭니다. 신(申)과 자(子), 또는 진(辰)과 자(子)가 두개가 있으면 절반의 수국(水局)을 만듭니다. 만약 인(寅)과 술(戌), 또는 신(申)과 진(辰)만 있다면 국을 이룰 수가 없습니다. 왜냐하면 삼합의 국은 '왕지(旺支)' 4정이 있어야 가능한 까닭입니다.

하지만, 만약 지지에 인(寅)과 술(戌)이 있고 천간에 병정(丙丁)의 화(火)가 있다거나, 지지에 신(申)과 진(辰)이 있고 천간에 임계(壬癸)의 수(水)가 있다면 국을 이룰 수가 있습니다. 병정(丙丁)은 곧 오(午)요, 임계(壬癸)는 곧 자(子)인 까닭입니다. 또 인(寅)과 술(戌)이 있는데 오(午) 대신 사(巳)가 있다거나, 신(申)과 진(辰)이 있는데 자(子) 대신 해(亥)가 있다면 역시 회합하는 힘이 있다고 봅니다. 왜냐하면 사(巳)는 화(火)의 록(祿)이고, 해(亥)는 수(水)의 록(祿)으로서 자오(子午)와는 한 자리의 차이만 있을 뿐입니다.

時	日	月	年
	辛		
	巳		丑

위 사주는 지지에 사축(巳丑)이 있으나 왕지의 유금(酉金)이 없어, 국(局)을 짓지 못하지만, 천간에 신금(辛金)이 있으므로 합국을 만듭니다.

時	日	月	年
	丙		
	戌		寅

위 사주는 지지에 인술(寅戌)이 있으나, 왕지의 오(午)가 없어, 국(局)을 짓지 못하지만, 천간에 병(丙)이 있으므로 국을 만듭니다.

時	日	月	年
戌	寅		巳

인술(寅戌)이 있으나 4정인 오(午)가 없어서 국을 짓지 못하지만, 사(巳)가 있으므로 회합하여 국을 만듭니다.

예시 1 ▶

時		日		月		年		坤命
편재				편인		편관		六神
甲		庚		戊		丙		天干
申		子		戌		寅		地支
비견		상관		편인		편재		六神
戊壬庚		壬癸		辛丁戊		戊丙甲		지장간
建祿		死地		衰地		絶地		12운성
丙	乙	甲	癸	壬	辛	庚	己	
午	巳	辰	卯	寅	丑	子	亥	대운
75	65	55	45	35	25	15	5	

▶ 정신이상, 열등감이 가득합니다. 행동에 이상증세를 보이며 술을 먹으면 사람을 죽이려고 합니다. 신축(辛丑)대운 경인(庚寅)년 자동차 10대를 부수고 경찰관까지 폭행하고는 기억이 안 난다고 함.

사/주/해/설 ▶

인술(寅戌)합작하고 병화(丙火)가 투간하면 강한 화국(火局)을 만듭니다. 술(戌)토는 메마르고 갑(甲)은 신(申)절지에 놓여 있으면서 갑경(甲庚)충하니 갑목(甲木)은 깨져 있다고 봐야 합니다.

갑목(甲木)의 손상은 신경계통 즉, 정신질환을 의미합니다. 이런 상황에서 지지 신술(申戌)의 조합은 까마귀와 늑대의 조합으로 잔인하고 사나운 성격을 내포하고 있습니다. 대운이 경신(庚辛)으로 지나가므로 경경(庚庚)과 경신(庚辛)의 조합도 한 몫을 했을 것으로 봅니다.

예시 2 ▶

時	日	月	年	乾 命
상관		정재	상관	六 神
壬	辛	甲	壬	天 干
辰	亥	辰	申	地 支
인수	상관	인수	겁재	六 神
乙癸戊	戊甲壬	乙癸戊	戊壬庚	지장간
墓地	沐浴	墓地	帝王	12운성

壬	辛	庚	己	戊	丁	丙	乙	대운
子	亥	戌	酉	申	未	午	巳	
75	65	55	45	35	25	15	5	

사/주/해/설 ▶

이 명조는 진상격이 상관운을 만나면 필멸이 되는 사례로 수국을 만드는 전형적인 형태입니다. 신진(申辰)반합이 임수(壬水) 투간하면 수국(水局)을 만듭니다. 금수상관격으로 진상관격이 됩니다. 진상관격이 상관세운(壬辰년)을 만나면 필멸(必滅)이라 하였습니다. 그렇다면 필멸(必滅)이 되는 대상자는 누군인가요? 상관살이 극충하는 관성 자녀가 될 것입니다. 임진년 상관세운을 만나 그 해에 자녀 3명이 모두 사망하였습니다.

▶ 아래 십간의 조합은 진신론에서 배우게 되는데 서로 모여 있으면 살성(殺星)이 작용한다고 하여 크게 꺼리는 조합입니다.

● 庚 + 庚 → 양금상살(兩金相殺):경금(庚金)은 살기(殺氣)를 띠는데 경금(庚金)이 하나 더 있으면 일생에 한번은 크게 다치는 일이 한번은 발생합니다.

● 庚 + 辛 → 철추쇄옥(鐵鎚碎玉):조그마한 철추(鐵鎚)가 경금(庚金)을 박살내는 형상(形象)이니, 어쩌다 무서운 성격을 드러내면 큰 사고를 일으킬 수 있습니다.

예시 3 ▶

時		日		月		年		坤 命
편관				식신		편재		六神
戊		壬		甲		丙		天干
申		辰		午		寅		地支
편인		편관		정재		식신		六神
戊		乙		丙		戊		
壬		癸		己		丙		지장간
庚		戊		丁		甲		
長生		墓地		胎地		病地		12운성
壬	辛	庚	己	戊	丁	丙	乙	
寅	丑	子	亥	戌	酉	申	未	대운
72	62	52	42	32	22	12	2	

사/주/해/설 ▶

인오(寅午)반합하고 병화(丙火) 투간하여 화국(火局)을 짓고 신진(申辰)이 합
작하고 임수(壬水) 투간하여 수국(水局)을 만듭니다. 이처럼 수기(水氣)와 화
기(火氣)가 강해 서로 대립이 되는 명조라면 싸움을 말리는 갑목(甲木)을 통관
용신으로 써야 합니다. 무엇보다 싸움부터 말려야 이 사주가 견딜 수가 있게
됩니다.

26

천간天干 충冲, 합合의 비밀

(1) 천간합(天干合)의 비밀.

천간합(天干合)이란 무엇인가?

구름(己)에 번개(甲)치니 비가 내려 땅(土)을 적시고 **甲己(合) 土**

가을(庚)바람(乙) 불어오니 열매(金) 맺는구나 **乙庚(合) 金**

가을 서리(辛)에 해(丙)가 비추니 이슬(水) 맺히고 **丙辛(合) 水**

별빛(丁)에 이슬(壬)은 초목(木)을 푸르게 하고 **丁壬(合) 木**

석양(戊)에 비(癸)내리니 무지개(火) 뜨는구나. **戊癸(合) 火**

또, 아래와 같이 해석하는 법도 있습니다.

❶ 갑기(甲己)합

환절기의 토(土)이며 개벽기를 상징합니다.

음이 소생하는 내부적 뭉침인 구름 기토(己土)의 성질에 양의 갑목(甲木)이 천둥, 번개의 산화작용으로 나타나면 새로운 대지가 탄생합니다.

❷ 정임(丁壬)합

동방목이며 잉태기를 상징합니다.

화(丁火)라는 뜨거운 대지가 임수(壬水)라는 차가운 심천수와 만나 수화기제를 이루면 생명의 잉태기를 갖게 되어 창조물이 탄생합니다.

❸ 무계(戊癸)합

남방화이며 성장기를 상징합니다.

무더운 대지인 무토(戊土)에 계수(癸水) 안개비가 내려, 화(火) 무지개가 뜨면 최상의 성장기이가 됩니다.

❹ 을경(乙庚)합

서방금이며 추수기를 상징합니다.

바람(乙)이 불어와 가을 추수기(庚)를 맞아 숙살이 되면, 금(金)이란 열매를 얻게 됩니다.

❺ 병신(丙辛)합

북방수이며 휴수기를 상징합니다.

추상의 신금(辛金) 서리에 태양 병화(丙火)가 비추니 서리가 녹아서 물이 되는 이치입니다.

【삼명통회】수록된 내용을 보면 천지자연의 현상을 빗대어 놓은 것이 간합(干合), 지합(地合)입니다. 예를 들어 병신합이란 서리(辛金)와 태양(丙火)의 합이니 가을서리가 해가 돋는 아침에 태양을 보면 녹아서 물로 화(化)하는 자연현상을 그대로 표현한 것입니다. 그래서 병신(丙辛)합수가 되는 것입니다. 또, 마른 대지(戊土)에 비(癸水)가 내리니 무지개(火)가 뜨는 현상을 보고 무계(戊癸)합화라 하였습니다. 또한, 구름(己土)에 번개(甲木)가 치니 비가 내려 대지를 적시고(甲己合土), 가을(庚金)에 바람(乙木)불어 오니 열매(金)맺는다(乙庚合金) 하였습니다. 모든 합과 원진살등이 자연과 동물들의 현상을 보고 그 원리가 태동이 되었다고 보고 있습니다. 원리를 이해하려면 자연현상으로 풀어봐야 쉽게 답을 찾을 수 있습니다.

(2) 천간(天干)의 충(沖).

천간(天干)은 갑경(甲庚)이 서로 충(沖)하고. 을신(乙辛)이 서로 충(沖)하며. 병임(丙壬)이 서로 충(沖)하고. 정계(丁癸)가 서로 충(沖)하는 것은, 동서(東西)가 서로 마주보고 남북(南北)이 서로 마주보는 까닭입니다.

❶ 병(丙)과 경(庚)이, 정(丁)과 신(辛)이 함께 나타났으면 극(剋)으로 논하고 충(沖)으로 논하지 않는 것은, 남(南)과 서(西)는 서로 마주보지 않기 때문입니다. 무기(戊己)에는 충(沖)이 없는 중앙(中央)에서 거주하여 서로 마주보는 것이 없기 때문입니다.

❷ 변하지 않는 이치로 논하자면 경신(庚辛)은 갑을(甲乙)을 충(沖)라고, 임계(壬癸)는 병정(丙丁)을 충(沖) 합니다. 그런데 갑을(甲乙)이 득시득세(得時得勢)하면 경신(庚辛)을 충(沖)할 수 있고, 병정(丙丁)이 득시득세(得時得勢)하였으면 또한 임계(壬癸)를 충(沖)할 수 있게 됩니다.

❸ 마땅히 지지(地支)를 살펴보아야 하는 법이니 가령 갑(甲)이 인(寅)에 앉아 있고 경(庚)이 신(申)에 앉아있으면 이것은 상하(上下)가 모두 충(沖)하니 그 다툼이 더욱 급하고, 혹은 갑(甲)이 신(申)에 앉아있고 경(庚)이 인(寅)에 앉아있으면 이것은 서로 교차하여 충(沖)하니 그 다툼이 쉬지 않는 것입니다.

❹ 만약 갑목(甲木)과 경금(庚金)이 모두 신(申)에 앉아 있으면 갑목(甲木)은 충(沖)으로 무너지게 됩니다. 설령 깔고 있지 않다고 할지라도 주중(柱中)에 인신(寅申)이 있으면 또한 충(沖)을 돕는데. 다만 비교적 급하지 않을 뿐입니다. 나머지는 모두 이와 같습니다.

❺ 무릇 희신(喜神)은 충(沖)을 두려워하고 기신(忌神)은 충(沖)을 바라는 것입니다. 또한 충(沖)을 화해시키는 방법이 있는데. 가령 갑목(甲木)과 경금(庚金)이 충(沖)하나 임수(壬水)를 얻어 통관시키는 방법이 있습니다. 또한 충(沖)을 극제(剋制)하는 방법(方法)이 있은데. 가령 갑목(甲木)과 경금(庚金)이 충(沖)하나 병화(丙火)를 얻는 것이 이것입니다. 단지 천간(天干)만이 서로 충(沖)하면 쉽게 화해시키고 쉽게 극제(剋制)하나 지지(地支)에 충(沖)을 돕는 것이 다시 있으면 화해와 극제가 함께 잘 배합이 되어야 합니다.

27

합습을 방해하는 인자를 제거하면 합이 성립이 된다

합이 되고 싶어도 중간에 방해하는 것이 있으면 합이 성립되지 않습니다. 그러나 합을 방해하는 인자(因子)를 제거하게 되면 합력(合力)이 살아나므로 합을 이룰 수 있게 됩니다.

時	日	月	年	歲
戊				
子	卯	丑	酉	

위의 명조를 살펴 보면 자수(子水)는 정재로 아내가 됩니다. 묘목(卯木)은 정관으로 자녀에 해당합니다. 자수(子水) 아내는 자축(子丑)합 할려는 마음으로 무토(戊土)남편보다도 축토(丑土)를 더욱 그리워합니다.

이것은 때가 오면 자수(子水)가 축토(丑土)에게로 달려간다는 의미로, 유년(酉年)이 오면 묘유(卯酉)충으로 묘목(卯木)이 제거되므로 자축(子丑)합이 성립이됩니다. 평소에는 묘목(卯木)자식 때문에 자축(子丑)합을 망설이다가 유년(酉年)이 되면 자수(子水) 아내는 축토(丑土) 애인을 따라 가출(家出)하게 됩니다.

時	日	月	年
壬	辛	丁	乙
辰	巳	卯	酉

위 명조는 묘유(卯酉)충으로 묘목(卯木)이 제거되므로 사유(巳酉)반합국이 이루어지는 사례입니다. 사(巳)가 합을 바라는 맘으로 유(酉)와 연합하여 묘유(卯酉)충으로 묘목(卯木)을 찍어내면, 묘(卯)에 뿌리를 내린 을목(乙木)이 손상당합니다.

그리고 유금(酉金)절지 위에 놓인 을목(乙木)을 다시 을신(乙辛)충하면 을목(乙木)은 확실하게 제거됩니다. 묘목(卯木)의 방해가 없으니 일간 신금(辛金)의 유인력으로 사유(巳酉)합국을 짓고 진토(辰土)의 생을 받기도 합니다. 또한, 정임(丁壬)합력이 약하겠지만, 합반의 조짐도 엿보이므로 정화의 기세를 묶어둠으로 사유(巳酉)가 합하는데 큰 장애가 되지 않습니다.

28

삼형살三刑殺이란
무엇인가

● 형살을 만드는 삼합과 방국의 결합표입니다.

삼합국	申↓子↓辰↓	寅↓午↓戌↓	巳↓酉↓丑↓	亥↓卯↓未
삼회방	寅↓卯↓辰↓	巳↓午↓未↓	申↓酉↓戌↓	亥↓子↓丑

(1) 형살(刑殺)의 본질.

형(刑)은 기본적으로 기운이 넘쳐 안정이 깨지는 현상을 말하는 것입니다. 따라서 사주에 삼형살이 있으면 일단 운기(運氣)가 넘치는 사람이라서 정신력과 자기 소신이 강하고 뚜렷하여 지도자로서의 자질을 갖추고 있습니다.

다만, 격국이 파격이 되면서 형충이 있으면 삼형살이 흉신으로 작용하게 되어 사건, 사고, 소송, 형액의 중심에 서게 됩니다. 보통 형살이 많은 사람은 인간성이 냉정하고 고집이 세다고 합니다. 삼형이 많으면 항상 동분서주로 바쁘다고 합니다. 그래서 권력을 얻거나 법을 집행하는 법관이나 총칼을 잡는 군인, 경찰, 의사 등의 직업을 갖게 되면, 삼형살의 흉한 작용을 대체하여 원만하게 이끌 수 있게 됩니다. 그러나 사주의 격이 나쁠 경우는 삼형살의 흉액에 그대로 노출이 되어 사건, 사고를 겪는 것은 어쩔 수 없는 것입니다.

(2) 삼형살에 특징.

삼형살이란 보통 말하기를 이탈(離脫) 배신(背信) 배반(背反) 감금(監禁) 형무소(刑務所) 언쟁(言爭) 충돌(衝突) 수술(手術) 불구(不具) 잔질(殘疾) 자살(自殺) 조난(遭難) 파편(破片) 화재(火災) 부부생사이별(夫婦生死離別) 독수공방(獨守空房) 등의 암시(暗示)하는 흉살(凶殺)입니다.

(3) 삼형살의 길흉을 보는 방법.

삼형살(三刑殺), 수옥살(囚獄殺), 재살(災殺)이 함께 있거나 삼형살이 일간의 사절(死絶)이 되면서 나를 극하면 흉해져서 관재수로 금고형을 받을 수가 있고 갇히는 형살이 나타날 수가 있습니다. 사주에 이러한 흉살이 함께 있으면 삼형살의 작용이 배가(倍加)가 됩니다. 그러나 구제하는 신(神)이 있으면서 삼형살이 일간의 생왕지이고 귀인이 도우면 길하게 됩니다. 길신이 도우면 무권(武權)이 있다고 보게 됩니다. 이러한 사주명식은 오히려 위진만리(威振萬里)하는 경우가 있으므로 자세히 살펴야 합니다.

▶ 무권(武權)이란 군,경찰등에서 근무하여 권위를 얻는 일을 말하고 위진만리(威振萬里)라는 말은 "만리에 위엄을 떨친다"는 뜻입니다.

❶ 지세지형(持勢之刑) - 인사신형(寅巳申刑)

자기의 세력을 믿고 거세게 나가다가 좌절되기 쉬우나 십이 운성 중 장생 건록 제왕 등이 삼형살에 해당이 되면 오히려 위진만리(威振萬里)하며 정신이 강용하고 인색도 또한 윤기가 있어 좋다고 합니다. 과묵하고 욕심이 적고 무정한 편입니다. 때로는 의리와 은혜를 잊기도 합니다. 남자는 어리석은 면이 있고, 득이 여자는 고독한 면이 많이 있습니다. 그러나 삼형살이 일간의 쇠절사묘(衰絶死墓)가 되면 얼굴은 유화하나 뒤에서 헐뜯는 성격이 있습니다. 주변의 세력을 따르는 편이므로 지세지형(持勢之刑)이라 하여 의리와 은혜를 망각하는 성향이 있습니다. 귀격이면 살생을 좋아하고, 천격은 언행이 괴리하며 탐내고 인색한 편입니다.

❷ 무은지형(無恩之刑) - 축술미형(丑戌未刑)

성질이 냉정하고 친구가 없으며 은인을 몰라보며 비밀을 남에게 잘 폭로시키며 불량하고 여자는 산액이 있고 부부 금실이 안 좋습니다. 축술미형(丑戌未刑)이 생왕(生旺)이면 의기가 웅장하고 직접 사람을 공박한다. 사절(死絶)이면 체격이 왜소합니다. 귀격은 공정, 청렴하고 천격은 형벌을 받고 불의의 재앙이 있습니다.

❸ 무례지형(無禮之刑) - 자묘형(子卯刑)

남여를 막론하고 성질이 횡폭하여 화기애한 기분은 조금도 없으며 예의를 모르고 무례하여 타인에게 불쾌감을 주며 육친과 불화하고 부부가 화목하지 못하며 여자의 경우 냉병이 있고 자궁 수술 혹은 낙태 등 남녀 막론하고 성병 한 번씩은 걸려보게 됩니다.

자묘(子卯)형이 생왕(生旺)이면 권위가 있고 엄숙합니다. 기세가 강하고 급하며 타인을 용납하지 않는 성격이 됩니다. 사절(死絶)이면 남을 업신여기고 자만하며 각박한 성격입니다. 귀격이면 병권을 장악하나 오래가지 못하고, 천격이면 패륜아, 흉폭하고 관형(官刑)이 있습니다. 질병으로는 수술 .음독자살. 자궁염. 긴장계통의 질환. 성병 등에 질병이 발생할 수 있습니다.

예시 1 ▶

時		日		月		年		乾 命
겁재				정관		편인		六 神
辛		**庚**		**丁**		**戊**		天 干
巳		**申**		**巳**		**辰**		地 支
편관		비견		편관		편인		六 神
戊庚丙		戊壬庚		戊庚丙		乙癸戊		지장간
長生		建祿		長生		養地		12운성
乙	甲	癸	壬	辛	庚	己	戊	
丑	子	亥	戌	酉	申	未	午	**대운**
76	66	56	46	36	26	16	6	

▶ 계해(癸亥)대운 병인(丙寅)년에 교통사고를 당해 처와 함께 사망하였습니다.

사/주/해/설 ▶

사월(巳月) 경금(庚金)이 정화(丁火)가 투간하면 정관격이고 경금(庚金)이 정
화(丁火)와 무토(戊土)를 천간에서 보면 유화유로가 되어 경금(庚金)을 쓸모
있는 기물(器物)로 만들어 주므로 나쁜 격은 아닙니다. 다만, 지지에 사신(巳
申)형이 중복되어져 있는데 인신(寅申)충이나 인사신(寅巳申)삼형으로 만날
때 곤란해지는 것입니다. 교통사고가 발생한 병인(丙寅)의 세운지 인목(寅木)
은 경금(庚金)일간의 절지(絶地)이면서 역마살입니다. 즉, 일간의 절지이면서
역마의 충이 **인사신寅巳申** 삼형을 만들게 되므로 반드시 낙상이나 교통사고
등을 조심해야 합니다. 이런 흉함이 조합이 될 때에 삼형살의 흉의가 그대로
노출이 되는 것이니 흉액이 발생하는 것입니다.

時	日	月	年	乾命
인수		인수	식신	六神
辛	壬	辛	甲	天干
丑	戌	未	辰	地支
정관	편관	정관	편관	六神
癸辛己	辛丁戊	丁乙己	乙癸戊	지장간
衰地	冠帶	養地	墓地	12운성

己	戊	丁	丙	乙	甲	癸	壬	
卯	寅	丑	子	亥	戌	酉	申	대운
79	69	59	49	39	29	19	9	

▶ 우울증과 생활고 등으로 고생하다. 갑술(甲戌)대운 운영하던 회사가 경진(庚辰)년에 부도를 맞고, 을해(乙亥)대운 경인(庚寅)년에 투신자살한 사주입니다.

사/주/해/설 ▶

갑목(甲木)식신이 지지의 태과(太過)한 토(土)를 제살(制殺)하는 용신이 됩니다. 토(土)가 전부 관성인데 **축술미(丑戌未)삼형**으로 모두 관형(官刑)에 걸려 있습니다. 그래서 술(戌)과 미(未)의 지장간의 정화(丁火) 재성으로 인해 관(官)소송 문제가 수시로 발생 하는 것입니다. 부도가 난 경진(庚辰)년에는 경금(庚金)편인이 용신식신을 갑경(甲庚)충하면 편인도식의 흉한 해가 되니 재물이 사라져 의식주가 곤란하게 됩니다. 또한, 진토(辰土)는 진술(辰戌)충으로 축술미(丑戌未)삼형을 발동시켰을 것입니다. 투신자살한 경인(庚寅)년에는 갑경(甲庚)충하여 용신식신을 또, 편인도식으로 극충하였고 자살하기 1년 전에 기축(己丑)년을 살펴 보면 갑기(甲己)합거로 용신식신을 묶으면 토(土)를 제어할 힘이 사리 시세 되어 축술미(丑戌未)삼형의 흉한이 거세어 졌을 것으로 보입니다.

時	日	月	年	坤命
인수		비견	정관	六神
戊	辛	辛	丙	天干
子	卯	卯	子	地支
식신	편재	편재	식신	六神
壬癸	甲乙	甲乙	壬癸	지장간
長生	絶地	絶地	長生	12운성

癸	甲	乙	丙	丁	戊	己	庚	
未	申	酉	戌	亥	子	丑	寅	대운
71	61	51	41	1	21	11	1	

▶ 정해(丁亥)대운에는 허리 디스크수술을 2번 했고, 을해(乙酉)대운 정묘(丁卯)년에 자궁수술과 남편이 유부녀와 간통하여 일본으로 도피하여 관재(官災)와 구설이 따랐습니다. 을유(乙酉)년에는 다리골절상을 입어 3개월 병원 신세를 졌습니다.

사/주/해/설 ▶

일(日), 시(時)지의 자묘(子卯)가 도화(桃花)이고 자(子)식신 도화가 형(刑)이니 생식기의 병(病)으로, 정묘(丁卯)년에 자궁 수술한 것은 행운(行運)에 자묘(子卯)형(刑) 운을 만났기 때문입니다. 병화(丙火) 정관이 자(子)도화에 놓여있고 천간과 지지로 병신(丙辛)합과 자묘(子卯) 형살이 되어 황음도화(荒淫桃花)니 남편이 인물 좋은 호색한(好色漢)으로 색정(色情)인해 몸을 망치게 될 명(命)입니다. 그래서 유부녀와 사통(私通)하여 간통죄로 관재(官災)와 구설이 생겼습니다. 신금(辛金)이 묘(卯) 절지(絶地)에 놓여 팔다리 허리의 뼈가 약한데, 해(亥)대운 해묘(亥卯)합하여 신금(辛金)을 절(絶)하니 허리 병으로 고생하였고, 을유(乙酉)년에는 묘유(卯酉)충으로 금목(金木)이 상쟁(相爭)하니 골절상을 입게 됩니다.

기묘(己卯)년에는 자묘(子卯)형이 되니 묘(卯)는 년(年)의 병자(丙子)와 자묘(子卯)형을 하고 기토(己土)는 병화(丙火)로는 상관 운이므로, 남편에게 좋지 않는 일이 발생합니다. 젊은 나이에 형살이 오면 성병, 관통죄로 관재구설이 발생하게 되고, 나이가 많으며 상관과 자묘(子卯)형으로 묘(卯)가 육해(六害)에 해당되어 병(病)을 얻게 됩니다. 따라서 남편이 중풍으로 쓰러져 고생하다 병화(丙火) 정관의 묘운(墓運)인 신(申)대운 병술(丙戌)년 신월(申月)에 사망하였습니다. 시(時)의 무자(戊子)가 자묘(子卯)형이 되므로 모(母)가 있다면 모(母)가 자궁 수술 등으로 재물이 나가게 되었을 것입니다.

29

자형自形살이란
무엇인가?

자형(自形)살은 자기들끼리 서로 형(刑)하는 살입니다. 자형(自形)살은 진진 (辰辰), 해해(亥亥) 유유(酉酉), 오오(午午)이렇게 4개입니다.

(1) 자형살(自刑殺)의 설명.

❶ 진진(辰辰) 자형살(自刑殺)

진토(辰土)는 수고(水庫)입니다. 수고(水庫)인 진토(辰土)끼리 맞붙으면 어떻게 되겠습니까? 수고(水庫)가 열려 많은 물을 분출하게 될 것입니다. 마땅히 물이 희신인 사람은 좋을 것이지만 물이 기신인 사람은 억류(抑留), 감금(監禁), 범람(氾濫)이나 붕괴(崩壞), 유실(流失), 등(等)의 피해(被害)를 당(當)할 수 있게 됩니다.

❷ 해해(亥亥) 자형살(自刑殺)

해수(亥水)는 바다(海)와 같은 물(水)입니다. 해수(亥水)끼리 맞붙으면 물(水)의 세력(勢力)이 범람(氾濫)하는 것과 같아 범람(氾濫), 붕괴(崩壞), 침수(浸水), 유실(流失)등의 흉액(凶厄)이 발생(發生)하게 됩니다.

❸ 유유(酉酉) 자형살(自刑殺)

유금(酉金)은 금기(金氣)가 장성(將星)에 임(臨)하므로 유유(酉酉) 금기(金氣)가 맞붙으면 금기(金氣)가 태강(太强)하여 숙살지기(肅殺之氣)를 발(發)하여 사물(事物)의 성장(成長)을 억제(抑制)하고 절단(切斷), 억압(抑壓)하는 자형살(自刑殺)이 됩니다.

❹ 오오(午午) 자형살(自刑殺)

오화(午火)는 화(火)의 극왕지세(極旺之勢)로, 염열(炎熱)하고 화기(火氣)가 강왕(强旺)하니 오오(午午)가 맞붙으면 폭발(爆發)한 후에 잿더미만 남는 형상(形象)이 될 것입니다. 오오(午午) 자형살(自刑殺)은 급격과강(急激過强)한 까닭에 해당 육친이 투쟁, 자해하는 횡액(橫厄)이 따릅니다.

(2) 자형(自形)이 작용하는 사례

예시 1 ▶

時	日	月	年	坤命
식신		편인	비견	六神
甲	**壬**	**庚**	**壬**	**天干**
辰	**辰**	**申**	**子**	**地支**
편관	편관	편인	겁재	六神
乙	乙	戊	壬	**지장간**
癸	癸	壬		
戊	戊	庚	癸	
墓地	卯地	長生	帝王	**12운성**

▶ 병진(丙辰)대운 47세 갑술(甲戌)년에 자녀를 사고로 잃었습니다.

사/주/해/설 ▶

이 명조는 신자진(申子辰) 수국을 만듭니다. 갑경(甲庚)충 당하는 갑목(甲木)
은 부목의 위험이 존재합니다. 진(辰)대운에 진진(辰辰)형을 만들어 수국을
동(動)하게 하고 갑술(甲戌)년에 갑경충과 진술(辰戌)충으로 갑목(甲木) 식신
자녀성을 붕괴시키므로 자녀를 잃게 하는 원인이 되었습니다.

예시 2 ▶

時	日	月	年	坤 命
인수		비견	인수	六 神
丙	己	己	丙	天 干
子	亥	亥	申	地 支
편재	정재	정재	상관	六 神
壬 癸	戊甲壬	戊甲壬	戊壬庚	지장간
絶地	胎地	胎地	沐浴	12운성

辛	壬	癸	甲	乙	丙	丁	戊	
卯	辰	巳	午	未	申	酉	戌	대운
77	67	57	47	37	27	17	7	

▶ 45세 을미(乙未)대운 경진(庚辰)년 무인(戊寅)월 정미(丁未)일에 남편이 사망했습니다.

사/주/해/설 ▶

남편은 해해(亥亥)자형 속에 있는 갑목(甲木)입니다. 을미(乙未)대운은 일간 기준으로 부성입묘에 해당이 됩니다. 즉 미토(未土)는 목(木)의 고장지입니다. 경진(庚辰)년 신자진(申子辰) 삼합을 이루면 해해(亥亥)자형이 동(動)하게 하여 고장지인 미토(未土)에 갑목(甲木)이 줄줄이 입고될 것입니다. 위 명조는 남편성이 해해(亥亥)형이란 장간의 틀 속에 있을 때 대운에서 오는 고장지가 작동하는 사례입니다.

▶ 부성(夫星)입묘는 신축(辛丑), 을미(乙未), 병술(丙戌), 무술(戊戌)을 말합니다. 즉, 진술축미(辰戌丑未) 4고 장지위에 입고되는 십간이 앉아 있는 것을 말하는 것입니다. 그래서 그 십간에 해당하는 육친이 입고되기 때문에 육친을 잃어버리는 일이 발생합니다. 그런데 육친이 일간 기준으로 볼 때 관성에 해당이 될 경우에는 남편이 입고되는 운명을 가진 여인이 되는 것이라, 부성입묘라 부르는 것입니다.

예시 3 ▶

時		日		月		年		乾 命
식신				비견		편인		六 神
甲		壬		壬		庚		天 干
辰		戌		午		午		地 支
편관		편관		정재		정재		六 神
乙		辛		丙		丙		
癸		丁		己		己		지장간
戊		戊		丁		丁		
墓地		冠帶		胎地		胎地		12운성
庚	己	戊	丁	丙	乙	甲	癸	
壬	丑	子	亥	戌	酉	申	未	대운
74	64	54	44	34	24	14	4	

▶ 고려 마직막 왕 공민왕 사주입니다.

사/주/해/설 ▶

오(午)는 정재이고 오오(午午)형을 하니 부인 때문에 속앓이 하는 사주가 됩니다.
년(年)지 오(午)처는 노국공주일 것이고, 월(月)지 오(午)처는 반야일 것입니다.
월지 정재는 임(壬) 비견과 동주하니 다른 남자의 여인이니 어쩌면 신돈의 여
자 일 것이라 생각되기도 합니다. 월지 오(午)와 일지 술(戌)편관이 합하니 2째
처에게 자식을 갖게 되는 것입니다. 진술(辰戌)충하니 자식들에게 흉조(凶兆)
가 일어남을 암시하는 것입니다.

예시 4 ▶

時	日		月		年		坤命
정관			편관		편관		六神
甲	己		乙		乙		天干
戌	酉		酉		丑		地支
겁재	식신		식신		비견		六神
辛丁戊	庚辛		庚辛		癸辛己		지장간
養地	長生		長生		墓地		12운성
癸	壬	辛	庚	己	戊	丁	丙	
巳	辰	卯	寅	丑	子	亥	戌	대운
75	65	55	45	35	25	15	5	

▶ 병술(丙戌)대운 정(丁)운에 형편이 좋아 일본유학을 다녀왔습니다. 기축(己丑)대운 기유(己酉)년에 딸이 자살하고, 경인(庚寅)대운 신해(辛亥)년에 아들도 자살을 하였습니다. 임진(壬辰)대운 경오(庚午)년에 아파트분양권으로 2억 횡재했습니다.

사/주/해/설 ▶

유유(酉酉)자형이 금(金)의 고장지인 축토(丑土)와 연결이 되는구조입니다. 이것은 유유(酉酉)자형이 일어날 때 축토(丑土)로 금(金)이 입고하므로 유금(酉金)에 해당하는 육친의 흉의(凶意)를 생각할 수가 있습니다.

식상인 금(金)은 자식에 해당하므로 유유(酉酉)자형이 일어나면 자녀의 흉의(凶意)가 발생하는 것입니다. 유유(酉酉)자형살에 걸리고 금쇄살에 걸리니 2명의 자식이 자살을 하였습니다. 금(金)이 자식이고 자식이 축(丑)에 고지이고, 술(戌)에 쇠지(衰地)이니 합하여 묘지(墓地)로간 것이다.

기축(己丑)대운 기유(己酉)년에 딸이 자살을 했는데 기축(己丑)대운에 축(丑)
묘지가 중복이 되면 축(丑)이 동(動)하여 금(金)의 묘고지가 열리게 된 것입
니다. 이런 상태에서 기유(己酉)년에 유금(酉金)을 만나게 되므로 유유(酉酉)
자형살이 동(動)하면 금(金)은 축(丑)묘고지로 향하는 힘이 더욱 강해져, 경인
(庚寅)대운 신해(辛亥)년에 아들도 자살을 하였습니다.

경인(庚寅)대운은 경금(庚金)기신이 동주절(同柱絶)하고 들어오게 되는 시점
입니다. 이것은 경금(庚金) 자녀성이 인목(寅木)에서 절(絶)이 되면서 자녀성
에 흉의가 있음을 암시합니다. 인축(寅丑)은 탕화살을 부르고 인유(寅酉)원진
도 파고드니 유유(酉酉)자형살을 동(動)하게 만들었습니다. 유유(酉酉)자형살
이 발동하게 되면 축토(丑土)에 금(金)이 입고하게 된 것입니다.

▶ 동주절(同柱絶)이라는 것은 갑신(甲申), 을유(乙酉), 경인(庚寅), 신묘(辛卯)
를 두고 말하는 것입니다. 동주(同柱)하는 지지가 모두 절지(絶地)에 해당하
는 것입니다. 절지(絶地)에 해당하므로 동주(同柱)하는 천간이 힘을 크게 발
휘하지 못하는 것을 말합니다.

제4장

신살神殺론

30

겁살劫煞이란 무엇인가?

겁살(劫煞)은 겁탈당한다는 뜻이 있는데 외부로부터 빼앗긴다는 의미이므로 재살(災煞), 년살(年煞)과 더불어 삼살(三煞)로 불립니다.

年/日支	巳酉丑	亥卯未	申子辰	寅午戌
劫煞	寅	申	巳	亥

▶ 겁살(劫煞)을 찾는 법

→ 일반적으로 **12신살**은 년지(年支)에서 찾으며, 자신의 띠에 해당하는 인신사해(寅申巳亥)가 겁살에 해당이 됩니다. 사유축(巳酉丑) 띠 경우 인(寅)이 겁살이 됩니다.

(1) 겁살의 개념.

겁살이 끼면 겁탈을 당하거나 재물을 빼앗기게 됩니다.

열심히 일을 하고도 노력하는 것에 비해 결과가 흡족하지 않고 재물을 많이 손실을 봅니다. 겁살은 관재구설(官災口舌), 쟁투(爭鬪), 송사(訟事), 시비(是非), 무고(無告), 중상모략(重傷謀略), 폭행(暴行), 공갈(恐喝), 협박(脅迫), 납치(拉致) 탈재(奪財), 분실, 재물손실, 속패(速敗), 파산 등의 흉한 작용력이 있기 때문에 사주에 겁살과 망신살 2개 다 있는 경우는 금전 거래나 보증 등으로 실패가 따를 수가 있으므로 매사 신중하게 결정해야 합니다. 이 살이 들어온 시기에 신규 사업이나 확장, 투기를 금(禁)하며 그렇지 않으면 실패할 확률이 높고 동업이나 금전거래로 인하여 사기, 부도 등의 우려나 사회활동과 가정 생활의 변동으로 실패수가 있으니 특별히 조심하여야 합니다.

12신살(神殺)의 겁살은 12운성의 절(絶)과 같습니다. 모든 운(運)이 단절되는 시기이니 자신의 의지와는 상관없이 내 것을 남에게 빼앗기게 되는 것입니다.

(2) 겁살에 해당되는 육친을 읽는 법.

년(年)지, 월(月)지에 겁살이 있으면 조실부모(早失父母) 할 수가 있으며 일(日)지, 시(時)지에 겁살이 있으면 처자(妻子)에 액(厄)이 있게 됩니다.

보통 때에는 작용하지 않다가 운에서 여러 번 겹쳐서 만나게 되면 겁살이 발생하게 됩니다. 남자의 명조로 재성이 겁살이면 아내가 겁살이라서 받아먹는 것을 당연하게 생각합니다. 나에게 겁살이 되기 때문인데 절지에 해당해서 내가 힘을 못 쓰니 알면서도 당합니다.

여자가 관살이 겁살인 경우에 남편도 마찬가지입니다. 부모가 겁살이면 아무리 잘 해드려도 고마운 것을 모릅니다. 겁살 자식은 부모가 해 주는 것에 늘 불만을 갖고 효도할 줄을 모르고 한 번은 재산을 크게 탕진하게 됩니다.

겁살이 길하게 작용할 경우에는 직업적으로 경찰, 법무, 의료, 세무 계통으로 진출하면 좋습니다. 인성이 겁살에 해당하면 허가증을 들고 합법적으로 몸을 빼앗는 것으로 의료 출신에 많고, 관성에 겁살이 들면 권력을 앞 세워 빼앗는 것으로 경찰 출신이 많습니다.

겁살이 되는 지지가 장생 제왕이면 지혜가 있고, 사절(死絶)이면 고집이 강합니다. 겁살이 화개와 동주하면 지혜가 절륜하고 모사에 능합니다.

양인과 칠살이 겁살이고 기신이면 횡액이 두렵고 불의의 재난이나 죽음을 당할 수가 있습니다. 겁살이 용신이나 희신이면 오히려 총명하고 재능이 있고 대귀할 수도 있습니다. 일(日) 시(時)에 있는 겁살이 도화와 합하면 주색을 탐하고 록에 해당하면 주정뱅이가 될 수 있습니다.

겁살의 성향은 이기심이 강하고 독기가 있으며 잔인하고 무뚝뚝하며 잔정이 없기 때문에 겁살이 3개 있으면 짐승과 같고 겁살이 2개 있고 공망이면서 원진이거나 칠살과 동주하면 도적의 명(命)이 됩니다.

겁살이 경신(庚辛)과 동주하면 무관이거나 철을 다루는 사람이고 겁살이 병정(丙丁)등의 화신과 동주하면서 공망이면 대장장이 출신입니다. 겁살이 정관이면서 관의 힘이 좋으면 무관 또는 과단성이 있는 직업에 종사하게 됩니다.

겁살은 대모살이라고도 하며 재산의 손실을 의미하므로 겁살 방향은 길한 방위가 아니며 겁살 방향에 건축을 하면 동토(凍土)가 발생하기 쉬우니 겁살 방향으로는 집을 짓거나, 구입하는 피하는 것이 좋습니다.

時	日	月	年
己	甲	庚	壬
亥	午	戌	寅
겁살	장성	화개	지살

12운성으로 보면 갑(甲)일간에서 해(亥)가 장생이 됩니다. 12신살에서 보면 인(寅)에서는 해(亥)는 겁살이 됩니다. 장생이 겁살을 만났으니 나빠지나 인해(寅亥) 합력으로 흉이 감소합니다.

재살災煞이란
무엇인가?

재살(災煞)은 수옥(囚獄)의 뜻을 가지는데 일명 수옥살(囚獄殺)이라고도 합니다.

年/日支	巳酉丑	亥卯未	申子辰	寅午戌
災煞	卯	酉	午	子

▶ 재살(災煞)을 찾는 법

→ 년지(年支)에서 자신의 띠에 해당하는 자오묘유(子午卯酉)가 재살이 됩니다. 예를 들면 인오술(寅午戌) 띠는 자(子)가 재살(災煞)이 됩니다.

(1) 재살(災煞)의 개념.

재살은 감옥(監獄)에 간다는 의미로 일명 수옥살(囚獄煞)이라고도 하며 관재(官災), 송사(訟事), 감금, 납치, 손재(損財), 불구(不具) 등의 작용이 일어나는 흉살(凶煞)입니다. 즉, 내 신체가 구속당하는 것을 의미합니다. 재살(災煞)은 12운성으로는 태지(胎地)이고, 수옥(囚獄)의 뜻을 가지는데 갇힌다는 심리적인 불안요소가 내재하고 있습니다. 재살이 주(柱)중에 들면 관재구설이 있고, 송사(訟事), 관재(官災)가 따르게 됩니다. 금전거래나 보증을 서면 재난과 손재수를 당하게 되고 또는, 납치를 당하거나 포로가 되어 감금생활을 하는 수도 있습니다. 하지만 사주가 좋고 운이 강하면 재살의 경우 좋게 작용하기도 하는데 경찰, 검찰, 법관, 세관, 군인처럼 갇힌 틀에서 생활을 하며 규율이 엄격한 직업을 가진 사람들에게는 오히려 좋은 운으로 작용을 하여 승진, 출세를 하고 흉운(凶運)을 면할 수 있습니다.

(2) 재살(災煞)에 해당되는 육친을 읽는 법.

재살(災煞)은 12운성으로는 태지(胎地)에 해당이 되는데 엄마 뱃속에서 태지는 완전하게 자리 잡지 못했기 때문에 언제라도 유산될 수 있어 불안한 심리가 그대로 반영이 될 수가 있습니다. 그래서 재살이 있는 사람은 심리적으로 불안정한 상태가 많은 것입니다. 가족 중에 나를 시기하거나 질투하고 헐뜯고 미워하는 사람이 있다면, 나를 기준으로 재살 띠에 해당할 수 있습니다. 재살(災煞)대운에 와 있는 사람은 심리적으로 위축 받는 정신노동을 하게 되고, 직장 상사가 재살 띠에 해당하면 나를 괴롭히는 일이 많게 됩니다.

자신의 년(年)지나 일(日)지를 중심으로 재살 방향에 사는 사람은 이념적으로 나와 대치하고 정신적으로 피곤한 사람일 수가 있습니다. 월(月)지에 재살이 있으면 노상횡액, 교통사고, 강탈, 실물수, 수술, 고독성 등이 있고 일지 재살은 잔병이 많고 부부 불화 및 이별수, 관재구설, 자식과의 인연이 약하며, 시(時)지 재살은 시비, 구설, 마음이 상하는 일, 자식으로 인한 근심 등이 있을 수 있습니다.

- **인성**이 재살인 경우에는 문서나 도장(결재, 대출, 서류 등)과 글이나 그림(미술품, 골동품 등)의 위조나 변조, 표절 등에 조심해야 합니다.

- **비견, 겁재**가 재살인 경우에는 형제, 자매로 인한 다툼이나 분쟁, 시비 등을 조심하고 친구나 동료로 인한 범죄(공범), 불량한 친구와 사귐을 조심해야 합니다.

- **식상**이 재살인 경우에는 명예훼손, 무고, 위증, 하극상, 혁명성, 허위사실 날조 등을 조심해야 해야 합니다.

- **재성**이 재살인 경우에는 여자로 인한 문제(성추행, 성폭행, 간통, 간음 등)와 사기, 탈세, 횡령, 재물 문제 등을 조심하고 부인으로 인한 소송, 구설, 시비 등을 조심해야 합니다.

- **관성**이 재살인 경우에는 관청과의 송사, 불법 운전, 공무원 범죄, 선거사범 등의 일들을 조심해야 합니다. 사주 내에 재살이 있고 재살운이 다시 오면 그 작용력이 강해집니다.

천살天煞이란
무엇인가?

천살은 하늘의 자연재해로 사람의 힘으로는 감당하기 어려운 재앙을 당하게 된다고 하였는데 천형살(天刑煞)이라고도 합니다.

年/日支	巳酉丑	亥卯未	申子辰	寅午戌
天煞	辰	戌	未	丑

▶ 천살(天煞)을 찾는 법
→ 년지(年支)에서 자신의 띠에 해당하는 진술축미(辰戌丑未)가 천살에 됩니다. 예를 들면 해묘미(亥卯未) 띠는 술(戌)이 천살이 됩니다.

(1) 천살의 개념.

천살은 하늘이 내리는 재앙으로 수재, 풍재, 지진 등의 천재지변의 무시한 기운을 내포하기 때문에 사람들이 경외시 합니다. 천살은 이길 수 없는 하늘을 대항하는 격이라, 보통 천살을 염라대왕, 임금, 사장에 비유하기도 하고 천살을 가진 사람들은 임금님이나 대통령처럼 살고 싶어 합니다. 또한 브랜드나 고급 명품을 좋아하고 생색을 내기 좋아합니다.

천살은 종교, 철학과도 인연이 깊어 종교와 관련된 직업에 종사자가 많습니다. 천살년에 이사, 가택 변동, 집수리 등을 하는 것은 좋지 않다. 천살 띠는 자신이 받들어야 하는 띠이므로 천살 띠와는 동업을 피하는 것이 좋습니다.

(2) 천살의 육친 설명.

천살에 해당하는 자식을 두면 자식이 아무리 똑똑하더라도 사업을 물려주거나 유산을 많이 상속하면 좋지 않습니다. 아무리 많은 유산을 물려주어도 지키지 못하고 파산할 수가 있습니다.

지살地煞이란
무엇인가?

지살은 이동, 이사, 여행 등 신상(身上)의 변동이 많고 분주합니다. 움직이거나 이동한다는 의미에서 역마(驛馬)와 같은 뜻이 있으나 역마살(驛馬煞)에 비하여 다소 가볍고 약간의 차이가 있습니다.

年/日支	巳酉丑	亥卯未	申子辰	寅午戌
地煞	巳	亥	申	寅

▶ 지살(地煞)을 찾는 법

→ 년지(年支)에서 자신의 띠에 해당하는 인신사해(寅申巳亥)가 지살이 됩니다. 예를 들면 사유축(巳酉丑) 띠는 사(巳)가 지살이 됩니다.

(1) 지살의 개념.

지살은 역마의 개념이고 12운성으로 보면 장생 자리입니다.

기운이 생하는 자리라 무척 활동적입니다. 지살은 이동, 이사, 여행 등 신상 (身上)의 변동이 많고 분주하고 활동적이고 해외 출입과 객지 생활이 많습니다. 지살은 12운성의 장생지와 뜻을 같이 하므로 후원자가 있습니다. 장생이 가지고 있는 특성으로 앞장서고 싶고 역동적이라 상대방이 호감을 느끼게 됩니다. 그래서 후원자가 나타나게 됩니다. 지살 방향은 자신을 홍보하는 방향입니다. 만약, 가게 간판을 지살 방향으로 하면 사람들이 호감을 느껴 찾게 될 것입니다.

(2) 지살에 해당되는 육친을 읽는 법.

년(年)지, 월(月)지에 지살이 있으면 일찍 고향을 떠나 타향살이를 하며, 이사와 변동수가 많고 일(日)지에 지살이 있으면 활동적이긴 하나, 형, 충이 되면 교통사고 또는 부부 이별수가 있습니다. 또한, 지살운이 오거나 사주 원국에 있는 지살이 합(合), 충(沖), 형(刑)을 당해도 지살이 동(動)하여 이동이 발생합니다. 지살운에는 일(日)지에 지살이 충, 형을 하면 역마충으로 흉해져 교통사고를 당할 수 있으니 조심해야 합니다. 그리고 지살이 재성(財星)에 해당하고 생왕의 운을 가지면 무역, 운수업, 유통업, 배달업 등으로 돈을 벌고, 지살이 남자에게 재성이거나 여자에게 관성이면, 외국인을 만나 결혼할 수도 있습니다. 지살이 남녀모두 관성으로 공무원 신분의 길을 걸을 경우 해외공관에 근무할 기회도 있습니다. 지살이 인성이고 학문적으로 작용하면 유학을 떠나거나, 외국에서 연구원으로 근무할 수 있습니다.

지살은 근거리 개념의 이동이고, 역마는 원거리 개념의 이동입니다. 지살은 방향이 생하는 곳이기 때문에 이 방향으로 출입문, 간판을 내면 좋습니다. 또, 지살대운에 와 있는 사람은 스카우트 제의가 올수 있으므로 자신을 홍보할 기회가 생기고, 지살 방향으로 발령이 나면 승진, 장(長) 자리까지 올라 갈 수 있습니다.

34

년살年煞이란
무엇인가?

년살은 자오묘유(子午卯酉)의 사왕지(四旺地)에 해당하고, 일명 도화살(桃花煞), 함지살(咸池煞)이라고도 합니다.

年/日支	巳酉丑	亥卯未	申子辰	寅午戌
年煞	午	子	酉	卯

▶ 년살을 찾는 법

→ 년지(年支)에서 자신의 띠에 해당하는 자오묘유(子午卯酉)가 년살이 됩니다. 예를 들면 해묘미(亥卯未) 띠는 자(子)가 년살이 됩니다.

(1) 년살(年煞)의 개념.

년살(年煞)은 12운성으로는 목욕(沐浴)지에 해당합니다.

아이가 태어나서 처음으로 목욕시키는 물상(物像)으로, 씻고 닦는 일이 반복하므로 년살을 가진 사람은 용모가 단정하고 아름답습니다. 외모가 좋으면 타인의 시선을 모으는 힘이 있습니다. 이것이 성공의 인자가 되기도 합니다.

그러나 사람이 몸을 가꾸는 것이 많아지면 당연히 관리 비용과 지출이 따르고, 연예, 애정 등의 문제가 발생하게 됩니다.

년살 대운에 와 있는 사람은 용모를 가꾸려 하므로 화려해지고 누군가에게 눈에 띄기 쉽습니다. 이를 발판으로 성공의 길로 진입할 수 있으며, 운이 년살 방향으로 향하면 멋을 부리는 직업을 얻게 되는 경우가 많습니다.

그러나 년살(年煞)이 흉하게 작용하게 되는 경우, 남녀가 모두 색정(色情)에 빠져 음란한 일이 발생하고 허영과 향락에 빠져 가정을 등한시하고 불륜에 빠지기 쉬워 관재구설이 따르니 조심해야 합니다.

(2) 년살(年煞)에 해당되는 육친을 읽는 법.

여자 사주에 년살(年煞)이 정관이고 길신이면 남편이 출세하여 귀부인이 되고, 남자의 명조에서 년살(年煞)이 정재이고 길신이면 연애결혼인 경우가 많고 처복이 있습니다.

년살(年煞)은 형(刑), 충(冲), 파(破), 해(害)를 꺼리고, 공망(空亡)이면 흉이 오히려 반감이 되므로 길합니다. 여자의 명조에서 년살(年煞)이 편관이고, 시(時)에 있으면 외도나 불륜하기 쉬우며 그로 인한 관재구설에 휘말릴 수가 있고, 년살(年煞)이 양인(羊刃)이면 색정(色情)을 탐하다 수명이 단축될 수 있습니다. 남녀 막론하고 년살(年煞)과 양인이 있고, 기신으로 작용하면 기신운에 색욕으로 망신당하거나 죽을 수가 있습니다.

년살이 자묘(子卯)형을 맞을 때 성병에 조심해야 합니다. 칠살이 중중하면서 년살(年煞)이면 화류계의 여성이 많습니다. 년살(年煞)이 건록이면 미인이 많고, 년살(年煞이 비견, 겁재와 동주하면 호색하여 망신당하기 쉽습니다.

년살(年煞)이 상관과 동주하면 성병에 걸리기 쉽습니다. 년살(年煞)이 칠살과 합하면 결혼이 늦고 여자는 첩, 2번째 부인이 되기 쉽습니다. 년살(年煞)이 있는 천간이 정관이나 정인이면 흉함이 해소됩니다. 년살(年煞)이 겁재나 칠살과 동주하면 음탕하고 양인까지 겹치면 참사당할 수도 있습니다.

일(日)지 년살(年煞)이 기신으로 작용하게 되면 처로 인하여 치욕과 파산을 당할 수 있습니다. 년살(年煞)과 홍염살이 있으면 신분과 귀천에 구애 받지 않고 사랑하는 속성이 있습니다. 일(日)지와 시(時)지에 년살(年煞)과 화개가 있으면서 년살(年煞)충이 되면 부인이 추악한 짓을 저지르고 외간 남자와 간통하는 경우가 있습니다. 년살(年煞)이 귀인이나 녹과 동궁하면서 재관을 생하는 년살(年煞) 기신이면 부정한 방법으로 치부할 수 있습니다.

시(時)에 재성이 도화이고 길신에 해당되면 처나 애인 때문에 큰 부자가 되거나 유흥업으로 큰 횡재를 할 수 있고, 정관이 길신이고 도화라면 처나 애인으로 인하여 관록과 명성이 있고 자식이 수려한 경우가 많습니다.

일시(日時)에 도화가 있고 천간에 간합(干合)이 있는 경우 외정(外情)을 두기 쉽고 이성을 상대하는 상사업(음식점, 카페, 술집, 유흥, 다방, 미용업 등)과 가수나 탤런트 등의 연예인은 손님이나 팬에게 인기가 있어 빨리 성공할 수도 있다.

일(日)지에 도화가 있고 충이 있는 경우나 운에서 충이 되는 경우 바람기로 인하여 관재, 구설수 또는 폭행 등의 횡액을 당하는 경우가 있다.

도화살을 잘 활용하는 직업으로는 연예인, 예술인, 언론, 방송, 인테리어, 미용업, 강사 등이 있다.

월살月煞이란
무엇인가?

월살은 메마르고 고갈된다는 뜻으로 좋은 결실을 맺지 못함을 의미합니다.

年/日支	巳酉丑	亥卯未	申子辰	寅午戌
月煞	未	丑	戌	辰

▶ 월살(月煞)을 찾는 법

→ 년지(年支)에서 자신의 띠에 해당하는 진술축미(辰戌丑未)가 월살이 됩니다. 예를 들면 사유축(巳酉丑) 띠는 미(未)가 월살이 됩니다.

(1) 월살(月煞)의 개념

월살(月煞)은 일명 고초살(枯焦殺) 또는 고갈살(枯渴殺)이라 합니다.

메마르고 고갈된다는 뜻으로 발육이 부진하고 매사에 부진함을 의미하며 씨를 뿌려도 싹이 나지 않아 결실을 맺지 못함을 의미합니다. 그래서 월살(月煞) 일에는 파종이나 묘종을 하지 않습니다. 또 월살 일에는 택일(이사, 결혼, 집수리 등)을 피하는 이유는 결실을 보기 어렵기 때문입니다.

그래서 사주내 월살(月煞)이 있으면 신경 쇠약, 공상, 망상 등 신기(神氣)가 들기도 하며 몸이 마른 사람이 많습니다. 여자의 명(命)에 월살이 2개 이상 있거나, 월살이 편관에 해당되면 무녀(巫女)나 보살(菩薩)이 되는 경우가 많습니다.

(2) 월살에 해당되는 육친을 읽는 법

월살(月煞)이 사주에 있거나 세(歲)운에서 월살 운이 올 때 보통 흉(凶)으로 보며, 대운에서 월살 운이 올 때는 한밤중의 달빛으로 길(吉)하다고 봅니다.

월살(月殺)은 달(月)에서 오는 살(殺)이니 밤에 작용이 활발하고 낮에는 무용지물입니다. 그래서 월살(月煞)이 있는 사람은 낮보다는 밤에 일하는 사람으로 음성적이며 은밀하다고 합니다. 만약에 낮에 일하는 직업을 구한다면, 불을 켜는 직업을 찾으면 무탈하고, 월살 대운이 와 있는 사람은 야간근무인 업종을 찾으면 길합니다.

월살(月煞)이 길신과 동주하고 생왕하게 되면 어두운 밤길의 달빛과 같아서 뜻밖의 행운이 있으며, 주변의 상황 변동이 자신에게는 발전 요소가 생기는 것을 의미하기도 합니다. 즉, 상속, 증여 등의 이득이 생길 수 있으며 상속, 증여 등의 일을 볼 때 조객살, 상문살 등이 겹쳐지면 집안의 곡사, 초상 등이 생길 수 있습니다.

망신살亡身煞이란
무엇인가?

망신살은 관재(官災), 구설(口舌)수에 시달리거나 폭행이나 사고로 신체의 손상과 간통이나 겁탈을 당하는 등의 정신적, 신체적 손상과 망신 등의 좋지 않은 일들이 발생하는 살(煞)입니다.

年/日支	巳酉丑	亥卯未	申子辰	寅午戌
亡身煞	申	寅	亥	巳

▶ 망신살(亡身煞)을 찾는 법

→ 년지(年支)에서 자신의 띠에 해당하는 인신사해(寅申巳亥)가 망신살이 됩니다. 예를 들면 사유축(巳酉丑) 띠는 신(申)이 망신살이 됩니다.

(1) 망신살(亡身煞)의 개념.

망신살은 주로 주색(酒色)과 관련된 일로 사람들의 입에 오르내리고 수치를 당한다는 뜻으로 관부살(官符煞) 또는 파군살(破軍煞)이라 합니다.

망신살 운이나 망신살 방향에 갑자기 애인이 나타나거나, 바람을 피워 망신 당할 일들이 생기게 됩니다. 그래서 망신살 방향은 애인을 숨겨두는 방향이라 하기도 합니다.

망신살은 12운성으로 보면 록(祿)지입니다.

승진이나 명예 등이 함께 따라오는데 그 해에 승진하여 재물과 명예를 얻어 의기양양하여 도에 넘치는 행동을 할 수가 있기 때문에 절제하지 못하면 망신살이 발동할 수 있습니다. 특히 주색(酒色)으로 비밀이 드러나는 경우가 많은데, 록(祿)궁과 망신살은 한배를 타고 있기 때문입니다. 또한 정치가의 기질이 있어 권모술수가 능하고 어떤 상황에서든지 자신도 모르는 사이에 독선적이고 이기적인 행동이 나타나서 일을 주도하게 되므로, 상대방으로 하여금 적개심이 일으켜 비밀을 폭로할 수 있는 분위기가 조성이 됩니다.

(2) 망신살(亡身煞)에 해당되는 육친을 읽는 법.

망신살에는 좋은 것과 나쁜 것이 섞여 있는데 망신이 생왕(生旺)하면 길한 운이 작용하여 옳은 일에 사용하고, 망신이 사절(死絶)이면 흉성이 작용하여 나쁜 곳에 사용하게 됩니다. 재성(財星)이 망신이고 흉신(凶神)이면 재물을 탐하다 실패를 하고, 관성(官星)이 망신이고 흉신(凶神)이면 남성과 연애하다 간통 수가 있기도 합니다.

일(日)지에 망신살이 있고 형, 충이 있으면 관재, 구설수에 시달리거나 가정적으로 불화가 많다고 보고 운(運)에서 망신 운이 올 때 건록에 해당이 되어 도에 넘치는 행동을 일으킬 수가 있고 이로 인하여 망신을 당하는 경우가 생깁니다. 망신과 자묘형이 겹치면 모욕과 망신이 함께 발생하고 망신이 나쁘게 작용하는 사례입니다.

망신이 용신이면 결단력이 있고 승부욕이 강하고 설득력이 있습니다. 망신 대운이면 건록이라 돈이나 명예가 생기기도 합니다. 유산을 상속 받거나 부동산 이득을 보기도 합니다. 망신살의 방향은 작은 이익을 융통할 수 있는 방향이며 짧은 시간내에 어떤 목적을 달성하는 방향이 됩니다. 그래서 사업체를 신설할 때에 이 방향이면 건록지에 해당하므로 횡재수가 있을 수 있습니다. 겁살과 망신은 충하면 흉작용이 감소되고 합하면 더욱 흉폭해집니다.

장성살將星煞이란
무엇인가?

장성살이란 장군의 별이란 뜻으로 기운이 왕성하여 권력, 출세, 벼슬을 불러 권위와 위엄이 있게 됩니다.

年/日支	巳酉丑	亥卯未	申子辰	寅午戌
將身煞	酉	卯	子	午

▶ 장성살(將星煞)을 찾는 법

→ 년지(年支)에서 자신의 띠에 해당하는 자오묘유(子午卯酉)가 장성살이 됩니다. 예를 들면 신자진(申子辰) 띠는 자(子)가 장성살이 됩니다.

(1) 장성살(將星煞)의 개념.

권위를 상징하는 것으로서 사장성이 있는 사람은 용맹하여 문무를 겸비하고 진취적이며, 출세와 승진을 위하여 집념이 강하며 어려움을 극복하기 위해 최선을 다합니다. 또한, 자존심과 인내심이 강하고 남에게 굽히기를 싫어하기 때문에 군인이나 경찰, 법관, 운동선수 등 사주에서 많이 볼 수 있으며, 높은 지위에 오르는 경우가 많이 있습니다. 장성살은 모든 것을 주도하려는 성향이 짙은 탓에 자존심과 고집이 세고 무작정 사업을 벌이다가 실패하는 경우도 많습니다.

장성살은 12운성으로는 제왕(帝旺)지입니다.

주관이 뚜렷하고 지배욕이 강하며 주변을 장악하려는 의도가 강해 보스의 기질을 잘 드러냅니다. 장성살은 자기가 주도적으로 일을 진행해야만 만족하고, 자기가 처리해야만 될 일이 생기는데 제왕(帝王)지라서 능숙 능란합니다. 남명(男命)의 장성은 길신(吉神)으로 보지만, 여명(女命)의 장성은 흉신(凶神)으로 보는데 이것은 장성살을 가진 여자는 남편을 휘어잡고 밖으로 돌아다니기 좋아하기 때문인데 이로 인해 가정에 소홀해지기 쉽기 때문일 것입니다.

(2) 장성살(將星煞)에 해당되는 육친을 읽는 법.

장성이 충극(冲克)을 받지 않고, 장성이 일간의 정관으로 힘이 있으면 지위가 상당할 수 있습니다. 특히 장성이 칠살(七殺)이나 양인(羊刃)에 해당하면서 길성이면 생사여탈권을 쥔 군인이고, 장성이 일(日)간의 재성으로 희신이면 재정의 큰 권한을 쥔 공무원이 됩니다.

장성살이 길하게 작용한다면 직업으로는 군인, 경찰, 검사, 세무공무원 등이 좋습니다. 장성살이 일지에 합하여 오는 운은 결혼 운이나 승진운이 되기도 합니다. 장성이 있으면서 신왕(身旺)하면 많은 사람을 거느리며, 장성이 재살(財煞)에 해당하면서 희용신(喜用神)이면 군경으로 출세하기도 합니다.

여자 사주가 신왕(身旺)하면서 일(日)지에 장성살이 있으면 최고라는 의식이 강해 남편과 사이가 좋지 않으며 독신으로 지내기 쉽습니다.

그래서 고독한 명이기도 합니다. 여명(女命)은 상관(傷官)이 장성에 해당하면 고집이 세서 남편을 거느리고 살거나 이별하게 될 수 있습니다. 장성살 방향은 전쟁터에서 불어오는 살육의 바람이니 분쟁과 다툼 등의 어려움이 따라다닙니다. 그래서 사업하는 사람은 장성살 방향으로 출입문을 내면 좋지 않습니다.

38

반안살^{攀鞍煞}이란 무엇인가?

반안은 말안장에 오른다는 뜻이니 출세, 승진을 뜻하는 길성 입니다.

年/日支	巳酉丑	亥卯未	申子辰	寅午戌
攀鞍煞	戌	辰	丑	未

▶ **반안살(攀鞍煞)을 찾는 법**

→ 년지(年支)에서 자신의 띠에 해당하는 진술축미(辰戌丑未)가 반안살이 됩니다. 예를 들면 사유축(巳酉丑) 띠는 술(戌)이 반안살이 됩니다.

(1) 반안살(攀鞍煞)의 개념

반안살은 무엇을 붙잡고 오른다는 의미의 반(攀), 안장 안(鞍)이란 글자로 말안장에 올라앉는다는 뜻으로 윗사람의 도움을 받아 명예나 직위가 상승한다는 의미가 있어 승진, 출세, 영전 등의 길한 작용을 합니다. 그래서 반안(攀鞍)은 생각 못 한 상속, 증여를 받게 됩니다.

반안 이란 말을 탈 때 안장을 얻으니 편안하고 안전한 그 무엇을 얻는 것과도 같습니다. 인생에서 많은 역경과 고난을 극복하고 편안한 위치에 도달하기까지 자신의 과거를 돌아본다는 뜻도 됩니다. 사주에 역마, 반안, 장성이 모두 있으면 출세를 위한 모든 준비가 다 되어 말안장 위에 높이 앉아 있는 멋진 장수의 형상으로 크게 출세할 수 있습니다.

(2) 반안살(攀鞍煞)에 해당되는 육친을 읽는 법

반안이 관성(官星)이고 장성이 있으면서 희신(喜神)이면 반드시 높은 관직에 오를 수 있습니다. 또, 반안이 인성(印星)이면 교육계통에서 출세하고 역마와 같이 있으면 지위는 있어도 항상 분주하고 일이 많아 불안정한 삶을 살게 됩니다.

반안이 인성으로 천을귀인(天乙貴人)과 같이 있고 희신(喜神)이면 소년등과(少年登科)하여 국가고시에 일찍 합격할 수 있습니다. 반안이 인성이라면 학문과 공부가 일간에 유용하게 작용하여 각종 자격증, 학위 취득, 라이센서 등을 취득하는데 유리하여 교육계통에서 성공하고, 술해(戌亥) 천문성이 반안에 해당이 된다면 천문성을 뜻하는 의술, 철학, 역학, 종교 등에서 크게 빛을 발하게 될 것입니다.

역마살驛馬煞이란
무엇인가?

역마는 고대 문서를 전달하는 수단으로 움직이는 것을 뜻하며 이사, 이동, 변화, 이사, 분주, 타향살이등과 인연이 있습니다.

年/日支	巳酉丑	亥卯未	申子辰	寅午戌
驛馬煞	亥	巳	寅	申

▶ 역마살(驛馬煞)을 찾는 법

→ 년지(年支)에서 자신의 띠에 해당하는 인신사해(寅申巳亥)가 역마살이 됩니다. 예를 들면 신자진(申子辰) 띠는 인(寅)이 역마살이 됩니다.

(1) 역마살(驛馬煞)의 개념.

역마는 12운성에서 병지(病地)물상으로 돌아다니지 않으면 몸이 아픕니다. 그래서 열심히 돌아다녀야지만 무사무탈(無事無奪)하고, 움직이는 속성이 강해서 타의에 의한 이동을 뜻하기도 합니다. 그래서 역마운 동안에는 해외로 나가 있는 경우가 많습니다. 역마운에 유학 간다면 공부가 아니라 돈 벌러 가는 것이 진짜 이유가 됩니다.

역마를 살(殺)의 작용보다는 길성(吉星)의 작용으로 보는 것도 좋습니다. 역마란 단지 돌아다니는 것만이 아니라 먼 곳에 신호를 보내는 행위, 무언가를 전달하는 행위 등을 다 포함하는 작용으로 정보, 통신 수단에 해당이 됩니다. 그래서 역마의 직업으로는 과거에는 단순한 무역에서 발생하는 해운, 운수, 택배 등 1차원적인 것이었으나, 지금은 정보통신, 유통, EMS 등이 포함이 됩니다. 역마살은 지살과 비슷한 작용을 하는데 지살보다는 좀 더 원거리 이동을 의미합니다.

(2) 역마살(驛馬煞)에 해당되는 육친을 읽는 법.

역마가 되는 지지가 일간의 장생(長生) 또는 제왕(帝旺)이 되면서 사주 구조상 용신 또는 희신이 되면 총명하고 임기응변에 능하고 덕망이 높아 고위직까지 오를 수 있습니다. 반대로 역마가 되는 지지가 사절(死絶)이고 사주의 구조상 기신에 해당되면 변덕스러워 평생 한 가지 일도 성취하지 못하게 됩니다.

사주에 역마성이 있을 때 역마성이 생왕(生旺)해야 길성으로 더 빛이 날것이고 쇠약하면 병마(病馬)라 하여 병든 말이니 중도에 좌절이 될 수 있음이고, 역마가 공망(空亡)이 되면 계획은 많으나 실행력이 부족합니다. 역마가 있으면 명예와 돈을 버는 데 있어서 남보다 성취가 빠릅니다.

원국에 역마가 있으면 반드시 고향을 떠나서 살게 되고 역마가 공망이면 주거를 자주 옮기게 됩니다.

역마가 정재나 정관이면 남녀 모두 항공사, 철도청 수출입 관련 직종에서 교통과 관련된 부서에 종사하고, 돈 버는 수완이 남달라 장사꾼이 되고 역마가 일간의 칠살이면서 용신이고 사주 배합이 좋으면 외교관이나 무관이 될 수 있지만, 역마가 양인 또는 칠살이면서 충당하면 교통사고 또는 객사를 두려워해야 합니다.

역마가 충(沖)당하면서 재관이 깨지면 떠돌이 신세로 고생합니다. 역마가 식상(食傷)이면 자식이 해외나 다른 도시로 유학을 떠나게 되기도 합니다. 역마가 충(沖)하면 동(動)하고 합되면 말고삐를 묶어 놓은 것과 같습니다. 역마가 충되면 길(吉)한 역마는 더욱 길하고 흉(凶)한 역마는 더욱 흉해집니다.

진마(眞馬)가 동(動)하면 재물을 얻고, 진마가 아닌 것이 동하면 고생이 많게 됩니다. 인(寅)대운이 역마인 사람이 삼합이 들면 역마가 동(動)하면서 발복하므로 승진하거나 이로 인해 바빠진다.

時	日	月	年
戊	丙	戊	甲
辰	戌	寅	辰

년(年)주 신자진(申子辰)의 역마는 인(寅)입니다. 역마 인(寅)은 병화(丙火)일간에 장생이고 희신이 됩니다.

육해살六害煞이란
무엇인가?

육해살은 신병살(神病煞) 또는 병부살(病符煞)이라고도 하며 실직, 발병, 수술, 근심, 이별 등을 의미하는 흉살입니다.

年/日支	巳酉丑	亥卯未	申子辰	寅午戌
六害煞	子	午	卯	酉

▶ 육해살(六害煞)을 찾는 법

→ 년지(年支)에서 자신의 띠에 해당하는 자오묘유(子午卯酉)가 육해살이 됩니다. 예를 들면 인오술(寅午戌) 띠는 유(酉)가 육해살이 됩니다.

(1) 육해살(六害煞)의 개념.

육해살은 병고에 시달리는 경우가 많습니다. 육해가 자형(自形)과 함께 있으면 신경 질환으로 고생하고 운에서 육해가 오면 건강의 적신호로 질병이 오거나 결과물이 좋지 않습니다.

육해는 12운성(運星)으로는 사지(死地)에 해당합니다.

더 이상 힘을 쓸 수가 없는 상태를 의미합니다. 그래서 모든 것을 체념하고 기도가 시작되는 방향이 됩니다. 기도란 절처봉생 하는 것처럼 죽음에 막다른 곳에서 시작해야 정직한 기도가 되어 신의 감응도 빠르게 응답합니다.

(2) 육해살(六害煞)에 해당되는 육친을 읽는 법.

육해살이 일지(日支)에 있으면 자신이나 배우자가 늘 아프고 육해살이 관성에 해당이 되면 여자에게는 남편이 남자에게는 자식이 오랜 병환에 시달릴 수가 있으며 인성에 해당이 되면 모친이 그러하고 식상에 해당이 되면 여자에게는 자식이 병고로 고생할 수 있습니다.

육해(六害)는 사지(死地)물상을 가지는 이유로 내가 싸워서 이길 수가 없는 상대입니다. 절대적인 복종이 있어야 살아남게 되는데 그래서 직장 상사가 육해에 해당이 되면 윗사람에게 잘 보이도록 노력해야 하고 잘못 보이면 고통을 당하게 됩니다. 육해대운이나 그 해가 육해살에 해당이 되면 선배나 윗사람에게 의존해서 일 처리 해야 순탄합니다.

화개살華蓋煞이란
무엇인가?

화개살(華蓋煞)은 사색의 별이고 종교의 별이라 고독, 예술, 발랑, 종교, 총명을 뜻하는 별이 됩니다.

년/일지	巳酉丑	亥卯未	申子辰	寅午戌
華蓋煞	丑	未	辰	戌

▶ 화개살(華蓋煞)을 찾는 법

→ 년지(年支)에서 자신의 띠에 해당하는 진술축미(辰戌丑未)가 화개살이 됩니다. 예를 들면 사유축(巳酉丑) 띠는 축(丑)이 화개살이 됩니다.

(1) 화개살(華蓋煞)의 개념.

화개(華蓋)는 12운성(運星)으로는 묘지(墓地)에 해당합니다.

화개(華蓋)라는 뜻은 화려한 것을 덮는다는 의미로 화려한 인생을 정리, 정돈하는 암시합니다. 속세의 부귀영화와 거리가 멀고 종교와 철학적인 삶의 깊은 성찰과 명상과 수도를 하며 산다는 의미가 있어 사주에 화개살이 많으면 스님 등 종교인이나 수도인의 삶을 살아가는 경우가 많고, 그렇지 않으면 종교에 심취하거나, 역술을 업(業)으로 하는 경우도 많습니다. 그래서 소위 칩거나 은둔생활을 하는 경향이 있는데 기인성의 작가들이나 기인성 유명인들이 화개살을 많이 갖고 있는 것입니다.

그리고 이 살을 가진 사람들은 잠재의식(潛在意識)이 강하여 내면의 세계를 표출하는 작품 활동, 예술이나, 문학, 등 방면에 두각(頭角)을 나타냅니다. 그러나 반대로 이 화개(華蓋)가 색정을 탐닉하는 경향도 있어서 충(沖)을 맞거나 심한 변화(變化)가 올 경우는 가정의 파탄이나 파계(破戒)하는 경우로 연결이 지어지는 것입니다. 또한, 화개살은 재능의 별이라고 합니다. 예술성이 있으며 다재다능한 연예인의 재능도 있습니다. 화개살은 화려한 것을 덮는다는 의미이기도 하지만 덮는다는 것은 새로운 시작을 의미하기도 합니다. 그래서 복구나 재생, 보전, 회복의 의미가 있고 포장이나 장식을 잘하며 화개살운을 만나면 재가동, 재생산, 재생의 활동이 가능하며, 반대로 일의 지연과 포기도 발생할 수 있습니다.

(2) 화개살(華蓋煞)에 해당되는 육친을 읽는 법.

화개살이 12운성(運星)상의 묘(墓)지, 절(絶)지에 해당되거나 공망(空亡)이 되고 또는 형(刑) 충(沖)이 되면 재주는 있으되 재능을 잘 살리지 못하고 속세와 인연이 없어 스님이나 종교인이 되는 경우가 많습니다.

그래서 화개살은 고독, 예술, 발랑, 종교, 총명을 뜻하는 것입니다. 화개가 공망 또는 충이 되면 목사 승려가 많고 화개가 인수에 해당되면 학자 또는 문학가, 예술가, 종교가로 진출하게 됩니다.

여자 사주에 화개가 많거나 시(時)지가 화개이면 자녀 양육이 어렵고 과부가되기 쉽습니다. 여자 사주에 화개도 있고 도화도 있으면서 귀인 또는 장성이 있으면 가수나 배우가 되기도 합니다. 사주에 화개가 있으면 조용한 것 고독을 좋아하고 욕망이 적고 사회활동이 폐쇄적이라 생활이 궁핍합니다.

또 시(時)지에 화개가 있으면 양자가 될 가능성이 많습니다. 화개살의 특성에 맞는 직업으로는 교육, 종교, 철학, 역학, 예술, 예능(연예인), 재생 사업, 재활용 사업, 중개인(중매, 부동산 등) 등이 좋습니다.

원진살元嗔煞이란
무엇인가?

원진의 속성은 불화(不和), 증오(憎惡), 고독(孤獨), 원망(怨望), 이별(離別) 등
이며 알면서도 헤어지지 못하고 원망하는 삶을 살게 됨을 암시합니다.

원진살 元嗔煞	子	丑	寅	卯	辰	巳
	未	午	酉	申	亥	戌

▶ 원진살(元嗔煞) 찾는 법

→ 자신의 일간과 해당하는 미오유신해술(未午酉申亥戌)이 원신살이 됩니다.
예를 들면 갑자(甲子) 일주면 자(子)에 해당하는 미(未)가 원진이 됩니다.

(1) 원진살(元嗔煞)의 개념.

원진살은 원망할 원(怨) 성낼 진(嗔)으로 원망을 함축하고 있습니다. 그래서 원진의 속성은 불화(不和), 증오(憎惡), 고독(孤獨), 원망(怨望), 이별(離別) 등이 며 정신적 측면으로 보면 신경쇠약이고 정신질환을 불러올 수 있습니다. 따라 서 원진살을 가지고 있는 부부는 의처증, 의부증을 가져오며 악연(惡緣)처럼 살아가게 됩니다. 해당 오행이 원진살에 해당하면 그 오행에 해당하는 육친에 어려움이 있거나 장애가 따르거나 짜증 나는 일이 일어남을 암시합니다. 원진 (元嗔)이란 암장에 합(合)이 있어 서로 떨어지지 못하면서 서로가 서로를 끊임 없이 자극을 하여 마음의 평안을 이루지 못하게 하는 것이기 때문입니다.

● 자미(子未) 원진(元嗔) ▶ 서기양두각(鼠忌洋頭覺)

쥐는 양의 배설물을 꺼린다. 양의 배설물이 조금만 몸에 묻어도 몸이 썩어 들 어가며 다 빠져버려 꼴이 말이 아니게 된다.

● 축오(丑午) 원진(元嗔) ▶ 우진마불경(牛嗔馬不耕)

소는 말의 게으름을 싫어한다. 소 자신은 무척 부지런히 일을 열심히 하는데 비해 평상시의 말을 가만히 서서 음식을 먹고 게으르기 때문에 싫어한다. 실 제로 마구간과 외양간을 이웃해서 지어주면 서로 잘 커지 못한다.

● 인유(寅酉) 원진(元嗔) ▶ 원증계취단(虎憎鷄嘴短)

범은 닭의 울음소리를 싫어한다. 닭은 서백(西白)이므로 호랑이는 흰빛을 두 려워한다. 장닭이 훼를 길게 세 번 이상 치고 꼬리를 흔들면 귀신과 호랑이도 민가에서 물러간다고 한다.

● 묘신(卯申) 원진(元嗔) ▶ 토원후불평(兎怨猴不平)

토끼는 원숭이의 궁둥이를 싫어한다. 자신의 눈 색깔과 같기 때문이다. 세계 어느 곳을 가보아도 원숭이가 사는 곳에 토끼가 같이 사는 법이 없다.

● 진해(辰亥) 원진(元嗔) ▶ 용혐저흑면(龍嫌猪黑面)

용은 돼지 면상의 코를 싫어한다. 용은 12동물의 형태를 모두 형상화한 동물
인데, 다 잘 생긴 모습 중에 돼지의 코를 형상화한 것이 용의 코이다. 용은 돼
지만 보면 자기 코를 생각하고 못 견뎌 한다. 즉, 자기의 코가 돼지의 코를 닮
아서 잘생긴 용모에 오점을 남겼으므로 돼지를 미워한다.

● 사술(巳戌) 원진(元嗔) ▶ 사경견폐성(巳驚犬吠聲)

뱀은 금속성의 개 짖는 소리를 들으면 허물을 벗다 죽는다. 뱀은 개 짖는 소
리에 기절초풍 한다. 발정기 때의 개 짖는 소리는 산천초목이 흔들린다. 그만
큼 강한 쇳소리가 울려 퍼진다. 고막이 없는 뱀의 귀에 까지 울리는 쇳소리에
놀라, 뱀의 심장은 열에 부풀어 오르게 된다. 그래서 허물을 미처 다 벗어 버
리지 못하고 죽게 된다.

(2) 원진살(元嗔煞)의 길흉(吉凶)판단법.

❶ 궁합(宮合)을 볼 때 많이 사용하며 흉살(凶殺)로 간명(看命)하는데, 원진(元
  辰)이 있으면 주변(周邊)의 명식구성(命式構成)을 감안(勘案)하여 길흉을 보
  아야 합니다.

❷ 원진이 관부(官符)와 함께 있으면 억울한 죄명을 쓰기 쉽습니다.

❸ 원진이 겁살(劫殺)과 함께 있으면 움직이므로 써 욕을 맞아들이게 됩니다.

❹ 원진(元辰)과 악살(惡殺) 흉신(凶神)이 함께 있으면 재화(災禍)가 몹시 심합니다.

❺ 원진(元辰)은 합(合)하면 흉(凶)을 풀고, 길(吉)하면 큰 것을 얻게 됩니다.

❻ 명중(命中)에 원진(元辰)이 있고 행운(行運)에서 다시 원진(元辰)을 맞나 거
  나 겁살(劫殺), 망신(亡神), 양인(羊刃)등을 보면 해(害)가 크게 작용 합니다.

❼ 인성 원진살은 명예훼손이 일어나기도 하며, 식상 원진살에는 상속문제가
  발생할 수 있으며, 재성 원진살에는 재물 손실이 발생할 수 있으며, 관성
  원진살에는 좌천, 실직, 대기발령이 있을 수 있으며, 세운에서 원진살이
  겹치면 원진의 작용이 강하게 나타납니다.

귀문관살鬼門關殺이란 무엇인가?

귀문관살은 정신이상, 편집증, 노이로제, 우울증, 미움 증오로 인해 복수심을 갖기 쉽고, 신기발동, 근친 간에 성적인 문제 발생, 변태, 까다롭고 신경질적이며, 엉뚱하며, 천재적인 기질이 있고, 귀신을 보게 되는 등 정신적인 면에 그 영향이 나타나게 됩니다.

귀문관살 鬼門關殺	子	丑	寅	卯	辰	巳
	酉	午	未	申	亥	戌

▶ 귀문관살(鬼門關殺)을 찾는법

→ 위의 두 글자가 붙어 있을 경우에 귀문관살의 작용력이 강해집니다.

(1) 귀문관살의 흉살이 발생될 경우는 다음과 같습니다.

❶ 일주가 극, 신약하거나 태왕하고 조후가 안 되어 있는 명조일 경우.

❷ 사주에 형충이 있으면서 운이 불운할 경우.

❸ 수화상전하거나, 금목이 상극할 경우.

❹ 인성이 약하거나 재극인으로 깨져 있을 경우.

(2) 귀문관살은 육친 면에서도 그 영향이 나타날 수 있습니다.

만약 본인에게 귀문관살의 흉함이 나타나지 않을 경우에는 해당하는 다른 육친에서 그 영향이 나타나게 됩니다. 만약, 관성에 귀문(鬼門)살이 있는 사주라면 남자에게는 자녀가 되는 것이므로 자식에게 귀문(鬼門)살의 흉함이 나타날 수가 있으며, 여자에게 있어서는 관성이 남편에 해당이 되므로 남편에게 귀문(鬼門)살의 흉살이 나타날 수가 있는 것입니다. 또한, 재성에 귀문(鬼門)살이 놓여 있다면 남자에게 있어서는 아내에 해당하므로 아내에게 귀문(鬼門)살의 흉함이 나타나기도 하는 것입니다.

예시 1 ▶

時	日	月	年	乾 命
인수		정관	편인	六 神
辛	壬	己	庚	天 干
丑	午	丑	午	地 支
정관	정재	정관	정재	六 神
癸辛己	丙己丁	癸辛己	丙己丁	지장간
衰地	胎地	衰地	胎地	12운성

丁	丙	乙	甲	癸	壬	辛	庚	
酉	申	未	午	巳	辰	卯	寅	대운
77	67	57	47	37	27	17	7	

▶ 아이큐 150이며, 편입 준비 중이고, 평소 어리바리하다는 소리를 듣습니다. 정신 병력이 있고, 부모님은 두 분 다 건강하고, 어머님의 힘이 좀 강하다는 생각이 듭니다.

사/주/해/설 ▶

축(丑)중 기토(己土)가 투출하여 강한 정관격 입니다. 일간 임수(壬水)도 월, 시지 축토(丑土) 쇠(衰)지에 뿌리하고 있으며 경신금(庚辛金)이 생을 해주므로 약하지 않고, 축토(丑土)가 쇠지라서 기(氣)가 꺾이는 시절이더라도 세(勢)는 제왕(帝旺)지 다음이라 약하지가 않습니다. 따라서 정관을 생해주는 재성 오(午)화가 조후용신과 억부용신을 겸합니다.

정관은 길격이니 반드시 생해줘야 하는데 인성이 강해서 설기가 심한데 다시 인성이 찾아오면 좋을 리가 없습니다. 편관운이 와도 관살혼잡으로 나쁘고 오로지 정관을 생해주는 재성운이거나 정관이 올 때 길(吉)할 수 있습니다. 결코 나쁘지 않은 명조이지만 문제는 축오(丑午)귀문이 지지에 연이어 있습니다. 즉 대, 세운에서 축토(丑土)를 축진(丑辰)파하던지, 축술(丑戌)형, 축미(丑未)충하게 되면 축오(丑午)귀문과 원진이 함께 발동할 수 있는데, 이때에 신경 질환이 발생할 수가 있는 흉조가 됩니다.

정관이 인성을 생해주므로 인성이 강하고 정, 편인이 혼잡 된 상태에서 귀문살 위에 좌하기 때문에 정신, 사상 쪽에 관심이 많아집니다. 귀문이 발동하게 되면 정신적 혼란이 발생하므로 자연히 귀문이 편인 쪽으로 파고듭니다.

그래서 이 명조는 종교 계통으로 진출해야 운이 좋아집니다.

時	日	月	年	乾 命
정관		식신	겁재	六 神
壬	丁	己	丙	天 干
寅	未	亥	申	地 支
인수	식신	정관	정재	六 神
戊丙甲	丁乙己	戊甲壬	戊壬庚	지장간
死地	冠帶	胎地	沐浴	12운성

▶ 연산군(燕山君)의 명조입니다. 1476년 성종과 폐비 윤씨의 아들로 태어났습니다. 성종은 연산이 태어나자마자 원자에 책봉되고, 생후 1년 만에 세자로 책봉하였습니다. 하지만 성종과 윤씨는 부부사이가 원만하지 못했고, 부부 싸움 끝에 성종의 얼굴에 손톱자국을 낸 사건으로 시어머니 인수대비에 분노를 싸 궁궐에서 축출되어 사사 당합니다. 연산군은 1504년에 갑자사화를 일으켜 사림파를 제거하고 어머니의 죽음과 관련된 훈구파 대신들을 처형하고, 부관 참시하였습니다. 또 폐비 사건을 주도했든 부친의 후궁 정 씨를 그 아들 안양군, 봉안군에게 직접 곤장을 치게 해서 때려죽이게 하고, 모친을 폐출시키는데 큰 역할을 한 인수대비를 밀쳐 사망하게 합니다. 그리고 인수대비의 장례식은 3년상 대신 25일장으로 끝내버리는 등 폐륜적인 일을 자행합니다.

사/주/해/설 ▶

이 명조는 일시(日時)가 인미(寅未) 귀문관살이입니다. 귀문관살이 본인에게도 나타나겠지만 해당하는 육친에서도 일어나게 됩니다. 인목(寅木) 인수가 어머니에 해당하고, 모친과 관련된 문제가 말년에 발생합니다. 따라서 연산군의 친모인 폐비윤씨가 사사 당한 것과 친모를 죽게 만든 복수로 인수대비와 성종의 후궁들을 폐륜적인 행위로 죽이게 됩니다.

급각살急脚殺이란
무엇인가?

급각살이란 뼈가 부러지거나 다칠 수 있는 살입니다. 급각살이 있으면 쉽게 다치기 쉬우므로 걸을 때 운동할 때 주의해야 하고 무리한 행동은 삼가야 합니다.

月支	寅卯辰	巳午未	申酉戌	亥子丑
급각살/日,時	亥子	卯未	寅戌	丑辰

▶ 급각살을 찾는 법.
- 1, 2, 3월에 출생하고 일시가 해자(亥子)이면 급각살 입니다.
- 4, 5, 6월에 출생하고 일시가 묘미(卯未)이면 급각살 입니다.
- 7, 8, 9월에 출생하고 일시가 인술(寅戌)이면 급각살 입니다.
- 10, 11, 12월에 출생하고 일시가 축진(丑辰)이면 급각살 입니다.

(1) 급각살(急脚殺)의 구성 원리.

급각살은 월(月)지를 기준으로 하여 일시(日時)를 대조합니다. 다른 곳보다 일(日),시(時)에 급각살이 있으면 강하게 작용합니다. 일(日)지에 있으면 본인에게 작용하고, 다른 지지에 있으면 해당하는 육친에게서 일어납니다. 유년(流年)을 통해 만나도 급각살은 발생합니다. 급각살을 월(月)지 중심으로 살펴보는 것은 계절과 기후를 중요시 생각해 봐야 한다는 것입니다. 즉, 사주가 편고(偏枯)하거나 한습, 조열하면 급각살이 작용할 수가 있다는 것입니다.

(2) 급각살(急脚殺)의 작용.

❶ 일시(日時)가 급각살이면 신경통, 관절염, 상치, 풍치 등으로 고생하고 소아마비, 디스크, 골상, 수족 부상 등의 질액이 있을 수가 있습니다.

❷ 여자는 생리통, 두통, 산후통으로 고생할 수 있습니다.

❸ 시지(時支)나 육친에서 자손이 급각살이면 자녀가 신체장애 경우가 있습니다.

❹ 과로, 과음, 과색인 자가 급각살(急脚殺)이 있고 사주의 격이 치우치거나 막히면, 혈전장애, 고지혈, 중풍에 걸릴 수 있습니다.

時	日	月	年	乾 命
상관		정재	상관	六 神
壬	辛	甲	壬	天 干
辰	亥	辰	申	地 支
인수	상관	인수	겁재	六 神
乙	戊	乙	己戊	
癸	甲	癸	壬	지장간
戊	壬	戊	庚	
墓地	沐浴	墓地	帝王	12운성

壬	辛	庚	己	戊	丁	丙	乙	
子	亥	戌	酉	申	未	午	巳	대운
75	65	55	45	35	25	15	5	

▶ 한 해에 자녀들을 모두 잃었습니다. 임진(壬辰)년 초에 큰 아들을 잃고 9월, 10월에 딸 둘을 차례로 잃었다고 합니다.

사/주/해/설 ▶

신금(申金)이 낙정관살(낙상이나 물에 빠지는 일이 발생)입니다. 해수(亥水)가 급각살 인데 이 급각살 해수(亥水)가 진해(辰亥) 쌍원진에 귀문살을 하고 있습니다.

그래서 이 분은 급각살 발동되면 위험한 일이 발생할 수 있는 것입니다. 임진(壬辰)년에 진해(辰亥)원진이 또다시 찾아와서 급각살을 건드리니 발동하여 풀가동이 되었던 것입니다. 자식궁과 가정궁을 동시에 치는 것입니다. 중첩이 된 원진, 귀문관살에는 미친 짓이 일어날 수가 있습니다.

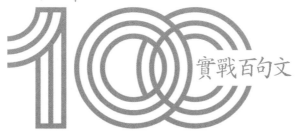

사주명리 실전 100 구문
100 Phrases in practice

제5장

허자虛子론

45

합허合虛와
자허自虛 이해하기

합허(合虛)와 자허(自虛)의 특징을 정확하게 알아야 허신(虛神)을 잘 사용할 수가 있습니다. 허신(虛神)을 특별하게 생각하는 이유는 팔자에 재관(財官)이 없어도 합록(合祿), 합마(合馬), 합귀(合貴)가 있고 깨지지 않은 이상 팔자가 매우 귀하게 될 수 있다고 보기 때문입니다.

▶ 합록(合祿)은 관성, 합마(合馬)는 재성, 합귀(合貴)는 귀인을 말합니다.

(1) 합허(合虛)란 무엇인가.

합허(合虛)란 허공에서 합(合)으로 당겨 오는 글자를 말합니다.

합래(合來)라고도 합니다.

합허(合虛)에는 암충, 암합 등으로 불러오는 허신이 있습니다.

합허(合虛)의 특징은 팔자에 실자(實字)가 있으면 전실이 되어 나빠집니다.

時	日	月	年
	庚		
		亥	亥
	巳		↲

위의 명조는 암충인 도충(倒冲)의 기운으로 불러 들이는 허신의 경우로 해
(亥)는 도충하여 사화(巳火)를 합래(合來)해 옵니다.

時	日	月	年
	庚		
巳		亥	亥
(X)	巳		↲

위의 명조 경우 도충(倒冲)되어 오는 글자 사화(巳火)는 실자(實字)가 나타나
있으므로 허신(虛神)은 깨지고 전실되어 사용할 수가 없게 됩니다. 또한 찾아
오는 세운에서 허신이 전실되면 상당히 나빠지게 됩니다.

예시 1 ▶

時		日		月		年		乾 命
정재				식신		상관		六 神
癸		戊		庚		辛		天 干
亥		子		子		亥		地 支
편재		정재		정재		편재		六 神
戊甲壬		壬 癸		壬 癸		戊甲壬		지장간
絶地		胎地		胎地		絶地		12운성
壬	癸	甲	乙	丙	丁	戊	己	
辰	巳	午	未	申	酉	戌	亥	대운
77	67	57	47	37	27	17	7	

▶ 1998년 결혼(戊寅년), 1999년 아들 출산(己卯년), 2004년 이혼(甲申년), 2006년 재혼(丙戌년), 2008년 또 이혼(戊子년), 2009년 다니던 회사 정리해고로 무급휴직 상태에서 아르바이트로 생계를 이어가고 있으며, 3번째 결혼을 꿈꾸는 남자입니다. 여자 만나는 것이 여의치 않아 국제결혼도 알아보는 중입니다.

사/주/해/설 ▶

자수(子水) 재성은 한 겨울이라 얼어붙으면 작용을 못하는 것으로 화(火)를 만나 따뜻해져야 목(木)재성을 생할 수가 있습니다. 얼어붙은 물이 목을 생하지 못하면 목재성에 관련한 육친을 얻기 힘이 드는 것입니다. 이 명조는 화(火)가 없고 목(木)도 없기 때문에 육친상으로는 재성을 얻기 힘들게 되어 있습니다. 그러나 2개의 병립한 자(子)가 오화(午火)를 도충해 오면 무토(戊土) 일간에게는 양인이고 왕지이면서 필요한 조후를 얻게 되는 것입니다. 오화(午火)허자는 정화(丁火), 병화(丙火)대운에 건록지에 해당이 되면서 조후용신이라서 득재(得財)하고 결혼이 가능했던 것 같습니다(2006년 丙戌年).

時	日	月	年	坤命
비견		정관	겁재	六神
甲	甲	辛	乙	天干
戌	戌	巳	巳	地支
편재	편재	식신	식신	六神
辛丁戊	辛丁戊	戊庚丙	戊庚丙	지장간
養地	養地	病地	病地	12운성

己	戊	丁	丙	乙	甲	癸	壬	
丑	子	亥	戌	酉	申	未	午	대운
75	65	55	45	35	25	15	5	

▶ 꽃집과 영어 학원을 같이 운영하시는 분입니다.(2003년에 남편이 운영 중이던 꽃집과 합쳤고, 2004년 남편의 외도로 별거 시작) 남편과 별거중이지만 이혼한 것과 같은 상태이며 자녀들 때문에 다시 남편과 재결합을 생각하는데, 재결합을 하면 남편이 견디지 못할 것 같습니다. 여자 분이 성격이 너무 강해서 가능할지요? 학원운영을 하면서 앞장서서 문제를 많이 일으키고, 자기주장 강하고 피곤한 사람이라고 합니다. 그리고 뿌리 없는 목(木)인데도 자녀3명을 잘 키우며, 돈 걱정 없이 생활하고 있습니다.

사/주/해/설 ▶
이 명조는 술술(戌戌)이 진토(辰土)를 도충해 오고, 사사(巳巳)가 해수(亥水)를 도충해 옵니다.갑목(甲木) 일간이 병지(病地)인 사화(巳火)와 양지(養地)인 술토(戌土)에 근(根)이 있어서 수기(水氣)가 부족하여 말라 있는 것으로 보이지만, 진토(辰土) 허자에 근을 두고 해수(亥水) 장생지에 안 보이는 뒷받침을 받고 있는 것이니 결코 약한 것이 아닙니다.

다만 사술(巳戌)원진이니 식신과 재성이 원진이라는 뜻은 식신 생재하므로 생각과 사업구상이 재물로 연결은 되겠지만 원진으로 인해 원망과 구설수가 많이 생긴 것 같습니다. 도충허자인 진해(辰亥)까지도 진해(辰亥)원진이고 보면 일을 벌이는 것마다 구설수에 휩싸이는 것은 사주팔자의 원진살 때문으로 보입니다.

이 명조에서 신금(辛金)정관이 남편인데 **목곤쇄편(木棍碎片)의 물상(物象)**으로 되어 있으면서 을신(乙辛)충하므로 정관남편의 손상이 있습니다. 신금(辛金) 정관이 남편 분으로 보이는데 을신(乙辛)충하고 있습니다. 이 을목(乙木)은 겁재로 사화(巳火)에 앉아 있으니 겁재을목(乙木)은 욕패지(浴敗地)에 앉아 있는 셈입니다. 을목(乙木)은 주색과 도박에 빠져서 패가망신하는 것이 욕패지에 앉은 사람의 팔자이고 보면 약하더라도 그런 쪽으로 남편 분을 인도하는 것이 아닌가 보입니다.

주변에 을목(乙木)을 찾아서 제거하십시오. 잘 안되겠지만 그래도 실존 인물로 작용하면 이 을목(乙木)이 힘을 받아 남편을 강하게 때리는 것입니다. 다만 남편 신금(辛金)은 사(巳)중 병화(丙火) 식신 자녀와 병신(丙辛)합 하고 있으니 자녀에게는 약합니다. 자녀와는 떨어질 수가 없는 사람인 것입니다.

▶ 목곤쇄편(木棍碎片)의 물상(物象)입니다.
신금(辛金)이 대목(大木)을 만나면 잘게 부수어져 쓸모없는 조각의 형상이니 고위직에 오르지 못하게 됩니다. 갑목(甲木)이 신금(辛金)을 보아 좋은 조합을 논하기 어렵습니다. 신금(辛金)은 갑목(甲木)에게 정관에 해당하지만, 칼로 대목(大木)을 쪼개기에는 칼날이 상하므로 정관에 손상을 입히게 되는 것입니다. 그래서 고위직에는 오르지 못한다고 말하는 것입니다.

時		日		月		年		坤命
상관				비견		정관		六 神
庚		己		己		甲		天 干
午		巳		巳		寅		地 支
편인		인수		인수		편관		六 神
丙己丁		戊庚丙		戊庚丙		戊丙甲		지장간
建祿		帝王		帝王		死地		12운성
辛	壬	癸	甲	乙	丙	丁	戊	
酉	戌	亥	子	丑	寅	卯	辰	대운
77	67	57	47	37	27	17	7	

▶ 27세 대운 바뀔 때 결혼을 했고(庚辰年) 외국 생활을 하다가 석사학위 따고 남편도 잘 되어 37세 대운 바뀔 때 2010년(庚寅年) 귀국을 했습니다. 제가 화(火)가 많은 사주라 인성 즉 학문이 발달한 것 같고, 여자로서 괜찮다 하는 직장을 다니고 있었습니다. 그런데 휴직이 길고 딸 둘만 키우다 시간을 다 보내는 것 같습니다. 아이들은 예쁘지만 제가 배운 것을 맘대로 펼쳐내지 못하는 것 같습니다. 겉은 우아하지만 재산도 없고, 올해 임진년에는 천간에 수(水)가 떠서 좋을 것 같았는데, 복직 문제가 맘대로 안돼서 7월까지 더 쉬게 되었습니다. 만약, 7월 후에 직장에 복귀하려면 남편과도 떨어져 살아야 합니다. 임진년에 커다란 변화가 있는 해 같은데, 년 초부터 일이 마음대로 안 풀려 심란합니다. 저 같은 신강사주는 대운이 금수로 흐르면 좋은 것이 맞습니까? 또, 현 상황으로 볼 때 내후년부터 화(火)가 기다리고 있어서 안정이 안 되고 심란한 걸까요?

화염조토(火焰燥土)한 사주로 일점 수기(水氣)가 없으니 대지가 가뭄으로 목마른 사주입니다. 사화(巳火)가 팔자 주변을 맴 돌다가 대해수(大海水)를 때려 치므로 역마인 해수(亥水)를 끌고 오는데 인목(寅木)이 인해(寅亥)합으로 단단히 결속했습니다. 기토(己土) 일간이 귀기(貴氣)를 보았으므로 병화(丙火)대운에 결혼하고 득생하였던 것입니다. 그렇지 않았다면 건록(建祿), 제왕(帝旺)지를 얻은 병화(丙火)대운 뜨거운 폭염에 경금(庚金) 자녀가 무사할 리가 없었겠습니다.

❶ 암합의 기운으로 불러들이는 허신.

위 명조는 갑(甲)일간은 기토(己土) 정재를 비합(飛合)으로 품고 있습니다. 인해(寅亥)합력으로 해수(亥水)가 암록 인(寅)을 불러 옵니다. 암합으로 불어오는 인목(寅木)이 갑(甲)일간에겐 록(祿)이 되기 때문에 암록이라고 한다. 암록이 일간과 더불어 전자(專字_동일한 글자)의 글자로 오면 순일하여 힘이 강해지므로 비합(飛合)인 기(己)토 정재가 발현(發顯)이 됩니다. 그래서 재물이 들어옵니다. 갑(甲)일간이 해(亥)시에 태어나면 길하다고 하는 것은 인(寅)암록을 불러 오기 때문입니다.

갑(甲)일간은 기토(己土) 정재를 비합으로 품고 있습니다. 해묘(亥卯)반합이 미토(未土) 귀인을 불러 옵니다. 미토(未土)는 갑(甲)일간에겐 천을귀인에 해당이 되고, 목기(木氣)가 강해져 기토(己土) 정재가 발현이 됩니다.

❷ 암충, 암합 연습하기.

① **午午辰□** – 자(子)를 암충해 옵니다. 진자(辰子)합으로 자(子)가 더욱 당겨집니다.

② **子子□寅** – 오(午)를 암충해 옵니다. 인오(寅午)합으로 오(午)가 더욱 당겨지고 허신에 힘이 생기게 됩니다.

③ **子子午□** – 자오(子午)충으로 축(丑)을 암합 못하게 됩니다

④ **子子丑□** – 허자인 축(丑)은 전실되고, 허자인 오(午)는 암충해 옵니다.

⑤ **子子未□** – 허자인 축(丑)은 축미(丑未)충으로 합래(合來)하지 못하게 되고 허자인 오(午)는 오미(午未)합으로 더욱 당겨져서 합래해 옵니다.

예시 1 ▶

時	日	月	年
乙	甲	甲	甲
庚	己	己	己
午	亥	巳	酉
己	甲	庚	

❶ 유년(酉年)에 진유(辰酉)의 인합(引合)은 불발입니다.(천간의 土오행로 인해 전실됨)

❷ 사년(巳年)에 사신(巳申)의 인합은 불발입니다.(천간의 金오행으로 전실됨)
사해(巳亥)의 암충도 불발입니다.(실자 亥水로 인해 전실됨)

❸ 해년(亥年)에 인해(寅亥)의 인합(引合)으로 인목(寅木)을 끌고 오지만 해(亥)가 왕(旺)하지 않으니까 약하게 들어옵니다. 사해(巳亥) 암충은 불발입니다.(실자巳로 인해 전실됨)

❹ 오년(午年)에 자(子)를 암충하여 얻게 됩니다.**(午가 旺기로 子를 끌고 옴)**
오미(午未)의 인합(引合)은 불발입니다.(천간 土오행으로 전실)

❺ 주의할 점은 일간은 전실에 해당하지 않는다는 점입니다.
즉, 병(丙)일간이 도충 오(午)를 보더라도 전실되지 않는 것입니다.

▶ 주의해야 할 것은 일간은 전실에 해당하지 않는다는 것입니다. 아래에 있는 사례를 살펴 보겠습니다.

예시 2 ▶

時	日	月	年	坤 命
정재		편인	편재	六 神
甲	辛	己	乙	天 干
午	巳	卯	卯	地 支
편관	정관	편재	편재	六 神
丙己丁	戊庚丙	甲乙	甲乙	지장간
病地	死地	絶地	絶地	12운성

丁	丙	乙	甲	癸	壬	辛	庚	
亥	戌	酉	申	未	午	巳	辰	대운
71	61	51	41	31	21	11	1	

▶ 미국 이민 간지 25년쯤 되었습니다. 성악과를 졸업하고 자상한 남편을 만나 아들 5살 아주 예쁘게 살고 있습니다. 재가 왕(旺)한데 잘 갖추고 살아서 일까요? 몸이 아픕니다. 건강이 어떨지 해석을 부탁드립니다.(2010년 대장암 3기, 2011 나팔관으로 전이, 2012년 복강으로 전이 된 상태입니다.)

사/주/해/설 ▶

금(金)오행은 대장, 폐등을 의미하는데 사주 안에서 화극금현상이 심하게 보이면, 금(金)이 허해져 대장계통에 질병이 옵니다.

신금(辛金)일간은 기토(己土)가 갑기(甲己)합으로 어느 정도 묶이기 때문에 을신(乙辛)충을 곧바로 받게 됩니다. 또한, 지지가 병지(病地)와 절지(絶地)로 되어 있어서 화(火)와 목(木)의 제극을 당하고 있습니다. 다만, 다행인 것은 쌍묘(卯)가 도충해 오는 유금(酉金)이 일지 사유(巳酉)반합으로 확실하게 당겨지면(뿌리가 되면) 신금(辛金) 일간의 록지(祿地)로 결코 신약하지 않으니, 사오(巳午)대운은 견딜 수 있습니다.

일간은 전실에 해당하지 않습니다. 사(巳)대운은 신금(辛金)의 근(根)으로도 작용하는 것 같고, 오(午)대운에는 오오(午午)가 도충해 오는 자수(子水)의 영향도 받는 것 같습니다. 그러나 미(未)대운에는 사오미(巳午未) 방합으로 허자인 유금(酉金)을 퇴출시켜 록지(祿地)를 파괴시키니 대장암이 발병하는 것이 아닌가 생각합니다.

(2) 자허(自虛)란 무엇인가.

지지의 흐름은 천간과 달라서 매우 규칙적입니다. 연속된 지지의 글자 중에서 한 글자라도 빠지면 그 글자를 채우려고 허신이 작용하게 됩니다. 그래서 공협으로 허자를 불러오게 되는데 이것을 자허라고 합니다.

자허(自虛)는 스스로 생겨나는 허신입니다. 자허(自虛)는 공협, 회국에서 오는 허신, 합화오행, 납음오행이 있습니다. 자허(自虛)에는 전실이 적용하지 않습니다. 자허(自虛)는 동일한 글자가 있으면 당겨 오는 힘이 더욱 강해집니다. 이것은 전실이 작용하면 없어지는 합허와 구별이 되는 차이점입니다.

위 명식은 경금(庚金)일간에게는 미토(未土)는 천을귀인에 해당이 됩니다. 午(未)申으로 미토(未土)천을귀인이 공협이 되어 있습니다. 이것을 협귀(挾貴)라고도 합니다. 미(未) 협귀(挾貴)가 천간의 무토(戊土)로 인해 더욱 효용이 있게 되는 것입니다.

❶ 공재격을 만든다.

時	日	月	年
┌	己		
甲	甲	壬	壬
子	寅	寅	戌
↑	丑		

갑목(甲木)이 기토(己土)를 비합(飛合)하여 품고 있습니다. 갑인(甲寅)일주가 갑자(甲子)시에 태어나 시지 자(子)와 일지 인(寅)사이에 공협인 축토(丑土)가 생겨납니다. 자(子)와 인(寅)사이에는 축토(丑土)가 있는 것으로 간주하고 감정해야 하는 것입니다. 그러니까 사주 8자가 아니라 9자가 되는 셈입니다. 허신 기토(己土)와 축토(丑土)가 뿌리를 내려서 공재격(供財格)을 이루게 됩니다. 공재격은 허신으로 재성을 만들면 공재격이 성립이 됩니다.

❷ 공록격을 만든다.

時	日	月	年
乙	己	乙	壬
巳	未	酉	辰
↑	午		

기미(己未)일주가 을사(乙巳)시에 태어나 시지 사(巳)와 일지 미(未)사이에 오(午)를 공협으로 생겨나게 만들고 있습니다. 기토(己土)일주에 오화(午火)는 건록에 해당이 됩니다. 이것을 공록격(供祿格)이라 하며 공록격에 해당이 되는 것입니다.

❸ 공협해 오는 술토(戊土)는 재고(財庫)이다.

時	日	月	年
┌	戊		
癸	癸		
亥	酉		
↑	戊		

해(戌)酉의 글자는 공협으로 술토(戊土)의 기운이 생겨나게 만듭니다. 공협해 오는 술토(戊土)는 재고(財庫)에 해당합니다.(戌중 丁화는 재성임). 계수(癸水) 가 무토(戊土)를 비합(飛合)으로 품고 있습니다. 허신비합인 무토(戊土)가 술 토(戊土)에 뿌리를 내리고 있습니다. 그래서 무토(戊土) 관성의 발현이 큰 사 주입니다.

❹ 공협된 丑토는 재고(財庫)이다.

時	日	月	年
	┌	辛	
庚	丙		
寅	子		
↑	丑		

寅(丑)子로 생겨나는 공협된 축토(丑土)는 재고(財庫)에 해당이 됩니다.(丑중 辛 금이 재성)축(丑)속의 신금(辛金)은 천간에 비합(飛合)된 신금(辛金)을 보고 비 출(飛出)할 준비를 하고 있습니다. 팔자에 재고(財庫)가 있을 때에 재고(財庫) 에서 투(透)한 재(財)의 글자가 천간에 있으면 거부사주입니다. 이 때 재고속의 재를 비출할 수 있는 구조가 되어 있어야 참다운 부를 말할 수 있는 것입니다.

(3) 실전 풀이 연습하기.

時	日	月	年
癸	辛	乙	丙
戊	丙	庚	辛
子	子	寅	亥
↑	丑	丙	

❶ 재성 경(庚)이 무근하며 재성이 약한 데에도 부자입니다.

❷ 인해(寅亥)합이 되면 묶입니다.(기반)

→ 기반이 되면 인(寅)중 병(丙)화가 비출(飛出)할 수가 없게 됩니다.

❸ 암합(暗合)으로 인합(引合)해 오는 축토(丑土)는 전실됩니다.

→ 무토 오행으로 인해 전실됨

❹ 그러나 子(丑)寅으로 공협하게 되는 축토(丑土)는 생겨나게 됩니다.

→ 자허는 전실되지 않는다. 천간 戊土의 유인력으로 丑허신이 강합니다.

❺ 축토(丑土)는 丙일간에게는 丑중 辛金이 재성이라 재고(財庫)에 해당합니다.

→ 재고(財庫)는 충출(沖出)이 되거나 비출(飛出)이 되면 귀하게 작용합니다.

❻ 자허(自虛)인 축(丑)은 지장간에 재(財)와 관(官)을 모두 가지고 있습니다.

❼ 축(丑)중 계(癸)와 신(辛)은 천간의 허신 계(癸)와 신(辛)을 보고서 비출(飛出)이 될 수 있습니다. 그래서 재(財)와 관(官)이 왕한 사주로 감정해야 합니다.

❽ 세운에서 축(丑)운을 만나면 전실이 되어 매우 나빠지게 됩니다. 이것은 허신으로 귀하게 작용하던 재관을 잃어버리기 때문입니다. 자허는 체에서 전실을 적용하지 않지만 운에서는 전실을 적용합니다. 이 점을 주의하시기 바랍니다.

❾ 자년(子年)이 오면 암충으로 불러들이는 오(午)중 병(丙)화가 비출하여 득록(祿)할 수 있습니다.

46

비합飛合과
비출飛出에 대해서
알아보기

(1) 비합(飛合)과 비출(飛出)이란 무엇인가?

비출(飛出)은 지장간에서 끄집어 빼어 내오는 것입니다.

천간합은 홀로 있으면, 짝을 그리면서 허공에서 짝을 끌고 올려는 마음을 가집니다. 이것을 비합(飛合)이라고 말하며 품고 있다고 표현합니다. 그러나 품고만 있을 뿐 비합(飛合)된 허신은 힘이 약하여 작용력은 없습니다. 다만 잠재하고 있는 것인데 만약, 발현이 되면 그동안 응축된 것이 폭발하듯 거세게 일어나게 됩니다.

(2) 비합(飛合)과 비출(飛出)은 어떤 관계인가?

비합(飛合)이란 같은 궤도 안에 존재하는 합을 말합니다.

비합(飛合)된 천간 짝은 그리워하기만 할 뿐 혼자서는 아무런 작용을 못합니다. 지장간에서 동일한 오행을 보아 비출(飛出)이 되었을 때에 비합(飛合)이 발현이 되는 것입니다. 그러나 천간에 실자(實字)로 짝이 나타나 있으면 전실이 되었다고 합니다. 합허와 같이 실자가 나타나 있게 되면 전실이 되면서 비합은 사용할 수가 없게 됩니다.

甲^己	甲은 己를 품고 있다고 말합니다.
乙^庚	乙은 庚을 품고 있다고 말합니다.
丙^辛	丙은 辛을 품고 있다고 말합니다.
丁^壬	丁은 壬를 품고 있다고 말합니다.
戊^癸	戊은 癸를 품고 있다고 말합니다.
己^甲	己는 甲를 품고 있다고 말합니다.
庚^乙	庚은 乙를 품고 있다고 말합니다.
辛^丙	辛은 丙를 품고 있다고 말합니다.
壬^丁	壬은 丁을 품고 있다고 말합니다.
癸^戊	癸은 戊를 품고 있다고 말합니다.

❶ 공협으로 인합(引合)하는 축토는 재고(財庫)이다.

時	日	月	年
			┌ 辛
庚	丙		
寅	子		
			↑ 丑(癸辛己)

寅(丑)子로 불로 오는 공협된 축토(丑土)는 재고(財庫)입니다. 축(丑)속의 신금(辛金)은 천간에 비합(飛合)된 신금(辛金)을 보고 비출(飛出)할 준비를 하고 있습니다. 팔자에 재고(財庫)가 있을 때에 재고(財庫)에서 투한 재(財)의 글자가 천간에 있으면 거부사주에 해당합니다. 이때 재고속의 재를 비출 할 수 있는 구조가 되어 있어야 참다운 부를 말할 수 있는 것입니다.

❷ 암충해 오는 진토(辰土)는 재고(財庫)이다.

時	日	月	年
壬	乙	己	
丁	庚	甲	
	戌	戌	
	↳	辰(乙癸戊)	

Ⓐ 경(庚)이 비합(飛合)으로 을(乙)을 품고 있습니다.
Ⓑ 술술(戌戌)이 암충해 오는 진토(辰土) 지장간 안에 을계무(乙癸戊)가 있습니다.
Ⓒ 비합을 본 진(辰)중 을목(乙木)이 비출(飛出)을 합니다.(乙은 재성=財,여자)
Ⓓ 비합(飛合), 비출(飛出)해서 쓰는 재(財)는 특히 귀(貴)하다고 했습니다.
　→ 이런 경우 만나는 여자는 좋은 여자, 예사롭지 않은 여자를 만나게 됩니다.

❸ 진(辰)중 무토(戊土)가 비출을 준비한다.

時	日	月	年
乙	庚	戊	丁
庚	乙	癸	壬
辰	亥	卯	辰
戊			戊

위의 사주는 년지와 시지의 진(辰)중 무토(戊土)가 계수(癸水)의 허신 무토(戊土)를 보고 비출을 준비합니다. 무토(戊土)는 재성으로 거부(巨富)사주입니다. 비합(飛合) 비출(飛出)에 해당하는 명조는 거부가 많습니다.(※ 財가 투출 안되어도 부자) 술년(戊年)에 년지 진술충으로 진(辰)이 깨지지만 동력이 상실되지 않은 이상 시지 진(辰)이 살아남습니다. 명식에서 진술(辰戌)충이 되면 비출은 사용하지 못하게 됩니다.

❹ 합래(合來)해 오는 글자와 상합(相合)한다.

時	日	月	年
	丁	癸	
壬	戊		
子	子	未	
↳	午		

위의 사주는 도충해 오는 오(午)가 합래(合來)해 오면서 동시에 팔자에 미(未)가 있어 오미(午未)합으로 상합(相合)한다. 상합(相合)이란 여러개가 서로 합하는 현상입니다.

❺ 비합은 실자(實字)가 있으면 허신은 전실이 된다.

	時	日	月	年
			丁	
		壬	丁	
	戌			
	丁			

위의 사주는 술(戌)중 정화(丁火) 암신이 임수(壬水)의 허신 정화(丁火)를 보고 비출(飛出)하려고 하나 년(年)간의 정(丁)의 출현으로, 임수(壬水)의 허신 정화(丁火)가 전실되었습니다. 비합 비출이 성립되지 못하게 됩니다.

	時	日	月	年
		丁		
	壬	丙		
		戌		
		丁		

술(戌)중 정(丁)화가 임(壬)일간의 허신 정(丁)화를 보고, 비출(飛出)할 준비를 합니다. 비합(飛合)과 비출(飛出)이 성립이 됩니다.

❻ 상합(相合), 상충(相沖)되는 합허.

時	日	月	年
辛	乙		己
丙	庚		甲
	子	未	
	丑(癸辛己) ↵		

자축(子丑)합과 축미(丑未)충으로 공통된 축(丑)을 품고 있습니다.
이 축(丑)토의 지장간인 계신기(癸辛己)의 암신이 효용이 있을려면 천간의 비합(飛合)을 잘 만나야 합니다. 병(丙), 무(戊), 갑(甲)의 천간을 만나야 합니다. 그 때에 비합(飛合) 비출(飛出)이 일어날 수가 있습니다.

❼ 비출을 멈추고 쇠자발(拔) 왕자충발(沖發)이 일어나다.

時	日	月	年
癸	癸	癸	
戊	戊	戊	
子	子	子	
癸	癸	癸	

자(子)의 실자(實字)가 개고되는 것을 충출(沖出)이라고 합니다.
실자(實字)인 자(子)가 왕(旺)하므로 오(午) 도충을 끌어 들이게 됩니다. 평소에는 자(子)중 계수(癸水)가 천간 허신 계수(癸水)를 보았으므로 비출(飛出)하게 됩니다. 그러다가 오년(午年)에 왕자(旺者)한 글자 자(子)를 충하므로 왕자(旺者)가 충발하게 됩니다. 오(午)는 쇠자(衰者)이므로 뽑(拔)히는데 이것을 **쇠자발(拔) 왕자충발(沖發)**이라고 합니다.

즉, 평소에는 자(子)중 계수(癸水)가 천간 허신 계수(癸水)를 보았으므로 비출(飛出)하였다가 오(午)실자가 자오(子午)충하여 비출(飛出)을 멈추고 충출(沖出)이 됩니다. 자오(子午)충이 되면 충으로 인해 비출이 중단이 됩니다.

➑ 세운에서 실자가 나타나면 암충은 전실이 된다.

위의 명조는 도충 오(午)를 품고 있습니다.(飛出 안됨) 그러나 오년(午年)에 실자(實字)가 나타나므로 전실(塡實)되었습니다. 오화(午火) 관(官)이 파괴가 되었는데 자오(子午)沖의 영향으로 쇠발(衰拔)의 작용만 일어나게 됩니다.
즉, 왕자(旺者)인 글자 자(子)는 충발하고, 쇠자(衰者) 오화(午火)는 뽑(拔)히게 됩니다.

➒ 충출(沖出)하여 합한 화신이 비합을 보면 발현이 된다.

時	日	月	年	歲
乙	乙			
庚	庚			
子	子	卯		午

자(子)가 병립이 되어 도충 오(午)을 품고 있습니다.(飛出 안됨) 오년(午年)에 실자(實字)가 나타나면 전실(塡實)이 됩니다. 만약, 자오(子午)충으로 충출한 자(子)중 임수(壬水)와 오(午)중 정화(丁火)가 정임(丁壬)합하여 목(木)화신을 만들었다면 천간에 허신 을목(乙木)을 보았으므로 순간 을목(乙木)이 발현하게 됩니다. 그러나 오화(午火)관은 파괴가 되었습니다. 을목(乙木)은 재성이니 퇴직금을 받고 직장을 그만 두게 되는 결과가 일어나게 됩니다.

➓ 비출, 비합 연습하기.

時	日	月	年	歲
乙	甲	甲	甲	
庚	己	己	己	
午	亥	巳	酉	酉
己	甲			

Ⓐ 기토(己土)가 정관인 갑목(甲木)을 비합하고 있습니다.

　기토(己土)가 많아서 갑목(甲木) 허신이 강하다고 보면 됩니다.

Ⓑ 해(亥)중 갑(甲)목이 천간의 허신 갑(甲)목을 보고 비출을 준비하고 있습니다.

Ⓒ 유년(酉年)에 유유(酉酉)로 묘(卯)가 암충되어 옵니다.

　묘(卯)중 갑목(甲木)이 천간의 허신 갑목(甲木)을 보고 비출이 일어납니다.

　그래서 그 해에 득관(得官)하여 갑자기 결혼하게 되었습니다.

	時	日	月	年
	癸	辛	乙	丙
	戊	丙	庚	辛
	子	子	寅	亥
	↑	丑	丙	

Ⓐ 재성 경(庚)이 무근하며 재성이 약하지만 부자입니다.

Ⓑ 인해(寅亥)합이 되면 묶입니다. 기반이 되면 인(寅)중 병(丙)화가 비출(飛出)할 수가 없게 됩니다.

Ⓒ 암합(暗合)으로 인합(引合)해 오는 축(丑)토는 전실됩니다.(무(戊)토 인해 전실됨)

Ⓓ 그러나 子(丑)寅으로 공협하게 되는 축토(丑土)는 생겨나게 됩니다.(자허는 전실되지 않는다.) 천간 무토(戊土)의 유인력으로 축(丑) 허신이 강합니다.

Ⓔ 축(丑)토는 병(丙)일간에게는 축(丑)중 신금(辛金)이 재성이라 재고(財庫)에 해당합니다.

재고(財庫)는 충출(沖出), 비출(飛出)이 되면 귀하게 작용하게 됩니다.

Ⓕ 자허(自虛)인 축(丑)은 지장간에 재(財), 관(官)을 모두 가지고 있습니다.

Ⓖ 축(丑) 지장간 중 계(癸), 신(辛)은 천간의 허신 계(癸)와 신(辛)을 보고 비출(飛出)이 될 수 있으므로, 재(財)와 관(官)이 왕한 사주로 감정해야 합니다.

Ⓗ 세운에서 축(丑)운을 만나면 전실이 되어 매우 나빠지게 됩니다. 이것은 허신으로 귀하게 작용하던 재관을 잃어버리기 때문인 것입니다.

자허는 체에서 전실을 적용하지 않지만 운에서는 전실을 적용합니다. 이 점을 주의하시기 바랍니다.

Ⓘ 자년(子年)이 오면 암충으로 불러들이는 오(午)중 병(丙)화가 비출하여 득록(祿)할 수 있습니다.

⓫ 고(故) 이건희 회장 명조.

時	日	月	年
	丁		
乙	壬	辛	辛
巳	戌	丑	巳
	丁		

임(壬)일간이 정(丁)을 품고 있습니다. 이것을 비합(飛合)이라고 말합니다. 임
(壬)일간에게 술토(戌土)는 재고에 해당이 됩니다. 재고(財庫)인 술토(戌土)에
는 천간의 비합(飛合)을 보고 비출(飛出)할려는 정화(丁火)가 있습니다.

⓬ 고(故) 이명박 전(前) 대통령 명조.

時	日	月	年
丙	丙	乙	丙
辛	辛	庚	辛
卯	丑	子	巳
			丙

신금(辛金)이 연달아 출현하면 허신의 힘이 강해져서 허신인 병(丙)을 끌어 들
이는 힘이 세어집니다. 지지에 사화(巳火)만 있어도 사(巳)중 병화(丙火)가 비
출하여 엄청난 관(官)의 힘이 있게 됩니다.

자요사격子遙巳格과
축요사격丑遙巳格

태어난 시(時)가 자시(子時), 축시(丑時)생은 허공에서 사화(巳火)를 불러온다고 합니다.

명식에 자(子)나 축(丑)이 많으면 허신 사(巳)를 불러오는 힘이 생겨난다고 하는 것입니다.

고서(古書)에서는 시(時)지가 자(子)나 축(丑)이면 사(巳)를 불러온다고 말은 하고 있으나, 왜 불러오는지는 자세히 설명해 주지 않고 있습니다. 요(遙)는 "멀다"라는 뜻을 가지고 있습니다. 자(子)가 멀리 있는 사(巳)를 불러 온다는 말이 됩니다. 자(子)와 사(巳)는 아무런 연관성도 없는 것 같은데 왜 사화(巳火)를 불러오는 것일까?

자사(子巳) 암합(暗合)하는 관계에서 실마리를 찾아볼 수 있습니다.

천간의 을목(乙木)은 비합(飛合)으로 경금(庚金)을 품고 있습니다.

자(子)중 계수(癸水)가 연달아 나타나면 지장간의 암신인 계수(癸水)가 동(動)하여 허공의 사(巳)를 끌어 들이게 됩니다. 계수(癸水)가 사(巳)중 무토(戊土)와 무계(戊癸)암합 하려는 힘으로 사(巳)를 끌어 들이는 것입니다. 이 때 허신 사화(巳火)는 천간에 을목(乙木)에 비합이 된 경금(庚金)을 보고 사(巳)중 경금(庚金)이 비출을 하려고 준비하게 됩니다.

갑(甲)일간에게는 경금(庚金) 관이 매우 귀하게 쓰여지는 것입니다.

천간의 신금(辛金)은 비합(飛合)으로 병화(丙火)를 품고 있습니다.

축(丑)중 계수(癸水)가 연달아 나타나면 장간의 암신인 계수(癸水)를 동하게 하여 허공에 있는 사(巳)를 불러 들이게 됩니다. 계수(癸水)가 사(巳)중 무토(戊土)와 무계(戊癸)암합 하려는 힘으로 사(巳)를 끌어 들이는 것입니다. 이 때 사(巳)중 병화(丙火)는 천간에 비합된 허신 병화(丙火)를 보고 비출을 준비합니다. 병화(丙火)가 신금(辛金)에게는 정관으로 매우 귀하게 쓰여지는 것입니다.

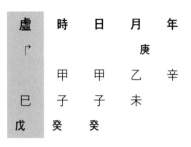

虛	時	日	月	年
↑			庚	
	甲	甲	乙	辛
巳	子	子	未	
戊	癸	癸		

지지에 관이 없는데 자수(子水)가 불러 오는 사화(巳火) 속에 경금(庚金)을 써서 조직의 높은 위치를 차지하였으나 정해(丁亥)년 사해(巳亥)충으로 사(巳) 허신이 파괴되었습니다.

남편 덕이 있으나 사해(巳亥)충으로 사화(巳火)가 손상당할 때 사(巳)중 경금(庚金)도 손상을 받아 남편에게 장애가 발생하였습니다.

48

비천록마飛天祿馬란
무엇인가

선인(先人)들은 재성과 관성을 매우 중요시하여 록마(祿馬)라고도 불렀습니다. 그래서 비천록마(飛天祿馬)를 글자대로 풀어 보면 "록마(祿馬)에 해당하는 재관(財官)이 하늘을 난른다."는 뜻입니다. 비천록마격은 팔자에 일점 재관(財官)이 없을 때 성립이 되는 것입니다. 그러므로 팔자에 없는 허신인 암신(暗神)으로 귀성(貴星)을 구하는 것입니다. 즉, **암신(暗神)으로 비합, 비출이 성립하면 비천록마라 합니다.**

도충격과 원리가 같지만, 도충격이 충한 글자의 정기만을 쓰는데 반하여, 비천록마격은 **충(冲)한 글자의 지장간의 재관(財官)을 쓰는 것입니다.**

지지에 3개 이상의 동일오행이 있으면 대궁(對宮)의 충을 용신으로 합니다. 그러나 허신을 용신으로 하지만, 허신이 실자로 나타나면 전실(塡實)되어 못쓰기 때문에 허신을 도충하는 대궁(對宮)을 용신으로 해야 합니다.

기신은 명중이나 행운에서 허자가 전실(塡實)되는 경우를 말합니다.
암신(暗神)이 왕상(旺相)을 얻으면 용신은 진(眞)을 얻은 것입니다. 진격(眞格)은 상격(上格)이 되고 상하(上下)를 통하여 개운(開運) 발달할 수 있습니다.

時	日	月	年
	庚		
子	子	子	

時	日	月	年
	壬		
子	子	子	

▶ 비천(飛天)이란 "하늘을 날다"라는 뜻이므로 비합, 비출을 의미합니다. 대궁(對宮)의 충이란 시주궁, 일주중, 월주궁 등을 말합니다. 이 격은 총 4개중에 해당하고 명중에 재관(財官)이 없어야 합니다. 위의 2개 명조는 일간이 경자(庚子), 임자(壬子) 일주이고 자월(子月)에 태어나 지지에 자(子)가 많으면 허공에서 오(午)를 도충해 옵니다.

時	日	月	年
	辛		
亥	亥	亥	

時	日	月	年
	癸		
亥	亥	亥	

위의 2개 명조는 일간이 신해(辛亥), 계해(癸亥)일주이고 해월(亥月)에 태어나 지지에 해수(亥水)가 많으면 허공에서 사(巳)를 도충해 옵니다. 이때 사주에 허공에서 불러오는 동일한 글자 오(午)나 사(巳)가 실자(實字)로 있으면 전실(塡實)되므로 파격이 됩니다.

또한 자축(子丑)합이나 인해(寅亥)합을 성립시키는 글자 축(丑), 인(寅)등이 지지에 있어도 자(子)가 축(丑)과 합을 탐하여 오화(午火)를 허공에서 도충해 오지 못하게 됩니다. 또 해(亥)가 인(寅)과 합을 탐하여 사(巳)를 허공에서 도충해 오지 못하게 합니다.

허공에서 불러 오는 사(巳)나 오(午)가 지지에 상합(相合)하는 글자가 있으면 좋습니다. 즉 오(午)를 불러오는데 인(寅)이 있어 인오(寅午)합으로 상합(相合)하거나 사(巳)를 불러 오는데 신(申)이 있어 사신(巳申)합으로 상합(相合)하는 경우입니다.

신해(辛亥) 계해(癸亥)일은 사(巳)를 도충하여 격이 성립이 됩니다. 사(巳)에 암합하는 유축(酉丑)글자가 암신(暗神)에 삼합(三合)이 됩니다. 일자(一字)의 합(合)을 봐도 귀합니다. 즉, 사유(巳酉)합으로 인합(引合)하면 유리해집니다. 무기병(戊己丙)의 3개의 글자는 모두 기신(忌神)이라 파격이 됩니다. (巳의 지장간물에 해당함 즉 戊庚丙) 사(巳)는 전실(塡實)이 발생하는 경우이라 이 운에는 재앙(災殃)이 발생할 수 있습니다. 진격(眞格)이 되면 존상시봉(尊上侍奉)을 잘하며 이록명성(利祿名聲)이 높습니다.

▶ **존상시봉(尊上侍奉)과 이록명성(利祿名聲)**이란 존귀한 분을 시봉하는 일을 맡게 되므로 "관록과 명성이 드높다"라는 의미입니다.

❶ 고서(古書)에 나오는 비천록마격

時	日	月	年
戊	戊	丙	壬
癸	癸	辛	壬
亥	亥	亥	申

巳(戊庚丙)

위의 명조에는 일점 재관(財官)이 없습니다.

도충해 오는 사화(巳火)가 지장간에 재관(財官)을 가지고 있습니다. 신금(申金)이 있어서 사신(巳申)합으로 상합(相合)하고 있습니다. 허신인 사화(巳火)가 더욱 힘이 강해지는 것입니다. 사주에는 재관(財官)이 없으니 허신 재성(丙)과 관성(戊)이 더욱 귀해지는 것입니다.

계수(癸水)는 비합으로 무토(戊土)를 품고 있습니다. 신금(辛金)은 비합으로 병화(丙火)를 품고 있습니다. 사(巳)중의 무토(戊土)와 병화가 천간의 비합을 보고 비출을 합니다. 이렇게 팔자에 없는 글자가 허신으로 나타나면 귀해지는데 이것을 비합하여 비출하는 구조가 되면 비천록마의 격을 이루는 것입니다.

時	日	月	年
		丁	丁
庚	庚	壬	壬
子	子	子	戌

午(丙己丁)

사주명조에 재관(財官)이 나타나 있지 않습니다.

도충해 오는 오(午)화 지장간에는 관성이 숨어 있습니다. 술토(戌土)가 있으므로 서로 상합(相合)하여 오술(午戌)합이 되면 허신 오화(午火)가 더욱 힘이 강해집니다. 임(壬)은 정(丁)을 비합(飛合)으로 품고 있습니다.

이 때 정(丁) 허신은 일간에게는 정관에 해당합니다. 자(子)글자가 도충해 오는 오(午)중 정(丁)화가 천간에 비합된 정(丁)화를 보고 비출(飛出)을 준비합니다. 비천록마격에 해당합니다.

時	日	月	年
丁	丁	丁	丁
壬	壬	壬	壬
寅	子	子	子

午(丙己丁)

위의 명조에는 일점 재관이 없습니다.

도충해 오는 오화(午火) 지장간 안에는 재관(財官)을 가지고 있습니다. 인오가 서로 상합하여 오화를 강하게 해 줍니다. 수기(水氣)를 생해주는 금수(金水)운이 길하고, 남방 화운(火運)이 오면 전실(塡實)되어 재화(災禍)가 닥칩니다.

❷ 관성의 출현으로 비천록마가 파격이 되다.

時	日	月	年
甲	丙	丙	壬
午	午	午	辰

子(壬癸)

본명 병오(丙午)일이 오(午)가 병립하므로 비천록마격이 될 것 같으나, 년간 임수(壬水)관성이 있어서 격이 성립이 안 됩니다. 비천록마격은 재관이 없어야 하는 것입니다. 임수(壬水)가 없었을 경우에는 진(辰)글자가 도충해 오는 암신(暗神)에 진자(辰子)합하여 삼합(三合)되는 것이라 희신이 될 수 있었습니다.

❸ 지지합이 있어 기반(羈絆)이 되니 파격(破格)이 된다.

時	日	月	年
癸	癸	乙	甲
亥	亥	亥	寅
巳(戊己丙)			

위의 명조는 계해(癸亥)일주에 해월(亥月) 해시(亥時) 이므로 해(亥)수가 병립
하여 삼위(三位)이상이 되고, 재관(財官)의 전실(塡實)도 없으니 비천록마격
으로 볼 수 있습니다.

그러나, 인해(寅亥) 지합(支合)이 있어 기반(羈絆)이 되고, 인사(寅巳) 형(刑)으
로 비충(飛沖)할 수 없으므로 파격(破格)이 됩니다. 따라서 가식신(假食神) 또
는, 년상 식신격(食神格)으로 보는 것이 옳습니다.

❹ 관이 나타나 전실(塡實)되어 파격이다.

時	日	月	年
丙	庚	丙	己
子	子	子	未
午(丙己丁)			

명조에 재관이 나타나면 전실(塡實)이 되어 파격이 됩니다 이 명조는 병(丙)
화 관성이 나타나므로 전실(塡實)이 되어 비천록마의 파격입니다.

❺ 고서에서 말하는 걸인의 팔자.

時	日	月	年
丙	壬	壬	壬
午	子	子	子

자(子)글자가 도충해 오는 오(午)가 시지에 실자(實字)로 나타나, 전실되어 비천(飛天)이 되지 않습니다. 양인이 중중한 팔자이나 칠살이 없어서 양인이 제압이 안 되는 명조입니다.

時	日	月	年
癸	癸	癸	戊
亥	亥	亥	寅
巳			

명조에 무토(戊土)관성이 실자(實字)로 나타나면 전실(塡實)이 되어 비천록마 격이 성립이 되지 못합니다. 또한 해수(亥水)가 도충해 오는 사화(巳火)가 인목(寅木)과 인사(寅巳) 형(刑)을 합니다. 인(寅)이 인사(寅巳) 형하므로 사화(巳火)가 오는 것을 기피합니다.

▶ 비천록마의 의의.
'서락오'는 '자평일득(子平一得)'에서 "팔자(八字) 중에 지지(地支)가 병립(竝立)하고, 천간(天干)에서도 허신(虛神)을 상합(相合)하는 구조를 이루면 마치 많은 화살이 하나의 관역판을 보고 집중되는 것처럼 더욱 의미가 있다"라고 했습니다. '명통부'에 "암충(暗沖)하는 글자의 오행(五行)이 이미 팔자(八字)에 실자(實字)로 나타나서 전실(塡實)되거나 그 글자를 형충(刑沖)하는 글자가 전실(塡實)되어 있는 것을 가장 기피한다"라고 했습니다. 이것은 허신(虛神)이 체신(體神)의 귀천(貴賤) 여부에 직접 작용한다는 점을 말하고 있는 부분입니다.

49

암록暗祿 이해하기

실직하고 놀고 있지만 정기적으로 후원금이 들어온다면 암록(暗祿)을 살펴봐야 합니다. 특히 시(時)지에서 불러 오는 암록(暗祿)은 말년에 안정된 생활을할 수 있습니다. 암록은 합록(合祿)이라고도 합니다.

위의 경우 갑목(甲木)은 비합(飛合)으로 기토(己土)를 품고 있습니다.

인해(寅亥)합력으로 암록 인(寅)을 불러 옵니다. 암록이 일간과 더불어 전자(專字)의 글자로 순일하여지면 글자의 기운이 강해집니다. 이것은 일종의 차력과도 같은 것입니다. 동일한 글자가 모이면 강해지는데 특히, 갑인(甲寅)일주를 간여지동이라고 하여 부르는 것과 같은 것입니다. 그래서 비합으로 품고 있는 기토(己土) 정재를 발현시키므로 돈이 들어오게 되는 것입니다. 즉, 기토(己土) 비합(飛合)을 사용할 수가 있게 되는 것입니다.

록(祿)이 좋다는 것은 일간이 록(祿)으로 인하여 순일해져서 힘을 얻으면 일간이 비합이 된 정재를 끌고 올 수 있는 힘이 생겨나기 때문인 것입니다. 갑(甲)일간이 해시(亥時)에 태어나면 길하다고 하는 것은 인(寅)암록을 불러 오기 때문입니다.

경금(庚金)은 비합(飛合)으로 을목(乙木)을 품고 있습니다.

사(巳)는 사신(巳申)합력으로 암록 신(申)을 불러 오게 합니다. 암록이 일간과 더불어 전자(專字)의 글자로 순일해지면 기운은 강해집니다. 비합이 된 을목(乙木) 정재를 발현시키므로 돈이 들어오게 됩니다. 즉, 을목(乙木) 비합(飛合)을 사용할 수 있게 되는 것입니다.

虛	時	日	月	年
		丁		
		壬		
亥	寅	寅	寅	寅

임(壬)은 비합(飛合)으로 정화(丁火)를 품고 있습니다.

육임추간격이 좋은 것은 암록을 불러오기 때문입니다. 암록과 일간이 함께 전자(專字)의 글자로 순일하여지면 그 글자의 기운이 강해지게 됩니다. 비합이 된 정재 정화(丁火)를 발현시키므로 재물이 들어오게 됩니다. 즉, 정화 비합(飛合)을 사용할 수가 있게 되는 것입니다. 이것은 비합을 보고 비출하는 경우와는 좀 다르게 보아야 합니다.

제6장

공망空亡론

50

살상겁효의 흉신이
공망이면
오히려 길해진다

육신의 길흉이란 재관인식(財官印食)의 4길(吉)신과 살상겁효(殺傷劫梟)의 4
흉(凶)신을 말합니다. 길신과 흉신으로 육신을 구분하고 나면 보통 길신의 공
망은 꺼리고, 흉신의 공망은 참된 것으로 보면 됩니다. 공망은 년(年)주 기준
으로 보는 방법과 일(日)지 기준으로 보는 방법이 있습니다. 두 가지를 다 병
용(竝用)하여 사용해야 합니다.

(1) 공망(空亡)의 분류표

육십갑자										공망	사대공망	오행공망
甲子	乙丑	丙寅	丁卯	戊辰	己巳	庚午	辛未	壬申	癸酉	戌,亥	水	無
甲戌	乙亥	丙子	丁丑	戊寅	己卯	庚辰	辛巳	壬午	癸未	申,酉	無	金
甲申	乙酉	丙戌	丁亥	戊子	己丑	庚寅	辛卯	壬辰	癸巳	午,未	金	火
甲午	乙未	丙申	丁酉	戊戌	己亥	庚子	辛丑	壬寅	癸卯	辰,巳	水	土
甲辰	乙巳	丙午	丁未	戊申	己酉	庚戌	辛亥	壬子	癸丑	寅,卯	無	木
甲寅	乙卯	丙辰	丁巳	戊午	己未	庚申	辛酉	壬戌	癸亥	子,丑	金	水

● 순중공망(旬中空亡)이해하기

순중공망(旬中空亡)이란? ▶ 순(旬)은 열흘 순.

갑자(甲子), 을축(乙丑), 병인(丙寅), 정묘(丁卯), 무진(戊辰), 기사(己巳), 경오(庚午), 신미(辛未), 임신(壬申), 계유(癸酉)의 10개가 한 순(旬)에 있다고 하여 공망을 동일하게 보는 것입니다.

● 사대공망(四大空亡)이해하기

순중공망(旬中空亡)인 술해(戌亥)와 진사(辰巳)의 사대공망(四大空亡)은 수(水)입니다.

순중공망(旬中空亡)인 오미(午未)와 자축(子丑)의 사대공망(四大空亡)은 금(金)입니다.

순중공망(旬中空亡)인 신유(申酉)와 인묘(寅卯)의 사대공망(四大空亡)은 없습니다.

사대공망(四大空亡)은 5행으로 금수(金水)만 해당하고, **납음오행(納音五行)**으로 구분합니다

● 오행공망(五行空亡)이해하기

순중공망(旬中空亡)은 짝을 이뤄 오행공망(五行空亡)이 됩니다.

→ 오행공망(五行空亡)은 인묘(寅卯)=木공망, 오미(午未)=火공망, 진사(辰巳)=土공망, 신유(申酉)=金공망, 자축(子丑)=水공망이 됩니다.

오행공망(五行空亡)은 공망(空亡)지지의 공망(空亡) 앞 글자를 보면 됩니다.

→ 천간(天干)의 공망(空亡)은 지지(地支) 공망(空亡)의 각 글자를 록으로 정해진 것이 아니라 짝을 이루는 것으로 오행공망(五行空亡)이 정해집니다.

오행공망(五行空亡)은 인묘(寅卯)=갑을(甲乙)공망, 오미(午未)=병정(丙丁)공망, 진사(辰巳)=무기(戊己)공망, 신유(申酉)=경신(庚辛)공망, 자축(子丑)=임계(壬癸)공망 입니다.

▶ 공망도표를 보고 공망(空亡) 찾기

갑자(甲子)년주의 경우에는 술(戌)과 해(亥)가 순중공망이 됩니다. 그런데 술해(戌亥)는 사대 공망이 수(水)이고 오행공망은 없습니다. 술해(戌亥)는 오행공망이 없으므로 천간에도 해당이 되는 공망이 없게 되는 것입니다.

무오(戊午)년주의 경우에는 자축(子丑)이 순중공망이 됩니다. 그리고 자축(子丑)은 사대공망이 금(金)이고 오행공망은 수(水)가 되는 것입니다. 그리고 자축(子丑)이 수(水)오행공망이 되면 천간에는 임계(壬癸)도 공망으로 봅니다.

(2) 공망에 해당하면 다음과 같은 상황을 살펴봐야 합니다.

❶ 길신이 왕(旺)하면 길합니다. 그런데 왕한 길신이 공망이면 공망왕기를 띄어 더욱 좋아 집니다.

❷ 길신이 쇠(衰)하면 불리합니다. 그런데 쇠한 길신이 공망이 되면 더욱 불리해집니다.

❸ 흉신이 왕(旺)하면 흉합니다. 그런데 왕한 흉신이 공망이 되면 오히려 길해집니다.

❹ 흉신이 쇠(衰)하면 덜 위태롭습니다. 그런데 쇠한 흉신이 공망이 되면 위험이 작아집니다.

▶ 쇠한 길신이 공망을 만나는 경우가 많습니다. 길신은 힘이 왕해야 좋은 것인데 쇠한 길신이 공망이 되면 더욱 길신의 힘이 약화가 되어 나쁘다는 것입니다. 그러나 공망이 왕기를 띄거나 흉신이 공망이면 오히려 좋아진다는 점을 잘 이해하시기 바랍니다.

(3) 공망왕기를 결정하는 요소는 다음 3가지입니다.

❶ 월령: 공망된 오행이 월령을 득하였는가를 살펴봅니다. 오행이 월령을 얻게 되면 왕(旺) 해지는데 왕(旺)한 상태에서 공망이 되면 공망이 왕기를 가졌다고 말하는 것입니다.

❷ 회국: 공망된 오행이 회국하여 합오행을 얻었는지를 살펴 봅니다. 지지가 회합(會合)하여 합국이 되면 오행이 왕(旺)해지는데 왕(旺)한 상태에서 공망이 되면 공망이 왕기를 가졌다고 말하는 것입니다.

❸ 대운운지: 대운에서 찾아오는 오행이 동일 오행으로 록(祿)을 얻었는지를 살펴 봅니다. 대운도 월주에서 시작된 것이므로 어떤 오행이 대운과 동일한 계절이 되면 왕(旺)해지는데 왕(旺)한 상태에서 공망이 되면 공망이 왕기를 가졌다고 말하는 것입니다.

(4) 기본적인 공망의 개념 이해하기.

공망은 지지의 고유한 작용력을 상실하게 만듭니다. 공망이라고 해서 완전히 그 작용력이 없어지는 것은 아니고 50% 이상의 손실이 생겨 작용력이 현저히 반감되는 것이라고 보면 됩니다. 공망에 해당하는 육친과는 불화하거나 별거할 확률이 높습니다.

그러나 충살이 있는 사주에서 공망이 충이 되면 충의(衝意)가 사라져 길하게 되기도 합니다. 동궁(同宮)은 동주함을 의미하니 지지가 공망이면 천간도 공망이 됩니다. 즉 申酉가 공망이면 庚辛도 공망이 됩니다. 또한 공망된 오행이 왕기를 띄면 그 십신은 발복하게 되나 육친의 공망은 그대로 작용하게 됩니다.

(5) 실전에서 활용이 될 공망의 특징 알아보기.

❶ 흉신(凶神)이 공망이면 흉함이 해소됩니다.

❷ 일주가 같은 순(旬)에 있는 사람끼리는 융합이 잘됩니다.

　공망이 같은 사람끼리는 부부 또는 동업자가 되면 좋은 융합을 한다는 것입니다. 이것은 순중공망이 같으면 생각과 행동이 비슷해지므로 궁합이 좋다고 생각해도 좋습니다.

❸ 부부와 동업자는 일주끼리 공망되지 말아야 합니다.

　상대방의 일지가 본인의 일주에서 보아 공망이 되면 두 사람은 관계를 맺어도 결실이 없고 결국 피해를 보게 됩니다.

❹ 귀인이 공망되면 복을 감합니다. 또한 공망도 해소됩니다.

❺ 사주에서 투합(妬合)된 간지를 충(沖)하면 공망의 흉조가 더욱 심해집니다.

❻ 공망과 귀인이 동주했는데 공망이 합이 되면 공망의 흉조가 완전히 해소

⓫ 된 것이므로 공망으로 보지 않습니다.

❼ 사주에서 삼주가 공망이면(월, 일, 시 또는 년, 월, 시가 공망이면) 오히려 대귀할 사주입니다.

❽ 충이 된 지지 중에 한 개라도 공망이 되면 충이 아닙니다.

❾ 년주와 일주가 서로 공망되면 일생 고생이 많습니다.

갑자(甲子)년주와 임술(壬戌)일주가 있는 사주이다. 임술(壬戌)은 자축(子丑)공망이고, 갑자(甲子)는 술해(戌亥)공망이니 서로 지지가 공망이 되는 경우가 해당이 됩니다.

❿ 공망 년, 월, 일에 얻은 결과는 좋은 결과이더라도, 쓸데가 없어지게 됩니다. 그래서 중요한 일, 거래는 공망 년월일을 피하는 것이 좋습니다.

공망을 당한 육친은 근심에 빠집니다. 그러나 떨어져서 생활하면 괜찮습니다.

⓬ 대운이 공망이면 10년 중에 합(合), 충(冲), 형(刑)이 되는 년(年)운에만 공망에서 풀려나게 됩니다. 가령, 대운 사(巳)가 공망일 때 충이나 합이나 형이 되는 사해(巳亥)충이 되는 해년(亥年), 인사(寅巳)형이 되는 인년(寅年), 사신(巳申)합이 되는 신년(申年)을 만나야 공망에서 풀려나게 됩니다.

⓭ 공망이 원국에 있으면 운에서는 작용하지 않습니다. 전실작용이 적용되기 때문입니다. 원국에 없는 것이 운에서 임하면 공망효과를 겪게 됩니다.

⓮ 원국에 일(日)이 시(時)를 공망하고 시가 일을 공망하면 일시호환공망이라 하여 구류업으로 승려, 역술, 무속, 술장사, 백정 등을 하게 되는 경우가 있습니다.

⓯ 록지, 역마 공망의 특징

● 록지공망록지인 망신이 공망이니 생진사초(生秦死楚)라 하여 타향을 돌아다니다 외지에서 죽는다하였으니 부지런히 돌아다니므로 한 곳에서 업을 이루지 못하는 연고로 권위를 성취하지는 못하게 됩니다.

▶ 생진사초(生秦事楚)란 "진나라에서 태어나서 초나라에서 죽는다" 라는 뜻이니 한 곳에 머물지 못하므로 록을 얻기 어려움을 비유하여 설명하는 고사성어 입니다.

● **병지**(역마)**공망**
역마의 속성이 있어서 일은 많이 벌리나 실속이 없고 내실이 없다 따라서 결과가 없습니다.

예시 1 ▶

時	日	月	年	坤命
편재		비견	편인	六神
癸	己	己	丁	天干
酉	丑	酉	巳	地支
식신	비견	식신	인수	六神
庚 辛	癸辛己	庚 辛	戊庚丙	지장간
長生	墓地	長生	帝王	12운성
일주공망 午未		년주공망 子丑		

사/주/해/설 ▶

위의 명조는 【인수공망】의 예입니다. 오미(午未)공망은 화(火)가 오행공망입니다. 천간의 병정(丙丁)도 공망이 되는 것입니다. 그래서 정화(丁火)가 편인(偏印)공망이 되고 있습니다. 편인 공망이 되면 배움에 대한 열의가 높지만 공망이라 현실에서는 성취하기가 어렵게 됩니다. 항상 책을 좋아하고, 관(승진, 교수, 고위 관직)에 대한 목마름이 있다. 현재 말로 먹고사는 상담 일을 하고 있습니다.

▶ 인수공망인수공망이면 모친덕이 없고 타지에서 외롭게 홀로 공부합니다. 인수공망이면 학업이 좌절하기 쉽지만 인수를 채우려고 하므로 학업 욕구는 대단합니다. 그러나 오히려 인수공망이 왕기를 띄면 학업이 우수해 학자가 될 가능성이 높습니다. 단, 인수가 공망이면 무례하기 쉬워서 귀(貴)가 감소하니 무례귀감(無禮貴減)하게 될 수 있습니다.

(6) 공망의 작용은 실생활에서 어떤 식으로 표출하게 되나요?

공통적으로 재관이 공망된 사람은 공망으로 인해 이성에 대한 집착은 강한데 막상 결혼하려고 하면 회의를 자주 느낀다고 합니다. 재성이 공망이라도 식신생재격이 되면 재물 모으는 데에는 문제가 없습니다. 그러나 육친적 결함은 나타나게 됩니다.

예시 2 ▶

時	日	月	年	坤 命
식신		정관	정관	六 神
甲	壬	己	己	天 干
辰	寅	巳	未	地 支
편관	식신	편재	정관	六 神
乙癸戊	戊丙甲	戊庚丙	丁乙己	지장간
墓地	病地	絶地	養地	12운성
일주공망 辰巳		년주공망 子丑		

사/주/해/설 ▶

위의 명조는 【관성공망】의 예입니다. 임인(壬寅)일주기준으로 보면 진사(辰巳)가 순중공망에 해당이 되고 오행공망은 토(土)가 됩니다. 진사(辰巳)는 천간의 무기(戊己)도 공망(空亡)이 되므로 이 명조는 관성이 공망왕기를 가집니다 그리고 사(巳)편재도 공망이 됩니다. 관과 편재 공망으로 아버지 덕도 많이 보았지만 부친과 격원하게 살며 남자친구를 사귀어도 항상 동떨어진 느낌을 받습니다. 이 분은 기(己)토 정관이 왕기를 띤 경우로 대기업 근무하나 현재 미혼입니다. 어떤 조직에 속해도 그 조직을 매우 싫어하는 습성이 있다고 합니다. 남자가 능력 없거나 별 볼일 없으면 바로 무시하는 스타일입니다. 이러한 경우가 관공망의 은근한 표출이 되는 것입니다.

時	日	月	年	乾 命
상관		인수	상관	六神
戊	丁	甲	戊	天干
申	丑	寅	戌	地支
정재	식신	인수	상관	六神
己戊	癸	戊	辛	지장간
壬	辛	丙	丁	
庚	己	甲	戊	
沐浴	墓地	死地	養地	12운성
일주공망 申酉		년주공망 辰巳		

사/주/해/설 ▶

정축(丁丑)일주를 기준으로 보면 신유(申酉)가 순중공망입니다. 신유(申酉)가 공망이면 천간의 경신(庚辛)도 오행공망 입니다. 따라서 재성(財星)이 공망이 되됩니다.

위의 명조는 중소기업 사장이며 알짜 부자입니다. 이 분은 현재 미혼입니다 공망이 작용하는 것입니다. 보통 공망으로 인해 정식 결혼은 못하고 사실혼으로 사시는 분들이 재성공망이 많습니다. 그런데 신유(申酉) 재성공망인데도 재물이 많은 이유는 무엇인가요? 재성으로 공망이 왕기가 되면 재물을 모으는데 지장이 없습니다. 다만, 결혼을 쉽게 성사되지 않는 것으로 육친의 공망은 나타나는 것입니다

예시 4 ▶

時	日	月	年	乾命
식신		편인	편재	六神
甲	壬	庚	丙	天干
辰	辰	寅	辰	地支
편관	편관	식신	편관	六神
乙	乙	戊	乙	지장간
癸	癸	丙	癸	
戊	戊	甲	戊	
墓地	墓地	病地	墓地	12운성
일주공망 午未		년주공망 子丑		

사/주/해/설 ▶

위의 명조 주인은 10억을 가지고 증권투자 하시는 분인데 년(年) 1억 정도 수익 낸다고 합니다. 년(年)주 기준으로 보면 자축(子丑)이 순중공망이므로 천간의 임계(壬癸)는 수(水) 오행공망이 됩니다. 일(日)주 기준으로 보면 오미 (午未)가 순중공망이므로 천간의 병정(丙丁)은 화(火) 오행공망이 됩니다.

이 명조는 병(丙)이 재성(財星)으로 공망이고 병화(丙火)가 월지의 인목(寅木) 장생지로 공망이 왕기를 가집니다. 많은 여자와 사귀는 팔자나, 현재 미혼이 고 여러 번 좋은 연애 경험 있었으나 막상 결혼하려고 하면 갑자기 회의가 든다고 합니다. 이상한 오해가 생겨 깨져서 연애 경험은 많으나 현재 미혼 상 태입니다. 재성이 공망왕기이니 재물은 축재가 가능하지만, 육친공망은 피할 수가 없는 것입니다.

예시 5 ▶

時	日	月	年	坤 命
겁재		상관	식신	六神
戊	己	庚	辛	天干
辰	卯	子	酉	地支
겁재	편관	편재	식신	六神
乙	甲	壬	庚	
癸				지장간
戊	乙	癸	辛	
衰地	病地	絕地	長生	12운성
일주공망 申酉		년주공망 子丑		

사/주/해/설 ▶

결혼 후 한동안 자식을 갖지 못해 병원에서 검사를 해보니, 남편에게 문제가 있어 시험관 시술로 아들을 얻었다고 합니다. 기묘(己卯)일주로 보면 신유(申酉)가 순중공망입니다. 천간의 경신(庚辛)도 오행공망이니 식상인 자녀성이 공망에 해당이 됩니다. 자식성이 공망이 되면 자녀운이 약하다고 보면 됩니다.

배우자궁과 배우자성인 묘(卯)편관이 자묘(子卯)형되고 있습니다. 또한 묘유(卯酉)충이 되면서 묘(卯)편관을 손상시킵니다. 그래서 자묘유(子卯酉)가 연결이 되면 수술물상이라고 합니다. 이것을 추론하여 자녀성이 공망이고 남편궁과 남편성이 관형으로 수술물상이니 성불구로 나타나게 되는 것입니다.

시時지에 공망空亡이 들면
자식이 늦거나
형충하면 무자하다

시(時)지는 근묘화실(根苗花實)에 따라 자식궁에 해당이 됩니다.

자식궁이 공망이면 자녀운이 약하다고 보며, 형충하게 되면 자식이 없다고
판단할 수가 있습니다. 더구나 무관사주라면 더욱 확실합니다.

또, 자식성이 공망일 경우에도 자식이 없을 가능성이 높은데 시지가 공망이
겹치면 더욱 확실합니다.

◇ **자녀운을 볼 때 필요한 키 포인트(key point).**

❶ 시(時)주 자녀궁이 공망 유무를 알아봅니다.

❷ 자녀성이 공망 유무를 알아봅니다.

❸ 자기의 처성이나 남편성이 공망 유무를 알아봅니다.

❹ 무관사주(남자의 경우)라든지 무식상(여자의 경우)사주인가를 알아봅니다.

예시 1 ▶

時	日	月	年	乾 命
상관		비견	비견	六 神
丁	甲	甲	甲	天 干
卯	辰	戌	辰	地 支
겁재	편재	편재	편재	六 神
甲	乙	辛	乙	지장간
	癸	丁	癸	
乙	戊	戊	戊	
帝王	衰地	養地	衰地	12운성
일주공망 寅卯		년주공망 寅卯		

▶ 이 분은 46세에 첫 딸을 낳았습니다.

이 분은 인묘(寅卯)가 순중공망이니 갑을(甲乙)도 목(木)오행공망에 해당이 됩니다.

❶ 자식궁인 시지에 묘(卯)가 공망입니다

❷ 무관사주에도 해당이 됩니다

❸ 만약 시지궁이 형충이었더라면 무자할 수도 있었습니다.

예시 2 ▶

時	日	月	年	乾 命
겁재		정인	정재	六 神
壬	癸	庚	丙	天 干
子	卯	子	辰	地 支
비견	식신	비견	정관	六 神
壬	甲	壬	乙	
			癸	지장간
癸	乙	癸	戊	
建祿	長生	建祿	養地	12운성
일주공망 辰巳		년주공망 子丑		

▶ 부인이 자식을 낳지 못한 사주입니다.

❶ 진토(辰土) 관성(官星)이 공망입니다.

   남자이므로 관성인 자녀나 관록에 문제가 잠재한다고 할 수가 있습니다.

❷ 시(時)지궁 자수가 공망입니다.

   남녀가 공히 시지궁 공망은 자녀운이 약한 쪽으로 생각할 수 있습니다.

❸ 배우자궁을 가운데 두고 시지궁과 월지궁에 자묘(子卯)삼형살이 성립합니
   다. 처궁(妻宮)에 문제가 있음을 추론할 수가 있습니다.

※ 결론적으로 시지궁에 공망이 들고 자녀성도 공망이 되면 자식이 없다고 봅니다.

예시 3 ▶

時	日	月	年	乾 命
편인		편재	식신	六 神
己	辛	乙	癸	天 干
亥	未	丑	丑	地 支
상관	편인	편인	편인	六 神
戊	丁	癸	癸	
甲	乙	辛	辛	지장간
壬	己	己	己	
沐浴	衰地	養地	養地	12운성
일주공망 戌亥		년주공망 寅卯		

▶ 행정고시에 합격한 중앙부처 4급 공무원이고 유능한 사람입니다.
  나이는 39세이고 아직 결혼 못한 노총각입니다.

❶ 계축(癸丑)년주로 보면 인묘(寅卯)가 순중공망이므로
  천간(天干) 갑을(甲乙)도 목(木)오행공망 입니다.
  재성(財聖)공망이니 처성(妻星)이 공망인 됩니다.
❷ 신미(辛未)일주로 보면 술해(戌亥)공망이므로
  시지(時地) 자식궁도 공망이 됩니다.
  시지궁(時地宮)이 공망이되면 자녀를 늦게 봅니다.
❸ 처성과 자녀궁이 동시에 공망이 들면 무자할 가능성이 매우 높습니다.

52

여자가 무관無官이고
남편성에 공망이 들면
해로가 어렵다

여자가 무관팔자에 남편성이 공망이 들면 부부해로가 어렵다고 말하였습니다. 관성공망인데 탈관(奪官)이 심한 팔자에 해당하여도 남자와 인연이 없습니다.

▶ 탈관(奪官)이란 빼앗을 탈이므로 관의 기운을 빼앗는다는 것입니다.

예시 1 ▶

時	日	月	年	坤 命
편인		편인	정재	六 神
戊	庚	戊	乙	天 干
寅	辰	子	酉	地 支
편재	편인	상관	겁재	六 神
戊丙甲	乙癸戊	壬癸	庚辛	지장간
絶地	養地	死地	帝王	12운성
일주공망 申酉		년주공망 午未		

▶ 무관사주 여자사주 경우 남자 운에 대해 살펴보겠습니다. 임진(壬辰)대운 결혼하여 기미(己未)생 딸을 낳고, 임진(壬辰)대운 이혼했으며, 미국인을 만나 재혼했습니다. 현재는 미국인도 사망하고 혼자 연금받고 생활합니다.

사/주/해/설 ▶

❶ 乙酉년주 기준으로 보면 오미(午未) 순중공망입니다. 천간의 병정(丙丁)도 오행공망이지만, 천간에 병정(丙丁)이 나타나지 않았습니다. 그래도 관공망은 숨어서 작용합니다.

❷ 무관성 팔자이기도 합니다. 명조에서 남편성이 약하면서 관공망이니 해로(偕老)는 힘들다고 봅니다. 말년 대운이 남방화운으로 흘러 길하지만 육친 공망 작용은 나타납니다.

예시 2 ▶

時	日	月	年	坤命
편재		겁재	정재	六神
己	乙	甲	戊	天干
卯	亥	子	申	地支
비견	인수	편인	정관	六神
甲乙	戊甲壬	壬癸	戊壬庚	지장간
建祿	死地	病地	胎地	12운성
일주공망 申酉		년주공망 寅卯		

▶ 탈관(奪官) 여자사주 경우 남자 운에 대해 살펴보겠습니다. 남편이 뇌졸중으로 쓰러져 언어장애 및 중풍에 걸렸습니다. 그 후에 만난 애인은 교통사고로 불구자가 되었습니다. 상당한 미모로 자녀는 없으며 힘들게 살아갑니다.

❶ 년(年)주기준 인묘(寅卯)가 공망이고, 일(日)주기준 신유(申酉)가 공망입니다.
❷ 신(申)정관 공망이고 신자(申子)합으로 정관이 수(水)로 탈관(奪官)되어 갑니다.
❸ 자녀성이 없는 무식상팔자이고 자식궁인 묘(卯)도 공망입니다.그래서 이분은 남편과 자녀와도 인연이 없는 팔자로 보시면 됩니다. 만약 사주에 없는 남편을 얻게 되면 남편이 불구자가 되는 것과 마찬가 됩니다.

사/주/해/설 ▶

신금(申金) 중 경금(庚金)을 정관 남편으로 봅니다. 일간에서 보면 신금(申金)은 태지에 해당이 되는데 재살로 갇힌다는 뜻입니다. 신자(申子)합국을 지어 수왕(水旺)하니 신금(申金)이 탈관(奪官)됩니다. 갇히고 설기당하는 모양새가 이 명조의 남편물상 입니다.

자수(子水)는 도화이고 신금(申金)은 정관이니 신자(申子)합하면 정관이 도화의 미모에 홀리게 됩니다. 을목(乙木)은 갑목(甲木)에 **등라계갑**하여 벗티고 있으니 갑(甲)을 생하고 있는 해수(亥水)와 자수(子水)는 인성이므로 이 명조의 백모, 숙모, 계모, 편모가 되는 셈입니다.

남편은 친족들의 등쌀에 맛이 가는 것 같습니다. 을해(乙亥) 일지가 효신살(梟神殺)인데 월지에 있는 효신(梟神) 편인은 식신을 극하여 편인도식을 만들어 어렵게 만듭니다. 편인성이 강해도 관성을 설기함이 심하여 탈관(奪官)이 되면 남편이 없는 거와 마찬가지입니다. 만약에 남편이 존재한다면 불구, 장애, 무기력자 등입니다.

89. 등라계갑(藤蘿繫甲)이란 무엇인가? 에서 한 번 더 다루겠습니다.

53

무자녀無子女 팔자

◆ 무자녀 팔자의 공통점입니다.

❶ 여자로서 상관(傷官)이 강한데 상관 공망이면 무자(無子)할 수 있습니다.

❷ 여명(女命)으로 자녀성(식상)이 공망이고, 지지에 유자묘(酉子卯)의 조합(성 관련 수술물상)은 무자(無子)할 팔자일 가능성이 높습니다.

❸ 남명(男命)으로 처성과 자녀성이 동시에 공망이면 무자(無子)합니다

❹ 자녀성이 공망이면서 시지 자녀궁도 공망이면 무자(無子)할 수 있습니다

❺ 장간에 있는 자녀성이 충출(沖出)하여 합거(合去)로 사라지는 천간구조이 면 무자(無子)할 수 있습니다.

예시 1 ▶

時	日	月	年	坤命
겁재		상관	식신	六神
戊	己	庚	辛	天干
辰	卯	子	酉	地支
겁재	편관	편재	식신	六神
乙癸戊	甲乙	壬癸	庚辛	지장간
일주공망 申酉		년주공망 子丑		

▶ 여자 무자(無子) 사주로, 남편이 성불구입니다.

사/주/해/설 ▶

▶ 여자 무자(無子) 사주로, 남편이 성불구입니다.

① 년(年)주 기준 자축(子丑) 공망, 일(日)주 기준 신유(申酉)가 공망입니다.

② 경신유(庚辛酉)가 식, 상관으로 자녀성이 공망에 해당이 됩니다.

③ 卯+子+酉=조합은 성에 관련된 수술 물상입니다. 다만, 자묘(子卯)삼형
이고 유(酉)금의 극을 받는 묘(卯)가 관성 남편인데 관형을 받고 있어서
묘(卯)남편이 성불구로 나타나는 경우입니다.

예시 2 ▶

時	日	月	年	坤命
정관		정관	식신	六神
己	壬	己	乙	天干
酉	子	卯	卯	地支
인수	겁재	상관	상관	六神
庚	壬	甲	甲	
				지장간
辛	癸	乙	乙	
일주공망 寅卯		년주공망 子丑		

▶ 여자 무자(無子) 사주입니다.

사/주/해/설 ▶

❶ 년주 기준으로 보면 자축(子丑)이 공망이고 일주 기준으로 보면 인묘(寅卯)가 공망입니다.

❷ 일지 배우자궁인 자수(子水)가 공망이고 을묘묘(乙卯卯)로 식, 상관이 강한데 식, 상관공망이니 명조에서 자식운이 약합니다.

❸ 여자에게 있어서 식상은 생식기로도 보는데 조후가 안 되어 생식기인 묘(卯)식상이 습랭(濕冷)한 사주입니다.

❹ 酉+子+卯=조합은 성에 관련된 수술 물상입니다 여기에서는 묘(卯)가 자녀성이므로 묘유(卯酉)충으로 묘(卯)가 손상당하는 형상을 가집니다.즉 묘(卯)상관자녀가 자묘(子卯)삼형살을 받고 있는데 유(酉)금이 묘(卯)자녀성을 극하면서 卯상관공망이니 묘(卯)자녀가 살아날 길이 없는 것입니다.

예시 3 ▶

時	日	月	年	乾 命
비견		상관	정재	六神
辛	辛	壬	甲	天干
卯	丑	申	辰	地支
편재	편인	겁재	인수	六神
甲	癸	己戊	乙	
	辛	壬	癸	지장간
乙	己	庚	戊	
일주공망 辰巳		년주공망 寅卯		

▶ 남자 2004년에 이혼하고 무자식 사주입니다.

사/주/해/설 ▶

❶ 년(年)주 기준 인묘(寅卯)가 공망, 일(日)주 기준 진사(辰巳)가 공망입니다.

❷ 시(時)지 자녀궁이 묘(卯)로 공망이고, 재성이 갑목(甲木)도 공망이니 처성(妻星)이 공망입니다. 처성과 자녀궁이 동시에 공망이면 무자식 팔자가 됩니다.

❸ 신진(申辰)이 임수(壬水) 투간하면 수국(水局)을 지으면, 갑목 처(妻)성은 나무가 물에 뜨는 부목으로 위험합니다. 아내 갑목(甲木)처성이 공망되면서 부목인 상황인데 사주에 무관팔자이고 자성이 공망이면서 시(時)지 자식궁도 공망입니다. 아내성와 자식궁이 동시에 문제가 되면 무자(無子)한 이유가 됩니다.

예시 4 ▶

時	日	月	年	坤 命
식신		상관	편관	六 神
甲	壬	乙	戊	天 干
辰	子	卯	戌	地 支
편관	겁재	상관	편관	六 神
乙	壬	甲	辛	
癸			丁	지장간
戊	癸	乙	戊	
일주공망 寅卯		년주공망 辰巳		

사/주/해/설 ▶

❶ 년(年)주 기준 진사(辰巳)가 공망, 일(日)주 기준 인묘(寅卯)가 공망입니다.

❷ 시(時)지의 자식궁 갑진(甲辰)이 공망이고, 갑목(甲木)과 묘목(卯木) 식상인
자녀성도 공망 입니다.

❸ 또한, 명조에 화(火)가 없으므로 무관(無官)팔자이기도 합니다. 그러므로
자녀궁 공망, 자녀성 공망, 무관팔자로 무자(無子)하였습니다.

예시 5 ▶

時	日	月	年	坤命
비견		상관	비견	六神
癸	癸	甲	癸	天干
亥	卯	子	卯	地支
겁재	식신	비견	식신	六神
戊	甲	壬	甲	
甲				지장간
壬	乙	癸	乙	
일주공망 辰巳		년주공망 辰巳		

▶ 남편, 자식, 남친도 없는 사주입니다.

임인(壬寅), 계묘(癸卯)일주의 여명은 추명가에 의하면 인생이 굴곡이 많고 팔자가 순탄치 못하다고 했습니다. 이것은 재관(財官)인 진사(辰巳)가 공망이고, 사대공망이 수(水)로 일간 공망이 된 까닭입니다. 일간이 공망(自空)이면 외로움과 고독은 타고난 숙명과도 같습니다.

사/주/해/설 ▶

❶ 년(年)주, 일(日)주기준으로 보면 진사(辰巳)가 공망입니다.

❷ 그런데 이 명조는 무재(無財) 팔자이며 무관(武官)팔자입니다. 재관이 공망인 것과 별 다름이 없습니다.

예시 6 ▶

時	日	月	年	坤命
상관		정관	정관	六神
乙	壬	己	己	天干
巳	寅	巳	未	地支
편재	식신	편재	정관	六神
戊庚丙	戊丙甲	戊庚丙	丁乙己	지장간
일주공망 辰巳		년주공망 子丑		

사/주/해/설 ▶

임인(壬寅), 계묘(癸卯)일주 여자 인생관

▶ 너무 고민이 많아요. 저의 삶은 힘들지는 않았지만 제 스스로 늘 생각이 많아서 오히려 많이 힘들었어요. 그리고 늘 고독과 외로움이 많아서 나이가 들어서도 외롭고, 고독하다고 하니 답답합니다.

예시 7 ▶

時	日	月	年	坤 命
식신		정관	정관	六神
甲	壬	己	己	天干
辰	寅	巳	未	地支
편관	식신	편재	정관	六神
乙癸戊	戊丙甲	戊庚丙	丁乙己	지장간
일주공망 辰巳		년주공망 子丑		

사/주/해/설 ▶

임인(壬寅), 계묘(癸卯)일주 여명의 인생관

▶ 관성과 편재 공망으로 부친과 멀게 살며, 남친을 사귀어도 항상 동떨어진 느낌을 받습니다. 관공망이라 그런지 대기업인데도 직장생활이 만족스럽지 않고 해당 조직을 미워하는 마음이 생긴다고 합니다. 또한 남자가 아니다 싶으면 곧바로 남자를 우습게 여깁니다.(미혼)

예시 8 ▶

時	日	月	年	坤命
편인		인수	편관	**六神**
丁	**己**	**丙**	**乙**	**天干**
卯	**丑**	**戌**	**卯**	**地支**
편관	비견	겁재	편관	**六神**
甲乙	癸辛己	辛丁戊	甲乙	**지장간**
일주공망 午未		년주공망 子丑		

사/주/해/설 ▶

❶ 일(日)지 배우자궁인 축토(丑土)가 공망입니다.

❷ 자녀성은 공망은 아니지만 장간에 숨어 있어서 드러나지 못했습니다.

그런데 장간의 자녀성이 드러나지 못하면 무자(無子)할 가능성이 있습니다.

❸ 자녀는 술(戌)중 신금(辛金)이고 축(丑)중 신금(辛金)이다. 축술(丑戌)형이 동(動)해야 하는데 묘술(卯戌)합으로 지지가 정(靜)하므로 개고(開庫)가 일어나지 못하고 있습니다.

❹ 기축(己丑)대운 기축(己丑)년에 축술(丑戌)형이 일어 납니다. 축술(丑戌)형으로 투출된 술(戌)중 신금(辛金)이 천간의 병화(丙火)와 병신(丙辛)합거로 사라집니다. 즉 자식은 잠깐 보았다가 없어지는 것이니 유산이 많았을 것입니다.

● **공망이 합충(合沖)을 만나면 해공(解空)되는 사례**

❶ 공망이 합이 되면 공망의 흉조가 완전히 해소된 것이므로 공망으로 보지 않습니다.

❷ 공망이 충이 되면 해충(解沖)이라하여 공망이 해소가 됩니다.

❸ 귀인(신살에서 貴神)이 공망되면 복을 감합니다. 또한 공망도 해소됩니다.

❹ 공망이 3개 이상이면 공망으로 보지 않습니다.

❺ 삼주(三柱)가 공망이면 오히려 대귀할 사주입니다.

예시 9 ▶

時	日	月	年	坤命
편재		정관	식신	六神
丁	癸	戊	乙	天干
巳	卯	子	巳	地支
정재	식신	비견	정재	六神
戊庚丙	甲乙	壬癸	戊庚丙	지장간
일주공망 辰巳		년주공망 寅卯		

▶ 추명가에 의하면 임인(壬寅), 계묘(癸卯)일주의 여명은 인생이 굴곡이 많고 팔자가 순탄치 못하다고 했습니다. 그런데 이 명조는 그렇지 않다고 합니다. 왜 그럴까요?

"시지 공망에 자묘(子卯)형에 식신공망 모두 가지고 있지만, 아들 셋 모두 특별한 일이 없이 잘 자라고 있습니다. 학교 공부만 열심히 하며 4년제 물리학과 전체 수석으로 장학생입니다. 부모에게 모두 깍듯이 하고 집안일도 잘 도우고 교우관계도 좋아요" 28세 결혼하였고 20년을 부부관계가 좋습니다. 남편은 2살 연하이고 착하고 성실하며 자식과 사이가 좋습니다. 아내의 일을 전적으로 도와주고 응원합니다.

사/주/해/설 ▶

❶ 년(年)주 기준 인묘(寅卯) 공망, 일(日)주 기준 진사(辰巳) 공망입니다.

❷ 식신 자녀성이 모두 공망이고 일지 배우자궁도 공망이며 재성도 공망입니다. 그런데도 자녀와 남편과도 별 문제가 없다면 해공된 사례로 봐야 합니다.

❸ 사묘(巳卯)가 천을귀인으로 지지에 천을귀인 3개가 모여 있습니다. 그러므로 지지 3개는 모두 공망이 아니라고 봐야 합니다.

❹ 또한 천간에는 무계(戊癸)합으로 토(土)공망도 해공(解空)이 되었습니다. 이 명조는 천을귀인과 합충으로 모든 육신이 해공이 된 사례입니다.

四柱命理

實戰百句文

사주명리 실전 100 구문

100 Phrases in practice

제7장

실전응용 구문

54

부자가 되려면 재고財庫를 마땅히 열어야 한다

부자 명식을 파악하는 요령은 명식에 재고(財庫)가 있는가를 먼저 살펴봐야 합니다. 대부분 큰 부자들은 사주에 재고(財庫)를 가지고 있습니다. 재고(財庫)가 열어질 때에 부자가 됩니다. 그러면 재고(財庫)란 무엇인가요? 원국에 진술축미 중에서 하나를 가지고 있으면서, 진술축미(辰戌丑未)의 지장간내에 육신으로 재성(財星)이 존재하면 이것을 재고(財庫) 있다고 합니다. 재고는 대, 세운 때 충, 형, 파가 날 때 재물의 창고를 열어 재물이 쏟아져 나와 큰 부자가 됩니다.

예시 1 ▶

時	日	月	年	乾 命
상관		인수	인수	六 神
乙	壬	辛	辛	天 干
巳	戌	丑	巳	地 支
편재	편관	정관	편재	六 神
戊庚丙	辛丁戊	癸辛己	戊庚丙	지장간
絶地	冠帶	衰地	絶地	12운성

癸	甲	乙	丙	丁	戊	己	庚	대운
未	申	酉	戌	亥	戌	亥	子	
71	61	51	41	31	21	11	1	

▶ 이건희 회장 명조입니다.

임(壬)일간을 기준으로 보면 술(戌)중 정화(丁火)가 재성입니다. 임(壬)일간이 일지에 술토(戌土) 재고(財庫)를 깔고 앉아 있는 것입니다. 만약에 축술(丑戌) 형이 일어나면 술(戌)중 정화(丁火) 재성이 투출하여 득재(得財)하게 될 수가 있습니다. 한마디로 재고(財庫)가 개고(開庫)되는 것입니다.

55. 부자의 팔자는 무엇으로 알 수가 있는가? 에서 한번 더 자세히 다루겠습니다.(예시2)

예시 2 ▶

時	日	月	年	乾命
정관		편재	식신	六神
辛	甲	戊	丙	天干
未	申	戌	子	地支
정재	편관	편재	인수	六神
丁乙己	戊壬庚	辛丁戊	壬 癸	지장간
墓地	絶地	養地	沐浴	12운성

丙	乙	甲	癸	壬	辛	庚	己	
午	巳	辰	卯	寅	丑	子	亥	대운
73	63	53	43	33	23	13	3	

▶ 43 임인(壬寅)대운에서 시작하여 53 갑진(甲辰)대운에 큰 부자가 되었습니다. 탄광에서 다이너마이트 폭발사고로 다리를 절단하고 불구가 되어 죽을 고비를 겨우 넘겼지만, 배우자 운이 좋지 않습니다.

사/주/해/설 ▶
월지에 있는 술토(戌土)는 편재로 재고(財庫)입니다 미토(未土)도 재고(財庫)입니다. 즉 재물을 쌓아 둔 창고인데 언제 열리는가를 보아야 합니다. 이것을 개고(開庫)라고 합니다. 년(年)지 기준으로 보면 인목(寅木)은 역마이고 신금(申金)은 지살입니다. 인(寅)대운에 인신(寅申)충이 되면 역마의 충이 발생하게 됩니다. 즉 해외로 돌아다니기도 하고 부지런히 움직이면서 재물을 벌어들이기 좋은 때입니다. 만약, 록지의 충이 되는 시점에 돌아다니지 않는다면 본인이 다치는 불상사가 발생할 수도 있습니다. 인(寅)대운에 인목(寅木)이 갑(甲)일간의 록지이면서 역마이니 록마동향인 셈입니다. 록마동향이 성립이 되면 크게 발복하여 재물을 모은다고 하였습니다.

인술(寅戌)합작하여 천간에 병화(丙火)가 있으니 합력이 생기므로 인신(寅申) 충을 완화하였습니다. 갑진(甲辰)대운에는 진술(辰戌)충으로 재물의 창고인 술토(戌土)를 개고하였습니다.

예시 3 ▶

時		日		月		年		乾命
비견				상관		정관		六神
甲		甲		丁		辛		天干
戌		子		酉		巳		地支
편재		인수		정관		식신		六神
辛丁戊		壬癸		庚辛		戊庚丙		지장간
養地		沐浴		胎地		病地		12운성
己	庚	辛	壬	癸	甲	乙	丙	
寅	卯	卯	辰	巳	午	未	申	대운
72	62	52	42	32	22	12	2	

▶ 한학에 전통한 서예가입니다. 어려운 가정환경으로 초등학교만 졸업했습니다. 2억 원에 구입한 한옥이 진(辰)대운에 주변개발로 30억에 되팔아 횡재하였습니다.

사/주/해/설 ▶

갑(甲) 일간이 유월(酉月)에 태어났는데 사유(巳酉)반합하고 신금(辛金)이 투출하였습니다. 금(金)국을 만들어 재성이 매우 강하니 정화로 상관제살해야합니다. 이 명조에서 술토(戌土)는 재고(財庫)입니다. 이 재고(財庫)가 열리는 시점에 재물이 들어옵니다. 진(辰)대운에 진술(辰戌)충으로 개고하여 30억 원의 재물을 얻게 되었습니다.

예시 4 ▶

時	日	月	年	乾命
편관		비견	정재	六神
丁	辛	辛	甲	天干
酉	丑	未	申	地支
비견	편인	편인	겁재	六神
庚 辛	癸辛己	丁乙己	戊壬庚	지장간
建祿	養地	衰地	帝王	12운성

己	戊	丁	丙	乙	甲	癸	壬	
卯	寅	丑	子	亥	戌	酉	申	대운
71	61	51	41	31	21	11	1	

▶ 어려운 가정환경으로 상고를 졸업하고 은행에 입사하여 을해(乙亥) 병자(丙子)에 재물이 일고, 직장에서 인정받아 지점장이 되었습니다. 정축(丁丑)대운 을해(乙亥)년에 타 회사에 임원으로 이직하고, 정축(丁丑)대운 정축(丁丑)년에 전원주택 사업으로 전 재산을 날렸습니다.

사/주/해/설 ▶

미(未)토는 편인이면서 재고입니다. 그래서 편인문서를 통해 부를 축재할 수 있다고 추측을 할 수 있습니다. 축미(丑未)충으로 개고(開庫)시켜줘야 재물이 쏟아질 턴인데 유축(酉丑)합으로 충을 막아 개고(開庫)가 되지 않은 상태입니다. 해(亥)대운에 해미(亥未)합생하였습니다. 목재성기운이 강해지니 재물을 얻었습니다. 그러나 이것은 개고(開庫)와는 상관이 없으면 재성이 왕(旺)해진 결과입니다. 자(子)대운에 신자(申子)반합이 되면서 자축(子丑)합으로 축미(丑未)충을 건들려 주었습니다. 세운이나 월운에서 합충을 다시 건드려 주면 축미(丑未)충이 계속 일어납니다. 정축(丁丑)대운 정축(丁丑)년에 파재(破財)한 이유는 미토(未土)를 재충하는 경우에는 재물 창고가 열리기도 전에 박살이 나기 때문입니다.

55

부자富者의 팔자는
무엇으로 알 수가 있는가?

부자라는 것을 설명하려면 재물을 생해주는 합생(合生)의 뜻 알아야 합니다. 재가 있다고 다 같이 부자가 아니듯이 재물을 꾸준하게 벌게 하는 합생을 찾아내야 하는 것입니다. 합생(合生)이란 "합하면서 생해준다"라는 뜻이니 말그대로 재성을 끊임없이 생해주는 것입니다. 즉 재성(財星)과 합생(合生)이 이루어진 사주를 찾아내야 합니다. 큰 부자 되려면 정재의 합까지 고는 어림없습니다. 편재가 꼭 필요한 것입니다.

▶ 다음 아래는 부자명식이 가지고 있는 공통점입니다.

(1) 식신(食神) 또는 상관(傷官)이 재(財)성을 도와 합생하면서 재기유통(財氣流通)하면 부자의 사주입니다.

(2) 신왕재왕 하거나 재성이 충,극을 당하지 않고 힘이 있으면 부자가 될 수 있습니다.

(3) 재성이 강하며 관성을 돕고 관성이 재성을 보호하며 신약하지 않으면 부와 귀가 모두 갖추어진 팔자가 될 수 있습니다.

(4) 재왕(財旺)이 투하지 않고도 부자가 될 수가 있습니다. 재성이 비합(飛合)비출(飛出)의 명식이 성립하면 거부팔자가 되는 것입니다.

時	日	月	年
	甲		
	寅	戌	

위의 명식은 갑인(甲寅)일주의 인(寅)비견이 술(戌)편재와 인술(寅戌)합생하고 있습니다. 주머니에 돈이 마르지 않는다고 보면 됩니다.

時	日	月	年
	庚		
	辰	申	

위의 명식에서 진(辰) 지장간 중 을목(乙木) 재성이 경금과 을경(乙庚)명암합하고 있습니다. 이것 또한 일간이 재성과 을경(乙庚)합생이 되는 것입니다. 신(申)비견과 진(辰)인수의 합생(合生)은 문서적인 협력으로 재물을 성취한다는 의미입니다.

時	日	月	年
	乙		
	卯		未

을묘일주의 묘(卯)비견과 미(未)편재의 묘미(卯未)합생이 이루어 지고 있습니다.

時	日	月	年
	丙		
	申		辰

신(申)편재와 진(辰)식신이 신진(申辰)합생하고 있습니다.

예시 1 ▶

時	日		月	年	乾命
정재			인수	식신	六神
辛	**丙**		**乙**	**戊**	天干
卯	**子**		**卯**	**申**	地支
인수	정관		인수	편재	六神
甲乙	壬癸		甲乙	戊壬庚	지장간
沐浴	胎地		沐浴	病地	12운성

癸	壬	辛	庚	己	戊	丁	丙	
亥	戌	酉	申	未	午	巳	辰	**대운**
80	70	60	50	40	30	20	10	

▶ 남자 재산이 천억 정도가 되고 부인 재산은 더 많다고 합니다. 공부를 많이 한 사람은 아니지만, 자식들은 모두 해외 유학중입니다. 밀수를 하여 돈을 모아 공유지 논밭을 싸게 구입해 건설회사에 높은 가격에 되팔아 시세 차익을 얻었습니다. 이러한 위법 행위로 법망에 걸려서 2번 감옥신세를 졌습니다. 지금은 홍콩으로 도피해 있다고 합니다. 중국인입니다.

사/주/해/설 ▶
합생(合生)은 잘되나 지지에서 관형(官刑)이 일어나는 명조입니다. 이 사람이 부자라는 것을 설명하려면 합생의 뜻 알아야 합니다. 재성(財星)이 있다고 다 같이 부자가 아니듯이 재물을 꾸준하게 벌게 하는 합생을 찾아내야 합니다. 합생이란 "합하면서 생해준다." 말 그대의 뜻입니다.
이 정도 부자 되려면 정재(正財)의 합까지 고는 어림이 없고 편재(偏財)가 꼭 필요한데 신금(申金) 속에는 편재 경금(庚金)이 있습니다. 이 편재가 천간의 을목(乙木)인수와 을경(乙庚) 명암 합되므로 합생하는 것입니다.

천간과 지장간의 을경(乙庚)명암합이 붙었다 떨어졌다 하면서 부지런히 재물을 생산해 내는 것입니다. 이것이 합생의 논리입니다.

병화(丙火)가 을목(乙木) 인성을 옆에 두면 주변 조력자로부터 많은 도움을 받게 된다고 합니다. 시간(時干)의 신금(辛金)재성과 일간이 병신합으로 합득(合得)하면 재물운은 매우 안정적인 명조가 됩니다. 천간에서 신(辛),병(丙), 을(乙)의 조합만 되어도 "섞 괜찮은 인생이다"라고 생각할 수가 있는 것입니다. 특히 이 월지 묘목에 근을 둔 을목(乙木) 인성이 상당한 파워를 구사할 수가 있습니다. 을경(乙庚)명암합하여 경금 편재를 이끌어내는데 핵심적인 역할을 한다고 보면 되겠습니다. 여기 까지는 매우 우수한 조합의 형태입니다.

그러나 문제는 자묘(子卯)형인데 이 자묘(子卯)삼형은 무례지형이라하여 태지인 자수(子水)정관이 월지 묘(卯)문서건에 붙었다, 시지 묘(卯)문서건에 붙었다 하면서 관형(官刑)이 일어나는데 자묘형으로 관재사건들을 수시로 만들어 내는 것입니다. 이것은 관공서의 문서들과 관형(官刑)하는 물상으로 나타나므로 나중에 형살(刑殺)을 받을 수 있음을 짐작할 수가 있습니다. 그래서 이 분의 사주구조가 돈은 잘 벌고 감옥도 수시로 가고 두 가지 행태가 일어난다고 봅니다.

조금 더 들어 가보면 을경(乙庚)합은 인수와 편재의 합으로 부동산, 건축 등이 되는 것으로 보면 됩니다. 을(乙)과 경(庚)이 붙었다 떨어졌다 할 때마다 부동산의 매각이 진행되는 것으로 보면 되는 것입니다. 문서와 편재가 떨어지면 재물이 살아나는 것이 되므로 부동산매각으로 보는 것이며 문서와 편재가 합하면 재물이 묶이므로 부동산 취득이라 보면 됩니다. 합이 떨어진 경우에 지장간의 경금 편재는 부동산을 팔아 번 돈으로 큰 재물이 남 모르게 지장간에 쌓이는 것입니다.

예시 2 ▶

時	日	月	年	乾 命
상관		인수	인수	六 神
乙	壬	辛	辛	天 干
巳	戌	丑	巳	地 支
편재	편관	정관	편재	六 神
戊庚丙	辛丁戊	癸辛己	戊庚丙	지장간
絶地	冠帶	衰地	絶地	12운성

癸	甲	乙	丙	丁	戊	己	庚	
未	申	酉	戌	亥	戌	亥	子	대운
71	61	51	41	31	21	11	1	

▶ 이건희 회장 명조입니다.

54. 부자가 되려면 재고를 마땅히 열어야 한다.(예시1)

사/주/해/설 ▶

천간이 금생수, 수생목 상생으로 흐르고 있습니다. 즉, 임수(壬水)일간이 인수의 도움을 받는데 도세주옥(淘洗珠玉)하면서 출수홍련(出水紅蓮)한다는 조합입니다. 총명(聰明)하고 재능(才能)을 충분히 발휘합니다. 그런데 귀한 조합이 여기에서 끝나지 않고, 시지에 사(巳)중 병화(丙火)가 암장이 되어 있습니다. 금생수, 수생목으로 흐른 천간이 시지 장간으로 목생화하면서 편재 병화(丙火)에 안착하는 것입니다. 말년에 재물이 큰 것은 시지에 암장된 편재의 위력인 것입니다. 이것을 임(壬),을(乙),병(丙)의 조합이라고 하며 강휘상영부유영(江暉相映浮柳影)이라고 명칭 합니다. 또한, 축술(丑戌)형이 발생이 되면 재고(財庫)를 열어 술(戌)중 정화(丁火)가 투출하여 정임(丁壬)합하므로 득재(得財)가 지속적으로 일어나게 됩니다. 사화(巳火) 편재가 축(丑)정관과 사축(巳丑) 합생이 일어나고 있습니다. 임(壬)일간이 비합(飛合)으로 정화(丁火)를 품고 있는데 술(戌)중 정화(丁火)가 비출이 된 사주이기도 합니다.

時		日		月		年		坤 命
식신				인수		편인		六 神
己		丁		甲		乙		天 干
酉		巳		申		未		地 支
편재		겁재		정재		식신		六 神
庚 辛		戊庚丙		戊壬庚		丁乙己		지장간
長生		帝王		沐浴		冠帶		12운성
壬	辛	庚	己	戊	丁	丙	乙	
辰	卯	寅	丑	子	亥	戌	酉	대운
75	65	55	45	35	25	15	5	

▶ 재산이 약 50억이 됩니다. 직접 사업을 하여 모은 재산은 아니고, 남편의 월급을 모아서 사업가에게 투자하고 다시 땅에서 투자하여 재산을 모았다고 합니다.

사/주/해/설 ▶

정사(丁巳)일주가 건장하고 진신인 갑목(甲木)과 건초인 을목(乙木)의 생을 받으므로 신월(申月)의 정화(丁火)라도 힘이 있습니다. 사화(巳火)가 정재 신금(申金)과 편재 유금(酉金)에 붙었다 떨어졌다 하면서 합생(合生)하는 구조로 되어 있습니다.

특히 시(時)지 편재(偏財)와 일(日)지가 합생하는데 시지에 편재가 있다는 것은 말년 재물복이 크다는 것을 의미하는 것입니다. 기토(己土) 식신이 편재 유금(酉金)을 식신생재하는 역할도 크게 작용하는 것입니다.

예시 4 ▶

時	日	月	年	乾命
편관		정관	식신	六神
丁	辛	丙	癸	天干
酉	亥	辰	巳	地支
비견	상관	인수	정관	六神
庚	戊	乙	戊	
	甲	癸	庚	지장간
辛	壬	戊	丙	
建祿	沐浴	墓地	死地	12운성

戊	己	庚	辛	壬	癸	甲	乙	
申	酉	戌	亥	子	丑	寅	卯	대운
78	68	58	48	38	28	18	8	

▶ 이랜드 그룹 박성수 회장 명조입니다.

사/주/해/설 ▶

신월(辛金)이 진월(辰月)에 생하여 유시(酉時)에 태어나면 시에 록(祿)을 만난
것이 되므로 귀록(貴祿)에 해당합니다.
진(辰)중 을목(乙木)이 편재입니다. 편재가 시(時)지 유(酉)중 경금(庚金)과 을
경(乙庚)합생하고 있습니다.

※ 자세한 사주풀이는 56. 귀록(歸祿)을 얻고 월령에 재관을 얻으면 자연성복
한다. '85. 흑운차일(黑雲遮日)' '99방위는 실자(實子)로 작용한다.'에서 상세히
한 번 더 다루어 드리겠습니다.

예시 5 ▶

時	日	月	年	乾命
정관		정관	정재	六神
丁	庚	丁	乙	天干
丑	申	亥	卯	地支
인수	비견	식신	정재	六神
癸辛己	戊壬庚	戊甲壬	甲乙	지장간
墓地	建祿	病地	胎地	12운성

己	庚	辛	壬	癸	甲	乙	丙	
卯	辰	巳	午	未	申	酉	戌	대운
76	66	56	46	36	26	16	6	

▶ 정주영 회장 명조입니다.

사/주/해/설 ▶

경신(庚申)일주가 해묘(亥卯)가 반합하고 을목(乙木)이 투간하였습니다. 재성(財星)이 목국(木局)을 지으니 재기(財氣)가 통문(通門)하여 왕(旺)하다고 보는 것입니다. 이것은 을목(乙木)재성의 기운이 취합(聚合)하여 후(厚)하게 되므로 자연 재성왕기를 띄는 것입니다. 을경(乙庚)이 합생(合生)하고 경신(庚申)일주가 정화를 만나 화련진금(火練眞金)이 된 사주입니다.

▶ **후박취산(厚薄聚散)** 후박(厚薄): 두터움과 얇음, 취산(聚散): 모임과 흩어짐. 일주(日主)와 격국(格局)에서 기체(氣體)가 풍족(豊足)한 것이 후(厚)가 되고, 정신(精神)이 수렴(收斂)되어 쌓인 것이 취(聚)가 됩니다. 기체(氣體)가 단한(單寒)한 것이 박(薄)이고, 정신(精神)이 허탈(虛脫)한 것이 산(散)입니다
※ '94. 후박취산(厚薄聚散)을 살펴보는 법'에서 자세히 설명하고 있습니다.

56

귀록歸祿을 얻고
월령에 재관을 얻으면
자연성복이라 했다

사언독보(四言獨步)에 이르기를 일록(日錄)이나 귀록(歸祿)을 얻고 월령에 재
관을 얻으면 자연성복(自然成福)이라 했습니다. 그러나 이것은 귀록을 얻은
신왕한 사주가 재관(財官)을 용하는 격국으로 분리해서 보아야 합니다. 즉,
귀록격은 아니라는 것입니다.

이것은 재관으로 용신(用神)하게 되는데 시록(時祿)은 일간을 방조(幫助)하여 재관을 감당할 수 있기 때문입니다. 반대로 참된 귀록격이 성립하는 명조의 조건은 신강하고 관성이 없어야 합니다. 이것을 몰관성(沒官星)이라고 말합니다. 연해자평에서는 귀록격에 관한 설명을 다음과 같이 말하고 있습니다. "일록(日錄)이 시(時)에 있고 관성이 몰(沒)하였으면 청운이 길을 얻는다고 하였다. 이것은 귀록격을 논한 것인데, 사주 중 일점 관성도 없을 것을 요하여 바야흐로 이격을 이루면 청운득로를 이룬다. 가장 필요한 것이 일간의 생왕인바, 겸하여 식신 상관지향으로 가면 가히 발복한다."【연해자평】

사언독보에서는 관성을 반기는데 연해자평에서는 왜 몰관성(沒官星)을 요구하는 것일까요? 왜냐하면 몰관성(沒官星)이 되므로 관성이 록을 극하는 것이 적어지고 또한 허자로 관성을 끌고 오게 되므로 관이 더욱 귀해지는 것입니다. 그러므로 사언독보에 나오는 귀록은 귀록격이 아니며 귀록으로 신강해진 일간이 재관을 용한다고 보면 좋겠습니다.

▶ **방조(幫助)**: 방(幫)은 도울 방, 조(助)는 도울 조이니 일간을 돕는다는 의미입니다.
▶ **몰관성(沒官星)**: 몰(沒)은 가라앉을 몰, 사주에 관성이 전혀 없다는 의미입니다.

예시 1 ▶

時	日	月	年	乾命
편재	我	인수	정재	六神
己	乙	壬	戊	天干
卯	未	戌	辰	地支
비견	편재	정재	정재	六神
甲乙	丁乙己	辛丁戊	乙癸戊	지장간
建祿	養地	墓地	冠帶	12운성

庚	己	戊	丁	丙	乙	甲	癸	
午	巳	辰	卯	寅	丑	子	亥	대운
76	66	56	46	36	26	16	6	

▶ 중국 주룽지 전 총리

1998~2003년(약70세~75세까지) 총리를 하였습니다. ▶ 己巳대운에 해당

사/주/해/설 ▶

일(日)간에 을(乙)이 시(時)에 묘(卯)록을 얻었습니다. 묘미(卯未)반합으로 을(乙) 일간은 무척 신강한 편입니다. 명조에 록을 극하는 관성이 나타나 있지 않습니다. 그래서 몰관성(沒官星)에도 해당이 됩니다. 식신상관지향이 되는 기사대운에 총리를 역임 하였습니다. **"일록(日錄)이 시(時)에 있고 관성이 몰(沒)하였으면 청운이 길을 얻는다고 하였다. 가장 필요한 것이 일간의 생왕인바, 겸하여 식신 상관지향으로 가면 가히 발복한다."**고 연해자평에서 말하고 있습니다.

주룽지 총리의 사주는 연해자평에 나온 귀록격의 조건을 충분히 성립시키고 있습니다. 또한 묘(卯)중 을(乙)목과 일간의 을목이 간지의 힘으로 허자 경금을 동시에 끌고 옵니다. 명조에 관성이 없는 데에도 총리를 역임할 수 있었던 이유는 허자(虛字) 관성을 보았기 때문입니다.

예시 2 ▶

時		日		月		年		坤 命
편관				겁재		정관		六 神
丁		辛		庚		丙		天 干
酉		巳		子		子		地 支
비견		정관		식신		식신		六 神
庚		戊		壬		壬		
		庚						지장간
辛		丙		癸		癸		
建祿		死地		長生		長生		12운성
壬	癸	甲	乙	丙	丁	戊	己	
辰	巳	午	未	申	酉	戌	亥	대운
72	62	52	42	32	22	12	2	

▶ 연해자평 파록(破祿)에 해당하는 명조입니다.

사/주/해/설 ▶

유(酉)록은 관성인 사(巳)와 정(丁)이 공략하니 뿌리를 상한 나무와 같습니다. 대운이 북방(北方)에서 서방(西方)로 향하니 사화(巳火)를 눌러 귀록격으로 가려는 성향이 짙습니다. 파격이니 내격으로 간주 하고 살펴봐야 합니다.

(1) 다음과 같은 경우 귀록을 파록(破祿)시키는 요인이 됩니다.

❶ 비겁이 많아 록(祿)의 기운을 분산 시키는 경우.

비겁이 많아지면 쟁재(爭財)도 일어나지만 록의 기운도 빼앗아갑니다. 천간의 비겁과 지지의 록이 같은 비겁이라고 생각하시면 안 됩니다. 천간은 비겁이라 하지만 지지는 록이라고 말하는 이유는 12운성에서 이미 설명하였습니다.

❷ 일간의 록(祿)이 시(時)에 있으면서 왕(旺)함이 좋은데 형충(刑沖)이 될 경우.

형충이 되면 록이 파괴되기 때문에 당연히 귀록이 성립되지 못합니다.

❸ 합(合)으로 록(祿)의 기운을 방해하는 경우.

합이 되어 록이 다른 오행으로 변화하면 귀록이 성립도지 못합니다.

❹ 관성이 나타나 록(祿)을 극충할 경우.

관성이 록을 극충할 경우, 록이 사라지는 것과 같으므로 귀록이 성립하지 못합니다.

❺ 재(財)를 손상시키는 운도 나쁜데 귀록격은 재를 만나면 명리가 완전해지고 재가 투출하는 것을 꺼리지 않습니다.

연해자평에서 말하길 "겸하여 식신 상관지향으로 가면 가히 발복한다"고 한 말은 운에서 식상운으로 흐르는 경우 식상생재가 되어 명리(命理)가 완전해진다는 뜻입니다. 주룽치 총리의 명조가 이에 해당이 되는데 재성이 투출한 명조가 대운에서 식상운을 만나 명리가 완전해지면서 총리가 되었습니다.

(2) 귀록과 귀록격을 구별해 볼 수 있어야 합니다.

時	日	月	年
丙	甲	辛	壬
寅	戌	未	子

❶ 단순히 귀록에 해당하는 경우입니다.

명조에 신금(辛金)관성이 나타나 있으므로 몰관성(沒官星)에 해당이 안 됩니다.

그래서 연해자평에서 말하는 귀록격이 안되고, 단순 귀록(貴祿)에 해당 합니다.

예시 1 ▶

時	日	月	年	乾命
편관		정관	식신	六神
丁	辛	丙	癸	天干
酉	亥	辰	巳	地支
비견	상관	인수	정관	六神
庚	戊	乙	戊	지장간
	甲	癸	庚	
辛	壬	戊	丙	
建祿	沐浴	墓地	死地	12운성

戊	己	庚	辛	壬	癸	甲	乙	
申	酉	戌	亥	子	丑	寅	卯	대운
78	68	58	48	38	28	18	8	

▶ ❷ 귀록으로 시상편관격을 이루는 경우로 이랜드 박성수 회장 명조입니다.

사/주/해/설 ▶

신월(辛金)이 진월(辰月)에 생하여 유시(酉時)에 태어나면 시에 록(祿)을 만난 것이 되므로 귀록(貴祿)에 해당합니다 그러나 정확하게 말한다면 시상편관격에 해당 됩니다.

만년에 부귀(富貴)하고 록(祿)의 성분이 끊어지지 않아서 정관을 용하는 것인데 나타난 병화가 일간과 합이 되어 관의 영향력이 큽니다. 이것은 몰관성(沒官星)이 아니라서 연해자평에서 말한 귀록격은 아니고, 사언독보에 나온 귀록에 해당이 되어 재관을 용하는 경우입니다.

57

동주묘同柱墓이론
이해하기

동주(同柱)라는 것은 "같은 기둥에 있다"라는 의미입니다. 즉 천간과 지지가 같은 기둥 안에 있으니 육십 갑자중에서 동주(同柱)하는 간지(干支)를 찾아내야 합니다.

▶ 동주묘(同柱墓)는 다음과 같습니다.

동주묘	丙	丁	戊	己	壬	癸
	戌	丑	戌	丑	辰	未

동주묘이론은 암기하여야 하며 "병술(丙戌), 정축(丁丑), 무술(戊戌), 기축(己丑), 임진(壬辰), 계미(癸未)"는 12운성의 배치표로 각각 묘(墓)에 해당이 된다고 하여 "동주묘"라고 하고 있습니다.

▶ 사주첩경에 나와 있는 동주묘의 설명입니다.

단언하면, 관성 동주묘로서 여명이라면 남편성이 묘지에 들어가니 수컷 원앙이 다른 길로 날아가고, 남자 사주가 이와 같으면 그 자식이 숲으로 돌아간다.

❶ 재성입묘(財星入墓)의 사례

時	日	月	年	歲
	癸	丙		
		戌		辰

병화(丙火) 재성이 술토(戌土) 묘지위에 앉아 있습니다. 이 말의 뜻은 병화 재성이 입묘할 때에 재물손실, 아버지나 아내와 생리사별이 따른다는 의미입니다. 여자명이라면 관성 술토 위에 재성이 앉아 있으니 아내는 결혼하므로 관성인 술토(戌土)를 동(動)하게 만들면 병화(丙火) 입묘가 일어나 병화(丙火)재성에 관련된 육친의 근심을 가지게 됩니다. 남자명이라면 술토 관성 자녀를 얻으면 술토 묘지를 동(動)하게 하므로 병화재성의 입묘를 일으킬 수가 있습니다 즉 처의 변고가 발생할 수가 있습니다.

예시 1 ▶

時	日	月	年	乾 命
정관		비견	정재	六 神
戊	癸	癸	丙	天 干
午	卯	巳	戌	地 支
편재	식신	정재	정관	六 神
丙	甲	戊	辛	
己		庚	丁	지장간
丁	乙	丙	戊	
絶地	長生	胎地	衰地	12운성

辛	庚	己	戊	丁	丙	乙	甲	
丑	子	亥	戌	酉	申	未	午	대운
73	63	53	43	33	23	13	3	

▶ 무술(戊戌)대운 무진(戊辰)년에 처가 유방암으로 사망하였습니다.

사/주/해/설 ▶

병술(丙戌)은 동주묘입니다. 재성이 묘지위에 앉아 있는 것입니다. 묘지를 중첩하거나 건들이면 묘지(墓地)가 동하여 열리므로 병화 재성은 입고(入庫)하게 될 것입니다.

무술(戊戌)대운 무진(戊辰)년 진술(辰戌)충으로 술토(戌土)가 열리어 처가 유방암으로 사망하였습니다.

예시 2 ▶

時		日		月		年		乾命
편인				식신		편재		六神
壬		甲		丙		戊		天干
申		子		辰		戌		地支
편관		인수		편재		편재		六神
戊		壬		乙		辛		지장간
壬				癸		丁		
庚		癸		戊		戊		
絶地		沐浴		衰地		養地		12운성
甲	癸	壬	辛	庚	己	戊	丁	
子	亥	戌	酉	申	未	午	巳	대운
76	66	56	46	36	26	16	6	

사/주/해/설 ▶

무술(戊戌)이 편재 동주묘이고 진술(辰戌)충을 깔아 놓았으니, 초년 아버지의 변고사가 짐작이 됩니다. 무술(戊戌)년 술토(戌土) 묘지가 중첩이 되는 해에 동주묘가 동하게 됩니다. 그 해에 아버지가 사망하였습니다.

❷ 관성입묘(官星入墓) 사례

時	日	月	年
庚	丁		
	丑		

정화(丁火) 관성이 축토(丑土) 묘지 위에 앉아 있습니다. 축토 묘지가 대운이나 세운에서 축(丑)운을 중복해서 만나거나 형충으로 동(動)하면 묘지가 열려 정화가 입묘될 수 있습니다. 정화에 해당하는 육친의 변고를 발생 시킵니다.

時	日		月	年	坤命
정관			겁재	식신	六神
丁	庚		辛	壬	天干
丑	申		亥	子	地支
인수	비견		식신	상관	六神
癸辛己	戊壬庚		戊甲壬	壬癸	지장간
墓地	建祿		病地	死地	12운성

癸	甲	乙	丙	丁	戊	己	庚	
卯	辰	巳	午	未	申	酉	戌	대운
76	66	56	46	36	26	16	6	

▶ 정미(丁未)대운에 남편이 ○○지방의 시장에 당선되었습니다.

정미(丁未)대운 임진(壬辰)년에 남편이 교통사고로 사망하였습니다.

사/주/해/설 ▶

정축(丁丑)은 정관 동주묘입니다. 정관이 묘지에 앉아 있는 이유로 남편 변고사 문제를 지니고 있습니다. 정미(丁未)대운 임진(壬辰)년은 미(未)대운인데 축미(丑未)충이 발생하면 정화가 입묘하게 되어 있습니다. 임진년에는 정임(丁壬)합거로 정화를 합거하며 진축파(破)로 축묘지를 동(動)하게 만들어 더욱 위태롭게 된 것입니다.

예시 4 ▶

時	日	月	年	坤命
식신		정관	편재	六神
癸	辛	丙	乙	天干
巳	未	戌	酉	地支
정관	편인	인수	비견	六神
戊庚丙	丁乙己	辛丁戊	庚辛	지장간
死地	衰地	冠帶	建祿	12운성

甲	癸	壬	辛	庚	己	戊	丁	
午	巳	辰	卯	寅	丑	子	亥	대운
73	63	53	43	33	23	13	3	

▶ 55세 임진(壬辰)대운 기묘(己卯)년에 남편이 사망하였습니다.

사/주/해/설 ▶

병술(丙戌)은 동주묘이며, 육친으로는 병화(丙火)가 남편이 되므로 부성 입묘를 가진 사주라고 봐야 합니다. 따라서 이런 종류의 사주가 여명(女命)이라면 반드시 남편과 생사이별을 한 번은 겪고 지나가야 할 운명입니다.

더구나 지지(地支)로 술미(戌未)형위에 병화(丙火)남편이 앉아 있으므로 위태로움이 더욱커 피해갈 길이 없는 것입니다.

임진(壬辰)대운에 병(丙)임(壬) 충(冲)으로 병(丙)화 남편을 정조준 하여 병(丙) 신(辛)합을 해체시키므로 이때가 가장 위험하다고 볼 수 있습니다.

술미(戌未)형을 언제 격발하게 하느냐의 관건은 합충에 있는데 기묘(己卯)년에 묘유충으로 술미형을 유발 시키고 다시 묘술합으로 술미형을 건들게 되면 병화는 입묘하게 되는 것입니다. 보시는 것처럼 동주묘라는 고장지를 만났을 때 고장지를 작동시킬 수 있는 불안한 시스템과 연결이 되어야 한다는 것을 알 수가 있습니다.

예시 5 ▶

時	日	月	年	坤命
편인		정관	겁재	六神
己	辛	丙	庚	天干
亥	卯	戌	寅	地支
상관	편재	인수	정재	六神
戊	甲	辛	戊	지장간
甲		丁	丙	
壬	乙	戊	甲	
沐浴	絶地	冠帶	胎地	12운성

戊	己	庚	辛	壬	癸	甲	乙	대운
寅	卯	辰	巳	午	未	申	酉	
74	64	54	44	34	24	14	4	

▶ 경진(庚辰)대운 병술(丙戌)년에 남편이 사망하였습니다.

사/주/해/설 ▶

병술(丙戌) 관성(官星)이 동주묘에 해당이 됩니다.

경진(庚辰)대운 병술(丙戌)년에 병화(丙火)가 술토(戌土) 묘지(墓地)를 중첩해서 보았는데, 진(辰)대운이라 진술(辰戌) 충(冲)이 성립이 되는 상황이라 위험하였던 것입니다. 관성(官星) 병화(丙火)가 입묘(入墓)가 되는 것입니다.

예시 6 ▶

時	日	月	年	乾 命
정관		편인	편관	六 神
丁	庚	戊	丙	天 干
亥	申	戌	戌	地 支
식신	비견	편인	편인	六 神
戊甲壬	戊壬庚	辛丁戊	辛丁戊	지장간
病地	建祿	衰地	衰地	12운성

丙	乙	甲	癸	壬	辛	庚	己	
午	巳	辰	卯	寅	丑	子	亥	대운
78	68	58	48	38	28	18	8	

사/주/해/설 ▶

병화(丙火)가 용신인데 병화(丙火) 관성이 병술(丙戌)동주묘입니다.

병화(丙火)는 심장을 주관합니다. 계묘(癸卯)대운 경진(庚辰)년에는 진술(辰戌)충으로 병화(丙火)가 입묘(入墓)하므로 심장마비로 사망하였습니다. 만약, 이때 본인이 사망하지 않았으면, 관성에 관련한 다른 육신문제가 발생하였을 것으로 봅니다.

❸ 식상(食傷)입묘 사례

時	日	月	年
庚	壬		
辰			

사/주/해/설 ▶

식상(食傷) 임수(壬水)가 진토(辰土) 묘지 위에 앉아 있습니다.

여자의 경우 진토(辰土)가 동(動)하면 임수(壬水) 자녀가 입묘(入墓)하므로 자녀 두기가 곤란하며 병약하여 키우기가 어렵습니다.

남자의 경우 식상이 입묘하므로 일, 직장, 투자할 계획이 불확실해집니다.

Q&A

▶ 동주묘는 간지(干支)가 떨어져 있어도 해당이 되나요?

동주묘나 부성입묘는 한결 같이 천간과 지지가 동주(同柱)할 경우로 제한합니다.

그래서 동주(同柱)묘, 동주(同柱)사....동주(同柱)하지 않으면 작용력이 떨어진다고 생각하면 됩니다.

▶ 부성입묘(夫星入墓)란 무엇인가요?

부성입묘는 신축(辛丑), 을미(乙未), 병술(丙戌), 무술(戊戌) 4가지 경우를 말합니다.

일간 기준으로 보아서 천간이 관성으로 남편에 해당하면서 지지가 묘고지에 해당이 될 경우를 부성입묘(夫星入墓)가 된 간지라고 말하는 것입니다.

이것들도 동주묘와 동일한 효력이 발생합니다.

❹ 비겁(比劫) 동주묘(同柱墓) 사례

예시 7 ▶

時		日		月		年		坤命
비견				편관		겁재		六神
己		己		乙		戊		天干
巳		丑		卯		戌		地支
인수		비견		편관		겁재		六神
戊庚丙		癸辛己		甲乙		辛丁戊		지장간
帝王		墓地		病地		養地		12운성
庚	壬	辛	庚	己	戊	丁	丙	
戌	戌	酉	申	未	午	巳	辰	대운
77	67	57	47	37	27	17	7	

사/주/해/설 ▶

기축(己丑), 무술(戊戌)도 동주묘(同柱墓)입니다.

육친으로는 형제에 해당이 됩니다. 형제 중에 변고사를 당할 확률이 높습니다. 묘술합으로 보호 받고 있지만 합이 풀릴 때에는 조심해야 합니다. 경신대운 기축(己丑)년 친형이 간암으로 사망하였습니다.

축술(丑戌)형이 되어 무토(戊土)를 입묘시키는 것입니다. 신유(辛酉)대운에는 묘유(卯酉)충으로 기축(己丑)일주 동주묘를 건들일 수 있으므로 본인 건강에 유의해야 합니다.

58

동주욕同柱浴이론 이해하기

목욕(沐浴)은 함지(咸池), 도화(桃花), 욕패지(浴敗地)의 의미를 가지고 있습니다. 12운성에서 목욕지는 아이가 태어나서 처음으로 목욕시키는 물상을 가지고 있습니다. 그래서 씻고 닦는 물상이 반복되므로 년살(목욕)을 가진 사람은 용모가 단정하고 아름답다고 합니다. 이렇게 용모가 단아하면 타인의 시선을 모으는 힘이 있어 인기의 별이 되기도 합니다. 그러나 사람이 몸을 가꾸는 것이 많아지면 당연히 관리비용과 지출이 따를 것이고 이에 따른 연애사, 애정사, 비밀사 등의 문제도 발생하게 될 것입니다. 그래서 목욕지를 함지, 욕패지라고도 하는 것입니다. 또한 동주하고 있을 때를 동주욕(同柱浴)이라고 말하는 것입니다.

▶ 갑자(甲子), 을사(乙巳), 경오(庚午), 신해(辛亥)가 해당이 됩니다.

時	日	月	年
辛	乙		
	巳	亥	

❶ 위의 명조는 재성(財星)이 목욕지(沐浴地)에 있을 경우 입니다.

을목(乙木) 재성은 사화(巳火) 목욕지 위에 앉아 있습니다. 목욕지 위에 앉은 재성 여자는 멋쟁이고 미인(美人)일 것입니다. 목욕지(沐浴地)에 좌(座)한 재성(財星)이 년(年), 월(月)에 있으면 연상의 여인과 결혼하거나 불륜에 빠지게 됩니다. 낭비가 심하고 재물손실(財物損失)이 따르게 됩니다. 을목(乙木) 재성(財星)이 목욕지(沐浴地)를 깔고 앉아 형충(刑沖)되면 여자문제로 재물손실(財物損失)이 따르게 됩니다.

時	日	月	年
甲	庚		
	午		

❷ 위의 관성(官星)이 목욕지(沐浴地)에 있을 경우 여자명조 입니다.

경금(庚金)관성은 오화(午火) 욕지 위에 앉아 있습니다. 남편이 욕지위에 앉으면 멋쟁이라 바람둥이가 될 소지가 많습니다. 이 명조는 관성이 직업이니 관성이 화려하다는 것은 직업군이 예체능계가 된다는 의미를 가지게 됩니다. 여자는 사회활동(社會活動)을 하고 남편은 외정(外情)을 즐기게 됩니다.

時	日	月	年
己	乙	乙	
	酉	巳	

위의 명조는 남자입니다. 을사(乙巳)는 동주욕이니 관성 자녀 중에 한 명이 멋쟁이며 활동적입니다. 을유(乙酉)는 절지에 앉아 있으니 자녀 중에 한 명이 허약합니다.

	時	日	月	年
	癸	辛		
		亥		

❸ 위의 명조는 인성(印星)이 목욕지(沐浴地)에 있을 경우 입니다.

인성이 욕지 위에 앉아 있으면 어머니가 멋쟁이 미인이고 사회생활을 잘 하며 학생은 인성이 욕지이니 놀기 좋아해서 학업성적이 부실하게 됩니다.

	時	日	月	年
	壬	甲		
		子		

❹ 위의 명조는 식상(食傷)이 목욕지(沐浴地)에 있을 경우 입니다.

식상이 욕지위에 앉아 있으면 언변이 화려하고 요리를 좋아하며 미식가가 많습니다. 말솜씨가 좋고 노래를 잘 부르며 풍류를 즐기게 됩니다.

	時	日	月	年
	乙	甲		
		子		

❺ 비겁(比劫)이 목욕지(沐浴地)에 있을 경우입니다.

비겁이 목욕지 위에 있으면 형제나 자매가 멋쟁이고 활발한 성격입니다. 형제자매가 성격이 활달하고 역경을 잘 극복하지만 직업(職業)이 자주 바뀌는 경향이 있습니다.

59

명암부집明暗夫集된 여자는 바람기가 많다

명(明)이라 함은 천간에 나타나는 것이고, 암(暗)이라 함은 지지에 암장되어 있음을 말합니다. 그리고 부집(夫集)이라 함은 관살이 집합되어 있다는 뜻이 므로 명암부집(明暗夫集)이란 "천간에 출현된 관성과 암장된 관성이 많이 집 합되어 있다."라는 뜻입니다.

그러니 여자에게는 명암부집을 기피하는데 이와 같이 명암부집이 되어 있으 면 명부와 암부가 교집(交集)되어 있다는 뜻이므로 가정을 가지고 생활하는 부군(明夫)과 연정으로 맺어진 부군(暗夫)이 집합되었다, 하여 품행이 단정치 못하다는 것입니다.

만약, 그렇지 않으면 남편과 해로를 못하고 여러 번 개가(改嫁)하여 여러 남 편을 섬겨야 합니다. 단, 거류서배(去留舒配)가 잘 되어 있으면 반귀(反貴)하 게 될 수도 있습니다.

▶ 거류서배(去留舒配)란?

거류서배란 필요 없는 육신을 합거(合去)하여 보내고 필요한 육신을 남겨둔다는 뜻입니다. 만약, 정관과 편관이 투간하여 관살혼잡이 되면 불리하지만, 편관을 합거(合去)하고, 정관을 남겨두면 오히려 정관이 귀해지게 됩니다.

▶ 간합일주(동주암합)는 다음과 같습니다.

동주암합	壬	戊	甲	丁	辛	乙	癸	己
	午	子	午	亥	巳	巳	巳	亥
	丙己丁	壬癸	丙己丁	戊甲壬	戊庚丙	戊庚丙	戊庚丙	戊甲壬

여자의 사주로 음일간인 **을사(乙巳), 신사(辛巳), 계사(癸巳), 정해(丁亥), 기해(己亥)** 5개의 합은 특별히 암장된 관성과 합을 이루는데 천간에 관살이 또 투출하면 이른바 명암부집이라 합니다. 명암부집이란 여자에 한 것으로 이 5개의 동주암합을 중심으로 주변에 관성이 밀집이 되는 경우를 말합니다. 명암부집이 되면 암합으로 인하여 은밀한 거래나 도움, 남에게 떳떳이 밝히지 못하는 행위들 합니다. 하지만 명암합은 언젠가는 밝혀지므로 가정파괴로 이어지게 됩니다. 명암함이 되면 바람을 피우거나, 의처증 있는 남편을 두게 될 가능성이 높습니다.

예시 1 ▶

時	日	月	年	坤 命
정관		상관	겁재	六 神
庚	乙	丙	甲	天 干
辰	巳	寅	辰	地 支
정재	상관	겁재	정재	六 神
乙癸戊	戊庚丙	戊丙甲	乙癸戊	지장간
관대	목욕	제왕	관대	12운성

丙	丁	戊	己	壬	癸	甲	乙	
午	未	申	酉	戌	亥	子	丑	대운
77	67	57	47	37	27	17	7	

▶ **명암부집 여자의 현재 상태와 행동패턴.**

남편을 아들처럼 보살핀다고 생각하는 여자입니다. 평소 외로워서 애인을 갈
망하고 있습니다. 하지만 능력이 안 되니 참고 지낸다고 합니다.

사/주/해/설 ▶

을사(乙巳)일주로 일간과 동주하는 을경(乙庚)명암합을 하고 있습니다. 관살
이 투출하지는 않았지만, 경금(庚金)이 투출하였고 확실한 명암부집은 아니
라서 다행입니다. 그러나 그 연정을 품은 끼는 다분합니다. 애인을 그리는 외
로움은 바로 사(巳)중 경금(庚金)의 암합에서 오는 것입니다. 함께 사는 남편
은 있지만, 암합에 숨은 애인을 두고 있는 팔자이니, 수시로 애인에 대한 그
리움이 생기는 것입니다.

▶ **사주첩경**에 있는 명암부집에 대한 설명입니다.

단언하면 드러난 남편과 감추어진 남편이 모여 있으니 난새와 봉황(부부)이
자주 나누어지고 이집 저집에 살면서 눈물이 옷과 소매에 마를 날이 없다.

예시 2 ▶

時	日	月	年	坤 命
편관		상관	편인	六 神
辛	乙	丙	癸	天 干
巳	酉	辰	丑	地 支
상관	편관	정재	편재	六 神
戊庚丙	庚 辛	乙癸戊	癸辛己	지장간
沐浴	絶地	冠帶	衰地	12운성

甲	癸	壬	辛	庚	己	戊	丁	
子	亥	戌	酉	申	未	午	巳	대운
76	66	56	46	36	26	16	6	

▶ 명암부집 여자의 현재 상태와 행동패턴.

같은 말을 되풀이하고 같은 질문을 반복하며 제정신이 아니었습니다. 문제는 남자였는데 사귀는 남자는 전부 자기를 배신 또는 다른 여자에게 뺏기고, 자신은 유부남을 사귀는 등 지금까지 반복하고 있습니다. 하는 일은 작품을 만들어 전시를 하고, 작년에 외국 다녀와서 올해는 수입이 없다고 합니다.

사/주/해/설 ▶

신금(辛金)칠살이 첩신하고, 유(酉)중에 을경(乙庚)암합하며 을신충(冲)하고 있습니다. 사(巳)중에도 을경(乙庚)암합으로 연결되고 축(丑)중에도 신금(辛金)이 있습니다. 명암부집(明暗夫集)에 해당하는 명조입니다.

신금(辛金)관살이 계수(癸水)로 살인상생을 하려하나 병화(丙火)에 막혀 있고 멀어서 힘드니, 유(酉)절지(絶地)에 앉은 을목(乙木)이 을신(乙辛)충 당하면, 관살혼잡의 폐해가 그대로 나타납니다.

을목(乙木)이 유(酉)중 경(庚)금과 을경(乙庚)명암합으로 묶여져 있는데 진(辰)중 비견 을목(乙木)이 진유(辰酉)합하며 을경(乙庚)암합으로 쟁합하니 숨은 경금(庚金)은 유부남이 맞습니다.

숨어서는 남의 유부남을 좋아하고 드러나서 만나는 남자는 모두 칠살로 나를 극하는 남자가 되는 것입니다. 초반 대운이 길신인 사오미(巳午未)로 흘러 좋았겠으나, 흉신인 신유술(申酉戌)로 흐르는 시점에서는 관살혼잡의 피해가 속출합니다.

60

재다생살財多生殺 투관살透官殺은 남편덕이 없다

【추명가(推命歌)】에서 '재다생살(財多生殺) 투관살(透官殺)은 남편 덕이 없어 돈 벌어서 대어주고 기정만전(欺情瞞錢) 울음이라'고 하였습니다. 이 말의 의미는 재성이 관살을 생하니 돈 벌어서 남자에게 대어주고, 돌아오는 것은 울음 밖에 없다는 뜻입니다. 즉, 여자로서 관살혼잡에 재생살 구조는 남자 복이 없다는 뜻입니다.

예시 1 ▶

時		日		月		年		坤命
편재				편관		비견		六神
丁		癸		己		癸		天干
巳		亥		未		巳		地支
정재		겁재		편관		정재		六神
戊庚丙		戊甲壬		丁乙己		戊庚丙		지장간
胎地		帝王		墓地		胎地		12운성
丁	丙	乙	甲	癸	壬	辛	庚	
卯	寅	丑	子	亥	戌	酉	申	대운
73	63	53	43	33	23	13	3	

▶ 일찍 결혼해서 이혼하고 재혼했습니다. 돈 벌어 남편에게 갖다주고, 안 주면 주먹이 날라 온다고 합니다. 막노동, 육체적 노동 등 안 해본 일이 없습니다.

사/주/해/설 ▶

여자 팔자가 살왕(殺旺)하고 재생살(財生殺)이 되면 불리합니다. 돈 벌어서 남편에게 주고 얻어맞는 팔자가 됩니다. 만약 얻어맞지 않으면, 자신의 몸이 아픈데 칠살격의 특징 중에 하나입니다. 재다(財多)한 것이 왕한 관살(官殺)을 생하고 있으므로 살을 제살(制殺)하지 못하는 살왕은 겁나는 것입니다. 일주가 계해(癸亥)로 그나마 건재한 것도 단명하지 않고 견뎌낼 수 있는 이유가된 것 같습니다. 결국 강한 재를 극하거나 관살을 극하는 수목(水木)이 길신으로 봅니다. 대운이 수목(水木)대운으로 흐르고, 다행히 업종을 수(水)와 관련된 직업을 갖게 된 것은 본인에게 득(得)이 되는 것입니다.

예시 2 ▶

時	日	月	年	坤命
정재		편관	정관	六神
癸	丙	壬	癸	天干
巳	申	戌	丑	地支
비견	편재	식신	상관	六神
戊庚丙	戊壬庚	辛丁戊	癸辛己	지장간
建祿	病地	墓地	養地	12운성

庚	己	戊	丁	丙	乙	甲	癸	대운
午	巳	辰	卯	寅	丑	子	亥	
73	63	53	43	33	23	13	3	

▶ 어린이집 일이 너무 힘들고, 건강이 따라주지 않고 억울한 일을 많이 겪어 그만두게 되었습니다. 평소 말주변이 없어 억울한 일을 많이 당합니다. 직장을 그만 둔지 4개월이 지나 점점 자신감도 잃어가고 우울증도 보입니다. 앞으로 무엇을 하며 살아야 할지 알고 싶습니다. 남편과의 사이가 좋지 않고, 생활비를 남편에게 바랄 형편이 아닙니다.

사/주/해/설 ▶

재생살에 투출한 관살혼잡 여자는 남편 복이 없다고 했습니다. 더구나 병화(丙火) 일간이 기신인 계수(癸水)와 임수(壬水) 관살이 투간하여 관살혼잡을 보이고 병화일간은 계수에 의해 흑운차일이 되어 있습니다. 병화(丙火)는 계수(癸水)를 꺼린다고 하였는데 계수(癸水)는 구름도 되고 안개도 됩니다. 안개 속에 있는 병화(丙火)가 무슨 일을 할 수가 있겠습니까? 인목(寅木) 대운에는 인신(寅申)충으로 축술(丑戌)이 동(動)하여 천간 관살의 흉이 살아나는 시점입니다. 이러한 시기에는 몸이 아프고 관재수가 심해서 억울한 일을 많이 당하는 것은 관살이 동(動)하였기 때문입니다. ▶ **85. 흑운차일(黑雲遮日)에서 다시 한 번 더 다루겠습니다.**

예시 3 ▶

時	日	月	年	坤命
겁재		편관	인수	六神
乙	甲	庚	癸	天干
丑	申	申	丑	地支
정재	편관	편관	정재	六神
癸辛己	戊壬庚	戊壬庚	癸辛己	지장간
冠帶	絕地	絕地	冠帶	12운성

戊	丁	丙	乙	甲	癸	壬	辛	
辰	卯	寅	丑	子	亥	戌	酉	대운
78	68	58	48	38	28	18	8	

▶ 아버지 초년에 사망하였습니다. 남동생 군대에서 사고로 장애인이 되었습니다.

- 엄마는 가난하고 자신도 돈도 없어 일본에서 첩 생활을 합니다.
- 약간의 신기가 있고, 술(戌)토 대운에 백댄서를 하던 시절이 가장 좋았습니다.
- 상대하는 남자가 많아 술집에서 일하였습니다.

사/주/해/설 ▶

계축(癸丑)생은 칠살이 왕한데 재성이 생해주므로 재생살(財生殺)에 투관살(透官殺)하는 명조라서 남자 복이 없습니다. 을목(乙木)이 남동생 같은데 등라계갑하는 모양이 징그럽습니다. 을목(乙木)은 칠살에 대항할 힘도 없으면서 누나인 갑목에 얹혀사는 삶입니다. 술토(戌土)대운에 축술(丑戌)형이 일어나면 축토(丑土)에 기신 신금(辛金)이 입고하게 됩니다. 기신이 입고하면 오히려 운이 좋아지게 됩니다. 78. 79. 89에서 각각 해당하는 부분을 한 번 더 다루겠습니다.

▶ 78. 입고물이 충출(冲出)이 된 사주는 위태롭다.

▶ 79. 흉신이 입고 되면 흉의(凶意)를 덜고 오히려 길해진다.

▶ 89. 등라계갑(藤蘿繫)甲)

일지에 관고官庫를 가진 여명은 남편 운이 불리하다

일지(日支)를 배우자궁이라 말합니다. 배우자궁이 배우자성의 묘고(墓庫)지가 되면 한 번 쯤은 배우자성의 입고(入庫)로 생리사별(生離死別)의 고통을 맞을 가능성이 높습니다.

時	日	月	年
	乙		
	丑	申	
	官庫		

예를 들면 위와 같이 일지에 축토(丑土)는 을목(乙木)일간에게는 편재이지만, 축토(丑土) 지장간 신금(申金) 정관(正官)의 묘지(墓地)로 관고(官庫)에 해당이 됩니다. 그래서 신금(申金) 남편이 관고(官庫)에 입고할 가능성이 높습니다.

예시 1 ▶

時	日	月	年	坤命
정관		식신	편인	六神
甲	己	辛	丁	天干
戊	未	亥	亥	地支
겁재	비견	정재	정재	六神
辛丁戊	丁乙己	戊甲壬	戊甲壬	지장간
養地	冠帶	胎地	胎地	12운성

己	戊	丁	丙	乙	甲	癸	壬	
未	午	巳	辰	卯	寅	丑	子	대운
71	61	51	41	31	21	11	1	

▶ 위의 명조는 갑인(甲寅)대운 을묘(乙卯)년 계미(癸未)월 갑자(甲子)일 29세 되는 해에 남편이 교통사고로 사망한 여자 분입니다. 딸만 둘 있는데 2명 모두 이화여대를 졸업하고 한명은 현재 이화여대 교수로 재직 중 입니다. 현재 무오(戊午)대운 독신으로 병 치례 없이 잘 살고 있습니다.

사/주/해/설 ▶

일지가 미토(未土)이면 기토(己土) 일간에게는 관고(官庫)가 되는 것인데 남편성의 묘지가 됩니다. 즉, 갑목(甲木)은 미토(未土)가 묘지에 해당이 되는 것입니다.

일(日)지 배우자궁에 관고를 가진 여명은 대부분 남편 운이 불길하다고 보면 됩니다. 이 명조는 지지 전체가 형동(刑動)하는 구조라 매우 불리하게 되어 있습니다. 즉 해해(亥亥)형이 일어나면 술미(戌未)형을 유발시키고, 술미(戌未)형이 일어나면 해해(亥亥)형을 유발시키므로 사주 전체를 형동시키는 것입니다. 이렇게 형동(刑動)하면 고장지가 열리는 것인데 갑목이 입고(入庫)가 되는 것입니다.

계미(癸未)월로 관고인 미토(未土)가 중복되고, 갑자(甲子)일은 부부궁인 자미(子未)가 원진이 되기도 합니다. 을묘(乙卯)년에 해묘미(亥卯未)삼합으로 년, 월을 차례로 건들려 주어 미토(未土)를 동(動)하게 해주고, 술미(戌未)형으로 재차 동(動)하게 만들어 줍니다.

해해(亥亥)자형도 같이 일어나는 시점에 위태롭습니다. 미토(未土) 관고가 열리면 사주의 관성분을 쭉 빨아 들이는 것입니다. 아직도 재혼하지 않고 혼자 사는 것은 잦은 해해(亥亥)형과 술미(戌未)형으로 갑목이 근심을 가지는 연고이고, 남편성이 위태롭다는 것을 반증하는 것 입니다.

62

양인羊刃이
형, 충을 당하면 두렵다

양인(羊刃)이 형(形), 충(冲)을 당하면 금속재질의 도구로 다치거나, 죽임을 당하거나, 몸에 칼(수술)을 대는 경우가 있습니다. 그런데 음인도 양인처럼 형충을 당할 때 위태롭다고 볼 수가 있을까? 아닙니다. 음인(陰刃)의 일반적인 작용도 양인의 불화, 반목, 대립의 특성을 지니나, 그 힘은 양인의 십분의 일에도 미치지 못합니다. 따라서 육친에는 별 작용하지 않으므로 양인(羊刃)은 형(形), 충(冲) 만을 두려워합니다.

▶ 양인(羊刃) 찾기

日干	甲	丙	戊	庚	壬
羊刃	卯	午	午	酉	子

[용어해설]

▶ 흑운차일(黑雲遮日)이란?

구름에 의해 햇빛이 가려지는 자연현상을 말합니다. 구름이나 안개가 끼면 태양이 제 기능을 발휘하지 못하게 됩니다. 그래서 병화(丙火)는 안개비인 계수(癸水)를 싫어하는 것입니다.

▶ 왕신충쇠신발(旺神沖衰神拔)이란?

쇠(衰)한 글자가 왕(旺)한 글자를 충(沖)하면 왕(旺)한 글자는 충발하고 쇠한 글자는 뽑힌다는 것이니, 충발하는 **왕신(旺神)**이 희신일 경우에는 길해지나, 기신이 되면 재앙이 닥치게 되는 것을 말합니다.

▶ 왕자충쇠신발(旺字沖衰神拔)이란?

쇠한 글자가 왕한 글자를 충하면 왕한 글자는 충발하고 쇠한 글자는 뽑힌다는 것이니, 왕신충쇠신발(旺神沖衰神拔)과 다른 점은 **왕신(旺神)과 왕자(旺字)**가 다르다는 점입니다. 즉 왕신(旺神)은 **합(合)**으로 왕한 오행을 가지는 글자이고, 왕자(旺字)는 동일한 **글자(字)**가 모여 왕한 오행을 나타내는 것이 다른 점입니다

예시 1 ▶

時	日		月		年		坤命
식신			편인		편관		六神
庚	**戊**		**丙**		**甲**		天干
申	**申**		**子**		**申**		地支
식신	식신		정재		식신		六神
戊壬庚	戊壬庚		壬癸		戊壬庚		지장간
病地	病地		胎地		病地		12운성
戊	己	庚	辛	壬	癸	甲	乙	
辰	巳	午	未	申	酉	戌	亥	대운
71	61	51	41	31	21	11	1	

▶ 쌍둥이고 언니사주입니다. 계유(癸酉)대운 병오(丙午)년에 살해당했습니다.

사/주/해/설 ▶

무토(戊土)일간은 신약하여 병화(丙火)에 전적으로 의지합니다. 그런데 이 병화(丙火)가 충극당하여 손상을 입으면 무토(戊土)일간에게는 재앙이 됩니다. 계유(癸酉)대운의 병오(丙午)년은 계(癸)대운에 해당하는데 병화(丙火)가 계수(癸水)에 의해 **흑운차일(黑雲遮日)**이 되는 현상이 발생합니다. 그래서 이 기간 중에는 병화가 자기능력을 상실하여 무토(戊土)일간을 생조하기 어려운 것입니다. 병오년에는 오화(午火)가 병화에게는 뿌리가 되어 좋습니다만, 양인의 충이 되고 있습니다. 명조에서 신자(申子)가 합국하여 수(水)왕신을 만들고 병오(丙午)년에 만나는 자오(子午)양인의 충은 왕신을 충발하고 쇠신은 뽑히는 것이라 **왕신충쇠신발(旺神沖衰神拔)**이 일어납니다. 즉, 왕신인 자수(子水)는 충발하여 거세게 일어나 병화를 끄고 오화(午火)는 뽑히는 것이니 병화가 충격으로 날아가 버리게 됩니다. 그래서 대 세운에서 만나는 양인의 형충은 해당 천간을 위태롭게 만듭니다. 무신(戊申)일주는 무토(戊土)의 근이 허약한 가운데 병화가 들어오는 오화(午火) 양인을 너무 반기다 갑자기 충당하여 살해되는 이유입니다.

예시 2 ▶

時	日		月		年		坤命
편인			정재		정관		六神
甲	丙		辛		癸		天干
午	子		酉		卯		地支
겁재	정관		정재		인수		六神
丙己丁	壬癸		庚辛		甲乙		지장간
帝王	胎地		死地		沐浴		12운성
己	戊	丁	丙	乙	甲	癸	壬	
巳	辰	卯	寅	丑	子	亥	戌	대운
73	63	53	43	33	23	13	3	

사/주/해/설 ▶

갑자(甲子)대운 경오년(庚午年)에 남편이 사기죄로 구속되었습니다.

경오(庚午)년이면 자(子)대운이 시작하는 때입니다. 자(子)대운에 자오(子午)충(冲)으로 오(午)를 재충하고 있는 상태에서 경오(庚午)년에 다시 자오(子午)충이 되고 있습니다. 계수(癸水)는 자수(子水)가 록(祿)지인데 자오(子午)충으로 록지충이 형성이 되면 계수(癸水)남편이 위태롭습니다. 병화(丙火)는 오화(午火)가 양인입니다. 이 명조는 남편의 뿌리와 본인의 뿌리가 자오(子午) 충(冲)이 된 상태입니다.

그래서 계수(癸水)는 정관(正官)이므로 남편문제를 가지고 있는 명조가 되는 것입니다. 병(丙)일간은 일지의 배우자궁이 자수(子水)로 병화에게는 태지(胎地)가 되면서 계수(癸水)남편이 재살(災煞)이 된 상황이라서 잘못하면 감옥(監獄)에 갇히는 물상이 있는 것입니다.

예시 3 ▶

時	日	月	年	坤命
정관		편인	인수	六神
癸	丙	甲	乙	天干
巳	午	申	卯	地支
비견	겁재	편재	인수	六神
丙己丁	丙己丁	戊壬庚	甲乙	지장간
建祿	帝王	病地	沐浴	12운성

壬	辛	庚	己	戊	丁	丙	乙	대운
辰	卯	寅	丑	子	亥	戌	酉	
73	63	53	43	33	23	13	3	

사/주/해/설 ▶

무자(戊子)대운의 계사(癸巳)년 초에 건강진단을 받았는데 폐암 판정을 받았습니다. 4월에 1차수술 대기 중이다. 금(金)은 폐(肺)를 관장합니다. 금(金)의 손상이 일어나면 폐(肺)와 관련한 질병이 발생합니다. 병(丙)일간이 지지에 巳午(未: 공협)는 申를보고 갑을(甲乙)의 생을 받게 되면 화(火)방국을 짓는 것과 같아서 신금(申金)은 엄청 극을 받게 됩니다. 계수(癸水)가 그나마 조후로 작용하니까 신금(申金)이 살아나는 것 같습니다. 그러나 무(戊)대운에 무계(戊癸)합반되어 계수(癸水)의 조력을 못 받으면 신금(申金)이 상당히 건조해 질 겁니다. 이때부터 병이 시작된 것 보면 될 것 같습니다. 그리고 39세가 시작되는 자(子)대운에 자오(子午)충이 되면 거의 **왕신충쇠신발(旺神沖衰神拔)**이 되어서 왕한 화(火)가 신금(申金)을 더욱 거세게 극하게 되므로 폐암 진단을 받은 것 같습니다.

무(戊)대운 동안 말랐던 신금(申金)이 왕신충으로 충분히 다쳐서 금에 관련된 질병이 드러날 수가 있습니다. 양인(羊刃) 충(沖)이 되면 금속재질의 도구로 몸을 다치거나, 몸에 수술 칼을 댈 일이 발생합니다.

예시 4 ▶

時		日		月		年		乾命
편재				겁재		편재		六神
丙		壬		癸		丙		天干
午		午		巳		午		地支
정재		정재		편재		정재		六神
丙己丁		丙己丁		戊庚丙		丙己丁		지장간
胎地		胎地		絶地		胎地		12운성
辛	庚	己	戊	丁	丙	乙	甲	
丑	子	亥	戌	酉	申	未	午	대운
75	65	55	45	35	25	15	5	

사/주/해/설 ▶

무자(戊子)년에 동업자와 수익분배에 따른 마찰로 살인죄로 구속되었습니다. 임(壬)일간은 자수(子水)가 양인입니다.오오(午午)는 왕(旺)한 글자들이라서 왕자(旺字)라고 합니다. 주변 화(火)기운에 둘러 쌓인 임(壬)일간에겐 무자(戊子)년에 만나는 자수(子水)는 기쁘지 않을 수가 없습니다.

그러나 무자(戊子)년에 자오충으로 쇠신(衰神)이 왕자(旺字)를 충하는 **왕자충쇠신발(旺字沖衰神拔)**이 일어나면 쇠신(衰神)인 자수(子水)는 뽑히고 왕자(旺字)인 오화(午火)는 충발하여 격노하게 됩니다. 이것은 오화(午火) 재성이 기신이기 때문입니다. 이로 인하여 임수(壬水)가 다칠 수가 있게 되는데 계수(癸水)가 첩신 하여 일간을 도와주므로 본인은 죽임을 당하지 않고 동업자를 살해하게 된 것입니다.

예시 5 ▶

時	日	月	年	乾 命
비견		정재	정관	六 神
戊	戊	癸	乙	天 干
午	寅	未	巳	地 支
인수	편관	겁재	편인	六 神
丙	戊	丁	戊	지장간
己	丙	乙	庚	
丁	甲	己	丙	
帝王	長生	衰地	建祿	12운성

乙	丙	丁	戊	己	庚	辛	壬	대운
亥	子	丑	寅	卯	辰	巳	午	
75	65	55	45	35	25	15	5	

사/주/해/설 ▶

남동생이 공장 근로자로 무자(戊子)년에 기계조작 잘못으로 사망했습니다.
동생을 무(戊)비견으로 본다면 무오(戊午)시주 동생의 사망사건은 오(午)화가
양인으로 무토의 뿌리가 되는데 무자(戊子)년을 만나 자오(子午)충으로 양인
을 충하였기 때문입니다.

예시 6 ▶

時		日		月		年		乾 命
편인				편관		비견		六 神
甲		丙		壬		丙		天 干
午		子		辰		寅		地 支
겁재		정관		식신		편인		六 神
丙		壬		乙		戊		
己				癸		丙		지장간
丁		癸		戊		甲		
帝王		胎地		冠帶		長生		12운성
庚	己	戊	丁	丙	乙	甲	癸	
子	亥	戌	酉	申	未	午	巳	대운
76	66	56	46	36	26	16	6	

사/주/해/설 ▶

자오충(子午沖)으로 이미 양인의 충이 사주원국에 성립이 된 팔자입니다.
오(午)대운에 다시 오(午)를 만나 자오(子午)충이 동(動)하므로 빈천 요절한
사주입니다.

63

진상관이 행 상관운이면 필멸(必滅)이다

"가상관이 행(行) 인수운이면 필사(必死)하고, 진상관이 행(行) 상관운이면 필멸(必滅)이라" 하였습니다. 【명리정종】

이를 해석하면 진상관격에는 일간의 설기가 강하여 힘이 다하고 기가 소진한데 운이 일간을 생해주는 인수로 흐르면 두각(頭角)을 나타내지만 다시 일간을 설기시키는 상관운을 만나면 필멸(必滅)이고, 가상관격에는 기가 가득하고 힘이 부풀어 일간이 힘이 있으니, 인수운을 만나면 필사(必死)하고 운이 상관을 만나면 이름을 사해(四海)에 떨친다는 뜻입니다.

상관살이 강하다는 것은 관성(남편이나 자녀)을 극한다는 말이 되는데 무관팔자일 때에는 극할 대상이 없어서 좋지도 나쁘지도 않았지만, 없던 자녀가 실자(實字)로 나타나게 되면 상관살이 작용하여 관성(남편과 자녀)을 마땅히 극하기 마련입니다 물론, 진상관격으로써 명조 자체에 관성이 열악하게 나타나 있다면 항상 위태로운 것은 말 할 필요가 없겠습니다.

時		日		月		年		乾 命
상관				정재		상관		六神
壬		辛		甲		壬		天干
辰		亥		辰		申		地支
인수		상관		인수		겁재		六神
乙癸戊		戊甲壬		乙癸戊		戊壬庚		지장간
墓地		沐浴		墓地		帝王		12운성
壬	辛	庚	己	戊	丁	丙	乙	
子	亥	戌	酉	申	未	午	巳	대운
75	65	55	45	35	25	15	5	

▶ 한 해에 자녀들을 모두 잃었습니다. 임진(壬辰)년 초에 큰 아들을 잃고, 9월, 10월에 딸 둘을 차례로 잃었습니다.

사/주/해/설 ▶

신진(申辰)반합이 임수(壬水) 투간하면 수국(水局)을 만듭니다.

금수상관격으로 진상관격이 되는 것입니다. 진상관격이 상관세운(壬辰년)을 만나면 필멸(必滅)이라 하였습니다. 그렇다면 필멸(必滅)이 되는 대상자는 누굴까요? 상관살이 극충하는 관성 자녀가 됩니다.

그런데 이 명조는 다행히 무관팔자입니다. 자녀가 없을 때에는 극할 대상이 없으므로 무사할 수 있으나, 팔자에 없는 자식(관성)이 들어오면 실자(實字)가 나타나는 것과 같이 되므로 상관살이 자녀를 극충하는 작용을 일으키게 됩니다. 이런 경우에는 자녀들과 떨어져 지낼 때에는 문제가 없습니다만, 함께 모여 지내게 되면 관성이 실자(實字)로 나타나게 되는 것과 같아서 상관살이 관성을 극충하게 되는 것입니다.

예시 2 ▶

時		日		月		年		坤命
상관				정재		상관		六神
壬		辛		甲		壬		天干
辰		亥		辰		申		地支
인수		상관		인수		겁재		六神
乙癸戊		戊甲壬		乙癸戊		戊壬庚		지장간
墓地		沐浴		墓地		帝王		12운성
丙	丁	戊	己	庚	辛	壬	癸	
申	酉	戌	亥	子	丑	寅	卯	대운
71	61	51	41	31	21	11	1	

▶ 중국어 통변역사 준비 중인 여학생

위 명조는 여명(女命)으로 공교롭게도 3명의 자녀를 한 해에 모두 잃은 위의
남명(男命)의 팔자와 동일합니다. 신진(申辰)반합이 임(壬)투간으로 수국을
짓는데 임(壬)수가 쌍투하므로 범람의 위험으로 갑목을 위태롭게 합니다. 진
상관격인데 상관세운을 만나면 필멸이라 하였으니 조심해야 합니다.
그래서 수(水)상관이 병(病)이 되는 것 같은데 병약용신으로 무토(戊土)를 먼
저 써야 할 것 같습니다. 화(火)는 조후희신으로 봅니다. 이 학생이 중국어 통
번역사가 되기를 원하는 것은 스스로 살려는 의지의 발현으로 보입니다.
　중국은 방위로 무토(戊土)이고 방위는 실자(實字)로 작용하는 것 같습니다.
중국으로 유학 보내면 좋습니다. 이 명조의 용신이 있는 곳입니다.

▶ 99. 방위는 실자(實字)로 작용한다. 에서 한 번 더 설명하겠습니다.

예시 3 ▶

時	日	月	年	乾命
상관		편인	겁재	六神
庚	己	丁	戊	天干
午	卯	巳	申	地支
편인	편관	인수	상관	六神
丙己丁	甲乙	戊庚丙	戊壬庚	지장간
建祿	病地	帝王	沐浴	12운성

乙	甲	癸	壬	辛	庚	己	戊	
丑	子	亥	戌	酉	申	未	午	대운
74	64	54	44	34	24	14	4	

▶ 자강 이석영님의 매형 명조로 경신(庚申)대운, 경진(庚辰)년 33세에 사망. 4남 2녀의 자녀가 줄줄이 사망하였으나, 기묘(己卯)년 득남하였습니다.

사/주/해/설 ▶

정사(丁巳)월주가 강해서 사신(巳申)이 합수는 안 되고 합반이 될 것 같습니다. 이 상태에서는 별 문제가 없지만 경신(庚申)대운의 상관대운을 만나게 되면 사(巳)중 경금(庚金)이 투출하게 되는 것이라, 진상관으로 변화하게 됩니다. 일(日)지와 시(時)지궁에 있는 오묘(午卯)파는 자녀(子女) 생사분리의 뜻을 담고 있습니다. 묘(卯)가 관성으로 자녀가 되는데 오묘(午卯)파가 있으므로 파살을 발동시킬 수 있는 극(剋), 형(刑), 충(沖)이 오는 운에는 오묘(午卯)파가 작동을 하게 될 것입니다.

그런데 진상관이 상관운을 만나면 필멸한다고 하였는데 경신(庚申)대운은 상관운에 해당이 됩니다. 필멸하는 대상은 상관살이 극하는 관성 묘(卯)자녀가 될 것이고 오묘(午卯)파도 작용, 경신(庚申)상관대운에 4남 2녀를 잃어 버렸습니다.

예시 4 ▶

時	日	月	年	坤命
편관		상관	정관	六神
丁	辛	壬	丙	天干
酉	亥	辰	申	地支
비견	상관	인수	겁재	六神
庚辛	戊甲壬	乙癸戊	戊壬庚	지장간
建祿	沐浴	墓地	帝王	12운성

甲	乙	丙	丁	戊	己	庚	辛	
申	酉	戌	亥	子	丑	寅	卯	대운
73	63	53	43	33	23	13	3	

▶ 교사인 남편이 子대운에(38세 癸酉년~戊寅년) 소풍갔다가 물에 빠진 학생을 구하려다 익사(溺死)하였습니다. 사별 후 정(丁)대운에 새 남자와 사귀고 있습니다.

사/주/해/설 ▶

진상관이 상관운을 만나면 필멸입니다. 필멸 대상은 상관살이 극하는 관성 남편일 것입니다. 신진(申辰)반합이 임수(壬水)투간하니 수국을 지으므로 금수상관격인데 상관 해수(亥水)가 첩신 하므로 진상관격을 넘어 강물이 범람하는 형상입니다. 금수상관격에는 병정화(丙丁火) 관살을 반긴다 하였는데, 천간에 병(丙) 정(丁)이 있어 좋아 질 수도 있겠지만, 이 사주는 강물이 범람하는 위태로운 상(象)이니 무토 제방이 우선 필요하고, 무토(戊土)가 약신이 될 것 같습니다.

자(子)대운에 신자진(申子辰)수국을 확실하게 지으면 상관운을 만나는 것과 같으니 관성 남편이 필멸됨을 걱정해야 합니다.

자(子)대운 중 세운으로는 계수(癸水)년, 해수(亥水)년, 자수(子水)년이 오는
상관운에 관성의 필멸이 확실해 질 수 있습니다. 이런 상관살이 강한 명조에
서도 병정화(丙丁火)가 확실히 있어 남자 만나는 것이 쉽게 되는 것 같은데,
정(丁)대운에 새 남자를 만남은 운명이나 대운에서 해수(亥水) 상관운을 다시
만나는 것이니 이 남자와도 헤어지게 될 것 같습니다.

따라서 이명조는 진상관격에 강물이 범람하는 흉조를 띠고, 자녀를 낳거나
상관운을 만나면 강물이 폭도로 변하여 관성 남편을 극한다고 하겠습니다.
다만, 조언하자면 해수상관운이 이르기 전에 무토 방위를 가지는 중국으로
출행하여 잠시 떨어져 지낼 것을 권합니다.

64

시주時柱의 기신
겁재투출은
말년재물이 위태롭다

시주(時柱)는 근묘화실에 따라 말년을 의미합니다. 말년에 겁재가 있는 것은 노년에 내 재물을 겁재가 빼앗을 수 있다는 뜻입니다.

時	日	月	年
戊	己		
辰			
乙癸戊			

진(辰)중 계수(癸水)는 재성입니다. 진토(辰土)를 대.세운에서 형충하면 진(辰) 중 계수(癸水)가 튀어 나오게 됩니다. 진(辰)중 계수(癸水)가 투출하면서 무토 (戊土)가 무계(戊癸)합거로 나의 재성인 계수(癸水)를 무토(戊土)겁재에게 강탈당하는 사주구조가 되는 것입니다.

時	日	月	年	乾
戊	己	丁	戊	
辰	卯	巳	申	
乙癸戊				

時	日	月	年	坤
辛	辛	丁	辛	
卯	酉	酉	亥	

위 두 사람은 부부입니다. 남편은 고위직 공무원이고 부인은 집 안에서 살림을 돌보고 있습니다. 남자 사주에서 중년 이후에 진토(辰土)속의 계수(癸水) 재성을 써야 하는데 무토(戊土)가 겁재이니 재를 보면 탈재(奪財)가 일어날 수 있습니다. 무진(戊辰)이 **간여지동**의 기신겁재투출이라 더욱 심하고, 특히 시주의 겁재는 노후의 내 재산을 탈재(奪財)시키는 요인이라 노후연금, 퇴직 연금을 사업 한다는 이유로 일시불로 다 날리고 돈에 쪼들려 사는 경우가 허다합니다.

부인 시지(時支)가 묘(卯)편재인데 묘유(卯酉)충이 되니 더욱 확실하다고 말할 수가 있겠습니다. 중년이후에 오는 대운의 재성은 모두 묶인 후에 겁재가 탈재하므로 재산관리에 특별히 신경 써야 합니다.

▶ 간여지동(干與支同)

동일한 오행이 천간과 지지에 배열이 되는 것을 말합니다. 그래서 그 힘의 본질이 두드러지게 표현이 되는 것인데 기신이 될 경우에 문제가 발생합니다.

時	日	月	年
戊	己	乙	乙
辰	巳	酉	巳

乙癸戊

▶ 이혼 준비 중인 남편입니다. 얼마 전부터 동생명의로 재산정리를 하고, 사업은 동업형태 로 동생과 같은 업계에서 사업을 하고 있습니다.

사/주/해/설 ▶

진토(辰土) 지장간에 있는 계수(癸水)재성은 무진(戊辰)이 기신 겁재라 형충으로 개고되어 올라온다 해도 겁재가 탈취하게 되어 있는 구조입니다. 무계(戊癸)합거하여 나가는데 없어질 때까지는 일시적으로 돈이 보이므로, 돈을 번 것처럼 보이나 나중에 말짱 도루묵이 되게 됩니다. 이런 사람은 재성이든지, 여자이든지 겁탈을 당하기 때문에 남아나질 못하는 것입니다. 더구나 시상 겁재라 노후에 발생확률이 높아 재산이 다 흩어지게 됩니다.

남편분의 겁탈은 무토 겁재가 비겁으로 육친으로 보면 형제인데 재산을 강탈하는 사람은 동생 입니다. 동생을 믿어 재산명의를 동생에게 이전했다면 동생이 겁탈한다고 보면 될 것 같습니다. 돈 앞에서는 우애(友愛)의 정(情)도 소용이 없는 경우가 허다합니다.

12운성으로
처궁의 상태를 알아보기

(1) 배우자의 운 알아보기.

배우자의 운을 알아보려면 궁(宮)과 성(星)으로 파악해야 합니다. 배우자궁에
는 일지가 해당이 되고 배우자성에는 십신이 해당이 됩니다. 배우자궁은 일
지가 배우자궁으로 남녀가 동일하지만, 배우자성은 남녀가 다릅니다. 즉 남
자는 재(財)성이 배우자이고 여자는 관(官)성이 배우자에 해당합니다.

時	日	月	年
자녀	자신	부모	조상
	배우자		

▶ 12운성의 각 특징은 매우 중요하므로 반드시 암기하여 숙지해야 합니다.
만약, 관대 월지에 태어나면 몸만 어른이고 생각하는 것이 미숙하고, 목욕 월지
에 태어나면 도화기질이 평생 따라다니고, 장생 월지에 태어나면 재기 발랄하여
후원자가 많고, 양지월지에 태어난 사람은 낙천적인 성격의 소유자라고 생각해
봐야 합니다. 이것을 잘 응용하면 그 사람의 성격 패턴을 추측해 낼 수 있습니다.

▶ 남자의 명조에서 정재 부인에 대해 알아보겠습니다.

時	日	月	年
甲			己
子			

위 명조의 경우 기토(己土) 정재가 이 남자의 처성입니다. 기토(己土)는 배우
자궁인 자수(子水)가 절지에 해당이 됩니다. 기토(己土) 아내가 자수(子水)절
지에 놓여있고, 자수는 인성 시어머니이니 다툼이 많습니다. 처궁자리에 시
어머니가 떡 앉아 있어서 자리를 내어 주지 않는 것과 같습니다. 만약, 원국
에서 재성 처가 없다면 오행(五行) 토(土)포태로 적용하여 간명해야 합니다.

時	日	月	年
丙			庚
子		↵	

위 명조의 경우 금(金)오행만으로 포태를 적용한다면 양(陽) 포태에 해당이 되
므로 결국 양간지 포태법(=오행포태)으로 육친궁을 살피는 것이 됩니다. 만약,
사주팔자가 무재(無財)사주라면 양(陽)포태로 배우자성인 경금(庚金)이 배우자
궁에 있는 자수(子水)에는 사지(死地)가 되므로 부인이 없다고 할 수 있습니다.

時	日	月	年
丙			
子	申		
↳	戊壬庚		

위 명식의 경우 신금(申金) 부인이 있었으나, 신(申) 지장간 중 경(庚)이 배우자궁의 자(子) 사지(死地)가 되므로 부인과 사별하였습니다.

※ 12운성을 볼 때에는 지지로 보는 것이 아니고, 지장간의 십간을 사용하여 지지를 운행(運行)하며 보아야 합니다.

時	日	月	年
	丙		
子	申		
↳	戊壬庚		

위명식의 경우 신(申)중에 있는 경금(庚金)처는 배우자궁인 신금(申金)에 록지(祿地)이나 말년에 가서 경금(庚金) 처는 자(子)가 사지(死地)입니다. 그래서 나중에 사별(死別)할 가능성이 높습니다.

▶ 세운(歲運)이 올 때 응용해서 통변하는 방법을 알아보겠습니다.

時	日	月	年	歲
	丁			
	丑			巳
	癸辛己			戊庚丙

사화(巳火)는 정화 일간의 왕지입니다. 경금(庚金)은 정화 일간의 처성에 해당 합니다. 사(巳)안에 경금(庚金)이 있으니 사년(巳年)을 만나면, 일지 축토(丑土)와 사축(巳丑)합으로 유력한 교제 상대가 나타나게 됩니다.

(2) 지장간에 있는 남편의 성향을 판독해 낸다.

時	日	月	年
丁			
丑			
癸辛己			

위의 명조를 여자로 생각하고 보면 계수(癸水)남편은 12운성으로 보면 축(丑)에는 관대입니다. 즉, 계수(癸水)가 축토(丑土) 안에 있는 것이므로 계수(癸水)남편은 관대물상을 하고 있으므로 관대물상의 속성인 복장과 관련 된 일이나 직업을 가지는 경우가 많습니다. 의사, 경찰, 판사 등 그러나 축토(丑土)가 정(丁)일간에는 묘지가 되므로 매우 비활동적입니다.

時	日	月	年
壬			
辰			
乙癸戊			

위의 명조를 여자로 보면 진(辰)중 무토(戊土)가 남편입니다. 무토(戊土)는 12 운성을 볼 때 진(辰)에 놓이면 관대지이고, 임(壬)에서는 12운성으로 보면 진(辰)이 묘지(화개지)입니다. 이것은 비활동적인 틀에 갇혀서 제복을 입는 남편물상으로 보입니다. 무토(戊土)남편은 진(辰)이라는 관대에 앉아 있습니다. 관대물상은 몸만 어른이고 정신 연령은 아직 어려 버릇이 없고 예의가 없을 수 있습니다. 묘지 안에 있는 무토(戊土)남편은 비활동적이며 관대물상으로 인하여 버릇이나 예의범절이 좋지 않습니다. 관대지라서 옷을 좋아하는 습성도 있습니다.

(3) 여자는 상관이 강할 경우 관성 남편을 극한다.

時	日	月	年
己	庚		
	申		

경신월주는 모두 상관인데 상관이 강하더라도, 남편성이 안 나타나거나 남편성이 힘이 있으면 남편이 죽었다고 장담하지는 못합니다.

時	日	月	年
己	庚	甲	
	申		

위의 경우 갑기(甲己)합으로 일간 기토가 갑목(甲木)남편을 잡고 있으니 상관이 강하더라도 남편이 죽었다고 단정하지 못합니다. 그러나 아래 명조와 같이 사주배합이 설정이 되면 남편이 없다고 단언할 수 있습니다.

時	日	月	年
己	庚		
	申	寅	

위의 여자명조에서 인목(寅木)은 남편입니다. 경신월주의 상관이 강한데 인신(寅申)충이 되어 인목(寅木)남편을 깨트리니 남편이 죽었다고 단언할 수 있습니다.

66

12운성으로
재운을 보는 방법

사주에서는 정재와 편재를 가지고 재물운을 파악합니다. 정재와 편재를 12
운성으로 대운의 흐름에 맞추어 변화를 읽으며, 정재가 록왕지(祿旺地)로 흐
르면 재물 운(運)이 강한 것이며, 정재가 병사지(病死地)로 흐르면 재물 운이
약하다고 봅니다.

時		日		月		年		坤命
편인				상관		편재		六神
甲		丙		己		庚		天干
午		辰		丑		戌		地支
겁재		식신		상관		식신		六神
丙己丁		乙癸戊		癸辛己		辛丁戊		지장간
帝王		冠帶		養地		墓地		12운성
辛	壬	癸	甲	乙	丙	丁	戊	
巳	午	未	申	酉	戌	亥	子	대운수
78	68	58	48	38	28	18	8	

▶ 1년 전 학원을 인수해 운영에 힘듦 그러나 운세가 앞으로 좋아 진다고 하였으나 그래도 걱정을 많아 사주를 알고자 찾아옴.

사/주/해/설 ▶

병화(丙火) 일간에 경금이(庚金)이 편재입니다. 대운이 신유술(申酉戌)로 재성의 록왕지(祿旺地)로 흐르고 있어 재물을 크게 벌 수 있습니다. 다만, 축토(丑土)가 금(金)의 고장지라서 금(金)이 입고되면 재물을 한 번에 잃어버릴 수 있는 구조로 주의해야 합니다. 상관이 강하여 상관생재하므로 말로 하는 사업이 좋습니다.

현재 을목(乙木)대운에 와 있는데, 을목(乙木)인수가 경금(庚金)편재와 합하니 문서에 투자하는 모양새입니다. 즉, 학원을 개업합니다. 임진(壬辰)년에 경금(庚金)편재는 진토(辰土)양(養)지에 있고, 축(丑)중 신금(辛金)정재는 묘(墓)지입니다. 즉, 정재의 착실한 돈은 묘(墓)지라 고정수입은 기대하지 못하고, 경금(庚金)편재가 양지라 하는 것은 간판 크게 걸지 말고 숨어서 시작한다는 뜻으로 크게 광고하지 말고 아는 사람만 받으면 좋다는 뜻입니다.

원래 양(養)지의 특성이 엄마 배 속에서 조용히 성장한다는 뜻을 있기 때문입니다. 계사(癸巳)년에는 신금(辛金) 정재가 사(巳)에는 사지(死地)고 경금(庚金)편재가 사(巳)에는 장생이지요. 정재 착실한 고정 수입은 병(病)들어 있으니 아직은 생각하지 말고, 경금(庚金)편재가 장생이니 뜻하지 않게 학원생들이 몰려 짭짤한 수입을 기대해 볼 만합니다. 유금(酉金) 대운에는 돈을 확실히 벌어야 합니다. 유축(酉丑)합하여 금(金) 재운이 강해집니다.

67

오행五行의 변수變數

오행(五行)의 상생, 상극에는 변수가 많습니다. 태과불급(太過不及)은 너무 지나치게 많은 것은 오히려 부족함만 못하다는 뜻입니다. 즉, 오행이 태과(太過)하게 되면 음양오행의 조화와 본래의 작용과는 달리 역작용(逆作用)이 나타나게 됩니다. 이것은 너무나 당연한 자연의 이치일 것입니다.

(1) 왕(旺)한 오행(五行)이 적당한 극(剋)을 받으면 순화(純化)됩니다.

❶ 금왕득화(金旺得火)이면 방성기명(方成器皿)입니다.

 금(金)이 왕성한데 화(火)를 얻으면 그릇을 만듭니다.

❷ 화왕득수(火旺得水)이면 방성상제(方成相濟)입니다.

 화(火)가 왕성한데 수(水)를 얻으면 상제(相濟)의 공을 얻습니다.

❸ 수왕득토(水旺得土)이면 방성지소(方成池沼)입니다.

 수(水)가 왕성한데 토(土)를 얻으면 연못을 만듭니다.

❹ 토왕득수(土旺得木)이면 방능소통(方能疏通)입니다.

 토(土)가 왕성한데 목(木)을 얻으면 소통이 됩니다.

❺ 목왕득금(木旺得金)이면 방성동량(方成棟樑)입니다.

 목(木)이 왕성한데 금(金)을 얻으면 동량목이 됩니다.

(2) 강한 오행을 설기(洩氣)하면 강(强)한 것을 순화(純化)시킵니다.

❶ 강금득수(强金得水)이면 방좌기봉(方挫其鋒)입니다.

 강한 금(金)이 수(水)를 얻으면 날선 칼날이 무디어집니다.

❷ 강수득목(强水得木)이면 방설기세(方泄其勢)입니다.

 강한 수(水)가 목(木)을 얻으면 기세를 설기합니다.

❸ 강목득화(强木得火)이면 방화기완(方化其頑)입니다.

 강한 목(木)이 화(火)를 얻으면 완고함을 제화합니다.

❹ 강화득토(强火得土)이면 방지기염(方止其焰)입니다.

 강한 화(火)가 토(土)를 얻으면 화염을 그칩니다.

❺ 강토득금(强土得金)이면 방제기해(方制其害)입니다.

 강한 토(土)가 금(金)을 얻으면 피해를 막습니다.

(3) 과다생(過多生).

▶ 생(生)이 지나치게 많게 되면 부작용이 발생합니다.

❶ 금뢰토생(金賴土生)하지만, 토다금매(土多金埋)가 됩니다.

   금(金)은 토(土)에 의지 하지만 토(土)가 많으면 금(金)은 매몰 됩니다.

❷ 토뢰화생(土賴火生)하지만, 화다토초(火多土焦)하게 됩니다.

   토(土)는 화(火)에 의지 하지만 화(火)가 많으면 토(土)는 마르게 됩니다.

❸ 화뢰목생(火賴木生)하지만, 목다화식(木多火熄)이 됩니다.

   화(火)는 목(木)에 의지 하지만, 목(木)이 많으면 화(火)는 꺼지게 됩니다.

❹ 목뢰수생(木賴水生)하지만, 수다목표(水多木漂)가 됩니다.

   목(木)은 수(水)에 의지 하지만 수(水)가 많으면 목(木)은 표류하게 됩니다.

❺ 수뢰금생(水賴金生)하지만, 금다수탁(金多水濁)하게 됩니다.

   수(水)는 금(金)에 의지 하지만, 금(金)이 많으면 수(水)는 탁하게 됩니다.

(4) 과다설(過多洩).

▶ 설기(洩氣)가 지나치게 많게 되면 부작용이 발생합니다.

❶ 금능생수(金能生水)하지만, 수다금침(水多金沈)이 됩니다.

   금(金)은 수(水)를 생하지만, 수(水)가 많으면 금(金)은 가라 앉습니다.

❷ 수능생목(水能生木)하지만, 목다수축(木多水縮)이 됩니다.

   수(水)는 목(木)을 생하지만 목(木)이 많으면 수(水)는 줄어듭니다.

❸ 목능생화(木能生火)하지만, 화다목분(火多木焚)이 됩니다.

   목(木)은 화(火)를 생하지만 화(火)가 많으면 목(木)은 모두 타게 됩니다.

❹ 화능생토(火能生土)하지만, 토다화매(土多火埋)가 됩니다.

   화(火)는 토(土)를 생하지만 토(土)가 많으면 화(火)는 매몰 됩니다.

❺ 토능생금(土能生金)하지만, 금다토변(金多土變)이 됩니다.

   토(土)는 금(金)을 생하지만 금(金)이 많으면 토(土)는 변질 됩니다.

⑸ 과다한 반극(反剋).

▶ 제극을 받으면 상대가 오히려 강하면 반극(反剋)이 일어납니다.

❶ 금능극목(金能剋木)이라도 목견금결(木堅金缺)이 됩니다.

　금(金)은 목(木)을 극하지만, 목(木)이 견고하면 금(金)이 이지러집니다.

❷ 목능극토(木能剋土)이라도 토중목절(土重木折)이 됩니다.

　목(木)은 토(土)를 극하지만, 토(土)가 두터우면 목(木)이 꺾입니다.

❸ 토능극수(土能剋水)이라도 수다토류(水多土流)가 됩니다.

　토(土)는 수(水)를 극하지만, 수(水)가 많으면 토(土)는 흐르게 됩니다.

❹ 수능극화(水能剋火)이라도 화다수증(火多水烝)이 됩니다.

　수(水)는 화(火)를 극하지만, 화(火)가 많으면 수(水)는 증발하게 됩니다.

❺ 화능극금(火能剋金)이라도 금다화식(金多火熄)이 됩니다.

　화(火)는 금(金)을 극하지만, 금(金)이 많으면 화(火)는 꺼지게 됩니다.

◆ 목분비탄(木焚飛炭)명조의 사례

과다설에서 보면 "목능생화(木能生火)하지만 화다목분(火多木焚)이 된다"라고 하였습니다.

목(木)은 능히 화(火)를 생하지만, 화(火)가 많으면 목(木)은 불에 모두 타버리게 됩니다.

목(木)이 하절(夏節)에 생(生)하여 금수(金水)가 없고, 화토(火土)가 많으면 나무가 불에 타서 결국은 재가 되는 것입니다.

時		日		月		年		乾命
정관				편재		편관		六神
丁		庚		甲		丙		天干
丑		戌		午		申		地支
인수		편인		정관		비견		六神
癸辛己		辛丁戊		丙己丁		戊壬庚		지장간
墓地		衰地		沐浴		建祿		12운성
壬	辛	庚	己	戊	丁	丙	乙	
寅	丑	子	亥	戌	酉	申	未	대운수
78	68	58	48	38	28	18	8	

▶ 1998년 계단을 내려오다 넘어지면서 자전거에 눈이 부딪쳐 맹인이 되었습니다. 그 후 부인도 가출하고, 재산도 다 까먹고 지금은 장애자 연금으로 살아가고 있습니다. 〈목분비탄의 사례〉

사/주/해/설 ▶

오술(午戌)이 합하고 병정(丙丁)화가 투출하면 화국(火局)을 만들게 됩니다. 근이 없는 오월(午月)의 갑목(甲木)은 목분비탄(木焚飛炭)이 됩니다. 즉, 갑목(甲木)은 불에 달군 숯덩이가 되어 화다목분(火多木焚)이 되는 것입니다. 갑을(甲乙)목은 시신경 계통이니, 눈의 시신경이 불타는 것입니다. 위 명조는 용광로에 불과 숯덩어리(甲木)가 가세했으니 화력이 지나쳐 경금(庚金)이 녹아 기물을 만들어 내지 못하고 있는 형상입니다.

그래서 이 분의 경우 처(木)와 자녀(火)가 절대 흉신입니다. 결혼하지 않고 혼자 살았다면 맹인이 되는 화(禍)는 면하지 않았을까 생각됩니다. 원국 자체가 목분비탄(木焚飛炭)의 큰 흉명(불구)이면 대운에서 오는 길과 흉은 그다지 원국 운명을 변화시키지 못합니다.

◈ 화다수증(火多水烝)명조의 사례.

과다한 반극(反剋)에서 "수능극화(水能剋火)이라도 화다수증(火多水烝)이 된
다"라고 하였습니다. 이 뜻은 수(水)는 능히 화(火)를 극하지만, 화(火)가 많으
면 수(水)는 증발 시킨다는 의미입니다.

時		日		月		年		乾命
상관				인수		식신		六神
壬		辛		戊		癸		天干
辰		丑		午		未		地支
인수		편인		편관		편인		六神
乙		癸		戊		癸		
辛		己		丙		己		지장간
丁		丁		乙		己		
墓地		養地		病地		衰地		12운성
庚	辛	壬	癸	甲	乙	丙	丁	
酉	亥	子	丑	寅	卯	辰	巳	대운
72	62	52	42	32	22	12	2	

▶ 어째서 거지일까?

12년 전에 SBS에서 방영한 모 프로그램에 등장한 걸인(乞人)입니다. 당시
10년 이상 거지 생활을 한 40대 후반부터 50대 후반으로, 계축(癸丑) 대운부
터 임자(壬子) 대운까지 걸인(乞人)으로 생활한 것으로 예상됩니다.

사/주/해/설 ▶

오월(午月)에 신금(辛金)일간이 무계(戊癸)합을 이루니 화신(火神)을 이루어
치열(熾熱)합니다. 지지(地支)는 오미(午未)합으로 화기(火氣)가 국(局)을 이루
니 기세가 천간까지 미치게 됩니다.

화가 강하여 수가 증발하려 하여 화다수증(火多水烝)이 되니 임수(壬水)는 증발하려 하는데, 불길이 신금(辛金)을 녹이고 있으나 임수는 속수무책입니다.

오행이 편고(偏枯)하여 흉명(凶命)이 되면 도세주옥도 소용이 없고 천을귀인이 합이 되어도 소용이 없습니다. 신금(辛金)은 이미 정제된 보석이라 거센 불길을 싫어합니다. 거센 불을 만나면 훼손당해 가치를 잃은 보석은 사람들이 외면하는 것은 당합니다.

더구나 신축(辛丑)일주는 일지가 금(金)의 고장지로 자리 잡고 있으니, 축(丑)대운에 고장지를 중첩하여 보면 축토(丑土) 고장지가 동(動)하여 입고가능성이 큽니다. 일간이 입고되면 사망하던지 모든 활동이 정지된다고 봐야 합니다.

▶ 이것은 '적천수' 방국론(方局論)에 언급된 '성국간투일관성(成局干透一官星), 좌변우변 공록록 (左邊右邊 空碌碌)'의 현상으로 국(局)이 되어 있는 지지(地支)에 그 오행(五行)을 극(剋)하는 천간(天干)이 투(透)하면 일체가 공허한 것이 될 만큼 흉(凶)한 작용이 일어남을 뜻하는 것입니다.

만일 명중(命中)에 임수(壬水)가 투(透)하였는데, 다시 지지(地支) 수운(水運)을 만나게 되면 운(運)이 급기야 바닥을 치게 됨을 실감하게 됩니다. 반드시 가난하거나, 요절이 따른다고 하였습니다. 이것은 마치 임수(壬水)의 록(祿)이 나타나면서 록지를 충극하는 현상과도 같은 것으로 이해하면 됩니다.

◈ 금다화식(金多火熄) 명조의 사례.

과다한 반극(反剋)에서 "화능극금(火能剋金)이라도 금다화식(金多火熄)이 된다" 하였습니다. 이 뜻은 화(火)는 능히 금(金)을 극하지만, 금(金)이 많으면 화(火)를 꺼지게 만든다는 의미입니다.

時		日		月		年		坤命
비견				편관		비견		六神
辛		辛		丁		辛		天干
卯		酉		酉		卯		地支
편재		비견		비견		편재		六神
甲乙		庚辛		庚辛		甲乙		지장간
絶地		建祿		建祿		絶地		12운성
乙	甲	癸	壬	辛	庚	己	戊	
巳	辰	卯	寅	丑	子	亥	戌	대운수
77	67	57	47	37	27	17	7	

▶ 계유(癸酉)년, 신유(辛酉)월에 낙찰계 사기죄로 지명수배로 걸려 구속돼, 공무원인 남편까지 파면되어 하루아침에 거지 신세로 패가망신하였다고 합니다.

사/주/해/설 ▶

이 명조에서 정화(丁火)는 금다화식(金多火熄)이 되어 위태로워 쓸 수가 없습니다. 정화의 진신은 갑목(甲木)인데 갑목의 생(生)이 없는 금다한 정화(丁火)는 꺼지게 될 가능성이 높습니다. 계유(癸酉)년, 신유(辛酉)월처럼 금(金)이 첩첩이 둘러싸이게 되면 정화는 꺼지고 명예는 추락하게 됩니다. 금다화식(金多火熄)명의 정화는 언젠가는 꺼지게 되어 해당되는 육친의 존망을 흔들 것이라고 봐야 합니다.

그런데 결혼하여 남편을 둔다면 장애가 있거나, 무능한 남편을 둔다고 판단해야 하는데, 남편은 공무원을 하고 있다고 합니다. 왜 그럴까요? 그것은 묘유(卯酉)충에 있다고 봐야 할 것 같습니다. 묘유(卯酉)충으로 충출(沖出)한 진신(眞神)인 갑목(甲木)이 정화에 불을 지피고, 다시 기해(己亥)대운, 경자(庚子)대운에는 해묘(亥卯)반합이 목왕(木旺)하여 정화(丁火)를 생하고, 자묘(子卯)형으로 묘유(卯酉)충을 재차 유발하여 갑목이 정화를 지피고 있습니다. 신축(辛丑)대운에 유축(酉丑)합으로 동(動)하던 묘유(卯酉)충을 풀어버려 정(靜)하게 만들게 됩니다. 묘목(卯木)의 개고(開庫)가 일어나지 못하면 정화(丁火)는 계유(癸酉)년, 신유(辛酉)월에 금이 첩첩이 둘러싸인 후에 금다화식명이 되어 거지게 될 것입니다.

록록종신碌碌終身이란 무엇인가?

록록종신(碌碌終身)이란? 주관 없고 쓸모없이 한 세상을 보낸다는 뜻으로, 천간에 일점(一點)의 관성의 힘도 없는데 국(局)을 이룬 지지를 극하게 되면 일체가 허무하다는 의미로 사용이 됩니다.

예를 들어서 사주에서 지지에 목국(木局)이 모여 있고, 그 원신인 목(木)이 천간에 나타나있으며, 다른 천간에 신금관(辛金官)이나 경금관(庚金官)이 하나밖에 없거나 또는, 둘이 있어도 그 관살이 허탈하고 기가 없는 것을 말합니다. 다른 천간에 토(土)가 있다 하더라도 목국(木局)으로 이루어져 그 토도 뿌리가 없어 휴수(休囚)가 되어, 금을 생하기가 어려우므로 안 되는 것입니다. 만일 사주에 신유축(申酉丑)이 있어, 그 관성이 뿌리가 있다면 그는 신왕관왕(身旺官旺)하여 귀할 것이나, 신유축(申酉丑)이 하나도 없이, 전부 인진(寅辰) 목국으로 되어 있으면 그때는 목세가 한층, 성(盛)하여 금의 세력은 더욱 쇠약해집니다.

그러므로 **록록부생(碌碌浮生)**이 되어 삶의 명리(名利)가 없이 생을 끝마치게 되는데 세운에서 병(病)이 되는 그 근기 없는 관살을 제거해버리면 가히 발달하는 것이며 더욱 좋은 것은 사주에서 상관과 식신이 있어 제(制)하고 있다가 다시 대운, 세운에서 그 관살을 정화(淨化) 해버리면 그때는 명리를 성취할 수 있는 것입니다.

▶ **록록부생(碌碌浮生)이란?** 록(祿)없이 떠도는 부평초 같은 인생을 두고 말하는 것입니다.

▶ 사주첩경에 있는 록록종신에 대한 설명입니다.
【단왈】- 록록종신(碌碌終身) 수요상관(須要傷官) 정화관살(淨化官殺) 부귀여뢰(富貴如雷) 록록종신은 상관이 필요한데 관살을 깨끗이 없애면 부귀가 우뢰같이 일어난다.

▶ 【적천수】에 있는 록록종신에 대한 설명입니다.
적천수에 이르기를 성국간투일관성(成局干透一官星)하나 좌변우변공록록(左邊右邊空祿祿)이라 하였습니다. 국(局)을 이루고 일관성(一官星)이 나타나면 좌나 우나 록(祿)이 없다는 뜻입니다.

時	日	月	年	乾命
편인		편재	정관	六神
癸	乙	己	庚	天干
未	亥	卯	寅	地支
편재	인수	비견	겁재	六神

사/주/해/설 ▶

이 사주는 을목(乙木)일주가 해묘미(亥卯未)목국을 이루어, 재관인 기경(己庚)이 나타나서 좋을듯하나, 좌우로 모두 무정(無情) 합니다. 왜냐하면 경금(庚金)관은 인목(寅木)에 자좌절지(自坐絶地)하고 기토는 자좌목살지(自坐木殺地)에 앉아 경금(庚金)관을 생(生)할수 없습니다. 하여 록록종신(碌碌終身)이 되는 것입니다. 관(官)을 사용하기도 어렵고 재(財)역시 사용하기 어려우므로 용신을 정착시킬 곳이 없습니다.

그러므로 위인이 항상 소심하고 변덕이 많아서 가업은 파산되었으며, 중년에 의학을 공부하다가 그것마저도 성취하지 못하고 마침내 식솔은 흩어지고 속세를 떠나 스님이 되고 말았습니다.

▶ 방(方)과 국(局)이 함께 있으면 기세가 강하니 천간은 기세에 순응해야 합니다. 지지가 인묘진(寅卯辰)이고 일간이 목(木)이면 그리고 해수(亥水)가 생하고 있으면 천간에 토금(土金) 등 목기(木氣)를 거스르는 기운이 없고 화(火)가 있어야 수기(秀氣)가 빼어납니다.

예시 2 ▶

時	日	月	年	乾命
식신		식신	상관	六神
丙	甲	丙	丁	天干
寅	寅	午	巳	地支
비견	비견	상관	식신	六神

사/주/해/설 ▶

오월(午月)의 갑목(甲木)이 병화(丙火)가 가득한데, 정화(丁火)가 더해져 병정 (丙丁)이 만국(滿局)을 이루었다면 목화상관(木火傷官)이 염상(炎上)으로 변해 종아격(從兒格)이 된 사례입니다. 이때 운에서 수(水)운을 만나면 반드시 탈 이 생기는 것입니다. 만약 위 명조에 무근한 수(水)관살이 이미 나타나 있다 면 록록종신을 이루는 명이 되어 흉명(凶命)으로 작용하게 될 것입니다.

【난강망】 갑목(甲木)론

▶ 목화상관 염상격에서 수(水)운을 만날 경우에 흉해 집니다.

만주(滿柱)에 병화(丙火)가 있는데, 또 정화(丁火)를 더하고 관살(官殺)이 없으 면 **상관상진(傷官傷盡)**이 되어 가장 기묘해져, 이런 사람은 청귀(淸貴)하여 재 능과 학문이 뛰어나므로 과갑(科甲)이 유력하나 단, 세운(歲運)에서 수(水)를 보는 것은 좋지 않습니다. 만일 사주(四柱)에 임수(壬水)가 있고, 다시 운(運) 에서 수(水)운을 만나면 반드시 가난하거나 요절이 따른다고 하였습니다.

※ 만주(滿柱)란 4개 기둥이란 뜻으로 사주(四柱)를 말하는 것이며 가득 차다 는 의미로 사용됩니다.

예시 3 ▶

時	日	月	年	乾命
식신		인수	식신	六神
丙	甲	癸	丙	天干
寅	寅	巳	午	地支
비견	비견	식신	상관	六神

사/주/해/설 ▶

오(午)대운에 눈을 다쳐 실명(失明)하였고 그 후에 걸인이 된 명조입니다. 계수(癸水)가 무근(無根)하고 경금(庚金)이 투간하지 못해 수(水)를 생(生)해 주지 못합니다. 그래서 계수(癸水)가 위태로운데 이 힘없는 계수(癸水)가 왕(旺)한 화(火)를 극하여 록록종신이 된 명조입니다.

【조화원약】4월갑목

▶ 사주에서 록록종신으로 병(病)이 되는 것을 제거하면 발복합니다.

▶ 상관상진(傷官傷盡)에서 상관이 상진된다. 하는 것은 관(官)에 상처(傷處)를 주는 행위가 끝났다는 것인데 그냥 무턱대고 기진맥진 하여지는 것을 말하는 것이 아닙니다. 상관(傷官)행위가 여한(餘恨)없이 풀리는 것으로 더 이상 요구하지 않고, 한껏 신이 나선 놀고 난 다음 제풀에 시들어 지는 것을 말합니다.

예시 4 ▶

時	日	月	年	乾 命
정관		편인	비견	六 神
癸	丙	甲	丙	天 干
巳	午	午	寅	地 支
비견	겁재	겁재	편인	六 神

사/주/해/설 ▶

계수(癸水)정관이 뿌리가 없으니 한 방울의 물이 증발해버려서 쓸 수가 없고 부득이 강한 기세를 좇는 수밖에 없습니다. (록록종신된 명조로) 중화를 잃었으니 좋은 격국이 못됩니다. 만약 운에서 계수(癸水)를 합거하거나 제거하게 되면 병(病)을 제거하는 것이라 이 시점에서 크게 발복하게 됩니다. 【자평진전】

▶ 기세를 거스르는 오행이 운에서 동일한 지지를 만나면 운이 바닥을 치게 됩니다.

예시 5 ▶

時	日	月	年	乾命
상관		식신	편인	六神
丁	甲	丙	壬	天干
巳	寅	午	戌	地支
식신	비견	상관	편재	六神

국(局)을 이루는 지지(地支)에 그 오행(五行)을 극(剋)하는 천간(天干)이 투(透)
하는데 극하는 천간이 무근하거나 기가 허탈하다면 일체가 공허한 것이 될
만큼 흉(凶)의 작용이 일어남을 뜻하는 것입니다. 만일 명중(命中)에 화국(火
局)을 이루어 강한데 근이 없이 허탈한 임수(壬水)가 투출(透出)하면서, 다시
지지(地支)에 수운(水運)을 만나면 운(運)이 급기야 바닥을 치게 되기 쉽습니
다. 반드시 가난하거나, 요절 합니다. 【이수 명리】

▶ 천간합과 지지합으로 합화오행을 만들면 그 오행이 왕(旺)해집니다.

예시 6 ▶

時	日	月	年	乾 命
정관		비견	편인	六 神
庚	乙	乙	癸	天 干
辰	未	卯	亥	地 支
정재	편재	비견	인수	六 神

사/주/해/설 ▶

해묘미(亥卯未) 목국에 천간 경금(庚金)이 뿌리 없이 떠 있습니다. 머리는 좋지만 가난한 선비였습니다. 곡직의 순수함이 훼손된 사주입니다.

예시 7 ▶

時	日	月	年	乾命
상관		인수	식신	六神
壬	辛	戊	癸	天干
辰	丑	午	未	地支
인수	편인	편관	편인	六神

▶ 67. 오행의 변수, 화다수증(火多水烝) 예시로, SBS에서 방영한 걸인 사주로 40대 후반부터 59세까지 걸인 행세하고 있었음을 계산할 수 있습니다.

사/주/해/설 ▶

오월(午月)에 신금(辛金)일간이 무계(戊癸)합을 이루니 화신(火神)을 이루어 치열(熾熱)합니다.지지 오미(午未)가 합을 이루면 화기(火氣)가 국(局)을 이루어 기세가 천간까지 치솟습니다. 이 명조는 **록록종신**된 명조이며, 화다수증의 사례인데 '성국간투일관성(成局干透一官星), 좌변우변 공록록 (左邊右邊 空碌碌)'의 현상을 보이는 명조입니다.

즉 국(局)이 되어 있는 지지(地支)에 그 오행(五行)을 극(剋)하는 천간(天干)이 투(透)하면 일체가 공허한 것이 될 만큼 흉(凶)한 작용이 일어남을 뜻하는 것입니다. 만일 명중(命中)에 임수(壬水)가 투(透)하면서 다시 지지(地支)에 수운(水運)을 만나면 운(運)이 급기야 바닥을 치게 됨을 실감하기 쉽습니다. 반드시 가난하거나 요절이 따른다고 하였습니다. 이것은 마치 임수(壬水)의 록(祿)이 나타나면서 록지를 충극하는 현상과도 같은 것입니다. 그래서 위 명조는 임수(壬水)가 병(病)이므로 운에서 제거되어야 길해지는 것입니다.

▶ 록록종신(碌碌終身)된 명조는 한 마디로 백수, 노숙자, 걸인입니다. 지지가 왕(旺)하면 왕한 기세를 따라야 함을 의미하고, 만약 왕한 기세를 거스르게 되면 흉해진다는 명리의 기본 핵심 내용과도 일치하는 것입니다.

69

진법무민 盡法無民 이란 무엇인가?

말 그대로 법은 없고 백성도 없으니 무법천지인 것을 빗대어 말하는 것입니다. 신왕사주에서는 관살을 용(用)하면 길(吉)합니다 그러나 사주가 식상이 많고 관살이 태약(太弱)한 경우에는 운로(運路)에서 관살을 도와주는 재성운이 오면 좋고 또는 식상을 극하여 관살을 보호해 주는 인수운이 와주어야 하는데 반대로 미약한 관살을 극하는 식상운을 운로에서 다시 만날 때를 진법무민(盡法無民)이라 합니다.

다시 말하면 사주(四柱)중의 관살이 태약(太弱)으로 극을 당하여 모든 위풍이 추락하여 실세함을 말합니다. 칠살을 과히 제복(制伏)한 중 운에서 다시 제살(制殺)하는 것을 가리켜 진법무민이라고 합니다.

時	日	月	年	坤命
상관		편관	정재	六神
丁	甲	庚	己	天干
卯	戌	午	未	地支
겁재	편재	상관	정재	六神
甲乙	丁乙己	丙己丁	丁乙己	지장간
帝王	養地	死地	墓地	12운성

戊	丁	丙	乙	甲	癸	壬	辛	대운
寅	丑	子	亥	戌	酉	申	未	
71	61	51	41	31	21	11	1	

▶ 외국에 6년째 살고 있는데 3년째 일이 잘 안 풀리네요. 초년에는 괜찮았습니다. 올해 9월에 조그마한 장사를 해볼까 하는데 궁금합니다. 언젠가 하려했던 일이지만 조금 앞당겨서 하게 되어 불안하기도 합니다. 삼재 때문일까요? 모든 것이다 힘듭니다.

사/주/해/설 ▶

제살태과(制殺太過)된 명조는 **위살(衛殺)**해야 합니다. 오미(午未)합, 묘술(卯戌)합으로 지지 화(火)회국을 이루고 정화(丁火) 투간하여 상관이 중중(重重)합니다. 경금(庚金) 관살은 제살태과되어 진법무민(盡法無民)에 해당할 수 있습니다.

그러므로 수(水)인성을 사용하여 식상을 극하여 관살을 보호해 줘야 합니다. 편관살이 재성에 의해 재생살이 되고는 있지만, 경금편관이 상관에 위축되어 있어 제살태과로 오히려 위살(衛殺)해야 하는 것입니다. 즉, 남편 경금이 위축되어 실력 발휘를 하지 못하므로 금(金)대운이 오거나, 수(水)운이 와서 관인상생의 길이 열려야 막힌 운수가 풀어 질 수가 있다는 것입니다.

그래서 임신(壬申)대운과 계유(癸酉)대운에는 좋았을 것 같습니다. 대운이 해자축(亥子丑)북방으로 흐르는 중년이후부터 뜻을 이룰 수 있습니다. 31세부터 시작되는 갑목(甲木) 대운에 경금(庚金)이 갑경(甲庚)충으로 재충(再忠)당하므로 어려워졌던 것이고 삼재는 해당이 안 됩니다. 관성이 재충당하여 직업운이 깨져서 일 꺼리가 소진(消盡)되거나 남편이 사회에서 위축되는 것이 아닌가 생각이 듭니다. 진법무민(盡法無民)이 되는 상관운에는 칠살이 더욱 위축되어 흉해질 수 가 있습니다.

▶ 보통 제살태과(制殺太過) 사주가 진법무민이 될 가능성이 높습니다.
관이 제과 당함은 육친법으로 보아 관살이 자녀가 되어 자녀가 극을 당하는 상으로 극자(剋子)하고, 또 사회적으로는 관록품작이 몰락되며 그 관살이 용신이라면 관살이 손상당하니 마침내 수명이 다하게 되는 것입니다.

【용어해설】
● 제살태과(制殺太過)란
  관살을 극하는 것이 너무 많아 오히려 약해진 것을 말합니다.

● 위살(衛殺)이란
  살(殺)을 지키는 것을 말합니다. 약한 살을 보호하려는 것을 말하는 것입니다.

70

탐재괴인貪財壞印된 명조는
재물을 탐하면 안 된다

탐재괴인(貪財壞印)이란? 재물(財物)을 탐(貪)하여 인수가 파괴가 된다는 뜻입니다. 인수가 용신으로 작용하는데 사주 중에 재(財)로 인하여 인수가 파괴됨을 꺼립니다. 또한 운에서도 재성을 만나면 그 흉의(凶意)가 발하게 됩니다. 이런 명조는 재물을 얻기 위해 위선을 사용함을 꺼리지 않고, 도덕성도 저버리는 비양심적 행위를 서슴치 않습니다.

時	日	月	年	乾命
식신		상관	편인	六神
己	丁	戊	乙	天干
酉	卯	子	亥	地支
편재	편인	편관	정관	六神
庚辛	甲乙	壬癸	戊甲壬	지장간
長生	病地	絶地	胎地	12운성

庚	辛	壬	癸	甲	乙	丙	丁	
辰	巳	午	未	申	酉	戌	亥	대운
72	62	52	42	32	22	12	2	

사/주/해/설 ▶

박재현 선생(역술가) 명조입니다. 년(年), 월(月)지 수(水)정관과 편관이 강하니 화살(化殺)시키는 목(木)인성을 용(用)해야 하는 사주입니다. 따라서 용신 목(木)인성을 극하는 금(金)운이 나쁘고, 수(水)운 칠살은 능히 목(木)으로 화살(化殺)시킬 수가 있고, 또한 목(木)용신운은 당연히 좋습니다. 인, 비겁이 길한 사주입니다.

신(申)대운에는 신자(申子)합수(水)로 목(木)인성을 생하여 길해지는 것이지, 금(金)운이 좋았던 것은 아닌 것입니다. 을해(乙亥)가 동주사(同柱死)이니 신사(辛巳)대운에 을신(乙辛)충하고 사해(巳亥)충하면 묘유(卯酉)충도 일어나서 을목(乙木)이 사(死)하고 용신이 동시에 제극당하여 사망하였습니다. 이 분은 묘유(卯酉)충으로 재(財)와 인(印)이 재극인이 되어 있는 것으로 재물로 인해 인성품성에 손상을 끼치게 되었습니다. 어떻게 보면 탐재괴인입니다. 신사(辛巳)대운에 신금(辛金)재물이 투출해 을목(乙木)편인을 충극하니 위로 을신(乙辛)충, 아래로 묘유(卯酉)충으로 탐재괴인의 화(禍)를 불러 온 것입니다. 탐재괴인 사주는 재물에 욕심을 내면 안 됩니다. 그런데 후학양성(인성)을 위해 쓰지 않았고 기신인 재물을 쫓아 갔습니다. 하여 재물욕심이 용신인 인성을 극하게 되어 사망한 것이라고 예상 됩니다.

時	日	月	年	乾命
상관		정재	정재	六神
己	丙	辛	辛	天干
亥	午	卯	丑	地支
편관	겁재	인수	상관	六神
戊	丙		癸	
甲	己	甲	辛	지장간
壬	丁	乙	己	
絶地	帝王	沐浴	養地	12운성

癸	甲	乙	丙	丁	戊	己	庚	
未	申	酉	戌	亥	子	丑	寅	대운
72	62	52	42	32	22	12	2	

▶ 빵공장을 다니며 모은 돈을 누나에게 기묘(己卯)년에 1억을 빌려주었는데 못 받고 있습니다. 형제는 8남매 아들로 3째입니다. 정해(丁亥)대운 당뇨를 얻어 고생하고 있습니다. 몸은 작고 반듯한 외모이며 미혼입니다.

사/주/해/설 ▶

묘월(卯月) 병화(丙火)이니 인수격인데, 인수는 4길신에 해당하므로 생해줘야 합니다. 따라서 정인, 정관이 격국 용신이 됩니다. 반대로 인수를 극하는 재성은 기신이 됩니다. 격국은 성격(成格)이 되면 출세하며, 파격이 되면 빈천하게 사는 것이라서 성격여부가 매우 중요합니다.

위 명조는 기신인 신금(辛金) 재성이 쌍(雙)투간하였는데 묘(卯)용신을 극하고 있으니 파격이 됩니다. 따라서 **구응(救應)** 비겁이 나타나지 않는 한 빈천한 삶이 될 것입니다. 그래도 왕지인 묘(卯)용신이 월령을 득하여 강하므로 기세가 남아 있고, 어려운 가운데 착실한 삶을 사는 것 같습니다.

미혼이라고 하는데, 신금(辛金) 재성이 2개나 투출한 것으로 보아 2명의 여자가 스쳐지나 갔으나, 결혼까지 성공하지 못한 원인은 월지와 일지의 묘오(卯午)파 때문입니다. 일단, 일지와 월지에 형충파해가 있으면 대부분 부부인연과 가정이 원만하지 못합니다. 또는, 늦게 결혼하는 원인이 됩니다. 충이 있으면 거의 확실하고, 다음이 형, 파, 해의 순서로 보면 됩니다.

년간 신금(辛金)은 축토(丑土)가 12운성으로 보면 양지(養地)이나 축토(丑土)는 금(金)의 고장지라서 첫 번째 만남은 세운의 형충(刑沖)시에 이별 가능성이 높고, 2번째 신금(辛金)은 묘(卯)절지위에 있으니, 기운이 다한 것입니다. 천간이 병신(丙辛)합하여 마음으로 합하지만, 지지에서는 묘오(卯午)파로 현실적으로 결혼을 거부하고 돈을 택하는 것입니다.

그래서 탐재괴인. 금극목의 재극인의 흉한 족보를 가지고 있어 인생이 만만치 않습니다. 탐재괴인에 해당하면 일단 재(財)에 욕심을 내면 안 됩니다. 재물(財物)에 욕심이 내는 순간 인성을 극해 용신을 파괴시키기 때문입니다.

▶ **구응(救應) 이란?** 성격(成格)을 방해하는 글자를 제거하게 되면 성격(成格)이 되는 사주가 있는데 흉한 글자를 제거할 수 있는 신(神)을 구응(救應)이라고 합니다.

왕자충발쇠신발

旺字沖發衰神拔

병립(竝立)이 되는 글자를 왕자(旺字)라고 하는데, 허약한 글자가 왕자(旺字)를 충하면 쇠한 글자는 뽑히지만, 왕한 글자(旺字)는 격노하여 동(動)하게 됩니다. '반합(半合)'으로 왕한 기운이 만들어 지는 것은 **왕신(旺神)**이라고, '**동일한 글자가 병립'**하여 왕한 기운이 만들어 지는 것은 왕자(旺字)라고 합니다. 그래서 **왕신(旺神)**충발이 다르고 왕자(旺字)충발의 뜻이 다릅니다.

예시 1 ▶

時		日		月		年		乾命
겁재				편인		비견		六神
丁		丙		甲		丙		天干
酉		戌		午		午		地支
정재		식신		겁재		겁재		六神
庚 辛		辛丁戊		丙己丁		丙己丁		지장간
死地		墓地		帝王		帝王		12운성
壬	辛	庚	己	戊	丁	丙	乙	대운
寅	丑	子	亥	戌	酉	申	未	
79	69	59	49	39	29	19	9	

사/주/해/설 ▶

병화(丙火)일간은 오화(午火)가 양인이고 오화(午火)가 중첩이 되어 왕자(旺字)가 되었습니다. 병화일간이 병정(丙丁)이 투출하고 양인격을 만들었으니 재관(財官)을 쓸 수 있습니다. 재성 운이 오는 신유(申酉)대운에 일찍 재계(財界)에 입신(立身)하였고 무술(戊戌)대운과 기해(己亥)대운의 20년간도 계속 재성인 용신을 보조(補助)하여 행복한 세월을 보냈습니다. 그러다가 경자(庚子)대운 중 재성운인 경운(庚運)까지는 큰 사고 없이 생활을 하다, 자운(子運)을 만나면서 병화(丙火)를 제거(除去)하여 대길(大吉)할 듯하나, 왕(旺)한 오화(午火)를 충(沖)하여 쇠신(衰神)이 왕자를 충(沖)하여 왕자발(旺字發)로 임자(壬子)년에 죽게 되었습니다.

[사주첩경] 왕자충발쇠신발의 사례입니다.

時	日	月	年	乾命
편재		겁재	편재	六神
丙	壬	癸	丙	天干
午	午	巳	午	地支
정재	정재	편재	정재	六神
丙己丁	丙己丁	戊庚丙	丙己丁	지장간
胎地	胎地	絕地	胎地	12운성

辛	庚	己	戊	丁	丙	乙	甲	
丑	子	亥	戌	酉	申	未	午	대운
75	65	55	45	35	25	15	5	

▶ 62. 양인이 형(形) 충(冲)을 당하면 두렵다. 〈예시4〉 무자(戊子)년에 수익분배 마찰로 동료를 살해하여 살인죄로 구속된 명조입니다.

사/주/해/설 ▶

임(壬)일간은 자수(子水)가 양인입니다. 오오(午午)는 왕(旺)한 글자들이라서 왕자(旺字)라고 합니다. 주변 화(火)기운에 둘러 쌓인 임(壬)일간에겐 무자(戊子)년에 만나는 자수(子水)는 기쁘지 않을 수가 없습니다. 그러나 무자(戊子)년에 자오충으로 쇠신(衰神)이 왕자(旺字)를 충하는 왕자충쇠신발(旺字冲衰神拔)이 일어나면 쇠신(衰神)인 자수(子水)는 뽑히고 왕자(旺字)인 오화(午火)는 충발하여 격노하게 됩니다.

이것은 오화(午火) 재성이 기신이기 때문입니다. 이로 인하여 임수(壬水)가 다칠 수가 있게 되는데 계수(癸水)가 첩신 하여 일간을 도와주므로 본인은 죽임을 당하지 않고 동료를 살해하게 된 것 입니다.

예시 3 ▶

時	日	月	年	坤命
편재		편관	편재	六神
戊	甲	庚	戊	天干
辰	寅	申	申	地支
편재	비견	편관	편관	六神
乙癸戊	戊丙甲	戊壬庚	己壬庚	지장간
衰地	建祿	絶地	絶地	12운성

壬	癸	甲	乙	丙	丁	戊	己	
子	丑	寅	卯	辰	巳	午	未	대운수
72	62	52	42	32	22	12	2	

▶ 정사(丁巳)대운 무인(戊寅)년에 자가용으로 고속도로를 주행하다. 중앙선을 침범하여 트레일러와 충돌, 본인과 일가족이 사망하였습니다.

사/주/해/설 ▶

일지(日支)의 인오술(寅午戌)기준으로 보면 신금(申金)이 역마(役馬)입니다. 즉, 이 사주는 인신(寅申)충으로 역마(役馬) 충이 발생하는 명조입니다. 역마충은 해당이 되는 년도에서 교통사고나 낙마(落馬)의 위험이 발생할 수가 있습니다. 무인(戊寅)년에 인신(寅申)충으로 역마충을 동하게 만들면서 왕자(旺字)인 신금(申金)을 건들렸습니다.

흉신 신금(申金)칠살을 동(動)하게 하면 흉액이 속출하게 됩니다. 또한, 들어오는 세운은 갑(甲)일간에게는 인록(寅祿)지이며 용신에 해당이 됩니다. 용신 록지의 형(形) 충(冲)은 해당되는 육신에 존망을 위태롭게 하게 만들 수 있습니다.

72

왕신충발쇠신발

旺神沖發衰神拔

이 말의 뜻은 쇠(衰)한 글자가 왕신(旺神)을 충하면 왕신(旺神)은 격노(激怒)하여 일어나고 쇠한 글자는 뽑힌다는 의미입니다. 즉 뽑히는 글자에 해당이 되는 육신에 사고사(事故死)가 일어나게 됩니다. 왕신(旺神)이란 합국(合局)을 지을 경우를 말하고, 왕자(旺字)란 동일한 2자가 병립(並立)이 되는 경우를 말합니다. 그래서 왕신(旺神)충발이 다르고 왕자(旺字)충발이 다른 뜻입니다.

時	日	月	年	坤 命
식신		편인	편관	六神
庚	戊	丙	甲	天干
申	申	子	申	地支
식신	식신	정재	식신	六神
戊壬庚	戊壬庚	壬癸	戊壬庚	지장간
病地	病地	胎地	病地	12운성

戊	己	庚	辛	壬	癸	甲	乙	
辰	巳	午	未	申	酉	戌	亥	대운
71	61	51	41	31	21	11	1	

사/주/해/설 ▶

▶ 쌍둥이 언니사주입니다. 계유(癸酉)대운 병오(丙午)년 살해당했습니다.

무토(戊土)는 노을이고 병화(丙火)는 태양이니, 태양이 사라지면 노을도 없어 지므로 무토(戊土) 노을은 병화에 전적으로 의지를 합니다. 병화(丙火)가 사 라지면 신금(申金) 병지위에 있는 신약한 무토(戊土)로 인생도 없다고 봅니 다. 병화(丙火)에게는 오화(午火)가 양인에 해당이 됩니다. 병오(丙午)년에 월 (月)지 자수(子水)와 오화(午火)가 양인의 충을 하면 병화(丙火)의 근(根)이 나 타났다 사라지므로 병화(丙火)가 위태롭게 됩니다. 대.세운에서 만나는 양인 이 형충 당하면 해당 천간을 위태롭게 만듭니다. 신자(申子)가 반합하여 왕신 을 만들고 병오(丙午)년에 만나는 자오(子午) 양인충은 왕신을 충발하고 쇠신 은 뽑히는 것이라, 왕신충 쇠신발에 해당이 됩니다. 즉, 자수(子水)는 충발하 여 거세게 일어나 병화(丙火)를 끌려고 하고, 쇠신인 오화(午火)는 뽑히는 것 이니, 병화가 충격으로 날아가 버리게 되는 것입니다.

73

재성財星이 부목이 되면 처와 해로하기가 어렵다

재성이 부목(浮木)이 되면 "물위에 떠 있는 나무신세"이니 나의 재물이나 여자가 이와 같은 신세입니다. 그런데 처성이 부목(浮木)이면서 자녀성이나 자식궁이 공망이면 무자(無子) 팔자한 팔자가 되기도 합니다.

時	日	月	年	乾命
비견		상관	정재	六神
辛	辛	壬	甲	天干
卯	丑	申	辰	地支
편재	편인	겁재	인수	六神
甲	癸	戊	乙	지장간
	辛	壬	癸	
乙	己	庚	戊	
絶地	養地	帝王	墓地	12운성

庚	己	戊	丁	丙	乙	甲	癸	대운
辰	卯	寅	丑	子	亥	戌	酉	
76	66	56	46	36	26	16	6	

▶ 을해(乙亥)대운에는 대학을 졸업하고 외국에서 가이드 생활을 했습니다. 병화(丙火)운에는 좋았습니다. 자(子)운에 내리막길을 걸으며 2004년 갑신(甲申)년에 이혼 하고 자식은 없으며, 정화(丁火)운 죽을 만큼 힘들었습니다.

사/주/해/설 ▶

일(日)주로 보면 진사(辰巳)공망이니 사화(巳火) 자식성인 관성이 공망이며, 년(年)주로 보면 인묘(寅卯)가 공망이니 묘목(卯木) 자식궁이 공망입니다. 시(時)지 자식궁이 공망이면 자식이 늦다고 했습니다. 아내 처성이 부목인 상황에서 사주에 관이 없고 자식성이 공망이면서 시지 자식궁도 공망입니다. 아내성과 자식성이 동시에 불손(不遜)하면 무자(無子)한 이유가 됩니다. 신월(申月)의 신금(辛金)이 임수(壬水)를 보면 금수상관격인데 금수상관이 되면 조후로 병정(丙丁)화를 반드시 봐야 길격이 됩니다.

그러나 금수상관이라도 임수(壬水)가 수국(水局)을 짜게 되면 범람의 위험성이 있으므로 제방인 무토(戊土)를 먼저 봐야 갑목(甲木)이 살 수가 있습니다.

428 / 사주명리 실전(實戰) 100구문

그런데 부인에 해당하는 년(年)지의 갑(甲)목은 신진(申辰)이 합작하고 임수(壬水) 투간을 하였으니 수국(水局)을 만들어 부목(浮木)에 위태로움에 처해 있습니다. 시(時)지 묘목(卯木)이가 잡아 주기에는 너무 멀리 떨어져 있습니다. 상관생재하면서도 돈을 못 모았다면 처성이 부목으로 흔들리기 때문으로 보아야 합니다. 재물이 부목이 되면 돈이 떠내려가는 모양새이니 재물 축적이 안 되는 것이고 또한, 부인과 해로할 수 없습니다.

자(子)대운 시작점인 갑신(甲申)년에 신자진(申子辰) 수국을 만들면 갑목(甲木)의 뿌리가 뽑혀 부목(浮木)으로 뜨게 됩니다. 갑신(甲申)년에 이혼사건은 신자진(申子辰) 수국을 지어 재차 처성이 부목(浮木)이 됨을 확인하는 셈입니다. 용신인 정화(丁火)가 들어왔지만 좋아지지 않았던 이유는 정임(丁壬)합반으로 용신 합반되는 운에는 오히려 흉해지는 운수가 되는 것입니다.

80. 금수상관격은 관살을 기쁘한다. 〈예시4〉에서 한 번 더 다루겠습니다.

▶ 부목(浮木)이란

나무가 물 위에 떠 있는 것을 말하며, 신자진(申子辰) 수국(水局)를 이루면 아무리 갑(甲)목이라도 뿌리가 뽑혀 물에 뜨게 됩니다. 운에서 이직, 이사, 이동수를 뜻합니다.

74

화개지위 편인이
왕旺하게 투하면
학문적 성취를 얻는다

▶ 화개(華蓋)살은 일(日)지, 년(年)지 기준으로 해당하는 지지를 찾으면 됩니다.

日支/年	寅午戌	申子辰	亥卯未	巳酉丑
他支	戌	辰	未	丑

화개(華蓋)는 "화려한 것을 덮는다"는 뜻으로 진, 술, 축, 미(辰, 戌, 丑, 未)로 이루어지는데 모두가 창고(倉庫)이면서 묘(墓)지입니다. 꺼내 쓸 수 있기 때문에 잠재의식(潛在意識)이 강하여 내면의 세계를 표출하는 작품 활동, 예술이나, 문학, 등 방면에 두각(頭角)을 나타낼 수 있습니다. 화개가 공망 또는 충이면 종교인이 많습니다. 화개가 인수에 해당되면 학자 또는 문학가, 예술가, 종교가로 진출하는 경향이 많습니다.

時	日	月	年	乾 命
상관		편인	편재	六 神
壬	辛	己	乙	天 干
辰	巳	丑	巳	地 支
인수	정관	편인	정관	六 神
		화개살		신살
墓地	死地	養地	死地	12운성
일주공망 申酉		년주공망 寅卯		

사/주/해/설 ▶

일(日)지나 년(年)지 사유축(巳酉丑)기준으로 월(月)지 축토(丑土)는 화개살에 해당합니다. 화개살 위에 투한 기토(己土) 편인은 계절을 얻어서 왕합니다. 이처럼 화개지 위에 편인이 왕하게 투하면 학문적 성취를 이루게 됩니다.

75

편인도식偏印倒食이 되면 의식이 단절이 된다

도식(倒食)작용은 사주에 식신이 좋은 작용을 하고 있을 때 뒤집어버리는 편인(偏印)이 있는 경우를 말합니다. 이때에 편인을 효신(梟神)이라고도 말합니다. 즉, **효신탈식(梟神奪食)**은 편인이 식신을 파괴하여 흉한 사주가 된 것을 말합니다.

時	日	月	年	歲
乙	丁			癸

을목(乙木)일간이 정화(丁火)를 식신으로 좋게 사용하는데 세운에서 계수(癸水) 편인이 도래했습니다. 그러면 편인이 식신을 극하므로 밥그릇을 뒤집어 버리는 형국이 되어 아래와 관련된 다양한 형태의 일들을 경험하게 됩니다

❶ 의식의 단절로 식복(食福)이 없어집니다.

❷ 식신의 손상으로 표현력이 부족해집니다.

❸ 식신을 상징하는 활동성의 파괴로 소극적, 비활동적이 사람이 됩니다.

❹ 여자의 경우 자녀운이 부족하고, 불임, 불감증, 산액이 발생합니다.

❺ 진로변경이 이후 실패가 연속 됩니다.

▶ 식신격에서 편인을 보면 파격입니다. 일명 **'식신봉효(食神奉梟)'**라고 말합니다. 이런 원국에서는 재성운으로 가야 길해지지만 운에서 편인을 또 다시 만나게 되면 굉장히 힘든 운으로 진행됩니다. 의욕은 사라지고 노력해도 별 효과를 못 봅니다. 기신편인을 4흉신에 포함하고 살상겁효라고 하는 이유는 식신의 좋은 작용을 방해하기 때문입니다.

예시 1 ▶

時	日	月	年	坤命
정관		식신	편인	六神
壬	丁	己	乙	天干
寅	酉	卯	亥	地支
인수	편재	편인	정관	六神
戊	庚	甲	戊	
丙			甲	지장간
甲	辛	乙	壬	
死地	長生	病地	胎地	12운성

▶ 【자평진전】효신탈식(梟神奪食)이 오히려 공(供)으로 나타난 사례입니다.

사/주/해/설 ▶

임회후의 명조입니다. 해묘(亥卯)가 반합하고 인목(寅木)이 있으니 인수가 왕(旺)하고 병령했을 뿐만 아니라 을목(乙木)이 천간에 투출했습니다. 용신은 전적으로 유금(酉金)으로 인수를 덜어주면서 임수(壬水)정관을 생해주어야 합니다. 여기서 정관이 매우 중요한데 기토(己土)의 극을 받으면 정관의 손상으로 명조가 불리해지게 됩니다. 고로 기토(己土)는 병(病)이 되는 것입니다 그러나 기토(己土)가 을목(乙木)에게 극을 당하여 정관에게 장애가 되지 못했으니 병(病)을 제거하여 사주가 맑아졌다고 봐야지 효신탈식(梟神奪食)의 해(害)가 된다고 보아서는 안 되는 것입니다. 한마디로 식식은 죽이고 정관을 살리는 것입니다. 이럴 경우에도 기토(己土) 파괴로 인해 식신 육친에 대한 근심은 있습니다.

예시 2 ▶

時	日	月	年	坤命
인수		식신	편인	六神
甲	丁	己	乙	天干
辰	卯	卯	卯	地支
상관	편인	편인	편인	六神
乙	甲	甲	甲	
癸				지장간
戊	乙	乙	乙	
衰地	病地	病地	病地	12운성

▶ 직업여성을 졸업하고 사회에 진출하여 다른 직업을 전전하며 자의반 타의
반으로 남자들을 만나게 되는데 일명 "꽃뱀"입니다. 금방 실증을 잘 내고 오
래 가지 못합니다.

사/주/해/설 ▶

편인이 병렬(竝列)하고 을목(乙木) 편인이 투간하여 편인이 태강(太强)한 명조
입니다. 이렇게 되면 기토(己土)식신이 효신탈식(梟神奪食)이 되어 버립니다.
기토(己土) 식신이 편인도식이 되면 의식이 단절이 됩니다. 생계가 막막하니
거리로 쫓겨나듯 나오는데 노숙자가 되기도 합니다. 그래서 남자는 막노동으
로 품 팔고, 여자는 몸으로 품 팔아야 하는 인생이 되기도 합니다.

예시 3 ▶

時	日	月	年	乾命
인수		인수	식신	六神
辛	壬	辛	甲	天干
丑	戌	未	辰	地支
정관	편관	정관	편관	六神
癸辛己	辛丁戊	丁乙己	乙癸戊	지장간
衰地	冠帶	養地	墓地	12운성

己	戊	丁	丙	乙	甲	癸	壬	
卯	寅	丑	子	亥	戌	酉	申	대운
79	69	59	49	39	29	19	9	

위 사주는 우울증과 생활고 등으로 아파트에서 투신자살 하였습니다. 갑술(甲戌)대운 운영하던 회사가 경진(庚辰)년(2000년)에 부도를 맞고, 을해(乙亥)대운 경인(庚寅)년(2010년)에 아파트에서 투신자살하였습니다.

사/주/해/설 ▶

갑목(甲木)식신이 지지의 태과(太過)한 토(土)를 제살(制殺)하는 용신이 됩니다. 토(土)가 전부 관성인데 축술미(丑戌未)삼형으로 모두 관형(官刑)에 걸려 있습니다. 그래서 이 명조는 축술미(丑戌未)에 걸려 있는 술(戌)과 미(未)의 지장간의 정화(丁火) 재성으로 인해 관(官)소송문제가 수시로 발생할 수 있는 명조입니다.

부도가 난 경진(庚辰)년에는 경금(庚金)편인이 용신식신을 갑경(甲庚)충하면 편인도식의 흉한 해가 되는 것이니, 재물이 사라져 의식주가 곤란하게 되는 것입니다. 또한, 진토(辰土)는 진술(辰戌)충으로 축술미(丑戌未)삼형을 발동시켰을 것입니다.

투신자살한 경인(庚寅)년에는 갑경(甲庚)충하여 용신식신을 또다시 편인도식으로 극(剋) 충(沖)하였고 자살하기 1년 전에 기축(己丑)년을 살펴보면 갑기(甲己)합거로 용신식신을 묶으면 토(土)를 제어할 힘이 사리지는 것이 되어 축술미(丑戌未)삼형의 흉함이 거세어졌을 것으로 보입니다.

76

재성財星과 식신食神이
합合하면 장모를 모신다

이 말의 의미는 장모와 처가 같이 산다는 말입니다. 재와 식신이 합한다고 100% 함께 동거할 수가 있겠습니까? 그러나 동거하지는 못하더라도 옆집, 건너 친정집하고 가까이 살게 됩니다. 그만큼 친정어머니와 처가 가깝게 지낸다고 보는데 그래서 장모와 사위 사이가 좋다고도 보는 것입니다. 고법에서는 이런 상황 설명 없이 간단하게 서술하여 오해의 소지가 있으니, 이런 식으로 응용해서 풀어야 통변에 차질이 없습니다.

時	日	月	年	乾命
겁재		비견	식신	六神
己	戊	戊	庚	天干
未	申	子	午	地支
겁재	식신	정재	인수	六神
丁	戊	壬	丙	지장간
乙	壬		己	
己	庚	癸	丁	
衰地	病地	胎地	帝王	12운성

사/주/해/설 ▶

신금(申金)은 식신으로 장모에 해당이 되고 자수(子水)는 재성으로 처에 해당
이 됩니다. 식신 신금(申金)장모와 부인 자수(子水)가 합한 경우(申子合)에는
장모와 처가 같은 집에서 살 가능성이 높습니다. 오화(午火) 인수 양인(羊印)
이 친어머니(시어머니)이니 성격이 만만치 않은데 자오(子午)충을 합니다.

이런 경우 내 어머니와 처의 고부갈등이 심할 수 있다는 것입니다. 고부갈등
을 해소하기 위해서라도 분가를 선택하는 것이 좋습니다. 그리고 남자가 결
혼 후 분가하였는데, 처의 어머니를 모실 처의 형제가 없어 같이 사는 경우라
고 보아도 무방하겠습니다.

전도顚倒 현상 이해하기

전도(顚倒)란 엎어져서 넘어진다는 뜻입니다. 또는, 위와 아래를 바꾸어서 거꾸로 되는 것이니 앞뒤가 바뀐다는 의미이기도 합니다. 지지에서 삼회(三會)가 성립되면 서로의 글자가 하나의 강한 오행의 기운으로 뭉쳐지는 전도(顚倒)작용이 일어납니다. 그 결과 간지(干支)배반의 작용이 일어나게 되는 것입니다. 즉, 회국(會局)이 성립이 되면 무근(無根)한 천간 오행은 큰 타격을 받게 됩니다. 그래서 팔자 내에서 삼회(三會)가 극하는 약한 육신의 글자는 파괴될 수 있습니다.

時	日	月	年
	己		
亥	卯	未	

해묘미(亥卯未) 삼합을 이루면 목국(木局)이 강하게 형성이 되므로 기토(己土)가 심하게 극을 받게 됩니다. 따라서 기토(己土)에 해당하는 육신이 병약하거나 사망할 수 있습니다.

▶ 삼회(三會)란? 삼합(三合)과 방국(方局)을 말합니다.

예시 1 ▶

時	日	月	年	坤 命
인수		편관	편재	六 神
壬	**乙**	**辛**	**己**	**天 干**
午	**巳**	**未**	**未**	**地 支**
식신	상관	편재	편재	六 神
丙	戊	丁	丁	
己	庚	乙	乙	**지장간**
丁	丙	己	己	
長生	沐浴	養地	養地	**12운성**

己	戊	丁	丙	乙	甲	癸	壬	
卯	寅	丑	子	亥	戌	酉	申	**대운**
71	61	51	41	31	21	11	1	

▶ 남편이 정자가 부실해 시험관 시술을 하게 되었습니다. 신묘(辛卯)년에 인공수정에 성공해 임진(壬辰)년에 아들을 낳았습니다.

사/주/해/설 ▶

삼합(三合)이나 방국(方局)이 형성되면 간지배반이 일어나게 됩니다. 전도 현상이라고도 하고 또는, 역생, 반생(反生) 등의 표현을 사용합니다. 사오미(巳午未)방국으로 화국을 만들게 되면 지지에 근이 없는 오행은 큰 타격을 받게 됩니다. 을신(乙辛)충하는 신금(辛金)은 바로 나가떨어져야 하는데 기토(己土)의 생과 임수(壬水)의 조후덕분에 살아나는 경우가 됩니다.

그래서 남편을 만날 수 있었습니다. 하지만 신금(辛金)남편은 어디엔가 분명히 하자가 있다고 봐야 합니다. 신금(辛金)이 관성으로 남편이니, 남편에게 문제가 틀림없이 있다고 진단해야 합니다.

예시 2 ▶

時	日	月	年	乾命
편재		인수	식신	六神
乙	辛	戊	癸	天干
未	巳	午	丑	地支
편인	정관	편관	편인	六神
丁	戊	丙	癸	
乙	庚	己	辛	지장간
己	丙	丁	己	
衰地	死地	病地	養地	12운성

▶ 현재 미혼입니다. 애인이 안 생기는 이유가 뭘 까요?

사/주/해/설 ▶

을목(乙木)이 처성 같은데 지지로 사오미(巳午未) 방국을 이루면 간지배반이 일어납니다. 전도 현상이라고도 하고 역생, 반생 등의 표현을 사용합니다. 일단 전도 현상이 일어나면 지지에 무근한 천간은 날아가 버리게 됩니다.

을신(乙辛)충 당하는 을목(乙木) 처성은 깨져 있으니 이 명조에서는 을목(乙木) 처성은 없는 것과 마찬가지입니다. 그래서 을목(乙木) 여자를 만날 수 없게 되고, 만나다고 해도 문제 있는 여성을 만나거나 해로하기가 어렵습니다.

예시 3 ▶

時	日	月	年	乾 命
비견		상관	정재	六 神
辛	辛	壬	甲	天 干
卯	丑	申	辰	地 支
편재	편인	겁재	인수	六 神
甲	癸	戊	乙	지장간
	辛	壬	癸	
乙	己	庚	戊	
絶地	養地	帝王	墓地	12운성

庚	己	戊	丁	丙	乙	甲	癸	대운
辰	卯	寅	丑	子	亥	戌	酉	
76	66	56	46	36	26	16	6	

▶ 병자(丙子)대운에서 자(子)대운 시작점인 2004년 갑신(甲申)년에 이혼했습니다.

사/주/해/설 ▶

신진(申辰)이 합작하고 임수(壬水)가 투간하면 수국을 만듭니다. 그래서 갑목은 부목의 위험성이 있습니다. 즉 강한 수국으로 갑목(甲木)은 과다생(過多生)인 반생(反生)에 처해지는 것입니다. 자(子)대운 시작점인 갑신(甲申)년에 이혼사건은 신자진(申子辰) 수국을 지어 확실하게 반생과 부목을 확인하는 셈입니다.

78

입고물이 충출沖出이 된 사주는 위태롭다

진술축미(辰戌丑未) 4고장지의 형충(刑沖)시에 "실자(實字)는 입고(入庫)되고 암신(暗神)은 개고(開庫)한다"라고 하였는데 만약에 실자(實字)가 천간에 나타나면 지지 형충시에 실자(實字)가 입고가 되므로 큰 타격을 입을 수가 있습니다. 이것을 입고물이 충출(沖出)이 된 사주라고 말합니다.

時	日	月	年
	丙		
	辰	戌	

진술(辰戌)충이 성립이 되면 술(戌)중에 정화(丁火)가 투출이 됩니다. 그러나 병화(丙火)가 이미 천간에 나타나 있으므로 병화가 술토(戌土)에 입고가 되게 됩니다. 이 경우가 입고물이 충출(沖出)이 된 사주에 해당이 되는 것입니다. 입고물이 충출(沖出)이 되었을 경우에는 대운이나 세운에서 다시 형(形) 충(沖)할 때에 입고물이 입고하게 되는 것이므로 해당 육신의 덕이 없다고 보고 통변해야 합니다. 그러나 충출(沖出)된 입고물이 흉신 일 때에는 오히려 입고(入庫)될 때 좋아지게 되는 것입니다.

예시 1 ▶

時	日	月	年	乾 命
비견		편관	비견	六 神
丙	丙	壬	丙	天 干
申	申	辰	戌	地 支
편재	편재	식신	식신	六 神
戊	壬	庚	戊	
壬	庚	乙	癸	지장간
戊	辛	丁	戊	
病地	病地	冠帶	墓地	12운성

▶ 서락오 선생의 명조입니다.

사/주/해/설 ▶

진술(辰戌)충이 되어 있어서 천간에 입고물이 충출(沖出)이 된 사주입니다.

진술(辰戌)충이 성립이 되면 천간의 병화(丙火)와 임수(壬水)가 모두 입고(入庫)가 되므로 세상 운이 열릴 수 없어, 스님으로 생활하며 속세와는 인연이 안 닿은 사람이었습니다.

예시 2 ▶

時	日	月	年	乾 命
겁재		인수	편관	六神
戊	己	丙	乙	天干
辰	未	戌	巳	地支
겁재	비견	겁재	인수	六神
乙	丁	辛	戊	
癸	乙	丁	庚	지장간
戊	己	戊	丙	
衰地	冠帶	養地	帝王	12운성

▶ 현재까지 미혼으로 고독하게 살아갑니다. 디스크가 심하여 노동력이 없어 유흥업소에서 잔 심부를 합니다. 부모형제의 덕이 없어 연락마저 안 됩니다.

사/주/해/설 ▶

입고물이 천간에 충출(沖出)이 된 사주는 매우 위태로운 사주입니다.

이런 경우는 '적천수, 난강망' 이론도 맞지 않게 되어 있습니다. 술미(戌未)형에 진술(辰戌)충이 되는 것이니까 진미술(辰未戌)의 조합은 천간의 입고물(入庫物)이 입고(入庫)되게 되어 있습니다. 술(戌)은 화고(火庫)이고 미(未)는 목고(木庫)입니다. 형(刑)이나 충(沖)이 성립할 때에 실자(實字)는 입고(入庫)된다고 하였습니다. 병화(丙火)와 사화(巳火), 을목(乙木)이 모두 4고장지에 입고하게 됩니다.

위 명조는 병화(丙火)와 사화(巳火), 을목(乙木)의 육친이 모두 사라진 사주와 동일하게 보고 통변해야 합니다. 부모의 덕 없고 관록도 없으며 년(年)지가 입고되면 사회와 조상의 음덕이 없는 것으로 어려서부터 고생합니다.

예시 3 ▶

時	日	月	年	坤命
겁재		편관	인수	六神
乙	甲	庚	癸	天干
丑	申	申	丑	地支
정재	편관	편관	정재	六神
癸辛己	戊壬庚	戊壬庚	癸辛己	지장간
冠帶	絶地	絶地	冠帶	12운성

戊	丁	丙	乙	甲	癸	壬	辛	
辰	卯	寅	丑	子	亥	戌	酉	대운
78	68	58	48	38	28	18	8	

▶ 60. 재다생살 투관살 〈예시3〉 명조입니다. 비교해서 살펴보겠습니다.

아버지는 초년에 사망하고, 남동생 군대에서 사고로 장애인이 되었습니다. 엄마는 가난하고 자신도 돈도 없어서 일본에서 일종의 첩 생활을 합니다. 약간의 신기도 있습니다. 술토(戌土) 대운에 백댄서를 하던 시절이 좋았습니다. 남자가 많아 술집에서 일하였습니다.

사/주/해/설 ▶

재생살에 투관살 하는 명조는 남자복이 없다고 하였습니다. 또한, 년(年)지, 시(時)지에 축토(丑土)고장지가 있습니다. 년지에 고장지가 있을 경우에는 해당이 되는 육신과는 일찍 병사하거나 헤어지게 된다고 봅니다. 그런데 이 명조에서는 왕한 관살이 기신으로 작용합니다. 술(戌)대운에 술토(戌土)가 재생살하므로 살이 더욱 가중되어 힘들어야 하는 시절임에도 불구하고 그나마 좋았다고 본인이 느끼는 것은 축술(丑戌)형으로 자신을 괴롭히던 관살이 축토(丑土)에 실자가 입고되었기 때문입니다. 이처럼 흉신이 입고되면 흉의를 덜고 길(吉)해지는 경우도 있고, 길신이 입고되므로 흉(凶)해지는 사주도 있습니다.

時	日	月	年	坤命
정관		식신	편인	六神
甲	己	辛	丁	天干
戌	未	亥	亥	地支
겁재	비견	정재	정재	六神
辛丁戊	丁乙己	戊甲	戊甲壬	지장간
養地	冠帶	胎地	胎地	12운성

己	戊	丁	丙	乙	甲	癸	壬	
未	午	巳	辰	卯	寅	丑	子	대운
71	61	51	41	31	21	11	1	

▶ 61. 일(日)지 관고(官庫)를 가지 여명은 남편 운이 불리하다 〈예시〉입니다.

갑인(甲寅)대운 을묘(乙卯)년 계미(癸未)월 갑자(甲子)일 29세 남편이 교통사고로 사망하고, 딸만 2명 둘 다 이화여대 졸업, 한 명은 이대 교수로 재직, 현재 무오(戊午)대운 독신으로 잔병 없이 잘 살고 있습니다.

사/주/해/설 ▶

일지가 미토(未土)이면 기토(己土) 일간에게는 관고(官庫)가 되는 것인데 남편성의 묘지가 되는 것입니다. 즉, 갑목(甲木)은 미토(未土)가 묘지에 해당이 되는 것입니다. 이 명조는 지지가 모두 형(形)이 된 사주입니다 해해(亥亥)자형이 일어나면 술미(戌未)형이 유발되고 술미(戌未)형이 일어나면 해해(亥亥)자형이 일어나는 구조입니다. 지지 전체가 형동(刑動)하는 사주라면 고장지가 수시로 열리는 것으로 봐야 합니다. 세운에서 건들러 주던지 또는 세월에서 건들러 줘도 형동(刑動)할 수가 있습니다. 형동(刑動)한다는 것은 고장지가 형(刑)으로 열린다는 의미입니다. 이 명조는 입고물이 형충이 된 사주라서 미토(未土)와 술토(戌土)가 수시로 열리면, 해당이 된 입고물은 수시로 입고하게 되어 있습니다. 즉 입고물이 형충이 된 사주는 위태롭다고 합니다.

예시 5 ▶

時	日	月	年	乾命
정재		정재	편인	六神
乙	庚	乙	戊	天干
酉	戌	丑	戌	地支
겁재	편인	인수	편인	六神
庚	辛	癸	辛	
	丁	辛	丁	지장간
辛	戊	己	戊	
帝王	衰地	墓地	衰地	12운성

癸	壬	辛	庚	己	戊	丁	丙	
酉	申	未	午	巳	辰	卯	寅	대운
72	62	52	42	32	22	12	2	

▶ 미혼이고 배움이 없어 평생 막 노동으로 살아, 가족들이 먹여 살린다고 합니다.

사/주/해/설 ▶

첫째 재성이 투합이 되므로 재물 욕심은 많은데 멀리서 보이기만 할 뿐 따라주지 못하니 마음고생이 심할 것 같습니다.

둘째 재성 을목(乙木)과 무토(戊土) 인성이 투간하여 재극인이 된 흉명 입니다.

셋째 월지 축토(丑土)가 금(金)의 고장지로 축술(丑戌)형이 되면 금(金)이 수시로 입고하는 명조라서 몸도 아프고 고달프다고 봅니다. 즉 이 명조는 입고물이 형출 된 위태로운 명조가 되는 것입니다. 미(未)대운에 축술미(丑戌未) 삼형을 세운에서도 제대로 만나면 일간이 매금(埋金) 될 우려가 있습니다.

예시 6 ▶

時		日		月		年		坤命
편인				편인		편재		六神
乙		丁		乙		辛		天干
巳		酉		未		酉		地支
겁재		편재		식신		편재		六神
戊		庚		丁		庚		지장간
庚				乙				
丙		辛		己		辛		
帝王		長生		冠帶		長生		12운성
癸	壬	辛	庚	己	戊	丁	丙	대운
卯	寅	丑	子	亥	戌	酉	申	
77	67	57	47	37	27	17	7	

▶ 제대로 된 직업도 못 가지고, 연애도 관심이 없습니다. 무술(戊戌)대운은 최악으로 송사, 사고, 구설, 질병, 재난 다 겪었습니다. 자살도 여러 번 생각했으나, 계사(癸巳)년에 심적으로 안정을 찾았고, 올해(癸巳)부터 요리사 자격증을 따서 외국으로 나가려고 합니다.

사/주/해/설 ▶
미(未)중 을목(乙木)이 투간하였으니 미토(未土)가 형충(刑沖)을 받게 되면 을목(乙木)이 입고(入庫)하게 됩니다. 즉 입고물이 투간한 위태로운 명조가 되는 것입니다. 미토(未土)는 목(木)의 고장지인지라 미토(未土)가 동(動)하면 을목(乙木)편인이 입고하는데 을신(乙辛)충이 된 연고로 확실합니다. 그래서 목화(木火)운이 좋았다고 하는 이유도 을목(乙木)이 수시로 입고되어 신약해지기 때문입니다.

예시 7 ▶

時		日		月		年		乾 命
정관				편인		정재		六 神
乙		戊		丙		癸		天 干
卯		戌		辰		巳		地 支
정관		비견		비견		편인		六 神
甲 乙		辛丁戊		乙癸戊		戊庚丙		지장간
沐浴		墓地		冠帶		建祿		12운성
戊	己	庚	辛	壬	癸	甲	乙	
申	酉	戌	亥	子	丑	寅	卯	대운
74	64	54	44	34	24	14	4	

▶ 임자(壬子)대운까지는 개인택시를 하면서 본인 소유의 빌라에서 자녀 2명을 키우면서 무난하게 살았습니다. 신해(辛亥)대운 무인(戊寅)년에 처가 바람이 났습니다. 그 후 가산을 탕진하고 자녀로부터 버림받고 힘들게 살아가고 있습니다.

사/주/해/설 ▶

이 명조는 진술(辰戌)충이 성립이 되면 일(日)간의 록(祿)지인 사화(巳火)와 계수(癸水) 정재(正財)가 모두 입고(入庫)되어 한 번에 파산하는 사주입니다. 평소에는 묘술(卯戌)합이 진술(辰戌)충을 잡아 주고 있지만, 해(亥)대운과 술(戌)대운이 오면 모든 것을 잃어버리게 됩니다. 이 분의 처성은 계수(癸水)입니다. 무계(戊癸)합하니 처음에는 사이가 좋았으나, 계사(癸巳)년 사(巳)중 무토(戊土)와 무계(戊癸)명암합이 되면 여자가 지장간의 무토 비견에 양다리 걸치는 모양새가 됩니다.

▶ 임자(壬子)대운까지는 개인택시를 하면서 본인 소유의 빌라에서 자녀 2명을 키우면서 무난하게 살았습니다. 신해(辛亥)대운 무인(戊寅)년에 처가 바람이 났습니다. 그 후 가산을 탕진하고 자녀로부터 버림받고 힘들게 살아가고 있습니다.

사/주/해/설 ▶

이 명조는 진술(辰戌)충이 성립이 되면 일(日)간의 록(祿)지인 사화(巳火)와 계수(癸水) 정재(正財)가 모두 입고(入庫)되어 한 번에 파산하는 사주입니다. 평소에는 묘술(卯戌)합이 진술(辰戌)충을 잡아 주고 있지만, 해(亥)대운과 술(戌)대운이 오면 모든 것을 잃어버리게 됩니다. 이 분의 처성은 계수(癸水)입니다. 무계(戊癸)합하니 처음에는 사이가 좋았으나, 계사(癸巳)년 사(巳)중 무토(戊土)와 무계(戊癸)명암합이 되면 여자가 지장간의 무토 비견에 양다리 걸치는 모양새가 됩니다.

그런데 진(辰)에도 무토(戊土)비견이 있고, 술(戌)에도 무토(戊土) 비견이 있으니 계수(癸水)처는 남편 몰래 만나고 다니는 남자가 많다는 것을 알 수 있습니다. 이런 여자는 암장의 무토(戊土)가 천간으로 드러나는 년(年)에 바람피우는 것이 세상에 알려지게 되어 있습니다. 무인(戊寅)년에 인사(寅巳) 형(刑)하면 사(巳)중 무토(戊土)가 충출(沖出)하여 무계(戊癸)합거하여 사라집니다. 따라서 그 해에 처 계수(癸水)가 바람이 나서 집을 나간 것으로 보입니다. 해(亥)대운에 해묘(亥卯)반합이 성립이 되면서 진술(辰戌)충을 유발하여 계수(癸水)와 병화(丙火)와 사화(巳火)를 모두 입고(入庫) 시켜 버립니다. 즉, 무(戊)일간의 록지인 사화(巳火)와 계수(癸水) 재물을 모두 입고(入庫)시켜 버립니다. 확실한 입고(入庫)는 경진(庚辰)년이 아닐까 생각되며, 이때부터 힘들어지게 된 것 같습니다.

79

흉신이 입고入庫 되면
흉의凶意를 덜고 오히려
길해진다

4고장지기 있는 명조는 지지에서 수시로 개고(開庫)입고(入庫)가 발생하기 때문에 입고 작용을 먼저 간파하지 못하고 통변하게 되면 천간에 있는 해당된 십성이 모두 허수아비인 줄 모르고 통변하는 꼴이 될 수 있습니다. 흉신이 입고(入庫) 되면 흉의(凶意)를 덜고 오히려 길해질 수가 있습니다. 반대로 길신이 입고되면 흉해지는 사주가 됩니다.

예시 1 ▶

時	日	月	年
辛	丁	庚	庚
丑	未	辰	申

▶ 일본 소화(昭和)시대 히로히토(裕仁) 왕의 사주입니다.

사/주/해/설 ▶

신약한 정화(丁火) 일간이 살중신경(殺重身輕)의 두려움을 가지고 있는 사주 같습니다.

그러나 축미(丑未)충으로 금(金)흉신을 입고(入庫)하여 흉의(凶意)를 덜고 미(未)중 을목(乙木)을 투간시켰습니다. 진월(辰月)의 정화(丁火)가 약함을 두려워하지 않는 반증입니다.

그러나 지지(地支) 수국(水局)을 이루었다면 살중신경(殺重身輕)의 파격(破格)이 되었을 것입니다.

예시 2 ▶

時	日	月	年	坤 命
겁재		편관	인수	六 神
乙	甲	庚	癸	天 干
丑	申	申	丑	地 支
정재	편관	편관	정재	六 神
癸辛己	戊壬庚	戊壬庚	癸辛己	지장간
冠帶	絕地	絕地	冠帶	12운성

戊	丁	丙	乙	甲	癸	壬	辛	
辰	卯	寅	丑	子	亥	戌	酉	대운
78	68	58	48	38	28	18	8	

▶ 60. 재다생살투관살 〈예시3〉 78. 입고물이 충출(沖出)이 된 사주는 위태롭다
〈예시 3〉에 해당되었든 명조를 다시 살펴보겠습니다.

아버지는 초년에 사망하고, 남동생 군대에서 사고로 장애인이 되었습니다.
엄마는 가난하고 자신도 돈도 없어서 일본에서 일종의 첩 생활을 합니다.
약간의 신기도 있습니다. 술토(戌土) 대운에 백댄서를 하던 시절이 좋았습니다. 남자가 많아 술집에서 일하였습니다.

사/주/해/설 ▶

관살이 입고되어 흉의를 덜었던 사례입니다.

술(戌)대운에 술토(戌土)가 왕한 칠살을 재생살하므로 살(殺)이 더욱 가중되어 힘들어야 하는 시절임에도 불구하고 그나마 좋았다고 본인이 느끼는 것은 축술(丑戌)형으로 자신을 괴롭히던 관살이 축토에 실자(實字)입고 되었기 때문으로 보고 싶습니다. 이처럼 흉신(凶神)이 입고되면 흉의(凶意)를 덜고 길해지는 경우도 있고, 길신(吉神)이 입고되므로 흉(凶)해지는 사주도 있습니다.

예시 3 ▶

時	日	月	年	坤命
상관		상관	겁재	六神
辛	戊	辛	己	天干
酉	申	未	丑	地支
상관	식신	겁재	겁재	六神
庚 辛	戊壬庚	丁乙己	癸辛己	지장간
死地	病地	衰地	養地	12운성

己	戊	丁	丙	乙	甲	癸	壬	
卯	寅	丑	子	亥	戌	酉	申	대운
77	67	57	47	37	27	17	7	

▶ 52세 병자(丙子)대운 경진(庚辰)년에 남편이 돌연사 했습니다.

사/주/해/설 ▶

지지에 식상이 강한데 신금(辛金) 상관이 쌍투(雙透)하고 토(土)의 생도 받으면 상관살이 있습니다. 상관살이 강하면 관성 남편을 극하는데 팔자에 있던, 없던 관이 극을 받습니다. 그런데 무신(戊申)일주가 인묘(寅卯)공망이니, 관(官)공망에도 해당이 됩니다. 즉, "결혼이 늦거나 결혼하여도 부부해로가 어렵다"라고 봅니다.

그런데 어떻게 결혼에는 성공할 수가 있었을까요? 남편성은 미(未)중 을목(乙木) 같은데 지지에는 목(木)과 금(金)의 고장지가 있습니다. 축미(丑未)충이 수시로 일어나고, 미(未)중 을목(乙木)이 충출하면, 상관살의 기운을 가진 신금(辛金)이 을신(乙辛)충으로 을목(乙木) 남편을 박살을 낼 것입니다. 그런데 축미(丑未)충이 발생하면 금(金)도 실자입고가 됩니다.

즉, 강한 상관살의 기운이 지지로 흡수가 되고, 금(金)이 실자(實字)입고가 되면 상관살이 작용하지 못하게 됩니다.

456 / 사주명리 실전(實戰) 100구문

사주에서 흉살(凶殺)이 입고되면 흉의(凶意)를 덜게 되어, 그래서 을목(乙木)이 그동안 살아 있었던 것입니다.

경진(庚辰)년 52세이면 자(子)대운에 자축(子丑)합으로 축미(丑未)충을 푸는 시점입니다. 경진(庚辰)년에 신자진(申子辰)수국이 자축(子丑)합으로 축미(丑未)충을 풀고 대운의 구조를 깨는 시점이 됩니다. 즉, 삼합으로 축미(丑未)충을 재차 유발하는 것입니다. 이러면 미(未)중 을목(乙木)은 충출하게 되고 신금(辛金)상관은 다시 입고하게 됩니다. 이때에 충출한 을목(乙木)이 입고하면서, 만나게 되는 을신(乙辛)충을 피하려고 세운의 경금(庚金)과 을경(乙庚)합거로 신속하게 떠나가게 됩니다.

80

금수상관격金水傷官格은 관살官殺을 기뻐한다

겨울에 태어난 금(金)은 한랭(寒冷)하여 화(火)관살이 필요합니다.

금수(金水)상관의 국이 되면 한랭(寒冷)한 사주가 되므로 화(火)가 있어서 따뜻하게 해야 좋습니다. 다른 상관격은 정관을 쓰지 못하지만 오로지 금수(金水)상관격만은 관살이 필요합니다. 왜냐하면 얼어붙어 있는 물을 녹이지 않으면 주변의 다른 오행이 작용을 못하기 때문입니다. 그러나 금수상관격이라해도 재성과 인성으로 정관을 보호해 주어야 합니다.〈예시 2〉

예시 1 ▶

時	日	月	年	乾命
정재		겁재	식신	六神
乙	庚	辛	壬	天干
酉	戌	亥	子	地支
겁재	편인	식신	상관	六神
庚辛	辛丁戊	戊甲壬	壬癸	지장간
帝王	衰地	病地	死地	12운성

己	戊	丁	丙	乙	甲	癸	壬	
未	午	巳	辰	卯	寅	丑	子	대운
78	68	58	48	38	28	18	8	

▶ 남동생입니다. 가정 형편이 어려워 일찍 사회생활을 하였고 주경야독으로 고등학교 졸업 후 공수특전단 하사관으로 근무하였습니다. 26살에 동갑내기와 결혼하였으며 훈련 도중 사고로 중사로 제대하였습니다. 1남 1녀의 가장으로 직장 생활을 하다 퇴사하고 개인 사업을 하였으나 1년 못가고 실패하였습니다. 지금은 건설 일용직으로 일하고 있는데 너무나 안타까운 남동생입니다.

사/주/해/설 ▶

해월(亥月)에 태어난 경금(庚金)은 자수가 첩신하고 임수가 투출하여 상관격을 구성합니다. 금수(金水)가 강하니 화(火)가 필요한데 술(戌)중 정화(丁火)는 무용지물이라서 대운에서 오는 때를 기다려야 합니다. 재성인 을목(乙木)이 유금(酉金) 절(絶)지위에 있고 상관인 수(水)는 겨울에 얼어붙은 물이라서 을목(乙木)을 생해 줄 수가 없기 때문에 재물운이 약합니다. 대운에서 동방목(東方木)운이 왔지만 얼어붙은 물로는 나무를 생(生)할 수 없습니다.

그래서 재성운이 도래(到來)해도 재물을 끌어들일 수 없는 것입니다. 남방화(南方火)운이 와야 따끈해진 물이 을목(乙木) 재성을 생하고 재물을 득할 수 있게 되는 것입니다. 사주에 수(水)가 많아서 화(火)를 극하니 관운이 열악하고 얼어붙은 물이 을목(乙木)을 생하지 못하니 재물운도 약한 것입니다. 화(火) 조후가 시급한 사주인 것입니다.

예시 2 ▶

時	日	月	年
丁	庚	甲	戊
丑	午	子	申

자(子)중 계수(癸水)상관은 지지에 있고 정화(丁火)정관은 천간에 있습니다. 무(戊)와 갑(甲)이 정화(丁火)정관을 보좌하면서 정관이 지지에서 오(午)녹(祿)을 얻었습니다. 신자(申子)합으로 자오(子午)충이 해소가 됩니다. 그러므로 승상이 될 수 있었습니다. 만약 **고관무보(孤官無輔)**이 되었거나 혹은 정관과 상관이 모두 천간에 투출했다면 발복이 크지 못했을 것입니다.

▶ 고관무보(孤官無輔)란
보필이 없는 외로운 정관이 되는 것으로 힘없는 정관을 말합니다.

예시 3 ▶

時	日	月	年	乾命
비견		편인	정재	六神
庚	庚	戊	乙	天干
辰	申	子	亥	地支
편인	비견	상관	식신	六神
乙癸戊	戊壬庚	壬癸	戊甲壬	지장간
養地	建祿	死地	病地	12운성

庚	辛	壬	癸	甲	乙	丙	丁	
辰	巳	午	未	申	酉	戌	亥	대운
71	61	51	41	31	21	11	1	

▶ 47세 계미(癸未)대운 신유(辛酉)년에 처가 사망했습니다.

사/주/해/설 ▶

자월(子月)의 경금(庚金)은 해수(亥水)가 자수(子水)에 첩신하여 금수상관격인데 지지가 수국삼합(三合)을 지었습니다. 금수상관이면 무조건 화(火)관살을 반긴 다고 하였습니다. 그러나 지지가 이처럼 수국을 지으면 무엇보다도 범람의 위 험으로 무(戊)토를 먼저 봐야 합니다. 수(水)회국으로 을목(乙木)이 반생이 되나, 사지(死地) 위에 앉아 있습니다. 을목(乙木)이 냉(冷)하여 잘 자랄 수 없는 환경 이니 분명 처성에 문제가 있습니다. 이렇게 되면 제대로 된 여자를 만나기 힘듭 니다. 그런데 다행인 것은 무토(戊土)가 천간에 있어서 어느 정도 제방의 역할 을 하므로 결혼은 할 수가 있었다는 이야기가 되는 것입니다. 이때 무토(戊土) 는 이 사주에 있어서 뿌리가 있던 없던 매우 중요한 십간에 해당이 되는 것입니 다. 미(未)대운에 처가 사망하였으니 미(未)는 을목(乙木) 처성의 고장지에 해당 이 됩니다. 신유(辛酉)년은 을목(乙木)의 절지이며 을신(乙辛)충으로 처성을 극 충하고 있습니다. 신유(辛酉)년은 겁재 양인년에 해당하는 년(年)이니 군겁쟁재 으로 인하여 아내가 사망한 사례입니다.

時	日	月	年	乾命
비견		상관	정재	六神
辛	辛	壬	甲	天干
卯	丑	申	辰	地支
편재	편인	겁재	인수	六神
甲乙	癸辛己	戊壬庚	乙癸戊	지장간
絶地	養地	帝王	墓地	12운성

庚	己	戊	丁	丙	乙	甲	癸	
辰	卯	寅	丑	子	亥	戌	酉	대운
76	66	56	46	36	26	16	6	

▶ 73. 재성이 부목(浮木)되면 백년해로가 힘들다.

예시와 중복되는 부분을 한 번 더 살펴보겠습니다. 을해(乙亥)대운에는 대학을 졸업하고 외국에서 가이드 생활을 했습니다. 병화(丙火)운에는 좋았습니다. 자(子)운에 내리막길을 걸으며 2004년 갑신(甲申)년에 이혼하고 자식은 없으며, 정화(丁火)운 죽을 만큼 힘들었습니다.

사/주/해/설 ▶

합국(合局)을 만들어 금수상관격이 되는 사례입니다. 신월(申月)의 신금(辛金)이 임수(壬水)를 보면 금수상관격인데 금수상관이 되면 조후로 병정(丙丁)화를 반드시 봐야 길격이 됩니다. 그러나 금수상관이라도 임수(壬水)가 수국(水局)을 짜게 되면 범람의 위험성이 있으므로 제방인 무토(戊土)를 먼저 봐야 갑목(甲木)이 살 수 있습니다. 그런데 정화(丁火)용신이 들어오는 대운에 정임(丁壬)합이 되면 오히려 흉(凶)해지게 됩니다.

예시 5 ▶

時	日	月	年	坤命
편인		편인	정재	六神
戊	庚	戊	乙	天干
寅	辰	子	酉	地支
편재	편인	상관	겁재	六神
戊丙甲	乙癸戊	壬 癸	庚 辛	지장간
絶地	養地	死地	帝王	12운성

丙	乙	甲	癸	壬	辛	庚	己	
申	未	午	巳	辰	卯	寅	丑	대운
70	60	50	40	30	20	10	0	

▶ 초년에 유흥업 직업여성으로 일했습니다.

임진(壬辰)운 결혼하여 기미(己未)생 딸을 낳고 임진(壬辰)운 이혼했으며 미국인을 만나 재혼했습니다. 현재는 미국인도 사망해 혼자 연금을 받고 생활한다고 합니다. 돈을 함부로 쓰지 않으며, 알뜰하여 주변 교포들 사이에 짠순이로 소문나 있습니다. 집안형편이 그리 나쁘지 않았는데도 초년 그 길로 간 것은 어떤 이유일까요?

사/주/해/설 ▶

자월(子月)의 경금(庚金)이 진자(辰子)합하여 금수상관격을 성립됩니다. 인목(寅木)이 재성이나 자수(子水)가 얼어 있어 인목(寅木)인 재를 생하지 못합니다. 돈은 보이기만 할 뿐 내 것으로 취하지 못하다가 남방화(南方火)운인 말년에 조후가 되어 재물 운이 열리게 된 것입니다. 자월(子月)의 경금(庚金)은 한습(寒濕)하여 관살혼잡도 반긴다고 하는데, 조후용신으로써 화기가 필요한 사주인 것입니다.

인(寅)중 병화(丙火)가 조후용신이나 원국에서 약합니다. 용신이 무력하니 별 볼일 없는 인생을 살다가 말년에 만나는 용신 운에 뜻을 펼 수 있었습니다. 을유(乙酉)년생은 오미(午未)공망이니 남편성인 관살이 공망입니다. 명조에서 남편성이 무관이면서 공망이니 해로가 힘듭니다. 말년 대운이 남방화(南方火)운으로 흘러도 육친 공망의 작용은 나타나는 것입니다.

81

대운지지 육친의 반대편을
해석할 줄 알아야 한다

대부분 상담자의 질문은 대운(大運)지지의 반대편 육친에 대한 문제점 있습니다. 즉, 억제된 육친에 대한 문제로 상담하였습니다. 만나는 육친이 구기신으로 작용하게 되어, 희신인 육친을 억제하게 되면 더욱 뚜렷해집니다.

❶ 비견(比肩) 운을 만나면 비견이 편재(偏財)를 극(剋)하므로 편재에 해당하는 육친성의 문제가 발생하게 됩니다.

□甲戊□....甲

□□戊□....寅운

비견(比肩)갑목이 무토(戊土)편재를 극하면 금전이나 여자문제가 발생합니다. 비견갑목이 기신이 되면 더욱 뚜렷해집니다.

❷ 겁재(劫財) 운을 만나면 겁재가 정재(正財)를 극하므로 정재에 해당하는 육친성의 문제가 발생하게 됩나다.

□甲□己....乙

□□□丑....卯운

겁재 을목(乙木)이 기토(己土) 정재를 극하면 금전이나 처의 문제가 발생합니다.

❸ 식신(食神) 운을 만나면 식신이 편관(偏官)을 극하므로 편관에 해당하는 육친성의 문제가 발생하게 됩니다.

□甲□庚....丙운

□□□□

식신병화(丙火)가 편관 경금(庚金)을 극하면, 남자는 편관 자녀문제가 발생하고, 여자 남자문제가 발생합니다.

❹ 상관(傷官) 운을 만나면 상관이 정관(正官)을 극하므로 정관에 해당하는 육친성의 문제가 발생하게 됩니다.

□甲□辛....丁운

□□□□

상관 정화(丁火)가 신금(辛金) 정관을 만나면 상관에 해당하여 남자는 관(직장)문제가 발생하고, 여자는 남편문제가 발생합니다.

❺ 편재(偏財) 운을 만나면 편재가 편인(偏人)을 극하므로 편인에 해당하는 육친성의 문제가 발생하게 된다.

□甲□壬....戊

□□□□....戊운

무토(戊土) 편재 운을 만나면 편인 임수(壬水)를 극하므로 진로, 학업에 문제가 발생합니다.

❻ 정재(正財) 운을 만나면 정재가 인수(印手)를 극하므로 인수에 해당하는 육친성의 문제가 발생하게 된다.

□甲□癸....己

□□□□.....丑운

기토(己土) 정재운을 만나면 정재가 인수(印手)를 극하므로 모친문제 또는 학업, 진로문제가 발생합니다.

❼ 편관(偏官) 운을 만나면 편관이 비견(比肩)을 극하므로 비견에 해당하는 육친성의 문제가 발생하게 된다.

□甲□甲....庚

□□□□....申운

편관(偏官) 칠살 운을 만나면 비견(比肩)을 극하므로 형제, 친구문제가 발생합니다.

❽ 정관(正官) 운을 만나면 정관이 겁재(劫財)를 극하므로 겁재에 해당하는 육친성의 문제가 발생 하게 된다.

□甲□乙....辛

□□□□.....酉운

정관(正官) 운을 만나면 정관이 겁재(劫財)를 극하므로 건강, 지인문제가 발생합니다.

❾ 편인(偏人) 운을 만나면 편인이 식신(食神)을 극하므로 식신에 해당하는 육친성에 문제가 발생하게 된다.

□甲□丙....壬

□□□□.....子운

편인(偏人)운을 만나면 편인이 식신(食神)을 극충하여 남자는 사업문제, 여자는 자녀문제가 발생합니다.

❿ 인수(印水) 운을 만나면 인수가 상관(傷官)을 극하므로 상관에 해당하는 육친성에 문제가 발생하게 된다.

□甲□丁....癸

□□□□.....亥운

인수(印水) 운을 만나면 인수가 상관(傷官)을 극충하므로 남자는 직장문제로, 여자는 자녀문제가 발생합니다.

▶ 대(大) 세(歲) 운에서 만나는 육친이 기신이 되면 이러한 현상이 더욱 뚜렷해집니다.

82

대운大運에서
취용이 바뀔 수 있나요?

자평진전(自評眞詮) 행운론을 보면 행운(行運)의 성격(成格)과 변격(變格)에 대해 논하는 내용이 있으며, 대운의 변화로 취용이 바뀔 수가 있다고 결론내리고 있습니다.

● 무엇을 가리켜 운에 의하여 격국이 변했다(變格)고 하는가?

정화(丁火)가 진월(辰月)에 생하고 임수(壬水) 정관이 투출하였는데, 운에서 무토(戊土)를 만나면 진(辰)속의 무토(戊土) 상관이 투출하여 상관격으로 변한다. 임수(壬水)가 술월(戌月)에 생하고 사주에 정화(丁火)나 기토(己土)가 투출하고 지지에 인(寅)이나 오(午)가 있어서 화국(火局)을 이루면, 재왕생관격(財旺生官格)인데, 운에서 무토(戊土)가 오면 술월(戌月) 속의 무토(戊土) 칠살이 투출하여 칠살격으로 변한다. 임수(壬水)가 해월(亥月)에 생하고 사주 천간에 기토(己土) 정관이 있어서 용신을 삼으면 건록용관격(建祿用官格)인데, 운에서 묘(卯)나 해(亥)가 와서 목국(木局)을 이루면 건록격이 상관격으로 변한다. 이와 같은 것을 가리켜 운에 의하여 격국이 변했다고 합니다.

▶ 위의 내용은 【자평진전】의 변격(變格)편을 설명한 것입니다.

❶ 대운의 합충(合沖)으로 변격(變格)이 성립이 되는 사례.

時	日	月	年	歲
	戊			
	子	卯	丑	酉

위의 경우 유년(酉年)이 오면 묘유(卯酉)충으로 묘목(卯木)이 제거되어 자축 (子丑)합이 성립이 됩니다. 평소에는 묘목(卯木) 자식 때문에 자축(子丑)합을 망설이다가, 유년(酉年)이 되어 자수(子水) 부인은 축토(丑土) 외간 남자를 따라 집을 나가는 형상 입니다.

時	日	月	年	運
	乙	壬		戊
		子		午

자월(子月)의 을목(乙木)이면 인수격입니다. 무오(戊午)대운을 만나면 계절의 변화가 생기게 됩니다. 자오(子午)충으로 변격(變格)이 이루어지게 됩니다. 그래서 대운은 성패를, 세(歲)운은 득실을 위주로 보아야 합니다.

時	日	月	年	運
	壬		己	卯
		亥		

위의 경우 임수(壬水)가 해월(亥月)에 태어나 기토(己土)를 취용하니 건록용 관격(建祿用官格)이 됩니다. 대운에서 묘(卯)를 만나 해묘(亥卯)합을 지어 목 국(木局)을 만들면 건록격에서 상관(傷官)격으로 변격이 됩니다.

❷ 명조 자체에서 합충(合沖)으로 변격(變格)이 성립이 되는 사례.

時	日	月	年
壬	辛	丁	乙
辰	巳	卯	酉

사(巳)가 합(合)을 바라는 맘으로 유(酉)와 연합하여 묘유(卯酉)충으로 묘(卯)를 찍어내고 록지묘(卯)를 충하면서 을목(乙木)을 손상시키고 절지 위에 놓인 을목(乙木)을 다시 을신(乙辛)충하면 을목(乙木)은 확실하게 제거된 것으로 보입니다. 묘(卯)의 방해가 없으니 일간 신금(辛金)의 유인력으로 사유(巳酉)합국을 짓고 진토(辰土)의 생을 받기도 합니다.

또한, 정임(丁壬)합력으로 합반의 조짐도 엿보입니다. 이것은 정(丁)과 임(壬)이 합반으로 크게 극설의 작용을 못한다는 의미가 됩니다. 묘월(卯月)의 을목(乙木)이 투간하니 재격(財格)으로 보겠지만 묘유(卯酉)충과 을신(乙辛)충으로 재성(財星)이 뽑히고 사유(巳酉)반합국을 지으니 건록(建祿)격의 신강(身强)사주로 바뀐 경우에 해당이 됩니다.

❸ 대운에서 월지 지장간의 투간으로 변격(變格)이 성립이 되는 사례.

時	日	月	年	運
丁	壬			**戊**
	辰			

임수(壬水) 투간으로 정관(正官)격인데 대운에서 무토(戊土)를 만나면 진(辰) 속에 무토(戊土)가 투간하므로 상관(傷官)격으로 변격이 됩니다.

時	日	月	年	運
壬	丁	己		**戊**
寅	戌			

위의 경우 인술(寅戌)이 정화(丁火) 투간으로 화국(火局)을 만들고 기토(己土) 를 생하니 재왕생관격이 됩니다. 대운에서 무토(戊土)를 만나면 술(戌)속에 무토(戊土)가 투출하므로 칠살격으로 변격이 됩니다.

時	日	月	年	運
壬	辛	己	乙	**甲**
辰	巳	丑	巳	**午**

축월(丑月)에 기토(己土)가 투간하였으니 편인(偏人)격이 됩니다. 그러나 갑 오(甲午)대운에 갑기(甲己)합반으로 변격이 되었습니다. 갑기(甲己)합반으로 기토(己土)편인을 제거해 주었으므로 갑오(甲午)대운에 신강(身强)명에서 신 약(身弱)명으로 바뀌었습니다.

83

대운大運 보는 방법

대운도 하나의 간지로서 천간과 지지가 동주(同柱)하고 있는데 천간 5년 지지 5년을 끊어서 보는 것이 통변에 맞나요, 아니면 틀린 것 인가요?

▶ 삼명통회. 자평론, 명리종정, 명리약언등의 주장에 의하면 공통되는 것은 10년 간지를 통채로 본 후에 각각 지지운이 중요하다고 보는 이론과 천간운이 중요하다고 보는 운으로 나누는 것을 봅니다. 그러나 공통적인 주장은 10년 대운을 통째로 하여 지속적으로 본다고 하는 논리는 없는 것 같습니다.

❶ 【삼명통회(三命通會)】의 대운 보는 법.

대운과 사주팔자는 표리의 관계에 있습니다. 운(運)이 대운의 천간에 들 때는 대운의 지지를 참작하여 보고, 운(運)이 지지에 들 때는 대운의 천간은 무시하고 지지만을 봅니다. 모든 대운은 지지(地支)를 중요시합니다. 그렇기 때문에 방위의 개념으로서 동방목, 남방화, 서방금, 북방수으로 분류하는 것입니다.

❷ 【명리정종(命理正宗)】의 대운 보는 법.

대운의 간지를 보는 방법 중 개두설(盖頭設)과 동정설(同情設)이 있습니다.
개두란 사주나 운에서의 천간을 뜻하는 것으로 명리정종에서는 사주와 대운의 천간을 중시하고, 반대로 삼명통회에서 대운의 지지를 중시하고 있습니다.

❸ 【자평진전(子平眞銓)】의 대운 보는 법.

대운의 간지는 상하(上下)가 서로 붙어 있는 것이므로 운이 대운의 천간에 와 있을 때도 대운의 지지를 겸하여 보고, 운이 대운의 지지에 와 있을 때도 역시 천간을 참작해야 한다는 주장입니다. 그러므로 대운의 한 글자마다 반드시 원국의 간지와 배합하여 종합적으로 관찰하면 희기(喜忌)와 길흉(吉凶)을 분명하게 판단할 수 있을 것입니다.

❹ 【명리약언(命理約言)】의 대운 보는 법.

천간과 지지가 모두 함께 10년을 주관한다고 보되, 천간과 지지의 상호 생극 비화하는 원리에 의해 그 역량을 정해야 합니다. 예컨대 대운의 간지가 같은 오행이면 그 힘이 전일하므로 10년을 그 오행이 주관하고, 천간이 지지를 극(剋)하면 천간의 역량이 지지보다 더 크게 되며, 지지가 천간을 극(剋)하면 지지의 역량이 천간보다 더 크게 되는 것입니다. 천간과 지지가 모두 희용신이 되면 10년 동안이 모두 길하게 되고 천간과 지지가 모두 기신(忌神)이 되면 10년 동안 모두 흉(凶)하게 되며, 천간과 지지가 하나는 희신(喜神)이고 다른 하나는 기신(忌神)이면 10년 동안 길흉(吉凶)이 섞이게 될 것입니다.

▶ 본인 진로의 향방을 대운을 통해 알 수 있는 방법입니다.

時		日		月		年		坤 命
식신				편인		정재		六神
戊		丙		甲		辛		天干
戊		辰		午		未		地支
식신		식신		겁재		상관		六神
辛丁戊		乙癸戊		丙己丁		丁乙己		지장간
墓地		冠帶		帝王		衰地		12운성
壬	辛	庚	己	戊	丁	丙	乙	
寅	丑	子	亥	戌	酉	申	未	대운
77	67	57	47	37	27	17	7	

▶ 중고등학교 때 공부보다 방송에 관심이 있어 서울예전 성우과에 합격했으나, 항공전문 기술학교를 다니게 하였습니다. 1개의 취득이 어려운 자격증을 3개나 학업과정 중에 취득하여 4년제 학사졸업 인증을 받게 되었습니다. 교수님은 대학원에 진학하여 연구원이나 교수 쪽으로 진로를 추천하고, 학교선배는 항공사 취업을 추천하였습니다. 혜택이 많고 성격적으로 본인은 항공사 취업 쪽을 선호하고 있습니다. 부모 입장에서는 결혼 등 미래를 생각하여 잘 맞는 쪽으로 추천해 주려 합니다.

사/주/해/설 ▶

우선 결론적인 해답은 "항공사 취업"입니다. 왜냐하면 일간이 멀리 재성과 병신(丙辛)합하려니, 본인의 마음이 항시 재물에 뜻을 두고 있기 때문입니다. 그리고 현재 신금(辛金)인 재성이 대운의 신금(申金)인 왕지를 만났으니 재물에 뜻이 많음을 알 수 있습니다. 즉, 초년은 인성의 도움으로 재물을 축적하며 살다가, 말년에는 식신으로 살게 되는 것입니다.

84

군겁쟁재 群劫爭財 이해하기

군겁쟁재(群劫爭財)란 일간의 몫인 재성(재물 ,여자) 등이 비견이나 겁재에게 빼앗기는 것을 말합니다. 그래서 재성(財星)을 사용하려고 때에 비견, 비겁의 무리가 많아 재성(財星)을 놓고 다투는 것을 말합니다. 재성이 약하고, 일간 보다는 비견, 겁재의 기운이 강할 때 일어나는 현상으로 주로, 형제, 친구, 경쟁자 등에게 일간의 몫을 뺏기는 경우를 말합니다. 따라서 친구, 동료와의 합작, 동업을 하면 안 되는 것입니다. 군겁쟁재가 성립이 되는 명조는 특히 금전관리에 많은 신경을 써야 합니다. 군겁쟁재(群劫爭財)는 양인의 무리가 모이는 것이니 극처(克妻), 극부(克父), 파재(破財)가 일어나게 됩니다.

▶ 비견, 겁재는 일간의 기운을 분리, 이탈시키는 작용이 있으므로 이때 운에서 비견, 겁재를 만나면 길하게 작용할 경우에는 새로운 사업이나 독립, 결혼 등의 좋은 쪽으로의 전개가 있고, 반대로 흉하게 작용하면 청소년기에는 가출이나, 아버지의 변고사 등, 주로 분탈의 작용을 하게 됩니다.

예시 1 ▶

時	日	月	年	乾命
겁재		편인	비견	六神
丁	丙	甲	丙	天干
酉	戌	午	午	地支
정재	식신	겁재	겁재	六神
庚辛	辛丁戊	丙己丁	丙己丁	지장간
死地	墓地	帝王	帝王	12운성

壬	辛	庚	己	戊	丁	丙	乙	
寅	丑	子	亥	戌	酉	申	未	대운
79	69	59	49	39	29	19	9	

▶ 【사주첩경】에서 말하는 군겁쟁재(群劫爭財)입니다.

사/주/해/설 ▶

오월(午月) 병일(丙日)로써 득령(得令)하였고 또 양(兩) 오(午)중 정화(丁火)가 시상(時上)의 정화(丁火) 투기(透氣)로써 득세(得勢)하였으며 또 병일(丙日)이 술(戌)중 정화(丁火)에 근(根)하고 좌(坐)하여 득위(得位)하여 최강격(最强格)이 됩니다.

강자(强者)는 설상(泄傷)해야 되는데 사주에 수기(水氣)가 없으므로 제(制) 할 수가 없습니다. 신(身)이 왕(旺)하였을 때는 왕(旺)한 신(身)을 제(制)하는 것이 용신(用神_壬癸水)이 되는데 만약, 제(制)하는 자(者)가 없을 때에는 강왕(强旺)한 자(者)를 설(泄)하여주는 자(者)가 용신이 되는 것이라 하였습니다. 즉, 이 사주의 경우 관(官)은 없고 상관(傷官)이 생(生)하는 유금(酉金)의 재(財)가 용신이 되는 것입니다.

그런데 유금(酉金)용신이 다봉(多逢)하여 병정화(丙丁火)하여 화(火) 비겁(比劫)이 극금(剋金)하므로 군겁쟁재(群劫爭財)가 됩니다. 이 경우 화(火)를 병신(病神)이라고 하는데 북방(北方) 수향운(水鄕運)이 들어와 제화(制火)함을 제일 기뻐하며, 수(水)를 약신(藥神)이라고 부릅니다. 이 사주의 운로를 볼 때 신유(申酉) 금운(金運)에 일찍 재계(財界)에 입신(立身)하였고 무술(戊戌) 기해(己亥)運 20년간도 계속 용신을 보(補)하여 대체로 행복한 세월을 보냈습니다. 경자(庚子)운(運)중에 경운(庚運)까지 큰 재고(災苦)없이 생활을 하다 자운(子運)을 만나면서 제거(除去)병화(丙火)하여 대길(大吉)할 듯하나, 왕(旺)한 오화(午火)를 양인충(沖)하여 쇠신(衰神)이 충(沖)왕(旺)에 왕신발(旺神發)로, 임자(壬子)년에 별세 하였습니다.

예시 2 ▶

時		日		月		年		乾命
비견				편인		정재		六神
庚		**庚**		**戊**		**乙**		天干
辰		**申**		**子**		**亥**		地支
편인		비견		상관		식신		六神
乙癸戊		戊壬庚		壬 癸		戊甲壬		지장간
養地		建祿		死地		病地		12운성
庚	辛	壬	癸	甲	乙	丙	丁	
辰	巳	午	未	申	酉	戌	亥	대운
71	61	51	41	31	21	11	1	

▶ 80. 금수상관격은 관살을 기뻐한다 〈예시3〉와 비교해 보겠습니다.

사/주/해/설 ▶

47세 계미(癸未)대운 신유(辛酉)년에 겁재(劫財) 양인년을 만나 군겁쟁재로 처(妻)가 사망한 사례입니다. 금수상관격인데 지지 신(申)자(子)진(辰) 수국(水局)삼합을 지었습니다. 금수상관이면 조후가 필요해서 화(火)관살을 반긴다고 하였습니다. 그러나 지지가 수국(水局)을 지으면 범람의 위험 때문에 수(水)의 폐해를 막을 무(戊)토를 먼저 봐야 합니다. 수(水)회국으로 을목(乙木)이 반생(反生)이 되고, 을목이 사지(死地) 위에 앉아 있습니다. 을목(乙木)이 냉하여 자랄 수 없는 환경이니 분명 처성에 문제가 있습니다. 이렇게 되면 제대로 된 여자를 만나기 힘들거나 없습니다.

그런데 다행인 것은 무토(戊土)가 천간에 있어서 제방의 역할을 하므로 결혼은 할 수가 있었던 것입니다. 이때 무(戊)토는 뿌리가 있던 없던 중요한 십간에 해당이 되는 것입니다.

미(未)대운에 처가 사망하였으니 미(未)는 을목(乙木) 처성의 고장지에 해당이 됩니다. 신유(辛酉)년은 을목(乙木)의 절지(絕地)이며, 을신(乙辛)충으로 처성을 극충하고 있습니다. 금(金) 비겁이 많아져 왕해지면 목(木) 재성을 극하여 군겁쟁재이 됩니다. 특히 신유(辛酉)년은 겁재 양인년에 해당하니 더욱 심할 것입니다. 신유(辛酉)년에 처가 죽은 것은 수다목부로 인함이 아니고, 평소 처성에 문제가 있고, 군겁쟁재을 받아 타격을 입었기 때문입니다.

예시 3 ▶

時		日		月		年		乾命
정재				편재		겁재		六神
己		甲		戊		乙		天干
巳		辰		寅		卯		地支
식신		편재		비견		겁재		六神
戊		乙		戊				
庚		癸		丙		甲		지장간
丙		戊		甲		乙		
病地		衰地		建祿		帝王		12운성
庚	辛	壬	癸	甲	乙	丙	丁	
午	未	申	酉	戌	亥	子	丑	대운
78	68	58	48	38	28	18	8	

▶ 28을해(乙亥)대운에 무슨 일이 있었을까요?

군겁쟁재로 봐도 신왕재왕으로 봐도 용신은 인(寅), 사(巳) 중 병화(丙火) 입니다. 따라서 인비(印比)운은 피해야 합니다. 28을해(乙亥)대운은 인겁운입니다. 재물손상, 배우자불화, 아버지 건강악화, 사업을 한다면 동업자로 인한 피해, 문서상 문제가 예견 됩니다.

그러나 강남에 집 한 채를 장만하였고, 미모의 여자와 결혼했으며 딸을 하나 두고 있습니다. 직장은 중소기업에 근무하고 월급도 적습니다. 그리고 을해 대운 말에 직장이 불안하여 이직을 하였습니다. 군겁쟁재 사주에 인겁(引劫)의 매우 흉한 운인데 어떻게 이렇게 될 수 있나요?

인묘진(寅卯辰) 방국을 이루고 설기하는 사화(巳火)가 용신이 됩니다.

이때 사화(巳火)는 월령의 인(寅)중 병화(丙火)에 뿌리를 둔 시지의 사화(巳火)로 강합니다. 화본유기(火本有氣)인셈이죠. 그래서 군겁쟁재 같아도 염려할 수준은 아닙니다.

첫째, 무기(戊己)토가 있어서 목(木)을 심을 땅을 갖추고 있습니다.

둘째, 갑기(甲己)합으로 득재(得財)하여 정재를 보호하고 있습니다.

셋째, 사화(巳火)가 인(寅)중 병화와 더불어 강한 목기(木氣)를 설기하므로 식상생재를 나타납니다.

그래서 군겁쟁재를 상당부분 해소시키고 있습니다. 이것은 살인상생처럼 인성이 칠살의 흉을 화살시키는 작용과도 같아서 식상 사화(巳火)가 군겁의 살들을 화살(化殺)시켜 생재하는 역할을 하는 것입니다. 따라서 용신 사화(巳火)를 돕는 을(乙)대운은 기신의 흉(凶)이 나타나도 식상생재를 도우므로 득재(得財)가 가능한 것이고 격국구성상 큰 재물 발복은 어려운 것입니다. 또한, 진(辰)중 계수(癸水) 모친은 암중(暗中)에 있어, 큰 흉액이 없고 갑목일간이 진토(辰土)에 축축한 땅에 뿌리를 내린 것이니 모친의 도움은 있다고 볼 수 있습니다. 하지만, 계수(癸水)가 투간하였다면 모친의 성정은 달랐다고 보아야지요.

그래서 임(壬),계수(癸水)운에서는 흉하였던 것입니다. 또한, 부모의 집을 판 돈으로 쪼개서 장남에게 준 것이니 식상생재라도 쟁재(爭財)의 작용이 나타난 것입니다.

예시 4 ▶

時	日	月	年	坤 命
편관		정재	식신	六 神
乙	己	壬	辛	天 干
丑	丑	辰	丑	地 支
비견	비견	겁재	비견	六 神
癸辛己	癸辛己	乙癸戊	癸辛己	지장간
墓地	墓地	衰地	墓地	12운성

庚	己	戊	丁	丙	乙	甲	癸	대운
子	亥	戌	酉	申	未	午	巳	
73	63	53	43	33	23	13	3	

▶ 남편은 생활력은 별로 없지만 애처가이며 부부 사이가 좋습니다. 변호사 사무실을 개업을 했는데 얼마 안 돼 맡은 일이 성공하여 큰돈을 정도를 벌었습니다(38살, 1998년) 자녀는 없고. 두 분이 발이 넓고 항상 바빠, 병원 다니면서까지 아이를 낳고 싶은 생각은 없었습니다. 친정아버지는 병약하여 한동안 몸이 안 좋으셔서 조금 고생하다가, 요즘 골프를 치시면서 건강관리를 잘하고 있습니다. 재산은 30대는 별로 넉넉한 편이 아니었지만, 40대에는 여유 있게 쓰면서 살고 있습니다.

사/주/해/설 ▶

기토(己土)일간이 지지로 토국(土局)을 짓고 전왕(專旺)하니 임수(壬水)재성이 군겁쟁재가 된 명조입니다. 육친으로 친정 아버지가 항상 병약하다는 말은 임수재성이 군겁쟁재로 병들어 있다는 내용과 일치가 됩니다.

신(申)대운에 신진(申辰)이 반합하고 임수(壬水) 투간하니 수(水)합국을 만듭니다.

군겁쟁재 당하는 임수(壬水)가 삼합수국을 지으니 재왕(財旺)하게 되는 것입니다. 이 말의 뜻은 임수(壬水) 혼자서는 군겁쟁재로 심하게 시달리면 재물의 분탈이 발생하여 재물 축적이 어렵게 되지만, 임수(壬水)가 뿌리를 얻어 강해지면 신왕(身旺)한 사주가 재성도 왕해져서 신왕재왕(身旺財旺)하게 되니 큰 재물복이 생겨나게 되는 것입니다. 또한, 천간 신금(辛金)도 토다금매의 위험에서 벗어나므로 식신적 역할(변호사)로 돈을 벌게 되는 것입니다. 을목(乙木)은 허약하나, 태왕한 토(土)를 소토하는 역할이 기대할만하므로 남편의 역할은 여자에게 도움이 된다고 할 수 있습니다.

용/어/해/설

▶ 수다목부(水多木浮)란
수(水)가 많아 왕(旺)하면 물위에 떠 있는 나무가 되는 것을 두고 말합니다. 부목(浮木)에 해당하는 육친하고는 인연이 없게 되는 것입니다.

▶ 반생(反生)이란?
과다생(過多生)을 말합니다. 생(生)이 너무 많아도 태과불급이 되어 오히려 흉해지는 것입니다

▶ 화본유기(火本有氣)란?
화(火)의 세력(勢力)이 유기(有氣)하다는 뜻이 됩니다. 즉 화(火)가 힘이 있다고 이해하면 됩니다.

85

흑운차일黑雲遮日이란 무엇인가?

태양(丙)이 먹구름(癸)을 만나면 구름에 가려집니다. 구름에 가려진 태양은 본래의 힘을 잃는다는 의미로 제 역할을 하지 못하므로 인생에서 뜻을 펼칠 수 없습니다. 계수(癸水)구름이 가릴 때 병화(丙火)가 힘이 약(弱)하면 흑운차일(黑雲遮日)의 상(象)이 되어 매우 불리한 명(命)이 됩니다. 직장 업무는 맞지 않고, 조직에서 두각을 나타내기가 어렵게 됩니다.

예시 1 ▶

時		日		月		年		乾命
정관				편재		인수		六神
癸		丙		庚		乙		天干
巳		午		辰		酉		地支
비견		겁재		식신		정재		六神
戊庚丙		丙己丁		乙癸戊		庚辛		지장간
建祿		帝王		冠帶		死地		12운성
壬	癸	甲	乙	丙	丁	戊	己	
辛	酉	戌	亥	子	丑	寅	卯	대운
71	61	51	41	31	21	11	1	

사/주/해/설 ▶

병(丙)일간이 사오(巳午) 록(祿)왕지를 만나므로 강합니다. 진유(辰酉)합하고 경금(庚金)이 투간하니 재성도 강합니다. 아쉬운 것은 계수(癸水)에 의해 병(丙)일간이 가려져 제 역할을 발휘하지 못합니다. 유하게는 살았으나 모임에서 회장도 못해보고 자식은 딸 2뿐이다. 57세 술(戌)대운 신사(辛巳)년에 간과 폐암으로 운명하였습니다.

예시 2 ▶

時	日	月	年	坤 命
정관		편관	정관	六 神
癸	丙	壬	癸	天 干
巳	申	戌	丑	地 支
비견	편재	식신	상관	六 神
戊庚丙	戊壬庚	辛丁戊	癸辛己	지장간
建祿	病地	墓地	養地	12운성

庚	己	戊	丁	丙	乙	甲	癸	
午	巳	辰	卯	寅	丑	子	亥	대운
73	63	53	43	33	23	13	3	

▶ 60. 재다생살투관살〈예시2〉을 다시 보겠습니다. 어린이집에서 아이들을 가르쳤습니다. 일이 너무 힘들고 건강이 따라주지 못한 데다가 억울한 일을 많이 겪어서 그만두었습니다. 평소 말주변이 없어서 억울한 일을 많이 당하는 편입니다. 직장을 그만 둔지 4개월이 지나 자신감도 잃어가고 우울증도 보입니다. 앞으로 어떻게 살아야 할지 알고 싶습니다. 남편과의 사이가 좋지 않아 생활비를 남편에게 바랄 형편이 아닙니다.

사/주/해/설 ▶

관살혼잡이 투출하고 재생살하는 여자는 남편 복이 없다고 했습니다. 더구나 병화(丙火) 일간이 기신인 계수(癸水)임수(壬水) 관살이 투간하였는데 관살이 흑운차일이 되어 있습니다. 남편 덕이 없는 이유입니다. 병화(丙火)는 계수(癸水)를 꺼린다고 하였습니다. 계수(癸水)는 구름도 되고 안개도 됩니다. 안개속에 있는 병화(丙火)가 할 일이 무엇이 있겠습니까? 인목(寅木)대운에는 인신(寅申)충으로 축술(丑戌)이 동(動)하여 천간 관살(官殺)의 흉이 살아 나는 시점입니다. 이러한 시기에는 몸이 아프고 관재수가 심해서 억울한 일을 많이 당하는 것은 관살이 동하였기 때문일 것입니다.

제 7장 실전응용 / 487

예시 3 ▶

時	日	月	年	乾命
상관		정관	비견	六神
己	丙	癸	丙	天干
亥	午	巳	戌	地支
편관	겁재	비견	식신	六神
戊	丙	丙	辛	지장간
甲	己	己	丁	
壬	丁	丁	戊	
絕地	帝王	建祿	墓地	12운성

								대운
辛	庚	己	戊	丁	丙	乙	甲	
丑	子	亥	戌	酉	申	未	午	
72	62	52	42	32	22	12	2	

▶ 고법원장(高法院長)을 지냈습니다.

사/주/해/설 ▶

병화(丙火)가 계수(癸水)를 보면 무조건 태양 빛을 가려 병화(丙火)가 빛을 발(發)하지 못하여 큰 인물이 되지 못한다고 판단하면, 큰 오류를 범하는 경우가 있습니다.

이 경우는 하절(夏節)의 병화(丙火) 일주가 또 하나의 병화(丙火) 비견(比肩)과 세력과 다툴 때는 반드시 계수(癸水)가 투간한 비견 병화(丙火)를 제(制)하는 것이 좋습니다. 병화(丙火)는 내가 최고라고 뽐내는 성(星)인데 또 하나의 병화(丙火)가 있어 쌍투(雙投)하면 동료 간에 서로 시기하고 다투기 때문입니다. 【무학님】

예시 4 ▶

時	日	月	年	乾命
편관		정관	식신	六神
丁	辛	丙	癸	天干
酉	亥	辰	巳	地支
비견	상관	인수	정관	六神
庚	戊	乙	戊	지장간
	甲	癸	庚	
辛	壬	戊	丙	
建祿	沐浴	墓地	死地	12운성

戊	己	庚	辛	壬	癸	甲	乙	
申	酉	戌	亥	子	丑	寅	卯	대운
78	68	58	48	38	28	18	8	

▶ 이랜드그룹 박성수 회장님 명조입니다.

사/주/해/설 ▶

신금(辛金)은 태어났다면 보석의 향기를 품어야 좋습니다. 보석이 유용할 수 있게 작용하도록 주변 환경이 맞추어 주면 귀격이 됩니다. 신금(辛金)이 유시(酉時)에 태어나면 록(祿)을 만난 것이 되므로 귀록(貴祿)에 해당합니다. 만년에 부귀(富貴)하고 록의 성분이 끊어지지 않아서 정관(正官)을 얻는 것인데 나타난 병화가 일(日)간과 합이 되어 관(官)의 영향력이 크게 작용합니다. 이분의 재(財)는 진(辰)중 을목(乙木)에 있습니다. 재성 을목(乙木)이 자라나는 환경을 한 번 설명해 보겠습니다. 병진(丙辰)월주는 정관 병화(丙火)가 진토(辰土)에 앉아 있으므로 진토(辰土)는 관대(冠帶) 물상에 해당 합니다. 12운성에서 관대(冠帶)란 처음으로 성장하여 의복을 갖추는 형상입니다. 관대물상은 판사, 경찰, 의사, 법복 등으로 제복을 입고 일하는 사람들이 많습니다.

그래서 병화(丙火) 정관(正官)이 관대(冠帶)에 앉아 있으니 의복과 관련된 일을 하는 것으로 추론할 수 있는 것입니다. 이 분의 을목(乙木)재성이 관대 속에 있으므로 제복과 관련한 업종으로 재물을 취득한다고 생각하는 것입니다.

그런데 진토(辰土)가 시지의 유금(酉金)과 진유(辰酉)합이 되어 있습니다. 일간의 록과 연결이 된 것입니다. 관대라는 의복이 이분에게 록(祿)으로 작용하여 부귀할 것이라는 것을 암시합니다. 시(時)지 유금(酉金)은 비견(比肩)인데 비견과 인수(印水)의 합은 관대라는 업종을 동료에 의탁한다는 것으로 봅니다.

그룹 경영 철학이 "잘 되는 회사의 경영자들은 자신의 분신을 키울 줄 안다"는 경영이념을 갖고 게시는 회장님 입니다. 체인점으로 분신을 키웠던 칭기즈칸의 공격적인 경영철학을 가지고 있던 분입니다. 이 명조는 병화(丙火)는 계수(癸水)를 만나면 흑운차일이 됩니다. 흑운차일(黑雲遮日)이란 먹구름인 계수가 태양을 가려버리는 것입니다. 병화(丙火)에게는 계수(癸水)가 나쁜 것은 아는 사실인지라, 격이 좋던 나쁘던 계수(癸水)를 제거해야 크게 일어날 수 있습니다.

중국이라는 나라는 중앙을 의미하는데 무토(戊土) 있습니다. 계수(癸水)를 제거하려면 무토(戊土)운이 오던지 아니면, 무토(戊土)방위로 나아가야 합니다. 이랜드가 1990년대 후반 중국으로 진출하여 대박 터지는 일이 많은 것으로 알고 있습니다. 하여튼 이 진토(辰土) 속에 있는 을목(乙木) 재성은 진유(辰酉)합과 합생(合生)하므로 지속적으로 재물을 불어나게 하는 것 같습니다. 오히려 장간에 있는 을목(乙木)이 천간에 드러나면 을신(乙辛)충으로 깨지게 되므로 장간에 있는 것이 안전합니다. 그런데 술(戌)대운에 진술(辰戌)충이 되어 을목(乙木)이 충출(沖出)하여 재물에 문제가 일어나게 되는 것으로 판단됩니다.

86

연안대비燕雁代飛물상이란 무엇인가?

연안대비(燕雁代飛)란 제비와 기러기의 관계를 말합니다. 제비와 기러기는 사는 곳이 다릅니다. 강남 갔던 제비가 돌아올 때쯤에는 겨울철새인 기러기는 북쪽으로 떠날 준비를 하게 됩니다. 둘의 관계는 서로 만날 수 없는 관계를 의미합니다.

時	日	月	年	坤命
상관		식신	식신	六神
丙	乙	丁	丁	天干
子	未	未	未	地支
편인	편재	편재	편재	六神
壬 癸	丁乙己	丁乙己	丁乙己	지장간
病地	養地	養地	養地	12운성

▶ 1급 발달장애(자폐아)의 딸이 있습니다.

자폐증 딸아이의 운명도 사주에서 나타날 수가 있는 것입니까?

사/주/해/설 ▶

다식상관(多食傷官)에 무관사주에 해당합니다. 이것은 남편과의 인연이 박하다고 볼 수 있는 것입니다. 주변에 식상이 즐비하여 내 몸의 설기가 심합니다. 이 말의 뜻은 먹여 살린 자녀성이 왕(旺)해 뼈가 녹는 다는 의미가 됩니다. 남편 부재이거나 남편의 도움을 못 받는 구조이고 자식궁과 년월일이 연안대비물상입니다.

연안대비(燕雁代飛)라는 것은 자미(子未)원진를 의미합니다. 남쪽 제비가 돌아 올 때쯤에 겨울철새인 기러기는 떠날 준비를 하므로 둘의 관계가 가야 할 길이 다르다는 뜻을 고사성어로 "연안대비"라고 합니다. 子未未未 이면 할아버지궁, 부모궁, 배우자궁이 모두 자식궁과 자미원진으로 연안대비인 것입니다. 이러면 시지인 자녀에 문제가 발생된 것으로 생각할 수 있겠습니다.

87

습을상정 濕乙傷丁
이해하기

습을상정(濕乙傷丁)이란 무엇인가요?

말 그대로 풀어보면 "습한 초목은 정화(丁火)를 상하게 한다"라는 뜻입니다. 즉, 습기가 많은 초목은 땔감이 될 수 없다는 이론입니다. 초원의 습한 풀을 베어 마르지 않은 상태에서 아궁이에 넣어 보십시오. 그을음만 나고 불을 피울 수가 없습니다. 그래서 습목은 정화를 상하게 한다고 합니다. 만약, 습한 초목이 불에 잘 탄다면, 아마도 이미 말라 있는 상태의 낙엽과 같을 것입니다. 이와 같은 것을 비유하여 **고초인등(枯草引燈)**이라 하였습니다.

왜 갑목(甲木)은 습을상정(濕乙傷丁)이란 표현을 하지 않는 것일까요?

여기서 벽갑인정(劈甲引丁)이란 뜻도 알게 될 것입니다. 전기톱을 가지고 산에 올라 갑목을 상징하는 거목을 잘라보십시오. 전기톱으로 몇 동강이로 크게 잘라 아궁이에 넣어 보면, 목다화식(木多火熄)을 경험하게 될 것입니다. 불은 붙질 않고, 산소부족으로 그을음이 나다가 꺼져버립니다. 이것을 **목다화식(木多火熄)**이라고 하지, 습을상정(濕乙傷丁)이라고 하지는 않습니다. 그래서 도끼로 큰 나무를 작게 쪼개는 것입니다. 이것이 벽갑(劈甲)입니다. 즉 벽갑(劈甲)은 불에 잘 붙을 수 있는 장작으로 사용할 수 있도록 쪼개는 것을 말합니다.

벽갑(劈甲)이 된 땔감과 막 초원에서 잘라온 습기 찬 을목(乙木)과 비교해 보십시오. 갑목(甲木) 장작을 아궁이에 넣으면, 갑목 땔감은 조금 그을음을 내다가 장작에 수분이 마르기 시작하면서 불이 붙기 시작합니다. 그런데 을목(乙木) 잡목은 그을음이 나면서 수분이 없어지고 정작 불이 붙어야 하는 시점에 을목(乙木)은 흔적도 없이 사라집니다. 그래서 습을상정(濕乙傷丁)은 도움도 주지 못하면서 피해만 주는 상황을 의미하는 것입니다.

▶ **고초인등(枯草引燈)** 습한 초목을 태양에 말리면 땔감으로 제 몫을 한다.

時	日	月	年	坤命
정관		인수	정재	六神
丁	庚	己	乙	天干
亥	申	卯	卯	地支
식신	비견	정재	정재	六神
戊甲壬	戊壬庚	甲乙	甲乙	지장간
病地	建祿	胎地	胎地	12운성

丁	丙	乙	甲	癸	壬	辛	庚	
亥	戌	酉	申	未	午	巳	辰	대운
77	67	57	47	37	27	17	7	

▶ 신사 대운 당시 직업은 접대부였습니다.

사/주/해/설 ▶

정재(正財)도 너무 왕(旺)하면 기신이 됩니다. 인수 기토(己土)를 극하고 정화 (丁火)를 습을상정(濕乙傷丁)으로 끌려고 덤비므로 정관(正官)과 인수(印水)를 손상시키게 됩니다. 묘월(卯月)의 정화(丁火)가 해수(亥水) 위에 놓이니 습을 상정은 따 놓은 명칭입니다. 이것 하나만 놓고 봐도 이 팔자는 흉명(凶命)이 라고 판단할 수가 있습니다.

습을상정(濕乙傷丁)일 경우에는 병화(丙火)와 갑목(甲木)으로 구제해야 합니 다. 기토(己土) 인수의 문제는 묘(卯)중 갑목(甲木)에 있습니다. 지장간하고 천간이 갑기(甲己) 명암합하는데 이 갑목(甲木)이 년(年)지, 월(月)지, 시(時)지 해수(亥水)에도 있습니다. 어머니가 이부종사(二不從事)하는 팔자이거나 직 업여성으로 보이는데, 딸이 직업여성이 된 이유가 어머니의 문제가 큰 것으 로 보입니다.

88

병탈정광丙奪丁光이란 무엇인가?

정광이란 병화(丙火)태양이 나타나면 정화(丁火)인 등촉의 빛을 빼앗아가므로 정화(丁火) 고유의 성질을 상실하게 됨을 두려워한다는 뜻입니다.

그래서 을목(乙木)은 계갑(繫甲)을 기뻐하나, 정화(丁火)는 (丙奪)을 꺼리는 것입니다. 을(乙)이 갑(甲)을 보면 갑목(甲木)으로 논하고, 정(丁)이 병(丙)을 보면 병화(丙火)로 논합니다. 이것은 기(氣)가 생왕(生旺)을 따르는 이치라 할 수 있습니다.

하월(夏月)에 정광(丙奪丁光)이 심하면 임계(壬癸)수로 제(制)해야 현달(顯達)하고 부귀(富貴)할 수가 있습니다. 정화(丁火)가 사월(巳月)에는 병화(丙火)가 임관(臨官)하니, 정화(丁火)가 병화(丙火)의 위력에 의지하므로 더 할 수없이 염열(炎熱)하여 스스로 왕(旺)해집니다. 그래도 사월(巳月)에는 갑목(甲木)은 필요합니다. 왜냐하면 사월(巳月)의 정화(丁火)는 음유(陰柔)하므로 왕지(旺地)에 임해도 기(氣)가 바르지 못하기 때문입니다. 화왕(火旺)하면 수화(水火)가 기제(旣濟)를 이루어야 아름다운 팔자(八字)가 되게 됩니다. 임병(壬丙)이 같이 투(透)하면 정광(丙奪丁光)의 불리함을 논할 필요가 없고, 스스로 청귀(靑貴)함이 있어 극품(極品)에 이르게 됩니다.

추월(秋月)의 정화(丁火)는 정광(丙奪丁光)을 두려워하지 않는데 병화(丙火)로 습한 을목(乙木)을 말려 고초인등(枯草引燈)하기 때문입니다. 정광(丙奪丁光)에 해당이 되느냐의 구분 방법은 먼저 병화(丙火)의 쓰임에 달렸습니다. 병화(丙火)가 기신(忌神)으로 작용할 때 정광(丙奪丁光)이라고 말합니다. 그러나 병화(丙火)가 희신으로 작용할 때 고초인등(枯草引燈)이 되는 것입니다.

時	日	月	年
丙	丁	乙	壬
午	卯	巳	辰

▶ 【조화원약평주】에 도독(都督)의 팔자(八字)로 임수(壬水) 관(官)을 용(用)합니다.

사월(巳月)의 정화(丁火)가 을목(乙木)의 생을 받으므로 강한데 병화가 투(透)해 정광(丙奪丁光)이 되었습니다. 하지만 임수(壬水)가 투해 병임(丙壬)충으로 제(制)해 주므로 정관으로 말하지 않고 서로 길한 관계를 만들었습니다. 사월(巳月) 정화(丁火)가 병화(丙火)를 보고 임계(壬癸)수가 병화(丙火)를 파괴(破壞)하지 않으면 정광(丙奪丁光)에 신왕무의(身旺無依)로 빈고(貧苦)해져서 의지(依支)할 데가 없어집니다. 그러나 임계(壬癸)수가 병화(丙火)를 파(破)하면 이로(異路)로 발전하게 되는 것입니다.

▶ 이로(異路)란? 크게 뛰어난다는 뜻입니다.
▶ 신왕무의(身旺無依)란? 일간이 강한데 사주(四柱)중에 의지할 만한 거처가 없는 것으로 가난해지게 됩니다.

89

등라계갑藤蘿繫甲이란 무엇인가?

등라계갑(藤蘿繫甲)의 원문을 풀이해 보면 넝쿨 나무가 큰 나무에 의지해서 살아간다는 뜻입니다. 즉 을목(乙木)이 갑목(甲木)에 의지한다는 뜻입니다. 소나무와 같이 곧게 자라는 나무는 홀로 성장할 수 있지만 넝쿨식물은 소나무와 같은 기댈 곳이 있어야 타고 오를 수가 있습니다. 이와 같은 이치를 명리학에서는 등라계갑(藤蘿繫甲)이라 합니다.

등라계갑(藤蘿繫甲)의 사주에 해당하면 자신의 힘으로는 힘든 출세, 재물 욕을 주위의 형제나 친구 등의 힘을 빌리어 취할 수 있게 됩니다. 그런데 등라계갑된 갑목(甲木)이 인월(寅月)을 만나 왕(旺)해야 좋은 것입니다. 갑목(甲木)이 왕(旺)하다는 것은 그만큼 능력이 있으므로 을목(乙木)을 잘 이끌어 주기 때문입니다. 그러나 등라계갑의 명식에 해당이 되면서도 성공하지 못하는 팔자를 보면, 갑목(甲木)이 격식이 떨어지기 때문이라고 생각하면 됩니다.

時	日	月	年
乙	乙	甲	辛
酉	卯	午	卯

을목(乙木)이 오월(午月)에 생하였는데 일(日)주의 록(祿)인 묘(卯)를 유(酉)가 옆에서 충(冲)하고 있습니다. 월(月)간의 갑목(甲木)은 사(死)지에 임하였고 오행(五行)의 수(水)가 없으니 하절의 화(火)가 당권하고 설기 합니다. 상관격에 겁재를 용신하는데 꺼리는 바는 금(金)입니다. 【임철초】

위 명조는 천간에 을신(乙辛)충이고 지지에 묘유(卯酉)충으로 금(金)이 목(木)을 극함이 강해서 임철초 선생은 신약으로 보고 있는 것 같습니다. 그래서 갑목 겁재를 용하므로 등라계갑의 명이라고 볼 수가 있겠습니다. 그런데 갑목(甲木)이 사지에 놓이고 묘유(卯酉)충이 되어서 큰 힘을 발휘 못하는 것 같습니다.

예시 1 ▶

時	日	月	年	坤命
겁재		편관	인수	六神
乙	甲	庚	癸	天干
丑	申	申	丑	地支
정재	편관	편관	정재	六神
癸辛己	戊壬庚	戊壬庚	癸辛己	지장간
冠帶	絕地	絕地	冠帶	12운성

戊	丁	丙	乙	甲	癸	壬	辛	
辰	卯	寅	丑	子	亥	戌	酉	대운
78	68	58	48	38	28	18	8	

▶ 60. 재다생살 투관살〈예시3〉에서 남동생이 등라계갑으로 나를 괴롭히는 부분을 한 번 더 설명하겠습니다. 아버지 초년에 사망. 남동생 군대에서 사고가 발생하여 장애인이 되었습니다. 엄마는 가난하고 자신도 돈도 없어서 일본에서 일종의 첩 생활을 합니다.

사/주/해/설 ▶

재생살에 투관살하는 명조라서 남자 복이 없습니다. 경금 편관이 시(時)지, 년(年)지 축토(丑土)에 금(金)이 입묘하는 구조이다. 년(年)지에 입묘지가 있으면 해당 육신이 일찍 병사하거나 헤어질 수가 있습니다. 을목(乙木)이 '남동생 같은데 등라계갑하는 모양'이 징그럽습니다. 을목(乙木)은 칠살에 대항할 힘도 없으면서 누나인 갑목(甲木)에 얹혀사는 삶의 모양새입니다. 이런 유형은 남동생이 등라계갑에 해당하고 본인은 동생을 도와주는 입장이 되게 됩니다. 하지만 갑목(甲木) 본인도 절지에 있어서 잘 이끌어 줄 능력이 부족한 것입니다.
▶ 10년간 무역회사에서 계약직으로 근무하다. 몇 년 전부터 동대문 시장에서 의류, 신발, 액세서리 등 유통업으로 진로를 바꿔, 동대문에서 어떤 제품이 잘 나가는지 체크 후 본인과 맞는 상품을 매입, 오픈 매장과 쇼핑몰 사업을 하여 크게 성공하였습니다.

예시 2 ▶

時	日	月	年	坤 命
겁재		인수	비견	六 神
甲	乙	壬	乙	天 干
申	卯	寅	巳	地 支
정관	비견	겁재	상관	六 神

사/주/해/설 ▶

등라계갑은 인월(寅月)을 만나면 어느 때라도 좋습니다.

갑목(甲木)은 앞서 가는 유행이 되는데(또는 선배)여기에 편승하여 을목(乙木) 본인에 맞는 상품을 매입하여 쉽게 돈을 버는 타입이다. 자체 기술 개발은 하지 않고 갑목(甲木)에게 의존하고 눈치껏 카피해서 가져다 씁니다. 이런 습성이 등라계갑의 특성으로 나타납니다.

▶ 등라계갑으로 오히려 무능력할 수 있습니다.

예시 3 ▶

時	日	月	年	乾 命
식신		겁재	편인	六 神
丁	乙	甲	癸	天 干
丑	巳	子	丑	地 支
편재	상관	편인	편재	六 神

사/주/해/설 ▶

잘 아는 지인의 사주입니다. 지방 4년제 대학을 졸업하고, 뚜렷한 직업 없이 지내 왔습니다. 대학 졸업 후에 몇 년을 놀다 지인들의 도움으로 1~2년 동안 간간이 아르바이트를 하며 생활하였습니다. 오래 다니지는 못하더군요. 며칠 전 친척의 소개로 한 조그마한 공장에서 자재 납품하는 일을 시작한 상태입니다. 집안은 가난한 형편이며(현재 달 세) 이 일 저 일 가릴 처지가 아닌 상황인데도 적극적으로 구직활동을 하고 있지 않습니다. 현재 어머니, 미혼 누나 한 명이랑 같이 살고 있습니다.

일간 을목(乙木) 바로 옆에 갑목(甲木)이 있어서인지(등라계갑) 그동안 누나의 도움을 많이 받아왔던 편입니다. (학비, 식비, 용돈 등) 성격은 적극적인 편이 못 되고 남이 시키면 일은 잘 하는 편입니다. 특기사항으로는 어릴 적에 친형이 사고로 사망하였으며 본인은 지금 미혼인 상태입니다.

예시 4 ▶

時	日	月	年	坤命
편재		겁재	정재	六神
己	乙	甲	戊	天干
卯	亥	子	申	地支
비견	인수	편인	정관	六神
甲乙	戊甲壬	壬癸	戊壬庚	지장간
建祿	死地	病地	胎地	12운성
일(日)주공망 申酉		년(年)주공망 寅卯		

▶ 52. 여자 무관(無官)이고 남편성이 공망(空亡)이면 해로가 힘들다 〈예시2〉를 다시 보겠습니다. 남편이 뇌졸중으로 쓰러져 언어장애, 중풍에 걸렸습니다. 그 후 만난 남자는 교통사고로 불구자가 되고. 상당한 미모이며, 자녀는 없고 현재 힘들게 살아갑니다.

사/주/해/설 ▶

일(日)주 기준 남편성인 신(申)이 공망이고 년(年)기준 자식궁인 묘(卯)가 공망입니다. 화(火)식상이 없는 무자팔자에 식신을 극하는 편인성이 강합니다. 자식이 없는 이유에 해당할 수가 있겠습니다. 특히 조후불급이 문제 된 사주입니다. 신(申)중 경금(庚金)이 정관으로 남편으로 봅니다. 을목(乙木)일간에서 보면 신(申)금은 태지에 해당이 되는데 한마디로 갇힌다는 뜻입니다. 신금(申金) 남편이 신자(申子)합국을 지어 수왕(水旺)하니 신금(申金)이 탈관(脫官)되어 갑니다. 갇히고 탈관(脫官)당하는 모양새가 이 명조의 남편물상입니다. 자수(子水)는 도화이고 신금(申金)은 정관이니 신자(申子)합하면 정관이 도화의 미모에 홀리게 되는 것입니다. 그런데 탈관을 주도하는 수기(水氣)는 갑을(甲乙)을 생하고 있습니다.

을목(乙木)은 갑(甲)에 등라계갑하여 버티고 있으니 갑(甲)을 생하고 있는 해수(亥水)와 자수(子水)는 백모, 숙모, 계모 편모가 되는 셈입니다. 남편은 한마디로 이 친족들의 등쌀에 맛이 가는 것 같습니다. 만약에 남편이 존재한다면 불구, 장애, 무기력자등으로 나타나게 되는 것입니다.

90

충천분지沖天奔地의
물상론 이해하기

충천분지(沖天奔地) "하늘에 충격을 가하고, 땅을 분주하게 만든다." 나쁜 조합을 의미합니다. 사주에 물이 과(過)하면 무(戊)토 제방으로 막아줘야 하는데 일단 범람하게 되면 제방이 파괴되는 것을 의미합니다.

충천분지(沖天奔地)가 되면 戊土 제방이 붕괴(崩壊)되는 것이므로 무토(戊土)에 해당하는 육신의 변고를 겪게 됩니다. 임수(壬水)가 기신인 계수(癸水)를 투출시켜 통근하였으면 범람하여 우환이 발생할 수 있다는 속뜻이 담겨 있습니다. 【적천수】

時	日	月	年	坤命
정관		편관	식신	六神
己	壬	戊	甲	天干
酉	子	辰	辰	地支
인수	겁재	편관	편관	六神
庚	壬	乙	乙	
		癸	癸	지장간
辛	癸	戊	戊	
沐浴	帝王	墓地	墓地	12운성

庚	辛	壬	癸	甲	乙	丙	丁	
申	酉	戌	亥	子	丑	寅	卯	대운
79	69	59	49	39	29	19	9	

▶ 병인(丙寅)대운 끝자락과 을축(乙丑)대운 초, 29세 임신(壬申)년 남편이 사망하였습니다.

남편은 조직에 몸을 담고 마약 전과자로 교도소를 여러 차례 들락거리다, 음독자살을 했습니다. 그동안 여러 명의 남자와 인연을 맺었으나 길게 가지 못하고, 현재는 공장에 취업해서 정묘(丁卯)생 딸 1명을 키우고 있습니다.

사/주/해/설 ▶

임자(壬子)일주는 왕망(旺茫)한 대해수(大海水)라고 보면 됩니다. 진토(辰土)를 단순히 토(土)라고 보면 안 됩니다. 임자(壬子)일주 옆에 있는 진토(辰土)는 진진(辰辰)형이 되면 진토(辰土)라는 땅은 뻘이 되는 것입니다.

왜냐하면 진진(辰辰)이 형(刑)이 되면 땅속에서 지하수가 터져 나오는 까닭입니다. (연해자평 참조) 또한 임수(壬水) 일간이 자진(子辰)합이 되면 수국(水局)을 만들므로 이 임자(壬子)일주는 물로 가득한 사주가 되는 것입니다.

그렇게 본다면 무토(戊土)와 기토(己土)가 필요하게 되는데 기토(己土)가 기토탁임으로 작용하는 것이 아니라, 기토(己土) 관성은 땅으로써 제 역할을 하지 못하는 늪지가 됩니다. 이 기토(己土)는 오히려 물 많은 임수(壬水)일간에게 점령당하여 쓸모없는 늪지가 되어 피해를 입게 되니, 붙는 남자마다 잘못되어 망가져 나가, 속된 말로 남자 잡는 여자 팔자입니다.

그래도 쓸 만한 무토(戊土)는 어렵게 제방의 역할을 하며 버티기는 하나 임신(壬申)년에 신자진(申子辰)삼합국을 만들게 되고, 동시에 임임(壬壬)으로 임수(壬水)가 병립하면 왕왕대해(旺旺大海)가 되어 충천분지(沖天奔地)가 되어 버리는 것인데 충천분지(沖天奔地)란 물이 제방을 넘쳐 범람하는 것으로 무토(戊土) 제방이 깨져 버리는 것을 의미하는 것입니다.

그러면 무토(戊土)남편이 사망할 수도 있습니다. 지지로 수국(水局)을 이루고 임계(壬癸)수가 투출하면 무기(戊己)토가 투간 하더라도 범람함을 막을 수가 없다고 하였습니다.

91

자평진전子平眞詮에서는 음양陰陽을 구분하여 12운성을 설명하였다

● "천간(天干)은 쉬지 않고 움직이고, 지지(地支)는 정지하고 있는 것이 일반적이다. 각각의 천간(天干)이 12지지(十二地支)의 월(月)을 유행하면서 생(生), 왕(旺), 묘(墓), 절(絶) 등의 관계가 맺어진다. 양(陽)이 출생하는 곳에서 음(陰)이 사망하고 음양(陰陽)이 서로 교환되는 것은 자연의 이치인 것이다. 【심효첨】

● 생왕묘절(生旺墓絶)이란 오행의 생왕묘절이지 십천간의 생왕묘절이 아니다. 십천간의 명칭은 오행의 음양을 대표하는 것으로, 오행이 비록 음(陰)과 양(陽)으로 나누어져 있지만 사실은 하나인 것이다. 음간(陰干)이 양간(陽干)과 별도로 장생, 녹(祿), 왕(旺), 묘(墓)가 따로 있는 것은 아니다. 【서락오】

위의 내용을 살펴보면 두 거장의 12운성법 사용법이 대립이 된다는 것을 알 수가 있습니다. **심효첨**은 양음(陽陰)간의 사용법을 채택하여 기(氣)와 질(質)의 특성에서 구별이 되는 것이라고 말하고 있습니다. 반면에 **서락오**는 "생왕묘절이란 오행의 생왕묘절이지 십천간의 생왕묘절이 아니다".라고 반박하고 있습니다. 심효첨은 음양간을 분리하여 12운성법을 사용하였고 서락오는 음양의 구분 없이 오행으로만 12운성을 구분하였습니다. 즉 갑을(甲乙)을 하나의 목(木)으로만 간주하였습니다.

▶ 어떤 이론이 타당할 까요?
심효첨 선생이 말하는 기(氣)와 질(質)의 이론을 좀 상세히 설명하겠습니다.

12운성	長生	沐浴	冠帶	建祿	帝王	衰	病	死	墓	絶	胎	養
甲나무	亥	子	丑	寅	卯	辰	巳	午	未	申	酉	戌
乙꽃잎	午	巳	辰	卯	寅	丑	子	亥	戌	酉	申	未

나무는 해월(亥月)이 되면 잎(乙)이 지지만(나무의) 생기(甲)는 그 속에 저장되어 있다가 봄이 오면 다시 피어날 준비를 하게 됩니다. 그 생기인 갑(甲)은 해(亥)에서 생(生)하는 이치라고 하겠습니다. 나무는 오월(午月)이 되면 잎이 무성하게 되는데 어찌해서 갑(甲)이 사(死)한다고 하는 것입니까? 겉으로는 비록 잎(乙)이 무성하지만 그 속의 생기(甲)는 이미 밖으로 다 발설되어 기진맥진했기 때문인 것입니다. 그러므로 오(午)에서 사(死)하는 것입니다. 을목(乙木)은 이와는 반대로 오월(午月)이 되면 잎(乙)이 무성하니, 곧 생(生)하게 되는 것입니다. 을목(乙木)잎은 해월(亥月)에는 잎이 지니, 곧 사(死)하는 것입니다. 이것은 질(質)과 기(氣)의 다른 점을 논한 것입니다.

◈ 이해를 돕기 위해 아래의 그림을 살펴보겠습니다.

❶ 번 그림은 갑목(甲木) 나무를 나타내는 사진입니다.

❷ 번 그림은 열매, 꽃잎인 을목(乙木)을 나타내고 있는 사진입니다.

❸ 번 그림은 갑목과 을목이 하나인 목(木)오행을 나타내고 있는 사진입니다.

갑목(甲木)이 오월(午月)에서는 사(死)하지만, 을목(乙木)은 오월(午月)이 장생지로 꽃 피는 시절입니다. 그림에서 보면 알겠지만 갑목(甲木)은 오월(午月)부터는 을목(乙木)인 꽃잎으로 생기를 건네주기 위해 나무의 성장이 멈춘 상태입니다.

▶ 12운성표에서 갑목(甲木)은 오(午)가 사지(死地)

① 갑목(甲木)

② 을목(乙木)

③ 갑목(甲木)과 을목(乙木) = 목(木)오행

을목(乙木)은 해월(亥月)에는 사지(死地)이고, 갑목(甲木)은 생지(生地)입니다. 을목(乙木)인 열매, 꽃잎사귀는 해월(亥月)이 되면 ①번 그림처럼 땅에 떨어질 것입니다. 그러나 갑목(甲木)은 해월(亥月)부터 생기가 돌기 시작합니다. 이것은 나무 안에서 벌어지는 태동(胎動)이라 밖에서는 잘 살펴볼 수가 없는 것입니다. 심효첨은 하나의 목(木)오행 속에서 갑(甲)과 을(乙)이 기(氣)와 질(質)로써 각각 다르게 작용하는 특성을 말하였는데 이것은 갑(甲)과 을(乙)의 생왕묘절이 달라서 생극제화하는 시절이 다름을 분명하게 보여 주었습니다.

그러나 서락오는 생왕묘절이란 오행의 생왕묘절이지 십천간의 생왕묘절이 아니다".라고 반박하고 있습니다 . 사실 나무 갑목(甲木)이 사(死)하거나 묘(墓)가 되면 덩달아 생왕(生旺)을 누리고 있는 을목(乙木)도 함께 무덤으로 빨려 들어가는 것을 말하고 있는 것인지도 모르겠습니다. 이것은 같은 몸 안에 동체로 있기 때문에 발생하는 현상 같습니다. 아무리 을목(乙木)이 잘 나가도 갑목(甲木)의 뿌리가 잘리면 갑목(甲木)에 붙어 있는 을목(乙木)도 휘청거리게 되는 것입니다. 서락오는 종래의 술서를 보면 "오양(五陽)의 장생을 말했을 뿐 오음(五陰)의 장생은 말하지 않았다".고 하였는데 이 말의 참뜻은 오음의 장생이 오양의 장생에 가려져서 나타나지 않은 것일 뿐이지 오음의 장생이 없는 것은 아닌 것입니다. 또한 "양인(陽刃)에 대해서는 말했지만 음인(陰刃)에 대해서는 말한 바가 없다"라고 서락오는 말하고 있지만 음인(陰刃) 역시 없는 것은 아니고 양인(陽刃)에 비해 해로움이 약하기 때문에 특별히 언급하지 않는 것 일뿐입니다.

▶ 입묘에 대한 질문입니다.
갑목(甲木)은 12운성에서 찾아보면 미토(未土)에는 묘지(墓地)에 해당이 됩니다. 을목(乙木)은 12운성에서 찾아보면 미토(未土)에는 양지(養地)에 해당이 됩니다. 미토(未土)가 형충이 되면 갑목(甲木)만 입묘하고 을목(乙木)은 왜 멀쩡한가요?

〈답변〉

입고(入庫)이론은 삼합에서 나왔기 때문에 12운성으로 보는 입묘와 삼합으로 보는 입고이론이 좀 다릅니다. 그래서 4고장지인 진(辰)술(戌)축(丑)미(未)로 인해 입고작용이 일어나는 것은 마땅히 목(木)화(火)금(金)수(水)로 보는 오행(五行)의 입고(入庫)로 봐야 할 것입니다.

즉 위 내용처럼 양간지 음간지를 따로 구분하여 보는 입고는 틀려서 맞지 않으며 원래 12운성법으로는 입고, 개고를 논하지 못하고 다만 기(氣)와 질(質)의 차이점으로 양음 포태법을 분간하여 사용해야 하는 것입니다.

이것을 심효첨은 기(氣)와 질(質)이 다르게 작용한다고 설명하였습니다. 그런데 입고작용의 출발점은 삼합이기 때문에 이러한 입고이론도 12운성법을 선택하지 않고 삼합의 방식을 선택합니다. 즉 입고하는 오행은 음양을 분리하지 않고 보는 것입니다. 즉 갑을(甲乙)을 하나의 목오행(木五行)으로만 보는 것입니다. 어떻게 보면 서락오가 주장하는 "생왕묘절이란 오행의 생왕묘절이다"라는 주장이 합리적으로 보일 수도 있습니다. 그러나 서락오가 착각했던 점은 입묘론에 있었습니다 즉 입묘론에는 오행의 입묘론이 타당하여 서락오의 주장이 합당하나, 12운성법으로 보는 포태법은 기와 질을 다르게 살펴봐야 하는데 이를 무시하였습니다. 이 한마디의 실수로 심효첨의 학문을 왜곡시켜서 후학들을 오랫동안 괴롭혀 왔던 것입니다.

▶ 삼합(三合)으로 입고(入庫)를 이해해야 합니다.

생지(生地)출발, 왕지(王地)에서 성업(成業)하고 묘지(墓地)에 안착(安着)하는 삼합원리를 알아야 하겠습니다.

목(木)은 해월(亥月)에 생하고 묘월(卯月)에 성업하며 미월(未月)에 안착(安着)합니다. 이른바 **해묘미(亥卯未) 삼합**을 말합니다. 미토(未土)에 안착하는 목기(木氣)는 음양을 가리지 않습니다. 즉 양포태를 적용하는데 갑을(甲乙)를 하나로 보는 것입니다.

수(水)는 신월(申月)에 생하고 자월(子月)에 성업하며 진월(辰月)에 안착(安着)합니다. 이른바 **신자진(申子辰) 삼합**을 말한다 진토(辰土)에 안착하는 수기(水氣)는 음양을 가리지 않습니다. 즉 양포태를 적용하는데 임계(壬癸)를 하나로 보는 것입니다.

화(火)는 인월(寅月)에 생하고 오월(午月)에 성업하며 술월(戌月)에 안착(安着)합니다. 이른바 **인오술(寅午戌) 삼합**을 말합니다. 술토(戌土)에 안착하는 화기(火氣)는 음양을 가리지 않습니다. 즉 양포태를 적용하는데 병정(丙丁)을 하나로 보는 것입니다.

금(金)은 사월(巳月)에 생하고 유월(酉月)에 성업하며 축월(丑月)에 안착(安着)합니다. 이른바 **사유축(巳酉丑) 삼합**을 말합니다. 축토(丑土)에 안착하는 금기(金氣)는 음양을 가리지 않습니다. 즉 양포태를 적용하는데 경신(庚辛)을 하나로 보는 것입니다.

진(辰)술(戌)축(丑)미(未) 4고장지에 안착하는 오행은 계절의 기운을 땅에 담았으므로 음(陰)의 기운으로 보관을 합니다. 음(陰)의 기운으로 관리하기가 쉽겠습니다. 양(陽)은 밖으로 튕겨져 나가려고 할 터이니까요. 즉, 진(辰)중 계수(癸水)이고, 술(戌)중 정화(丁火)이고, 축(丑)중 신금(辛金)이며, 미(未)중 을목(乙木)입니다. 이 암신(暗神)들이 밖으로 투출이 될 때에는 음양으로 변화하면서 자리를 잡을 것입니다. 즉 천간에 음이 있으면 음간으로 변화고 양이 있으면 양간으로 변화를 할 것입니다. 그래서 진술(辰戌)충은 수화(水火)충묘이고, 축미(丑未)충은 목금(木金)충묘라고 부르는 것입니다.

이 말의 의미는 다음과 같습니다.

진술(辰戌)충이 성립하면 수화(水火)가 입고하거나, 수화(水火)암신이 개고(開庫)로 촉발합니다. 축미(丑未)충이 성립하면 목금(木金)이 입고하거나, 목금(木金)암신이 개고(開庫)로 촉발합니다.

92

간지干支의
천복지재天覆地載 이해하기

천복지재란 무엇인가?

복(覆)은 덮는 것이고, 재(載)는 실어주는 것입니다. 즉 천복(天覆)이란 덮어주는 천간의 뜻이고, 지재(地載)란 실어주는 지지를 뜻합니다. 간지(干支)를 취용(取用)함에 있어서 천간(天干)은 실어주는 지지(地支)가 절실(切實)하고. 지지(地支)는 덮어주는 천간(天干)이 절실(切實)한 것입니다. 가령 갑을(甲乙)을 기뻐하는데 인묘해자(寅卯亥子)에 실렸으면 생왕(生旺)한 것이고, 신유(申酉)에 실렸으면 극패(剋敗)하는 것입니다. 【적천수】

▶ 覆 엎어지다, 넘어지다, 전복시키다, 배반하다, 되풀이하다 등의 뜻으로 쓰일 때는 '복'이라 읽고, 덮다, 덮어주다, 덮어 싸다, 가리다, 감추다, 비호하다, 널리 퍼지다 등의 뜻으로 쓰일 때는 '부'로 읽습니다. 天覆地載의 覆는 후자의 뜻으로 쓰이고 있기 때문에 천부지재라 읽는 것이 옳습니다. 그러나 퇴고를 많은 사람들이 추고로 읽으면 추고가 일상화가 되듯이 천부지재도 많은 사람들이 천복지재라 읽으면 천복지재가 일상화가 될 것입니다. 天覆地載의 원의를 살리고자 하면 '천부지재'라 읽는 것이 옳은 것 같습니다. 현재는 천부지재와 천복지재가 통용되고 있습니다.

時	日	月	年
	甲		
	寅	亥	

천간 갑목(甲木)은 지지 인해(寅亥)에 실렸으므로 왕성합니다.
병정(丙丁)을 꺼리는데 해자(亥子)에 실렸으면 제복(制伏)되고 인묘사오(寅卯巳午)에 실렸으면 방자하게 날뛰게 됩니다.

時	日	月	年
	丙		
	亥	子	

병화(丙火)를 꺼리는데 지지 해자(亥子)에 실렸으므로 병화의 흉이 제복이 되었습니다.
또한, 인묘(寅卯)를 기뻐하는데 갑을임계(甲乙壬癸)가 덮고 있으면 생왕(生旺)하고 경신(庚辛)이 덮고 있으면 극패(剋敗)합니다.

時	日	月	年
	壬	癸	
	寅		

인목(寅木)을 기뻐하는데, 천간 임계(壬癸)가 덮고 있으므로 생왕합니다.
사오(巳午)를 꺼리는데, 임계(壬癸)가 덮고 있으면 제복(制伏)되고 병정갑을
(丙丁甲乙)이 덮고 있으면 방자하게 날뛰게 됩니다.

時	日	月	年
	壬	癸	
	巳		

사화(巳火)를 기피하는데 천간에 임계(壬癸)가 덮고 있으면 사화(巳火)의 흉
이 제복이 되는 것입니다.

천간(天干)이 지지(地支)에 통근(通勤)하였는데, 지지(地支)가 생부(生扶)를 만
났으면 천간(天干)의 뿌리가 견고하고 지지(地支)가 충극(沖剋)을 만났으면
천간(天干)의 뿌리가 뽑히게 됩니다.
지지(地支)가 천간(天干)의 비호(庇護)를 받고 있는데, 천간(天干)이 생부(生
扶)를 만났으면 지지(地支)를 비호(庇護)함이 왕성(旺盛)하나 천간(天干)이 충
극(沖剋)을 만났으면 지지(地支)가 받는 음덕(蔭德)이 쇠약(衰弱)해집니다.
무릇 명조(命造)에서의 사주간지(四柱干支)는 분명하게 길신(吉神)인데도 그
길(吉)함을 잃는 경우가 있고, 확실히 흉신(凶神)인데도 흉(凶)하지 않는 경우
가 있는데 모두 이러한 까닭입니다.

93

비겁녹인比劫祿刃을 살펴보는 법

(1) 비겁(比劫)과 록인(祿刃)을 구분하는 방법입니다.

천간(天干)에는 각각 비겁(比劫)이 있는데 지지(地支)에서는 비겁이라 말하지 않고 록인이라고 말합니다. 그러나 무기(戊己)가 진술축미(辰戌丑未)를 만났을 때에만 비겁(比劫)이라고 말합니다.

그러므로 무기(戊己)토만은 지지에서 진술축미(辰戌丑未)를 만나도 록(祿)을 만났다고 말하지 않습니다. 갑을(甲乙)이 지지에서 인묘(寅卯)를 만나거나. 병정(丙丁)이 지지에서 사오(巳午)를 만나거나. 경신(庚辛)이 지지에서 신유(申酉)를 만나거나. 임계(壬癸)가 지지에서 해자(亥子)를 만나면 비겁이라 말하지 않고 모두 녹인(祿刃)이라고 말합니다.

時	日	月	年
	戊		
	辰		

위의 경우 진토(辰土)는 비견이 된다고 말합니다.

時	日	月	年
	甲		
			寅

위의 경우 인(寅)은 비견이라고 말하지 않고, 건록(建祿)이라고 말합니다.
비겁의 경우에 있어서는 지지의 본기(本氣)가 순수(純粹)한 것은 녹(祿)이 되고, 본기(本氣)가 강포(剛暴)한 것은 양인(陽刃)이 되는 것입니다. 비겁녹인(比劫祿刃)은 정(精)은 달라도 같은 종류(種類)이고 모두 일주(日主)를 돕는 것인데, 다만 비견(比肩)은 순수(純粹)하고 겁재(劫財)는 박잡(駁雜)하며, 녹(祿)은 온화(溫和)하고 양인(陽刃)은 강포(剛暴)할 뿐입니다.

(2) 건록(建祿)은 조상(祖上)을 떠나고, 전록(專祿)은 상처(喪妻)한다고 하였습니다.

그러나 인수(印綬)와 재(財)가 득시득세(得時得勢)하면 그러하지 않는다고 합니다. 왜냐하면 인수(印綬)가 득시득세(得時得勢)하였으면 어머니의 영향력이 커지게 되는 것이므로 고향(故鄕)을 떠나지 않게 되고. 재(財)가 득시득세(得時得勢)하였으면 아내의 영향력이 힘을 얻게 되는 것이라서 상처(喪妻)하지 않는다는 뜻이 되는 것입니다.

▶ 다음 아래는 지지별로 록(祿)을 부르는 명칭입니다.

- 배록(背祿) → 년지(年支)가 록(祿)인 경우.
- 건록(建祿) → 월령(月令)이 녹(祿)이 경우.
- 전록(專祿) → 일지(日支)가 녹(祿)인 경우.
- 시록(時祿) → 시지(時支)가 녹(祿)인 경우.

(3) 비견(比肩)과 겁재(劫財)는 신쇠살왕(身衰殺旺)하거나 신약재다(身弱財多)하면 취용(取用)할 수 있습니다.

양인(陽刃)은 취용(取用)하여 일주(日主)를 돕는 것인데. 더욱 오묘(奧妙)하게도 합살(合殺)하는 능력이 있습니다. 양인(陽刃)과 칠살(七殺)은 모두 강포지신(剛暴之神)인데 서로 합(合)하면 사나운 장수(將帥)와 사나운 병졸(兵卒)이 일치단결하여 나를 위하여 위무(威武)를 드러내는 것과 같으니 명조(命造)에서 만나면 귀(貴)하게 되고 권세(權勢)가 있게 됩니다. 녹(祿)은 능히 일주(日主)를 돕는데. 또한 여러 귀한 신(貴神)을 돕는 역할을 수행할 수가 있습니다.

時	日	月	年
壬	壬	戊	己
寅	子	辰	酉

진토(辰土)칠살은 자수(子水) 양인과 합살(合殺)합니다. 그러므로 양인합살이 된 명조입니다. 그런데 진유(辰酉)합이 자진(子辰)합에 의해 풀렸기 때문에 확실한 양인합살의 명조는 아닌 것입니다.

▶ **신쇠살왕(身衰殺旺)이란?** 살(殺)이 왕(旺)한데 일신(日身)은 허약한 명조를 말합니다.

94

후박취산厚薄聚散를
살펴보는 법

음양지기(陰陽之氣)에는 후박(厚薄)이 있고 취산(聚散)이 있는데 사람들은 명조(命造)에 타고 납니다.

▶ 후박(厚薄): 두터움과 얇음, 취산(聚散): 모임과 흩어짐.

일주(日主)와 격국(格局)에서 기체(氣體)가 풍족(豊足)한 것이 후(厚)가 되고 정신(精神)이 수렴(收斂)되어 쌓인 것이 취(聚)가 됩니다. 기체(氣體)가 단한(單寒: 홀로 차갑다)한 것이 박(薄)이고, 정신(精神)이 허탈(虛脫)한 것이 산(散)입니다. 음양지기(陰陽之氣)의 후(厚)와 취(聚)를 얻었다면 상격의 명조(命造)가 됩니다. 만약, 박(薄)인데도 배양(培養)함이 없거나 산(散)인데도 수렴(收斂)이 없으면 한결같이 가난하고 극빈(極貧)하게 된다고 하였습니다. 또한. 행운(行運)이 어떠한가를 살펴보아야 하는데 시종 후(厚)하거나 취(聚)하고, 혹은 박(薄)하고 산(散)하거나 혹은 처음에는 후(厚)하나 끝내는 박(薄)하고 처음에는 취(聚)하나 끝내는 산(散)하거나, 혹은 처음에는 박(薄)하나 끝내는 후(厚)하고 처음에는 산(散)하나 끝내는 취(聚)하니 후박(厚薄)취산(聚散)은 본디 만에 하나도 같지 않은 것입니다.

예시 1 ▶

時	日	月	年	乾 命
편인		식신	상관	六神
甲	丙	戊	己	天干
午	申	辰	巳	地支
겁재	편재	식신	비견	六神
丙己丁	戊壬庚	乙癸戊	戊庚丙	지장간
帝旺	病地	冠帶	建祿	12운성

사/주/해/설 ▶

병화(丙火)일간이 진월(辰月)에 태어나고 년(年)에 비견을 시(時)에 양인을 만나서 신약하지 않습니다. 진(辰)식신과 신(申)편재가 가까이서 합생(合生)하고 있으니 편재에 기운이 모이고 있는 것입니다. 즉 합생(合生)으로 재성기운이 취(聚)하는 결과로 부자의 운명이라고 판단하는 것입니다.

예시 2 ▶

時		日		月		年		坤 命
비견				편재		편관		六 神
壬		壬		丙		戊		天 干
寅		戌		辰		午		地 支
식신		편관		편관		정재		六 神
戊丙甲		辛丁戊		乙癸戊		丙己丁		지장간
病地		冠帶		墓地		胎地		12운성
戊	己	庚	辛	壬	癸	甲	乙	대운
申	酉	戌	亥	子	丑	寅	卯	
78	68	58	48	38	28	18	8	

▶ 유복한 집안에서 태어나 별 어려움 없이 자랐고, 공부도 열심히 하여 좋은 직장에 취직하였습니다. 계축(癸丑)대운에도 별 탈 없이 지냈습니다.

사/주/해/설 ▶

초년운인 근묘(根苗)에서 병화(丙火)편재와 무토(戊土)가 왕기를 띠어 재관(財官)이 유력하므로 집안이 유복하고 아버지가 재력가라는 설명이 가능합니다. 이것은 병화(丙火)의 기운이 후(厚)하고, 취(聚)하므로 해당 육친이 왕기를 가지는 결과가 되는 것입니다. 그러므로 편재병화(丙火)는 지지 오(午)과 인술(寅戌)를 얻어 기운이 후취(厚聚)하다고 보는 것입니다.

예시 3 ▶

時	日	月	年	坤 命
편관		겁재	편재	六神
乙	己	戊	癸	天干
丑	卯	午	亥	地支
비견	편관	편인	정재	六神
癸辛己	甲乙	丙己丁	戊甲壬	지장간
墓地	病地	建祿	胎地	12운성

丙	乙	甲	癸	壬	辛	庚	己	대운
寅	丑	子	亥	戌	酉	申	未	
76	66	56	46	36	26	16	6	

▶ 초년에 술집에서 일을 하다 결혼하여 애기를 낳고 살다가 2~3년 전에 이혼하고 다시 술 집에 나갑니다. 고집이 있으며 깡패기질도 있습니다.

사/주/해/설 ▶

글자의 기운이 고립되고 극충이 많으면 박(薄)하고 산(散)하게 됩니다. 축(丑), 묘(卯), 오(午) 각 글자가 고립되고 묘오(卯午)파로 상생(相生)이 되지 못한 상태이면 기운이 박(薄)하고 산만(散漫)한 것이 되는 것입니다.

오(午)화 편인은 효신(梟神)으로 신유(申酉)대운의 식상을 편인 도식하므로 술집으로 이끌었던 것입니다. 편인도 식운에는 의식주가 막막해지는 일들이 벌어지곤 합니다. 사주에 없는 오행이 운에서 나타나면서 충극을 받게 되면 잃어버리는 상실감이 더욱 강렬해지는 법입니다. 즉 의식(衣食)의 단절로 생활이 더욱 어려워지는 것이다.

예시 4 ▶

時	日	月	年	乾 命
정관		정관	정재	六 神
丁	庚	丁	乙	天 干
丑	申	亥	卯	地 支
인수	비견	식신	정재	六 神
癸辛己	戊壬庚	戊甲壬	甲乙	지장간
墓地	建祿	病地	胎地	12운성

己	庚	辛	壬	癸	甲	乙	丙	
卯	辰	巳	午	未	申	酉	戌	대운
76	66	56	46	36	26	16	6	

▶ 정주영 회장 명조입니다.

사/주/해/설 ▶

경신(庚申)일주가 해묘(亥卯)가 반합하고 을목(乙木)이 투간하였습니다. 재성(財星)이 목국(木局)을 지으니 재기(財氣)가 통문(通門)하여 왕(旺)하다고 보는 것입니다. 이것은 을목(乙木)재성의 기운이 취합(聚合)하여 후(厚)하게 되므로 자연 재성왕기를 띄는 것입니다. 을경(乙庚)이 합생하고 경신(庚申)일주가 정화를 만나 화련진금이 된 사주입니다.

도화가 양인과 합하면
호색음란好色淫亂하다

도화(桃花)가 양인(羊刃)과 합하면 호색음란(好色淫亂)하다하여 흉폭하니,
자식의 음식을 빼앗아 남의 남자에게 주는 호색녀(好色女)가 된다.

時		日		月		年		乾命
상관				정관		식신		六神
庚		己		甲		辛		天干
午		未		午		酉		地支
편인		비견		편인		식신		六神
丙己丁		丁乙己		丙己丁		庚 辛		지장간
建祿		冠帶		建祿		長生		12운성
丙	丁	戊	己	庚	辛	壬	癸	
戌	亥	子	丑	寅	卯	辰	巳	대운
71	61	51	41	31	21	11	1	

▶ 아버지는 23세쯤에 돌아가셨습니다. 어머니는 아주 젊은 남자를 데리고 들어와 같이 살았는데, 원래 유산으로 받기로 한 돈을 엄마가 주질 않고, 지금껏 벌어둔 자신의 돈 1억 원을 가져다가 집을 짓는데 쓰고 갚지를 않을뿐더러 언니와 여동생, 매형, 엄마 그리고 엄마의 남자가 작당하여 그 돈을 가로채려고 하여, 올해 소송을 했는데 패소를 하였습니다. 엄마와 여동생의 사기눈물에 법관과 변호사는 엄마 편을 들어주었다고 합니다.

그리고 결혼을 하였는데 여자는 이미 다른 남자 아기를 임신한 상태로 결혼을 하였고, 이 남자는 애기를 낳았다고 합니다. 그래도 남자는 사랑하기에 이 여자와 살고 싶었는데 엄마의 반대로 이혼을 하였고 둘 사이에 생긴 아이는 그 여자가 데리고 갔다고 합니다. 현재는 매형, 엄마의 남자를 보면 주먹다짐을 할 정도로 사이가 좋지 않으며 문제가 심각하다고 합니다.

사/주/해/설 ▶

기미(己未)일주가 미토(未土) 양인을 깔고 앉아 있는데 시지와 월지를 득한 오화(午火)편인이 쌍(雙)으로 생하면 무척 강한 간여지동이 됩니다. 간여지동(干與支同)은 대개 화합하기 어려운 상(像)이고 고집이 세고 완고하니 고지식한 것은 여기서 비롯되었다고 보아야 합니다.

일주 간여지동은 극처(克妻), 극부(克父)하는데 수(水)재성이 없어 조열한 상태에서의 극부, 극처이니 더 심하다고 보는 것입니다. 이렇게 보면 이 명조는 수(水)재성과 관련된 육친의 해로(偕老)를 장담하지 못하는 것인데 즉, 아버지와 배우자를 극하는 사주에 해당이 되어 제대로 된 삶의 영위가 힘들게 되는 것입니다.

기미(己未)일주로 보면 자축(子丑)의 수(水)공망이고 신유(辛酉)년주로 보아도 자축(子丑)의 수(水)공망입니다. 수(水)재성이 공망이 되고 간여지동이니 아버지와 인연이 박한 것입니다.

더욱이 이 사람의 사대공망은 금(金)으로 신유(辛酉)년주가 공망에 해당하므로 육친궁으로 본다면 부친이나 조부와는 무덕하게 되는 것입니다. 또한, 갑오(甲午)는 동주사(同柱死)이며, 장간의 오(午)중 기토(己土)와 갑기(甲己)명암합하는데 관성 자녀와도 해로가 불손하다고 보는 것은 경(庚)이 수시로 갑(甲)을 충하고 오(午)중 기토(己土) 비견이 월간 갑(甲)과 명암합하게 되면 남에게 자녀를 빼앗기는 구조가 되는 것입니다. 즉 남의 자녀를 임신한 채로 결혼하게 되는 남자의 운명이 이미 나타나 있는 것입니다.

편인이 도화가 되고 왕(旺)하니 어머니의 성정을 알 만합니다. 더욱이 도화가 양인과 합하면 호색음란(好色淫亂)하다하여 흉폭하니 제 자녀의 음식도 빼앗아 남의 남자에게 줄 수 있는 호색녀(好色女)가 되는 것입니다. 경오(庚午)시주는 사유축(巳酉丑) 년(年)주 기준으로 보면 도화이고, 기토(己土) 일(日)간으로 보면 목욕(沐浴)이고, 시(時)주 경오(庚午)는 자체로 상관동주욕에 해당이 됩니다. 이것은 도화사건이 크게 일어난다는 것인데 시기는 무자(戊子)대운에 해당합니다. 원인은 자오(子午) 도화충이 되는 것입니다.

갑을甲乙 목木의 손상은 신경계통 즉 정신질환을 의미한다

갑을(甲乙)목은 시신경계통을 의미합니다. 갑을(甲乙)목이 극(克)을 받는 팔자라든지, 극설당하는 구조가 되면 갑을(甲乙)목의 손상을 입히게 되는 것이라서 신경계통의 질환을 가지고 있다고 판단합니다.

예시 1 ▶

時	日	月	年	乾 命
편재		편인	편관	六神
甲	**庚**	**戊**	**丙**	**天干**
申	**子**	**戌**	**寅**	**地支**
비견	상관	편인	편재	六神
戊壬庚	壬癸	辛丁戊	戊丙甲	**지장간**
建祿	死地	衰地	絕地	**12운성**

丙	乙	甲	癸	壬	辛	庚	己	
午	巳	辰	卯	寅	丑	子	亥	**대운**
75	65	55	45	35	25	15	5	

▶ 어릴 적 친엄마가 없이 계모가 2번 바뀌었습니다. 행동에 이상증세를 보이며 술을 먹으면 사람을 죽이려고 합니다. 신축(辛丑)대운 경인(庚寅)년 닥치는 대로 그냥 자동차 10대를 부수고 경찰관까지 폭행하였는데 기억이 안 난다고 합니다. 신축대운 들어올 무렵 흉조가 더욱 커졌습니다. 아버지가 여성편력이 심해 온전하지 못한 가정환경에서 자랐습니다. 무서운 행동을 보이고 보기만 해도 무섭습니다. 눈빛을 보면 사람 눈빛이 아닙니다.

사/주/해/설 ▶

인술(寅戌)이 병화(丙火)가 투간하면 강한 화국을 만들게 됩니다. 무토(戊土)는 메마르니 경금(庚金)을 생조하기가 어렵습니다. 갑(甲)은 극설과 신(申)절지에 놓여 있으면서 갑경(甲庚)충이니 갑목(甲木)은 깨져 있다고 봐야 합니다. 갑목(甲木)의 손상은 신경계통 즉, 정신질환을 의미합니다. 이런 상황에서 지지 신(申), 술(戌)의 조합은 늑대와 까마귀의 사나운 성격이 쉽게 돌출하기 마련입니다. 거기다 대운이 경신(庚辛)으로 지나가므로 경경(庚庚)과 경신(庚辛)의 조합도 한 몫을 했을 것으로 봅니다.

예시 2 ▶

時	日	月	年	乾 命
정관		편재	편관	六 神
丁	庚	甲	丙	天 干
丑	戌	午	申	地 支
인수	편인	정관	비견	六 神
癸辛己	辛丁戊	丙己丁	戊壬庚	지장간
墓地	衰地	沐浴	建祿	12운성

壬	辛	庚	己	戊	丁	丙	乙	
寅	丑	子	亥	戌	酉	申	未	대운
78	68	58	48	38	28	18	8	

▶ 맹인 장애자로 1998년 2월4일 집 계단을 내려오다 넘어져 자전거에 눈이 부딪쳐 맹인이 되었습니다. 그 후 부인도 가출하고 그동안 벌어 놓았던 재산도 다 까먹고 지금은 국가에서 주는 장애자 연금으로 살아가고 있습니다.

사/주/해/설 ▶

오술(午戌)이 합하고 병정(丙丁)화가 투출하면 화국(火局)을 만들게 됩니다. 근이 없는 오월(午月)의 갑목(甲木)은 목분비탄(木焚飛炭)이 되는 것입니다. 즉 갑목(甲木)은 불에 달군 숯덩이가 되는 것으로 화다목분(火多木焚)이 되는 것입니다. 갑을(甲乙)목은 시신경 계통이니 눈의 시신경이 불타 버린 것입니다. 위 명조는 용광로 속에 불과 숯덩이가(甲木) 가세했으니 그 화력이 드센데, 경금(庚金)이 녹아서 기물을 만들어 내지 못하고 있는 형상입니다.

그래서 이 분의 경우 처(木)와 자녀(火)가 절대 흉신입니다. 결혼하지 않고 혼자 살았다면 맹인이 되는 화(禍)는 면하지 않았을까 생각합니다. 원국 자체가 목분비탄(木焚飛炭)의 큰 흉명(불구)이면 대운에서 오는 길(吉) 흉(凶)은 그다지 원국운명을 변화시키지 못합니다.

▶ **申+戌 조합을 잘 알아 둡시다.**

신금(申金)은 물상으로 까마귀에 해당이 되고 술토(戌土)는 물상으로 늑대에 해당이 됩니다. 늑대와 까마귀는 매우 사나운 짐승들입니다. 늑대는 한 번에 상대방의 목을 물어 죽이고 까마귀는 상대방의 눈을 한 방에 쪼아 실명시키는 저돌적인 짐승들입니다. 이러한 두 동물이 지지에 배열이 되어 있으면 사나운 행동들을 하게 된다고 합니다.

▶ **庚+庚의 조합도 알아 둡시다.**

양금상살(兩金相殺)이라고 하는 것은 경(庚)금이 2개가 첩신하게 되면 금의 살성을 가진다는 의미입니다. 이러한 사주배합이 된 명조는 일생 가운데 한번은 크게 다치는 일이 있다고 합니다.

▶ **庚+辛의 조합도 알아 둡시다.**

철추쇄옥(鐵鎚碎玉)이란 작은 신금(辛金)철쇄가 움직이면서 경금(庚金)을 두들겨 깨트리는 작용을 하는 것입니다. 이러한 배합이 되면 무서운 성격을 드러내고 큰 사고를 당할 염려가 있다고 합니다.

이자불충오 二子不沖午
이인불충신 二寅不沖申

【연해자평】 '오언독보' 중에서 2개의 〈子수〉는 하나의 〈午화〉를 충(沖)하지 않고,
2개의 〈寅목〉은 하나의 〈申금〉을 충(沖)하지 않는다.

【과로성종】에도 이와 비슷한 의미의 말이 나옵니다.
쌍자(雙字)로 존재하는 동합은 충(沖)을 해소하기 때문입니다.
2개의 오(午)는 자(子)를 충(沖)하지 못하고,
2개의 자(子)는 오(午)를 충(沖)하지 못하고,
2개의 인(寅)은 신(申)을 충(沖)하지 못하고,
2개의 신(申)은 인(寅)을 충(沖)하지 못한다.

午午子□ 子子午□
寅寅申□ 申申寅□

時	日	月	年	坤命
편인		편관	겁재	六神
甲	丙	壬	丁	天干
午	午	子	酉	地支
겁재	겁재	정관	정재	六神

▶ 미국인 여자 정치로 상,하원 의원으로 당선된 최초의 여자. 모친은 웨이트 리스, 부친은 이발사. 6남매 중 첫째 12세에 편의점에서 일하였고, 고교 졸업 후 28주 동안 고등학교에서 교편을 잡고, 전화교환수, 신문사 매니저로 일하였습니다. 1916년에 남편을 만났고 1933년에 결혼하였습니다. 1936년 남편 Clyde가 하원의원에 당선이 되자 그의 비서로 일하였습니다. 44세 병진대운 경진년에 남편이 심장마비로 사망하자 하원의원 선거에 나가 되었습니다.

사/주/해/설 ▶

칠살격에 정관이 섞인 사주는 정관을 제거하거나 칠살을 제거하면 사주가 맑아져서 귀하게 된다고 합니다. 이 명조에서 자수(子水)는 정관이고 임수(壬水)는 칠살이 됩니다. 자(子)중의 임수(壬水)가 투출한 것이니까 칠살격으로 보면 될 것 같습니다. 그런데 임수(壬水)칠살이 정임(丁壬)합하므로 합살유관(合殺有官)이 된 것이므로 정관이 맑아졌다고 볼 수가 있습니다. 문제는 정관을 극충하는 오오(午午) 쌍자가 자오(子午)충이 될 수가 있는가 하는 것입니다. 이 자불충오(二子不沖午), 이인불충신(二寅不沖申)이니 자오충이 되지 못합니다. 그래서 갑목(甲木)인성, 유금(酉金)재성이 재인(財印)이 정관을 옹위하는 형상으로 귀하게 될 명조라 할 수 있습니다.

정관도화正官桃花이면
여명은 연애결혼하면,
부군이 작첩한다

여자가 정관이 도화(桃花)이면 인기 많은 남편을 만나게 되나, 남편이 연예편력을 가질 수가 있습니다.

▶ 도화(桃花)살 찾기.

년지/일지	巳酉丑	亥卯未	申子辰	寅午戌
도화(桃花)	午	子	酉	卯

예시 1 ▶

時	日		月	年	坤命
편인			상관	상관	六神
丙	戊		辛	辛	天干
辰	戌		卯	丑	地支
비견	비견		정관	겁재	六神
乙癸戊	辛丁戊		甲乙	癸辛己	지장간
冠帶	墓地		沐浴	養地	12운성

己	戊	丁	丙	乙	甲	癸	壬	
亥	戌	酉	申	未	午	巳	辰	대운
80	70	60	50	40	30	20	10	

▶ 남편(卯)이 여자가 꽤 많았던 것 같습니다. 2번째 결혼이었고(딸 2명) 결혼 초에 바람을 피워 속을 썩였고, 최근 또 여자가 생겨 속을 썩이더니 나이트클럽을 하겠다 하여 결국 헤어졌습니다. 플로리다 콘도들도 자신은 반대를 했지만 남편이 구입해서 결국 손해 보게 생겼다고 합니다.

사/주/해/설 ▶

일지 인오술(寅午戌) 묘(卯)는 도화입니다. 묘(卯)가 정관도화입니다. 여자 명조에 정관도화가 있으면 남편이 작첩한다고 하였습니다. 만약, 작첩을 하지 못하더라도 여자관계가 복잡할 수 있습니다. 정관이 도화에다 일지의 비견과 묘술(卯戌)합하여 남편이 바람기가 다분합니다.

99

방위方位는
실자實字로 작용한다

같은 사주(四柱)라도 다른 인생을 사는 이유는 방위(方位)와 주야(晝夜)의 차이 때문에 발생하는 것입니다. 구주(九州)가 방위에 따라 오행을 띠기 때문에 갑을인묘(甲乙寅卯)일간이 연청(鄴鄁) 목(木)에서 태어나면 땅을 얻은 것과 같으니 득지(得地)라 칭하는 것입니다.

따라서 같은 사주라도 다른 인생을 사는 이유는 방위(方位)와 주야(晝夜)의 차이 때문에 발생하는 것입니다. 즉, 태어난 방위와 자라나는 환경의 조후가 상당한 영향을 미치는 것입니다.

▶ 9주(州)란 고대의 중국인이 중국대륙을 통치하는 지역을 9개 지역으로 구분한 것을 두고 말하는 것으로 기(冀), 청(靑), 연(鄲), 서(徐), 양(揚), 형(荊), 량(梁), 옹(雍), 예(豫) 지역을 말합니다.

【삼명통회】에서 방위(方位)와 주야(晝夜)의 중요성을 말하였습니다.
왕씨(王氏)는 말하기를
이기(二氣)는 음양(陰陽)이라 하고
오행(五行)은 금 목 수 화 토(金木水火土)라 하고
시(時)는 춘하추동(春夏秋冬)이라 하고
지(地)는 기(冀), 청(靑), 연(鄲), 서(徐), 양(揚), 형(荊), 량(梁), 옹(雍), 예(豫)라 하였다.
하늘에는 음양(陰陽)이 있어 4시(時)로 행(行)하며, 땅(地)에는 오행(五行)이 있고 9주(州)를 갖춘다. 주자(朱子)가 이르기를 오행(五行)의 질(質)은 땅(地)에서 갖추고 기(氣)는 하늘(天)에서 운행하므로 하늘(天)에는 춘하추동(春夏秋冬)이 있고 땅(地)에는 금 목 수 화(金木水火)가 있으니 계절과 땅이(時와 地가) 서로 작용하게 되는 것이다.

오늘날 명(命)을 논(論)하는 사람들은 음양오행(陰陽五行)만 논(論)할 줄 알지 방우(方隅)와 주야(晝夜)의 흐리고 맑은 것을 더불어 논(論)하는 것을 알지 못한다. 그래서 년(年)월(月)일(日)시(時)가 동일하여도 귀천(貴賤)과 수요(壽夭_장수와 단명)가 다른데도 오행(五行)은 터무니없다고 하며 세인(世人)들은 명(命)을 의심하며 불신(不信)하고 또 무고(誣告)한 것이다.
사람은 천지간(天地間)에 태어나 오행(五行)에서 벗어날 수 없다.
9주(州)로 경계를 나누고 풍기(風氣)는 당연히 다르니 흐리고 맑은지 춥고 따뜻한지의 이치가 한결같기 어렵다. 사람은 천지간(天地間)에 영기(靈氣)를 받아 태어날 때 순간적인 기운(氣運)을 얻으니 각자가 같지 않기 때문에 귀천(貴賤)과 수요(壽夭)는 팔자(八字)에 구애받기 어려운 것이다. (八字마다 다른 것이다.)

- 갑을인묘(甲乙寅卯)는 목(木)에 속하므로 연(鄴) 청(靑)에서 태어나는 것은 득지(得地)가 되고 춘령(春令)이 득시(得時)하게 된다.
- 병정사화(丙丁巳午)는 화(火)에 속하므로 서(徐) 양(揚)에서 태어나는 것은 득지(得地)가 되고 하령(夏令)이 득시(得時)하게 된다.
- 무기진술축미(戊己辰戌丑未)는 토(土)에 속하므로 예(豫)에서 태어나는 것은 득지(得地)가 되고 4계월(季月)이 득시(得時)하게 된다.
- 경신신유(庚辛申酉)는 금(金)에 속하므로 형(荊) 량(梁)에서 태어나는 것은 득지(得地)가 되고 추령(秋令)이 득시(得時)하게 된다.
- 임계해자(壬癸亥子)는 수(水)에 속하므로 기(冀) 옹(雍)에서 태어나는 것은 득지(得地)가 되고 동령(冬令)이 득시(得時)하게 된다.

더구나 주야(晝夜)가 흐리고 맑아지는 동안에 한(寒_추움)과 난(暖_따뜻함)이 있으며 음양(陰陽)의 조화 안에서 희(喜) 기(忌)가 있고 생극제화(生剋制化) 억양(抑揚) 경중(輕重)으로 그 통변의 묘(妙)함을 알 수 있으니 하나의 논리에 집착해서는 안 되는 것이다. 【삼명통회】

해/설 ▶

방우(方隅)가 4방(四方)과 4우(四隅)를 줄여서 이렇게 부른다고 한다.

주역에서 4방(四方)과 4우(四隅)로 번병(藩屛)을 가리키며

4방(四方)은 4정방(正方)인 동(東).서(西).남(南).북(北)이고

4우(四隅)는 4간방(間方)인 동남간방, 서남간방, 서북간방, 동북간방을 가리킨다.

또한, 구주는 서경에서 말하는 것으로 중국을 9개 지역으로 나눠서 통치를 한 것으로 되어 있다. 하(夏), 은(殷), 주(周)나라.

예시 1 ▶

時	日	月	年	坤命
상관		정재	상관	六神
壬	辛	甲	壬	天干
辰	亥	辰	申	地支
인수	상관	인수	겁재	六神
乙	戊	乙	戊	지장간
癸	甲	癸	壬	
戊	壬	戊	庚	
墓地	沐浴	墓地	帝王	12운성

丙	丁	戊	己	庚	辛	壬	癸	
申	酉	戌	亥	子	丑	寅	卯	대운
71	61	51	41	31	21	11	1	

▶ 무토(戊土)가 약신이면 중국으로 출행한다. 【63. 진상관이 행 상관 운이면 필멸이다. 예시2】에서 한번 다룬 명조입니다. 중국어 통번역사 진로를 위해 준비 중인 여학생입니다.

사/주/해/설 ▶

위 명조는 신진(申辰)반합이 임(壬)투간으로 수국(水局)을 짓는데 임(壬)수가 쌍투하므로 범람의 위험으로 갑목(甲木)을 위태롭게 합니다. 진상관격인데 상관세운을 만나면 필멸이라 하였으니 조심해야 합니다. 그래서 수(水)상관이 병(病)이 되는 것 같은데 병약용신으로 무토(戊土)를 먼저 써야 할 것 같습니다. 화(火)는 조후희신으로 봅니다. 이 학생이 중국어 통번역사가 되기를 원하는 것은 스스로 살려는 의지의 발현으로 보입니다. 중국은 방위로 무토(戊土)이고 방위는 실자(實字)로 작용하는 것 같습니다. 중국으로 유학 보내면 좋습니다. 이 명조의 용신이 있는 곳입니다.

時	日	月	年	乾命
편관		정관	식신	六神
丁	辛	丙	癸	天干
酉	亥	辰	巳	地支
비견	상관	인수	정관	六神
庚	戊	乙	戊	지장간
	甲	癸	庚	
辛	壬	戊	丙	
建祿	沐浴	墓地	死地	12운성
戊	己	庚	辛	壬	癸	甲	乙	대운
申	酉	戌	亥	子	丑	寅	卯	
78	68	58	48	38	28	18	8	

▶【85. 흑운차일(黑雲遮日) 예시4】에서 다룬 이랜드 박성수 회장님 명조입니다. 중국으로 진출하여 프랜차이즈 사업으로 승승장구 하였습니다.

사/주/해/설 ▶

병화(丙火)는 계수(癸水)를 만나면 흑운차일(黑雲遮日)이 됩니다. 흑운차일이란 먹구름 계수(癸水)가 태양을 가려버리는 것을 말합니다. 즉, 병화에게는 계수(癸水)가 나쁜 것은 다 아는 사실인지라 계수(癸水)를 없애야 크게 일어날 수가 있습니다. 중국이라는 나라는 중앙을 의미하는데 보통 무토(戊土)라고 하는 것으로 알고 있습니다. 계수(癸水)를 없애려면 무계(戊癸)합거하는 무토(戊土)운이 오던지 아니면 지역적으로 무토(戊土)방위로 나아가야 하는데, 이랜드 그룹은 중국으로 진출하여 대박 터지는 일이 많았습니다. 회사의 사운(社運)은 대표의 운으로 판단합니다.

예시 3 ▶

時	日	月	年	乾 命
비견		상관	정재	六 神
辛	辛	壬	甲	天 干
卯	丑	申	辰	地 支
편재	편인	겁재	인수	六 神
甲	癸	己戊	乙	
	辛	壬	癸	지장간
乙	己	庚	戊	

庚	己	戊	丁	丙	乙	甲	癸	대운
辰	卯	寅	丑	子	亥	戌	酉	
76	66	56	46	36	26	16	6	

일주공망 辰巳	년주공망 寅卯

▶ 동남아에서 관성을 얻고 결혼하였습니다. 2004년에 갑신(甲申)년에 이혼하고 자식이 없습니다. 을해(乙亥)대운에는 졸업하고 외국에서 가이드 생활을 했습니다. 병화(丙火)운에는 괜찮았고, 정화(丁火)운에는 나쁘고, 자운(子運)부터 내리막 인생이 되어 이혼하게 되었습니다.

사/주/해/설 ▶

신진(申辰)이 합하고 임수(壬水)투간하므로 수국(水局)을 만듭니다. 금수상관격에 해당이 되는데 갑목(甲木)처성이 부목(浮木)이라 금전운과 처운이 불길합니다. 명조에 관살(官殺)이 없어서 조후가 불량하므로 관성을 키우는 곳인 동남아로 가서 가이드 생활할 때에 처를 만나 결혼할 수가 있었습니다. 정화(丁火)운에 나쁜 것은 정임(丁壬)합으로 용신이 합반이 되었기 때문입니다.

四柱命理

實戰百句文

사주명리 실전 100 구문

100 Phrases in practice

【참고문헌】

- 自評眞詮 자평진전 중화민국 무릉출판사
- **窮通寶鑑** 궁통보감 중화민국 무릉출판사
- 滴天髓 적천수 중화민국 무릉출판사
- 淵海子平 연해자평 중화민국 무릉출판사
- 三命通會 중화민국 무릉출판사
- 적천수써머리 동학사
- 난강망 마스터리 장서원
- 形冲會合 장서원